아동안전관리

최민수 · 강광순 · 강혜원 · 공양님 · 김경철
김명화 · 김미정 · 김원준 · 양진희 · 임은영
정아란 · 정영희 · 정혜현 · 조승현　공　저

학지사

책을 내면서

이 책을 쓰게 된 동기는 오래전 매우 아끼던 유아교육기관에서 발생한 유아 실종 사고 현장에서 스스로에게 한 약속을 지키기 위해서다. 나는 그때서야 비로소 '아이들을 아무리 잘 가르친다 해도 한순간의 사고로 모든 것을 잃을 수 있다.'는 사실을 마음속 깊이 절실히 느끼게 되었다. 평소에도 안전이 모든 교육활동의 기본이라는 생각을 갖고 있기는 했지만 그토록 뼈저리게 느낀 것은 그때가 처음이었다. 사고현장에서 내가 할 수 있는 일은 고작 몇 마디의 위로가 전부였다. 그때 나는 교단에서 안전에 대해 체계적으로 가르치지 않아서 그런 사고가 발생했다는 생각으로 심한 죄책감에 시달렸다.

최근 우리나라에서는 크고 작은 안전사고가 계속 발생하고 있다. 산업화와 경제대국으로 발전하면서 문명의 혜택을 받고 있는 동시에 사고의 유형도 점점 더 다양해졌고, 우리도 모르는 사이에 사회적으로 안전불감증이 팽배해졌다. 그런 현상은 급기야 세월호 사고라는 엄청난 대형사고로 이어져 아직까지 온 국민이 엄청난 후유증에 시달리고 있고, 조류인플루엔자, 신종인플루엔자, 급성호흡기증후군, 중동호흡기증후군 등 전염성 감염에 대한 공포는 위생 및 질병 이해에 대한 국민적 필요성을 인식시켰다. 또한 최근 아동학대에 대한 충격으로 유아교육기관 내 CCTV 설치를 법으로 의무화하기에 이르렀다. 이러한 사회적 안전의식에 따라 「영유아보육법」 「아동복지법」 등 여러 안전 관련 법률을 통하여 유치원, 어린이집에서 1년에 44시간 이상 안전교육을 하도록 규정하였고, 2015년부터는 유

치원, 초등학교, 중·고등학교에 근무하는 모든 교사가 1년에 15시간의 안전교육을 이수
하도록 규정하기에 이르렀다.

이 책은 유치원, 어린이집, 지역아동센터 등 아동이 있는 곳에서 일하고 있는 교사들에
게 필요한 안전지식과 정보를 제공하고, 대학에서 유아교육, 보육학, 아동학, 사회복지학,
아동간호학 등을 공부하고 있는 학생들을 위한 안전교육교재로 사용할 수 있도록 하였다.
교재의 내용은 강의를 담당하는 교수가 강의에 참고할 수 있는 안전교육 주제에 따른 내용
과 학생들이 표준보육과정 및 누리과정의 생활주제에 따라 구체적인 활동으로 제작하여
직접 수업시연을 할 수 있는 계획안으로 구성되어 있다.

이 책은 모두 13장으로 구성되었다. 제1장에서는 아동 안전교육의 기초, 제2장에서는
질병안전, 제3장에서는 놀잇감 안전, 제4장에서는 시설설비 안전, 제5장에서는 응급처치,
제6장에서는 아동학대 및 성폭력·성희롱, 제7장에서는 실종 및 유괴 안전, 제8장에서는
식품 및 약물 오남용, 제9장에서는 교통안전, 제10장에서는 동식물 안전, 제11장에서는 화
재안전, 제12장에서는 재난대비 안전, 제13장에서는 미디어 안전을 각각 다루고 있다.

책이 완성되기까지 많은 사람의 도움이 있었다. 특히 안전교육 프로젝트에 참여한 광주
대학교 유아교육과 4학년 학생들과 꼼꼼하게 멘토 역할을 해 준 양세열 교육장을 비롯한
여러 전문가, 원장, 대학원생들에게 깊이 감사드린다. 이 책이 안전한 유아교육현장과 대
한민국을 만드는 데 조금이나마 기여할 수 있기를 희망한다. 끝으로 책을 낼 수 있도록 흔
쾌히 허락하고 좋은 책을 만들기 위해 애써 주신 학지사 김진환 사장님을 비롯한 관계자들
에게 감사드린다.

2016년
저자들을 대표하여 최 민 수

차 례

제1장
아동 안전교육의 기초

1. 안전교육의 개념

1) 아동 안전교육의 정의

안전교육이란 안전을 위협하는 여러 요소로부터 사고의 위험을 사전에 방지함으로써 사고율을 줄이고, 사고에 대한 대책을 마련하여 그 피해를 줄이기 위한 방법을 주된 내용으로 하는 교육이다. 보다 구체적으로 제시하면, 안전교육이란 상해, 사망 또는 재산의 피해를 일으키는 불의의 사고를 예방하는 것으로서 안전행동에 기여하는 습관, 기능, 태도 및 지식에 긍정적으로 영향을 미치는 경험의 총체다(서채문, 1994; 한국교육개발원, 1995).

아동 안전교육은 아동에게 안전에 대한 올바른 지식과 실천적 태도를 길러 주기 위한 목적을 지니고 있으며, 아동 스스로 외부의 위험으로부터 자신을 보호할 수 있는 안전능력, 즉 안전에 대한 지식, 태도, 기술 등을 내면화하도록 돕는 교육이자 더 나아가 궁극적으로는 자신에 대한 보호뿐만 아니라 타인의 생명을 존중하는 인간 개개인의 존엄을 배우는 교육이다(김영실, 윤진주, 2010; 양진희, 2005; 한국산업안전공단, 1996).

2) 아동의 안전사고 실태

아동의 안전사고 실태는 최근 통계자료(통계청, 2011)에 의하면 우리나라 14세 이하 아동의 사망원인 1위는 사고사로, 전체 사망원인의 약 29%를 차지하고 있고 학령기 아동의 사고사망률이 높은 것으로 나타났다. 이 중 안전사고의 주된 원인은 우발적인 사고가 주를 이루며, 9세 이하 어린이 안전사고로 인한 사망률이 전체 어린이 사망사고의 96.1%를 차지하고 있다(보건복지가족부, 2009).

아동에게 발생하는 안전사고의 주된 발생 원인은 아동을 둘러싼 위험요인과 밀접한 관련이 있으며, 아동의 연령 및 발달적 성숙도, 성별, 가족 형태, 가정의 경제적 지위 및 주거지역과 위치 등과 밀접한 관련이 있다(Sorte, Daeschel, & Amador, 2010). 안전사고는 불완전한 기계적 요인에 의해 불가항력적으로 발생하는 경우는 10%에 불과하며, 약 90% 이상은 대부분 인적 요인에 의해 발생된다(Heinrich, 1980). 아동의 인적 요인 중 밀접한 관련이 있는 요인은 연령, 성별, 사회경제적 지위 등을 들 수 있다. 연령이 높고, 남아이며, 사회경제적 지위가 낮을수록 안전사고 비율이 높게 나타났다(김일수, 1997; 김창희, 2004; 박봉훈, 2006; Ellen & Ysbrand, 2006).

한편, 사고 발생 장소에 따른 안전사고 발생 실태를 살펴보면, 유아교육기관에서 발생하는 안전사고 부상자 수 또한 2004년에 3,003명에서 2007년에는 5,808명으로 매년 증가 추세를 보이고 있다. 여성가족부가 실시한 '보육시설 안전사고 예방 및 보상에 관한 연구'에 의하면 유아 안전사고 현황 분석에서 나타난 가장 큰 문제점은 교육현장에서 안전사고에 대한 예방적 기능이 미흡하다는 점이다. 따라서 안전사고 예방에 관한 체계적 접근이 이루어지지 못하고 있으며, 안전사고가 발생한 후에도 약 85%가 사고 장소를 바꾸기 위한 노력을 취하지 않았다(보건복지가족부, 2009; 여성가족부, 2006; 김경중, 서금택, 2008)는 점을 안전사고 발생의 또 다른 원인으로 제시하고 있다.

아동의 안전사고와 관련된 연구들(곽은복, 2000; 김신정, 2001; 양진희, 2005; 최윤이, 이재연, 2010; 한영숙, 최태식, 2006; Berk, 1994; Clark & Simmons, 1986)에 의하면, 아동의 안전사고 예방을 위해서는 아동의 안전사고와 밀접한 관련이 있는 불완전한 시설이나 물건 등으로 인한 물적 환경과 성인의 보호 없이 방임상태에 놓이게 되는 인적 환경 등의 개선이 요구되며, 이러한 개선과 더불어 아동 스스로 위험으로부터 자신을 보호할 수 있는 안전교육이 중요함을 알 수 있다.

3) 아동 안전교육의 중요성

우리나라의 아동 사망원인 1위가 질병이나 전염병이 아닌 안전사고에 의한 것이라는 보도(보건복지가족부, 2009)만으로도 아동 안전교육의 중요성을 알 수 있다. 아동기는 발달특성상 주변의 사물이나 환경에 대해 호기심이 많으며, 이를 탐색하고자 하는 욕구가 특히 강한 시기인 반면, 신체적으로 미성숙하여 신체조절능력이나 운동기능이 능숙하지 않은 시기라는 점에서 위험한 상황에 대한 지식이 부족하고 상황 판단이나 위험을 예측할 수 있는 능력이 부족하여 안전사고의 위험이 다른 어느 때보다도 큰 시기다(이기숙, 장영희, 정미라, 배소연, 박희숙, 2002).

안전교육은 개인이 사고의 위험성이 높은 행동에 노출되기 이전에 이루어지는 것이 효과적이라는 점에서 볼 때 아동기 이전이 가장 적절한 시기다(Hendricks & Smith, 1993). 즉, 이 시기에 형성된 안전에 대한 지식, 태도, 기술은 인간발달의 전 생애에 걸쳐 지속적으로 영향을 미치기 때문에 아동기 안전교육의 중요성은 더욱 강조된다(장영희, 정미라, 1999). 따라서 아동기 이전의 자녀를 양육하는 성인 및 보호자는 아동의 건강과 생명을 보호하기 위해서는 아동을 철저히 보호, 지도 및 교육하고 이들의 안전을 관리해야 한다.

4) 안전에 관한 법적 근거

아동 안전과 관련된 법은 「아동복지법」 「영유아보육법」 시행규칙, 「유아교육법」 등에서 법적 근거를 찾아볼 수 있다.

(1) 「아동복지법」(법률 제13259호)

「아동복지법」 제31조 (아동의 안전에 대한 교육)

① 아동복지시설의 장, 「영유아보육법」에 따른 어린이집의 원장, 「유아교육법」에 따른 유치원의 원장 및 「초ㆍ중등교육법」에 따른 학교의 장은 교육대상 아동의 연령을 고려하여 대통령령으로 정하는 바에 따라 매년 다음 각 호의 사항에 관한 교육계획을 수립하여 교육을 실시하여야 한다.

1. 성폭력 및 아동학대 예방
2. 실종ㆍ유괴의 예방과 방지

　3. 약물의 오남용 예방

　4. 재난대비 안전

　5. 교통안전

②아동복지시설의 장, 「영유아보육법」에 따른 어린이집의 원장은 제1항에 따른 교육
계획 및 교육실시 결과를 관할 시장·군수·구청장에게 매년 1회 보고하여야 한다.

③「유아교육법」에 따른 유치원의 원장 및 「초·중등교육법」에 따른 학교의 장은 제1항
에 따른 교육계획 및 교육실시 결과를 대통령령으로 정하는 바에 따라 관할 교육감에
게 매년 1회 보고하여야 한다.

(2)「영유아보육법」 시행규칙(보건복지부령 제303호)

「영유아보육법」 시행규칙 제15조에 따른 어린이집의 설치기준(법 제15조의2 및 법 제15조
의3에 따른 놀이터 및 비상재해대비시설의 설치기준을 포함한다)은 [별표 1]과 같다.

[별표 1] 어린이집의 설치기준 (제9조 관련)

1. 어린이집의 입지조건

어린이집은 보육수요·보건·위생·급수·안전·교통·환경 및 교통편의 등을 충분
히 고려하여 쾌적한 환경을 갖춘 부지를 선정하여야 한다.

「영유아보육법」 시행규칙 제24조 제1항에 따른 어린이집의 운영기준은 [별표 8]과 같다.

[별표 8] 어린이집의 운영기준

1. 안전관리

1) 어린이집의 원장은 안전점검표 양식에 따라 일정 기간별로 시설의 안전점검을 시행
하여 화재·상해 등의 위험발생 요인을 사전에 제거하여야 한다.

2) 각 놀이시설물에 대하여 적절한 점검 일정을 세워 점검하여야 한다. 이 경우 놀이시
설물의 볼트·너트 등 이음장치, 울타리, 구조물의 부식 여부 등은 매일 점검하고, 움
직이는 부분들이 서로 맞물리는 놀이시설물의 경우 영유아의 신체 일부분이 놀이기
구에 끼지 아니하도록 맞물림의 형태 등을 점검하여야 한다.

3) 어린이집의 원장은 소방계획을 작성하고 매월 소방훈련을 하여야 한다.

4) 어린이집의 원장은 「아동복지법」 제9조 제3항에 따라 매년 안전교육계획을 수립하여
보육 영유아에 대하여 안전교육을 실시한 후, 그 사실을 특별자치도지사·시장·군

수ㆍ구청장에게 보고하여야 하며 보육교직원에게도 안전교육을 하여야 한다.

5) 어린이집의 원장은 보호자와의 비상연락망을 확보하고, 사고에 대비하여 보육 영유아에 대한 응급처치 동의서를 받아 갖춰 두어야 한다.

6) 어린이집의 원장은 영유아에 대한 사고가 발생한 경우에는 즉시 영유아의 보호자에게 알리고, 사고가 중대한 경우 특별자치도지사ㆍ시장ㆍ군수ㆍ구청장에게 보고하여야 하며, 사고보고서를 작성하여 갖춰 두어야 한다.

7) 보육교직원은 영유아에게서 아동학대의 징후 등을 발견하였을 때에는 「아동복지법」 제26조 제2항에 따라 즉시 아동보호전문기관 또는 수사기관에 신고하여야 한다.

(3) 「유아교육법」 (법률 제13226호)

유아교육법 제17조의3 (응급조치)

원장(제21조 제2항에 따라 원장의 직무를 대행하는 사람을 포함한다)은 보호하는 유아에게 질병ㆍ사고나 재해 등으로 인하여 위급한 상태가 발생한 경우 즉시 해당 유아를 「응급의료에 관한 법률」 제2조에 따른 응급의료기관에 이송하여야 한다.

2. 안전교육의 필요성 및 목적

"세 살 버릇 여든 간다."라는 속담처럼 어릴 때 형성된 안전의식과 습관은 평생의 안전한 삶에 지속적으로 영향을 미칠 수 있다. 예를 들어, 어릴 때 신호등을 잘 준수하며 건널목으로 건너가는 습관이 몸에 밴 영유아는 어른이 되어서도 그렇게 행동할 확률이 매우 높다. 왜냐하면 안전습관이 몸에 배서 규칙을 지키는 행동이 불편하기는커녕 규칙을 지키지 않는 것이 오히려 불편하게 느껴지기 때문이다. 이와 같이 영유아기는 자신의 전 생애 동안에 유지되는 습관과 태도를 형성하는 중요한 시기이므로 영유아기의 안전교육은 안전한 생활습관의 기초를 형성하는 데 필요하다. 따라서 영유아기의 안전교육은 모든 교육활동에 앞서 우선적으로 이루어져야 한다. 안전이 확보되지 못한 채 이루어진 교육활동은 모든 것을 다 망가뜨릴 수 있고, 이것은 교사나 영유아 모두에게 큰 불행이다.

유아기에 안전한 환경을 유지하는 것은 필수적이다. 아무리 좋은 교육 프로그램이나 아무리 능숙한 교사-유아의 상호작용도 그것이 유아나 교사에게 안전을 위협할 수 있는 것이라면 반드시 보완되어야 한다. 따라서 훌륭하고 질 높은 유아교육 프로그램은 각종 질병과 안전사고를 사전에 예방할 수 있도록 계획되어야 하고, 언제, 어떻게 일어날지 모르는 위험에 적절하게 잘 대처할 수 있도록 계획되고 준비되어야 하며, 유아가 늘 자신의 건강과 안전에 관심을 갖고 돌볼 수 있도록 가르칠 수 있어야 한다.

안전교육의 목적은 각종 안전사고로부터 영유아를 안전하게 보호하기 위한 것이다. 유아교육기관에서의 안전교육은 안전한 시설설비와 교육환경 유지, 안전한 서비스 제공, 안전한 교수-학습의 세 측면으로 구분할 수 있다. 즉, 첫째 측면은 유아교육기관의 시설설비, 채광, 온도, 습도, 소음, 위치, 마음껏 뛰놀 수 있는 안전한 공간, 안전을 위한 CCTV 설치 등 유아가 생활에서 접하게 되는 안전한 시설설비와 교육환경을 어떻게 유지해 나갈 것인가에 대한 것이고, 둘째 측면은 유아교육기관에서 영유아들에게 매일 제공하는 급식과 급수, 전염병이나 질병 예방, 안전한 일과계획과 활동, 놀잇감과 미디어의 안전, 안전한 현장체험, 안전한 차량 운행, 학대 및 성폭력 안전 등에 대해 안전한 서비스를 제공하는 것을 의미하며, 셋째 측면은 유아가 자신의 몸과 마음을 안전하게 지켜 나가는 데 필요한 안전 관련 지식, 기능, 태도, 가치를 갖고 안전하게 생활할 수 있도록 돕는 교수-학습 측면으로 볼 수 있다.

3. 안전에 영향을 주는 요인

1) 질병안전

질병은 세균에 의해 타인에게 전염되는 전염성 질환과 신체의 허약함으로 오는 감기와 같은 신체적 질환 등이 있다(이혜인, 2008). 전염성 질환은 바이러스 등으로 타인에게 전달되는 것으로, 우리나라에서는 「감염병의 예방 및 관리에 관한 법률」로 전염병을 관리하고 있다. 이 법률은 감염병의 발생과 전염을 방지하고, 그 예방 및 관리를 위해 필요한 사항을 규정함으로써 국민건강의 증진 및 유지에 이바지함을 목적으로 한다.

특히 영유아기에 발생 가능한 질병인 전염병은 일반 전염병과 법정 전염병으로 구분할 수 있다(중앙보육정보센터, 2009). 일반 전염병으로는 수족구병, 유행성 눈병, 유행성 독감, 돌발성 발진, 전염성 농가진 등이 있으며, 법정 전염병으로는 세균성 이질, 디프테리아, 백일해, 홍역, 유행성 이하선염(볼거리), 풍진, 일본뇌염, 수두 등 대체적으로 제2군 감염병에 속하는 전염병을 들 수 있다.

2) 놀잇감 안전

우리나라에서는 최근 아동 안전과 관련하여 놀잇감 안전에 대한 사회적 문제가 심각하게 대두되고 있다. 놀잇감에 대한 위험은 작은 물건을 삼킴으로 인한 질식, 전기장난감으로 인한 화상, 예리한 가장자리와 날카로운 끝에 의한 자상, 소음, 충격에 의한 손상, 끈에 의한 교살, 미술과 공예 재료의 독성 효과 등이 있다(이자형, 김신정, 강숙현, 김동욱, 문선영, 박현주, 이정은, 이중의, 조운주, 2002).

놀이 안전사고는 유아가 놀이시설을 이용할 때, 놀이 장소에 보호자가 동반되지 않는 등 놀이안전 감독에 부주의한 때 발생하는 경우가 많다(신동주, 김명순, 1999; 윤재철, 1991; 한국어린이육영회, 1997). 또한 아동의 놀잇감의 안정성은 선정기준을 잘 살펴봐야 한다. 놀잇감의 안정성은 우선적으로 재질의 선택을 신중하게 해야 하며, 생산자의 철저한 안전감각과 법적으로 규정된 법규를 준수해야 한다(김경희, 강성현, 2011). 즉, 놀잇감의 재질은 무독성이고, 안전한 화학적 재질과 원목 등의 천연적인 재질이 좋고, 모서리가 둥글어야 하며, 특히 입에 넣어 삼킬 수 있는 크기의 놀잇감은 안전사고에 주의해야 한다.

3) 시설설비 안전

교육기관의 성공은 기관의 환경, 즉 안전한 환경에 의해 좌우된다(Nilsen, 2001). 아동의 안전시설설비와 관련하여 학령기 이전의 교육기관인 유아교육기관의 시설물들은 고등학교 이하 각급 학교 설립, 운영 규정에 적용되며, 「교육법」 시행령 제62조 제1항의 규정에 의하여 유치원의 시설 및 설비에 관하여 그 기준을 정하고 있다(표갑수, 1998). 우리나라에서는 안전사고 예방을 위한 하나의 방안으로, 2005년 5월에 초등학교 및 교육시설에 대하여 학교시설 설계, 안전 매뉴얼 개발 연구를 시행하여 안전관리를 토대로 안전사고 발생 원인에 대한 각 분야별 이론 연구와 요소분석, 대처계획과 관련법규 적용 등을 상호 연관시켜 시설 안전 설계 방향을 설정하였다. 이어 2006년 10월(교육인적자원부, 2006)에는 『유치원 시설안전관리 매뉴얼』을 제작하여 보급함으로써 안전사고 및 인위적 재난을 사전에 예방하여 인명피해를 줄이고, 안정적인 교육활동이 이루어질 수 있도록 지원하기 위한 노력을 기울이고 있다.

4) 응급처치

영유아에게 질병이 발생하거나 영유아가 크고 작은 안전사고를 당했을 때 119 구급대원이나 병원 응급차를 기다리는 동안 적절한 응급처치를 하는 것은 매우 중요하다. 그러나 아무런 지식도 없는 상태에서 함부로 응급처치를 하는 것은 더 위험할 수 있다. 따라서 응급처치에 대한 기초적인 지식과 기술을 익혀 두는 것은 영유아를 보호하고 가르치는 교사들에게는 필수적이다. 119 구급대원이나 병원 응급실로 연락한 후 기다리거나 후송하는 과정에서는 함부로 다루기보다는 신고한 전화를 연결한 상태에서 전문가의 지시를 받으면서 침착하게 응급처치를 하는 것이 바람직하다. 교사들이 응급처치 연수를 통하여 익힌 응급처치에 대한 지식과 기술로 유사시 전문가와 소통하면서 응급처치를 할 수 있는 경우에는 소위 말하는 생명을 지킬 수 있는 골든타임을 넘기지 않을 수 있어 큰 도움이 될 수 있고, 크고 작은 사고와 부상의 피해를 최소화할 수 있다.

5) 아동학대 및 성폭력 · 성희롱

아동학대는 부모를 포함한 성인들에 의하여 가해지는 아동의 건강과 복지를 해치거나 정상적인 발달을 저해할 수 있는 신체적 · 정서적 학대, 성폭력, 가혹행위, 유기와 방임을 말한다. 신체적 학대는 직접적 · 간접적으로 아동을 때리고, 화상을 입히고, 타격을 가하는 등 신체적으로 해를 입히는 것을 말한다. 정서적 학대와 방임은 아동이 적절한 보호를 받지 못하거나, 충분한 영양을 공급받지 못하거나, 홀로 방치되는 것을 말한다. 무관심 또한 잠재적인 형태의 학대이며, 대개 신체적 학대를 수반한다.

영유아 시기에 받은 학대 경험은 보복심리가 되어 주변 사람을 힘들게 한다. 그리고 학대받은 경험이 있는 영유아는 그렇지 않은 영유아에 비해 나중에 범죄의 가해자가 될 가능성이 더 크기 때문에, 학대는 결코 있어서는 안 된다. 아동학대 신고전화는 2014년 9월 29일 자로 112 하나로 통합되었다.

성폭력이란 발달단계가 앞선 사람이 정서적 · 지적 발달 단계가 미흡한 어린이에게 행하는 강요된 성적 행동이다. 유아기는 상황에 대한 판단능력과 자기조절 및 인식 능력이 부족한 시기로, 어느 때보다 성폭력의 위험성이 더 높은 시기다. 유아 성폭력은 우울, 불안, 수치심, 죄책감, 순결 상실감, 남성 혐오, 대인 기피증의 원인이 되며, 때로는 정신분열, 자살기도, 가해자 살인 등의 심각한 후유증으로 연결되기도 한다. 유아의 경우 퇴행, 어른에게 달라붙는 행동, 숙면 방해, 악몽, 기능성 야뇨증(enuresis)과 기능성 유분증(encopresis), 이유 없는 공포감, 자위행위, 연령에 맞지 않는 극도의 성적 호기심이나 행동의 급작스러운 변화, 우울증, 공격성, 낮은 자존감, 친구들과의 관계 변화, 비밀스러운 행동 등의 행동 및 심리적 변화가 나타난다(곽영숙, 2000; 최옥희, 2001).

6) 실종 및 유괴 안전

신변안전이란 유아의 생활 주변에서 발생할 수 있는 실종, 유괴, 성폭력 등으로부터 유아를 안전하게 보호하는 것을 말한다(정정옥, 임미혜, 2010). 즉, 신변안전교육은 유아의 생활 주변에서 발생할 수 있는 실종, 유괴, 성폭력 등으로부터 유아를 안전하게 보호할 수 있도록 하는 교육으로, 안전을 위해 필요한 사항을 이해시키는 지식의 교육, 위험요소를 예측하고 예방하거나 신중히 행동하는 태도의 교육, 안전하게 행동할 수 있는 기능의 교육이 함께 이루어져야 한다.

유아 신변안전에 대한 내용을 「유엔아동권리협약」에서 살펴보면 아동이 보호받을 권리를 생존권, 기본권, 발달권, 참여권의 4가지로 규정하고 있다. 그중 신변안전에 대해서는 생존권과 기본권에 언급되어 있다. 따라서 이에 적합한 유아 신변안전교육이 필요한데, 아동학대 예방훈련을 통해 성학대, 낯선 사람에 의한 유괴, 정서적 학대 예방과 관련된 효과적인 기술을 습득하여 자아존중감을 높여야 한다. 유아에게 다양한 범죄 유인 상황에서 올바른 상황 인식과 아울러 구체적인 대처요령을 알려 주는 프로그램이 개발되어야 할 것이다(곽은복, 2000; 김옥심, 2012).

7) 식품 및 약물 오남용

식품안전을 위해서는 식품의 구입과 보관, 조리하기 전과 후의 관리, 음식물 담기, 정리하기 과정에서 잘 지켜져야 한다. 안전한 식품 구입을 위해서는 식품의 저장기간에 따라 얼마나 자주 구입해야 할 것인지에 대한 빈도를 고려하는 것이 중요하다. 식품보관은 상하기 쉬운 음식인 경우 안전에 매우 중요한 부분이다. 식중독의 가장 큰 원인은 부적절한 보관에서 발생한다. 상하기 쉬운 음식일수록 냉장고 안에서 눈에 띄기 쉬운 곳에 배치하는 것이 좋다. 식품을 조리하기 전에 손을 청결히 유지하는 것은 매우 중요하며, 음식물을 처리한 후에 20초간 비누로 손을 잘 씻는 것은 안전을 위해 필수적이다. 음식물을 조리하는 목적은 영양가를 보존하고, 맛을 높이기 위한 것이지만 무엇보다 식품에 들어 있는 미생물과 기생충을 열로 파괴시킴으로써 안전한 음식물을 제공하기 위한 것이다.

약물 남용은 향정신성 약물의 비의학적 사용을 말하고, 약물 오남용에 대한 예방은 약물 남용의 발생률과 확산을 줄이거나 안정시키는 제반의 활동을 의미한다(원사덕, 2002; 주왕기, 1993). 부모나 교사가 영아에게 약을 먹일 때 사탕이라고 말하면서 먹이는 것은 위험하다. 어른이 없을 때 사탕인 줄 알고 먹을 우려가 있기 때문이다. 약은 원래의 용기에 담겨져 있어야 하고, 처방전에 따라 약이 담겨져 있던 약봉지는 상당 기간 보관하는 것이 필요하다. 유아교육기관에서 영유아에게 약을 먹일 때는 부모가 투약의뢰서에 사인하고 의뢰한 경우 약봉지에 있는 지시에 따라 약을 먹인 후 약을 먹인 교사는 사인을 하도록 한다.

8) 교통안전

정기적이고 체계적인 교통안전교육은 유아에게 교통사고를 미연에 예방하고, 위급 상황에 효과적으로 대처할 수 있는 능력을 갖추도록 하는 데 있어 매우 중요하다. 따라서 유아를 대상으로 하는 교통안전교육은 교통사고 위험에서 유아를 격리시키는 것이 아니라 유아가 적극적으로 교통사고의 위험을 찾아내고 그것을 대처해 나갈 수 있는 행동을 길러주어 교통사고의 피해자가 되지 않음은 물론이고, 성인이 되었을 때 교통안전의 사회적 책임을 다할 수 있는 방향으로 이루어져야 한다(이기숙, 장영희, 정미라, 윤선화, 2014). 교통안전교육은 한 번에 실시하기보다는 주기적으로 실시하는 것이 습관형성에 중요하다. 직접 현장체험을 통한 교통안전교육이 바람직하며, 부모나 교사의 바람직한 모범을 통한 교통안전교육이 중요시되어야 한다.

9) 동식물 안전

유아들의 안전을 위협하는 요인으로 개나 뱀 등의 동물과 벌 등의 곤충이 있다. 유아들은 이러한 동물이나 곤충의 위험성을 잘 모르며, 오히려 상상의 세계에서 이러한 것들을 친구로 여기기 때문에 아무런 경계심 없이 접근하는 경우가 많다. 그러나 실제로 이러한 동물이나 곤충에 의하여 상처를 입거나 질병에 감염될 가능성이 의외로 많다. 따라서 유아들에게도 해를 끼칠 수 있는 동물이나 곤충에 대해 알려 주고, 이들을 안전하게 대하는 방법을 가르쳐 주어야 한다. 최근 조류독감을 비롯한 동물을 매개로 하는 감염성 질환 등으로 유아교육기관에서 동물을 키우는 것이 부담이 되고 있다. 또한 유아교육기관에서 가꾸는 식물의 열매나 잎을 영유아들이 우발적으로 삼켰을 때나 피부에 스쳤을 때 독성이나 알레르기 등을 유발할 수 있는 식물인지를 사전에 조사하여 그렇지 않은 식물을 키우도록 해야 한다. 숲이나 풀밭을 지날 때에는 뱀이나 풀독을 피하기 위해 긴 소매의 셔츠나 긴 바지를 입도록 해야 안전하다.

10) 화재안전

에너지의 다양화와 각종 위험물질의 증가로 인하여 각종 화재 발생은 날로 증가하고 있다. 화재사고의 원인은 전기사고(39%), 가스사고(32%), 담뱃불(11%), 방화(8%), 유류 및 불장난(10%) 등으로 보고되고 있고, 불장난 화재의 발화물은 성냥, 라이터, 모닥불, 전기다리미, 촛불 놀이, 폭죽 놀이 등이며, 불장난하는 아이들은 6세에서 13세 미만의 어린이가 가장 많고, 부모가 외출 중인 토요일 오후나 일요일, 공휴일에 많이 발생하고 있다. 화재 안전사고를 예방하고 최소화하기 위해 우선 필요한 것은 유아를 돌보고 가르치는 교사와 부모가 화재안전의 위험요인을 찾아 환경을 개선하고, 안전한 시설 · 설비를 갖추고, 유아에게 보다 안전한 환경을 제공하고 관리하는 것이라고 할 수 있다(김성희, 2000).

종일제 프로그램에 대한 요구가 많아지면서 유아교사들의 유아 안전보호 및 관리책임의 기대가 더욱 요구되고 있기 때문에 이들에 대한 보다 실제적인 화재안전교육이 필요하다. 모든 유아교육기관은 정부기관으로부터 정기적으로 소방점검을 받아야 하며, 기관에서도 화재안전에 대한 담당자를 정하고 일상적으로 화재안전에 대한 자체 점검을 실시해야 한다. 음식 재료를 불 가까이에 두지 않도록 주의해야 하며, 음식에 불이 붙은 경우 어떻게 불을 꺼야 하는지, 소화기는 어떻게 다루어야 하는지 등 교사가 화재사고 예방과 대처방안에 대해 반드시 먼저 알고 유아들에게도 가르칠 수 있어야 한다(신동주, 강금지, 이용수, 정춘식, 2005).

11) 재난(재해)대비 안전

재해(disaster)란 태풍, 지진 등 자연적인 현상이나 인간의 실수 또는 기술의 활용 과정에서 발생하는 대규모적인 피해를 모두 포함하는 개념이다(김민기, 이판, 임현슬, 2010). 「자연재해대책법」(법률 제8283호) 제2조 제2항과 제3항에 의하면 재해란 자연재해 중 태풍, 홍수, 호우(豪雨), 강풍, 풍랑, 해일, 조수(潮水), 대설, 가뭄, 지진(지진해일을 포함), 황사, 그 밖에 이에 준하는 자연현상으로 인하여 발생하는 재해를 의미한다. 한편, 「재난 및 안전관리 기본법」 시행령(대통령령 제19929호) 국가안전관리 기본계획상 자연재해의 범위는 풍수해, 설해, 가뭄, 지진, 해일로 정하고 있다.

아동 안전교육과 관련하여 자연재해에 대한 안전교육은 모든 기본생활습관의 기초가 형성되는 시기인 아동기 이전에 실시되어야 하는데, 이 시기에 습득된 자연재해에 대한 지식, 기능, 태도는 성인기까지 지속될 수 있기 때문이다. 전체 인구의 약 20%를 차지하고 있는 아동의 안전을 확보하기 위해서는 재난안전관리에 아동을 함께 고려해야 한다. 특히 재난대응 및 복구 단계에서 아동은 성인에 비하여 취약한 약자에 속하기 때문에 성인과 다른 국가적 차원의 서비스가 마련되어야 한다. 이러한 측면에서 아동재난교육을 성공적으로 실천하기 위해서는 교사들의 자연재해 안전에 대한 체계적인 교육 또한 우선적으로 고려되어야 한다(교육인적자원부, 2007; 윤지원, 오금호, 유병태, 2014).

12) 미디어 안전

교실이나 가정에서 유아가 스마트폰이나 태블릿 PC의 애플리케이션 등에 몰입하게 되면 유아의 창의적 놀이를 방해하는 놀이 결여 증상, 지식과 기술을 활발히 구성하지 못하게 하는 문제해결 결여 증상, 다른 사람과 개인적 감정을 주고받는 사회적 상호작용 기술인 공감의 결여 증상을 유발하고, 장기간의 사용으로 인해 수면장애 등 신체건강상의 문제를 야기한다고 보고되고 있다(Levin, 2013; Zimmerman, 2008).

또한 스마트기기는 즉각적인 시각적·청각적 자극을 제공하므로 유아로 하여금 무조건적·무비판적으로 과몰입되게 하고(김지혜, 2013; 이순화, 2014; Carr, 2011), 테크놀로지에 의존적인 인간이 되도록 할 가능성이 있다(이미정, 2013). 이러한 이유로 교육자들은 유아가 스마트기기를 사용함으로써 유발되는 부정적 영향을 최소화하기 위하여 유아의 발달에 적절하며 스마트기기의 균형적 사용을 위한 대책 및 방안 모색이 시급히 필요함을 주장하고 있다(이민석, 2011; 이병호, 2012; 이수기, 이현경, 홍혜경, 2014; 조화순, 박유라, 2012; Lentz, Seo, & Gruner, 2014; Nikken & Jansz, 2014; Slutsky, Slutsky, & DeShelter, 2014).

4. 아동 안전교육과정

1) 어린이집 표준보육과정에서의 안전교육

표준보육과정의 구체적 보육 내용은 영유아의 전인적인 성장을 도모하기 위해 건강·안전·바른 생활태도를 기르는 기본생활, 긍정적으로 신체를 인식하고 기본 운동능력을 기르는 신체운동, 긍정적인 자아개념을 형성하고 더불어 살아가는 능력을 기르는 사회관계, 언어생활의 기초가 되는 듣기·말하기·읽기·쓰기 능력을 기르는 의사소통, 탐색 및 문제해결 능력을 기르는 자연탐구, 그리고 예술적 요소를 경험하고 즐기는 예술경험 등 6개 영역으로 이루어진다. 여기서는 영유아 안전교육과 관련이 있는 기본생활을 중심으로 살펴보고자 한다.

기본생활영역은 건강하게 생활하기, 안전하게 생활하기의 내용범주로 구분된다. '건강하게 생활하기'에서는 건강·영양·위생적인 생활을 강조하며, 영아가 신체의 청결과 영양, 수면과 휴식, 건강한 일상생활을 위한 올바른 습관의 기초를 경험하도록 한다. 또한 '안전하게 생활하기'에서는 안전한 생활을 강조하며, 영아가 안전하게 놀이하고 교통안전과 위험한 상황을 알고 반응하는 등 안전한 생활의 기초를 경험하도록 한다.

(1) 기본생활영역의 연령별 목표와 내용

0~1세 표준보육과정 목표	2세 표준보육과정 목표
건강하고 안전한 일상생활을 경험한다.	건강하고 안전한 생활습관의 기초를 마련한다.
1. 건강하고 편안한 일상생활을 경험한다.	1. 건강한 생활습관의 기초를 경험한다.
2. 안전한 생활을 경험한다.	2. 안전한 생활습관의 기초를 경험한다.

내용범주	0~1세 표준보육과정 내용	2세 표준보육과정 내용
안전하게 생활하기	• 안전하게 지내기 • 위험한 상황에 반응하기	• 안전하게 놀이하기 • 교통안전 알기 • 위험한 상황 알기

(2) 기본생활 중 안전 관련 세부내용

내용 범주	0~1세 표준보육과정					2세 표준보육과정		
	내용	1수준	2수준	3수준	4수준	내용	1수준	2수준
안전하게 생활하기	안전하게 지내기	안전한 상황에서 놀이한다.			놀잇감을 안전하게 사용한다.	안전하게 놀이하기	놀이기구나 놀잇감을 안전하게 사용한다.	
		안전한 장소에서 놀이한다.					안전한 장소에서 놀이한다.	
		차량 승하차 시 안전 보호 장구를 착용한다.				교통안전 알기	교통수단의 위험을 안다.	교통수단의 위험을 알고 조심한다.
	위험한 상황에 반응하기	위험하다는 말에 반응을 보인다.	위험하다고 알려 주면 주의한다.			위험한 상황 알기	위험한 상황과 위험한 것을 안다.	위험한 상황과 위험한 것을 알고 조심한다.
							위험한 상황 시 어른의 지시에 따른다.	

① 0~2세 영아의 기본생활영역 중 안전 관련 발달 특징

• 안전한 상황에서 놀이한다.

• 안전한 장소에서 놀이한다.

• 차량 승하차 시 안전 보호 장구를 착용한다.

• 위험하다는 말에 반응을 보인다.

② 교사의 역할

• 영아가 놀이를 하는 환경에 위험한 물건이 없는지 확인하고, 안전한 상황과 장소에서 놀이하도록 늘 세심하게 주의를 기울여야 한다.

• 영아가 삼킬 수 없을 정도로 충분히 크고, 모서리가 날카롭지 않은 독성이 없는 놀잇 감을 제공하여 영아가 놀잇감을 안전하게 탐색하도록 해야 한다.

• 어린이집 등 · 하원 시 차량을 이용하는 경우 반드시 영유아의 연령과 몸무게에 맞고, KC(국가통합인증마크) 표시가 되어 있는 보호 장구를 착용하도록 하여야 한다.

• 영아가 위험한 상황에 처했을 때 교사가 위험하다고 말해 주면 영아는 이를 알아듣고 행동을 멈추거나 조심하는 등 반응을 보이도록 지도한다.

• 교사는 위험한 것이 무엇이며, 위험한 물건과 위험한 장소에 대해 알게 해서 영아가 함부로 만지거나 가까이 가지 않고 주의하도록 지도한다.

2) 3~5세 누리과정에서의 안전교육

누리과정은 어린이집과 유치원에서 3~5세를 대상으로 공통적으로 적용되는 교육과정이다. 3~5세 누리과정은 신체운동 · 건강, 사회관계, 의사소통, 예술경험, 자연탐구의 5개 영역으로 구분되어 있다. 이 중에서 신체운동 · 건강 영역은 유아가 자신의 신체를 긍정적으로 인식하고 신체 활동에 즐겁게 참여함으로써 유아기에 필요한 기본 운동능력과 기초 체력을 기르고, 건강하고 안전한 생활을 실천하는 능력과 태도를 기르기 위한 영역이다.

(1) 누리과정 신체운동 · 건강 영역의 목표

신체운동 · 건강 영역의 목표는 일상생활에서 자신의 신체를 긍정적으로 인식하고 즐겁게 신체 활동에 참여함으로써 기초 체력과 기본 운동능력을 기르고 건강하고 안전한 생활

습관을 기르는 것이다. 구체적인 목표는 내용범주 수준으로 진술되고 있다.

① 감각 능력을 기르고, 자신의 신체를 긍정적으로 인식한다.
② 신체를 조절하고 기본 운동능력을 기른다.
③ 신체 활동에 즐겁게 참여한다.
④ 건강한 생활습관을 기른다.
⑤ 안전한 생활습관을 기른다.

(2) 내용(내용범주, 내용, 세부내용)

신체운동 · 건강 영역은 '신체 인식하기, 신체 조절과 기본 운동하기, 신체 활동에 참여하기, 건강하게 생활하기, 안전하게 생활하기'의 다섯 가지의 내용범주로 구성되어 있다. 내용범주에 따른(내용) 수준을 살펴보면 신체 인식하기(감각능력 기르기, 감각기관 활용하기), 신체 조절과 기본 운동하기(신체 조절하기, 이동하며 운동하기, 제자리에서 운동하기), 신체 활동에 참여하기(자발적으로 신체 활동에 참여하기, 바깥에서 신체 활동하기, 기구를 이용하

내용 범주	내용	3~5세 연령별 누리과정 세부내용		
		3세	4세	5세
안전하게 생활하기	안전하게 놀이하기	놀이기구나 놀잇감, 도구를 안전하게 사용한다.		놀이기구나 놀잇감, 도구의 바른 사용법을 알고 안전하게 사용한다.
		안전한 놀이 장소를 안다.	안전한 장소를 알고 안전하게 놀이한다.	
		TV, 인터넷, 통신기기 등을 바르게 사용한다.	TV, 인터넷, 통신기기 등의 유해성을 알고 바르게 사용한다.	
	교통안전 규칙 지키기	교통안전 규칙을 안다.	교통안전 규칙을 알고 지킨다.	
		교통수단을 안전하게 이용한다.		
	비상시 적절히 대처하기	재난 및 사고 등 비상시 적절하게 대처하는 방법을 안다.	재난 및 사고 등 비상시 적절하게 대처하는 방법을 알고 행동한다.	
		학대, 성폭력, 실종, 유괴 상황을 알고 도움을 요청한다.	학대, 성폭력, 실종, 유괴 상황 시 도움을 요청하는 방법을 알고 행동한다.	

여 신체 활동하기), 건강하게 생활하기(몸과 주변을 깨끗이 하기, 바른 식생활하기, 건강한 일상 생활하기, 질병 예방하기), 안전하게 생활하기(안전하게 놀이하기, 교통안전 규칙 지키기, 비상시 적절하게 대처하기)로 구분하고 있다.

신체운동 · 건강 영역 중에서 안전교육과 관련이 깊은 내용범주는 '안전하게 생활하기'다. 여기서는 '안전하게 생활하기' 내용범주를 중심으로 살펴보고자 한다. '안전하게 생활하기' 범주에 따른 내용은 안전하게 놀이하기, 교통안전 규칙 지키기, 비상시 적절히 대처하기로 구분되어 있다. 누리과정에서는 내용수준에 따른 세부내용, 지도원리, 유의점을 제시하고 있다.

■ 안전하게 놀이하기

'안전하게 놀이하기'는 유아들이 실내 · 외에서 접할 수 있는 여러 가지 놀이기구나 놀잇감, 도구를 안전하게 사용하고, 안전한 장소에서 놀이를 하며, 전자 미디어를 안전하게 사용하는 데 필요한 지식, 기능, 태도, 가치를 형성하도록 하는 내용이다.

① 세부내용

'놀이기구나 놀잇감, 도구를 안전하게 사용한다.'는 유아에게 실내 · 외에 있는 놀이기구나 놀잇감, 도구의 안전한 사용법 및 규칙 등을 알려 주어 안전하게 놀이할 수 있도록 하는 내용이다. 실외 놀이터에서 놀 경우 모자나 끈이 달린 옷을 입지 않거나 신발을 바로 신는 등 안전을 위해 갖추어야 할 복장도 포함한다. 교사는 만 3, 4세 유아에게 놀잇감이나 도구를 사용하기 전에 안전에 필요한 사항을 미리 알려 주고, 안전하게 사용할 수 있게 지도한다.

'놀이기구나 놀잇감, 도구의 바른 사용법을 알고 안전하게 사용한다.'는 유아에게 놀이기구나 놀잇감, 도구의 안전한 사용법을 알려 주는 것뿐만 아니라 생활 속에서 실천할 수 있게 하는 것이다. 만 5세 유아에게 실내 · 외의 놀이기구나 놀잇감, 도구를 어떻게 사용해야 안전한지, 왜 그렇게 사용해야 하는지 등을 알고 실천할 수 있게 한다.

'안전한 놀이 장소를 안다.'는 유아가 실내 · 외의 놀이 장소에서 안전하게 놀이할 수 있도록 안전한 놀이 장소를 알고 안전하지 못한 곳과 구분할 수 있게 하는 내용이다. 만 3세 유아가 안전하게 놀이하도록 하기 위해서는 안전사고 위험요인이 미리 제거된 안전한 놀이 공간과 시설을 제공하는 것이 중요하다. 또한 유아에게 찻길이나 도로변과 같은 위험한 장소를 알려 주어 일상생활에서 위험에 노출되지 않도록 지도한다.

'안전한 장소를 알고 안전하게 놀이한다.'는 유아에게 안전한 놀이 장소를 알려 주고 놀이하도록 하는 것에서 발전하여 유아와 함께 실내·외에서 안전하고 위험한 장소를 알고 구분하며, 질서를 지키는 등 안전하게 놀이할 수 있게 지도하는 내용이다. 만 4, 5세 유아와 위험한 장소 및 그 이유에 대해 알아보고, 안전하게 놀이할 수 있는 규칙을 정한 후 스스로 지키면서 놀이하도록 한다.

'TV, 인터넷, 통신기기 등을 바르게 사용한다.'는 유아에게 올바른 전자 미디어의 사용법을 알려 주고 사용하도록 하는 내용이다. 만 3세 유아에게는 정해진 시간에만 바른 자세로 앉아 사용하는 등 전자 미디어의 바른 사용법을 알고 생활 속에서 지킬 수 있도록 한다. 이때 교사는 적정 시간을 지켜 전자 미디어를 사용할 수 있도록 지도한다.

'TV, 인터넷, 통신기기 등의 유해성을 알고 바르게 사용한다.'는 전자 미디어의 순기능뿐만 아니라 역기능에 대해 인식하고, 이를 바탕으로 자기조절 능력을 가지고 올바르게 전자 미디어를 사용하도록 하는 내용이다. 만 4, 5세 유아와 생활 속에서 전자 미디어와 관련된 다양한 문제 상황 및 문제해결 방법에 대해 알아보고, 이를 실천하고자 노력할 수 있다. 전자 미디어 안전교육은 반드시 가정과 연계되어 이루어질 수 있도록 한다.

② 지도원리

교사는 유아가 놀이기구나 놀잇감을 안전하게 사용할 수 있도록 한다.

- 실내·외에서 놀이기구나 놀잇감 사용 시 지켜야 할 규칙이 무엇이 있는지 친구들과 의논하고 약속을 정하여 실천한다.
- 놀이기구의 안전한 사용법에 대하여 이야기 나누기를 한 후 실천한다.

③ 유의점

교사는 활동공간에 따른 적절한 인원수, 기구의 견고성, 공간 바닥 등에 대해 정기적으로 안전점검을 실시하여 안전한 놀이 환경을 유지한다.

일상생활에서의 지속적인 놀이안전교육을 통하여 유아 스스로 자신의 안전을 지킬 수 있는 능력과 태도를 갖도록 한다.

■ 교통안전 규칙 지키기

'교통안전 규칙 지키기'는 만 5세 유아가 교통안전 규칙의 중요성과 자동차 사고의 위험을 이해하고, 사고의 위험으로부터 자신을 보호하기 위해 필요한 지식, 기능, 태도, 가치를 기르기 위한 것이다. 교통기관은 우리에게 편리함을 주는 대신 교통사고와 교통 혼잡, 대기 오염 등의 문제를 일으킨다. 특히 교통사고는 귀중한 생명 및 재산의 피해를 가져오므로 우리 생활에 심각한 문제를 초래하고 있다. 이에 유아가 안전한 생활태도를 가질 수 있도록 교통안전 규칙과 교통수단의 안전한 이용방법을 익힐 수 있도록 한다.

① 세부내용

'교통안전 규칙을 안다.'는 유아에게 안전한 보행이나 도로 횡단 등 각종 교통안전 규칙을 숙지할 수 있도록 하여 안전하게 다닐 수 있는 능력을 기르는 것으로, 교통신호와 도로교통의 여러 상황에 대한 이해, 안전한 보행 등 생활 속에서 교통안전 규칙을 경험할 수 있는 기회를 제공함으로써 교통안전 의식을 교육한다. 유아가 교통신호와 교통 규칙을 잘 이해하여 위험한 행동을 하지 않도록 가정과 연계된 실생활에서의 지도가 중요하다.

'교통안전 규칙을 알고 지킨다.'는 교통규칙을 알려 주고 경험하도록 하는 것에서 나아가, 교통안전 규칙을 왜 지켜야 하는지, 지키지 않을 때 어떤 일이 일어나는지 등을 알고 지키도록 하는 내용이다. 만 4, 5세 유아에게 교통안전 규칙에 대해 알아보고 실천하면서 평가해 볼 수 있는 경험을 제공하도록 한다. 또한 교통 표지판에 대해 알아보고 그 의미를 알고 지키도록 한다.

'교통수단을 안전하게 이용한다.'는 승용차나 지하철, 버스 등 교통기관의 안전한 이용방법을 알고, 교통신호와 교통안전 표지를 인식하여 교통수단을 안전하게 이용하는 것으로 교통공원 또는 유치원과 어린이집의 실내·외 놀이시간을 이용하거나 대중교통 및 각종 교통수단에 대한 실제적 경험을 제공함으로써 교통안전교육을 실시할 수 있다. 특히 자동차를 타고 갈 때 안전한 뒤쪽에 앉으며, 자동차 문을 함부로 열지 않고, 자동차 안에 있는 여러 물건을 마음대로 만지지 않도록 지도하며, 안전띠를 매고 운전에 방해가 되지 않도록 지도한다. 또한 버스에서 손잡이 잡기, 어른과 함께 버스 타기, 택시에 오르기, 기차 타기 등 교통수단을 올바르고 안전하게 이용할 수 있도록 지도하고, 실제로 경험할 수 있는 기회를 제공해야 한다.

② 지도원리

교사는 유아가 교통 규칙을 지켜 안전하게 다닐 수 있도록 안전교육을 실시한다.
- 횡단보도 보행 시, 골목길 보행 시 주의할 점을 알아보고 실천한다.
- 기본적인 교통 표지판의 의미를 알아보는 활동을 한다.

교사는 유아가 교통수단의 올바르고 안전한 이용에 대해 알아보고 실천하게 한다.
- 안전벨트의 중요성에 대해 알아보고, 안전벨트를 착용하는 습관을 가진다.
- 대중교통 이용 시 지켜야 할 규칙에 대하여 알아본다.

③ 유의점

교통안전교육은 정기적으로 실시하며, 이야기 나누기, 역할극, 교통공원 방문 등 다양한 방법으로 실시한다.

산책 시, 등·하원 차량 운행 시, 현장체험 시 보행 및 차량 이용 시 등 생활 속에서 교통안전 실천이 지속적으로 이루어질 수 있도록 지도한다.

■ 비상시 적절히 대처하기

'비상시 적절히 대처하기'는 재난 및 사고 등 비상시 적절하게 대처하는 방법을 알고, 유괴나 미아 사고 및 성폭력의 가능성을 알려 주어 만약의 경우 이러한 상황이 발생했을 때 대처방법을 알게 하는 것이다. 특히 유아가 높은 곳, 미끄러운 곳, 기타 위험한 장소나 생활 주변에서 흔히 접할 수 있는 유독성 물질이나 이물질 등의 위험을 인식하고, 그러한 장소나 물질로부터 안전하게 대처하는 방법을 알고 실천하도록 해야 한다.

① 세부내용

'재난 및 사고 등 비상시 적절하게 대처하는 방법을 안다.'는 홍수와 지진, 태풍, 집중호우, 화재 등과 같은 다양한 종류의 재해에 대비하는 방법을 알아보고, 비상시를 대비하여 기관에서 필요한 대피훈련을 정기적으로 실시하는 내용이다. 대피훈련을 할 때는 반드시 사전에 교사 회의를 통해 훈련 일정과 방법을 논의하고 가정통신문을 통해 가정에 소방대피훈련이 있음을 알리도록 한다. 즉, 유아에게 놀이시설이나 베란다 등 높은 곳에서 추락하거나 약물이나 상한 음식물 섭취에 따른 사고나 피해, 질식 사고를 유발할 수 있는 물질,

전기나 전기 시설물 등에 의한 사고뿐 아니라 유아가 좋아하는 동물 다루는 법, 곤충에 대한 안전교육 등도 실시한다. 위험한 상황에서 자신을 보호하기 위해서는 적절한 대처방법을 알아야 할 뿐만 아니라 대피를 위한 신체운동 능력의 발달도 선행되어야 한다.

'학대, 성폭력, 실종, 유괴 상황을 알고 도움을 요청한다.'는 유괴나 미아 사고 및 성폭력 가능성을 알려 주어 만약의 경우 이에 대처하는 방법을 알게 하는 내용이다. 유아는 위험에 처했을 때 적절히 대처하는 방법을 알지 못한다. 따라서 유아가 혼자 문제를 해결하게 하기보다는 교사나 주변의 믿을 만한 성인을 찾아 도움을 요청하는 방법을 알려 주며, 비상 전화번호를 알고 사용하는 등 위험한 상황에서 자신을 보호하는 행동을 실천할 수 있도록 지도한다. 안전교육을 실시할 때 자칫 잘못하면 유아에게 불필요한 두려움이나 경계심을 조장할 수 있으므로 유아들이 주변 환경이나 사람들에 대해 지나치게 불신감을 갖게 하거나 위축된 행동을 보이지 않도록 각별히 주의해야 한다.

② 지도원리

교사는 유아가 재난 및 사고 등 비상시 적절하게 대처하는 방법을 알고 실천할 수 있도록 한다.

- 비상구 표시와 대피 장소를 알아보는 활동을 한 후, 화재 상황을 연출하여 대피하는 경험을 해 본다.
- 길을 잃었을 때를 대비하여 집과 가족의 전화번호를 외우게 한다.

교사는 유아가 학대, 성폭력, 유괴 상황을 알고, 이에 대처하는 방법을 익힐 수 있도록 안전교육을 실시한다.

③ 유의점

재난대피, 학대, 성폭력, 유괴 관련 교육을 정기적으로 실시하며, 유아가 안전에 대한 지식, 기능, 태도, 가치를 기르도록 지도한다.

5. 안전교육에 대한 평가

유아교육과 보육의 통합을 위하여 3~5세 표준보육과정과 유치원 교육과정은 2013년부터 3~5세 유아를 위한 누리과정으로 통합되었고, 2015년 전반기부터 지방교육재정교부금으로 무상교육 지원금이 각 시·도 교육청으로 일원화되었으며, 2015년 후반기부터 전국 50개 유치원과 어린이집을 선정하여 일원화된 평가척도를 시범적으로 적용하였다.

1) 어린이집 평가척도

어린이집 평가인증 3차 지표는 공통지표 6개 영역 50개 지표로 구성된다. 필수요소는 법적 사항(정원 준수, 유통기한, 근로계약서 작성, 직무교육, 아동학대 예방(체벌 금지, 보육교직원의 책임 및 역할 숙지)]에 해당되는 지표로서 미충족 시에는 0점으로 평정된다. 기초요소는 보육의 질을 위하여 기본적으로 충족해야 하는 요소로서 미충족 시에는 1점으로 평정된다. 각 지표는 우수 3점, 보통 2점, 미흡 1점, 기준 미충족 0점으로 구분된다.

어린이집 평가인증 3차 지표의 심의내용은 어린이집의 특징과 장점, 보육과정 질 관리체계, 어린이집의 운영 상황이고, 점수반영 비율은 기본사항확인서 15%, 현장관찰보고서 65%, 심의위원회의견서 20%다. 인증결과 및 결과를 등급으로 공개하고 인증유효기간은 3년으로 유지하였다.

3차 지표는 영역 1 보육환경 8개 지표, 영역 2 건강 8개 지표, 영역 3 안전 8개 지표, 영역 4 보육과정운영 8개 지표, 영역 5 보육활동과 상호작용 10개 지표, 영역 6 운영관리 8개 지표로 총 6개 영역 50개 지표로 구성되었다. 여기서는 6개 영역 중 영역 3 안전 8개 지표에 대한 내용을 중심으로 살펴보고자 한다. 어린이집의 실내·외 시설 및 설비를 안전하게 설치·관리하고 비상시 대처능력을 키움으로써 어린이집의 하루 일과에서 위험한 상황이 생기거나 사고가 날 염려가 없는 상태를 유지하는 것이 필요하다. 안전영역은 8개 지표로 구성되어 있다(3-1부터 3-8까지). 기준에 충족되는 경우에는 Y(Yes), 미충족되는 경우에는 N(No)으로 표시하도록 하였다.

3-1. 보육실은 영유아의 안전을 위해 위험요인 없이 관리된다.

1. 보육실의 출입문과 창문이 안전하여 위험요인이 없다.
2. 보육실의 천장, 바닥, 벽면 등이 안전하여 위험요인이 없다.
3. 보육실의 전기설비(전기 콘센트 등)가 안전하여 위험요인이 없다.
4. 보육실 내 전선줄 등이 안전하여 위험요인이 없다.
5. 보육실의 고정식 시설 및 설비(라디에이터 등)의 상태가 안전하여 위험요인이 없다.
6. 보육실의 이동식 시설 및 설비(가구 등)가 안전하여 위험요인이 없다.
7. 보육실 내 세면대, 정수기 등에 온수 조절 조치가 적절하여 위험요인이 없다.

평정기준
우수(3점): 모두 Y, 보통(2점): Y가 6개, 미흡(1점): Y가 5개 이하

3-2. 실내·외 공간(보육실 외)은 영유아의 안전을 위해 위험요인 없이 관리된다.

1. 실내·외 공간의 출입문이 안전하여 위험요인이 없다.
2. 실내 공간의 창문이 안전하여 위험요인이 없다.
3. 실내 공간의 천정, 바닥, 벽면 등이 안전하여 위험요인이 없다.
4. 실내·외 공간의 전기설비(전기 콘센트 등)가 안전하여 위험요인이 없다.
5. 실내·외 공간의 전선줄 등이 안전하여 위험요인이 없다.
6. 실내·외 공간의 고정식 시설 및 설비(고정식 놀이기구, 라디에이터 등)의 상태가 안전하여 위험요인이 없다.
7. 실내·외 공간의 이동식 시설 및 설비(가구 등)가 안전하여 위험요인이 없다.
8. 실내 공간 내 세면대, 정수기 등에 온수 조절 조치가 적절하여 위험요인이 없다.
9. 성인이 주로 사용하는 실내·외 공간에 영유아가 출입하지 않는다.

평정기준
우수(3점): 모두 Y, 보통(2점): Y가 7~8개, 미흡(1점): Y가 6개 이하

3-3. 실내 · 외 놀잇감이 안전하고, 위험한 물건은 영유아의 손에 닿지 않도록 보관한다.

1. 보육실 내 놀잇감에 파손된 부분이 없다. [기초]
2. 실내 · 외 공간에 비치된 놀잇감에 파손된 부분이 없다.
3. 보육실 내 영유아의 손이 닿는 곳에 위험한 물건이 없다.
4. 실내 공간에 영유아의 손이 닿는 곳에 위험한 물건이 없다.
5. 실외 공간에 영유아의 손이 닿는 곳에 위험한 물건이 없다.

평정기준
우수(3점): 모두 Y, 보통(2점): Y가 4개(기초 포함), 미흡(1점): 기초 N 또는 Y가 3개 이하

3-4. 영유아는 등원부터 하원까지 성인의 보호하에 있다.

1. 영유아의 인계과정에 대한 체계적인 규정이 수립되어 있다. [기초] 기록
2. 영유아의 보호자에게 받은 귀가동의서가 구비되어 있다. 기록(서식)
3. 영유아의 인계과정이 규정에 따라 안전하게 이루어진다. 면담
4. 영유아가 혼자 등 · 하원하지 않는다. [기초] 관찰, 면담
5. 보육교직원은 영유아의 안전을 위해 항상 전체 상황을 주시한다. [기초]
6. 보육교직원은 장소가 바뀔 때마다 모든 영유아를 확인한다.
7. 영유아를 두고 자리를 비울 때는 책임 있는 성인에게 인계한다.

평정기준
우수(3점): Y가 6개 이상(기초 포함), 보통(2점): Y가 4~5개(기초 포함)
미흡(1점): 기초 N 또는 Y가 3개 이하

3-5. 어린이집에서 차량을 운행할 경우, 안전요건을 갖추어 관리한다.

1. 어린이집에서 등 · 하원용 차량운행을 하지 않는다. 기록
2. 차량 내부에 안전수칙을 게시하고, 차량용 소화기, 구급상자를 구비하고 있다.
3. 차량 내부에 영아용 보호장구, 개별 안전띠가 구비되어 있다.
4. 매일 차량 안전점검을 실시한다. 기록

5. 차량 운행 시 성인이 동승한다. [기초] 면담

6. 차량기사와 차량에 동승한 성인은 영유아를 안전하게 보호한다. 면담

평정기준

우수(3점): 3-5-1이 Y 또는 3-5-2~3-5-6이 모두 Y

보통(2점): 3-5-2~3-5-6 중 Y가 4개(기초 포함)

미흡(1점): 3-5-2~3-5-6 중 기초 N 또는 Y가 3개 이하

3-6. 어린이집은 비상사태에 대비할 수 있는 시설·설비와 인력이 있다.

1. 비상사태를 대비한 안전시설 및 설비는 비상시 효율적으로 사용할 수 있도록 관리된다. [기초]

2. 보육교직원은 안전관리 시설 및 설비의 사용법을 숙지하고 있다(소화기 등). 면담

3. 어린이집에는 비상시 대처방안과 업무분장이 체계적으로 수립되어 있다. [기초] 기록

4. 보육교직원은 비상시 자신의 역할과 대처방안을 숙지하고 있다. 면담

5. 보육교직원 중에 응급처치(심폐소생술) 관련 교육에 참여한 직원이 있다. 기록(서식), 면담

평정기준

우수(3점): Y가 4개 이상(기초 포함), 보통(2점): Y가 3개(기초 포함)

미흡(1점): 기초 N 또는 Y가 2개 이하

3-7. 영유아는 비상사태에 대비하여 대피훈련과 다양한 안전교육을 받는다.

1. 영유아가 정기적으로 소방대피훈련에 참여한다. [기초] 기록, 면담

2. 영유아가 놀이기구와 놀잇감을 안전하게 사용하도록 지도한다.

3. 계절 및 날씨 관련 놀이 안전수칙을 준수한다. 기록, 면담

4. 영유아에게 다양한 종류의 안전교육이 이루어진다. [기초] 기록

5. 영유아를 위한 안전교육이 발달 수준에 적합하다.

평정기준

우수(3점): Y가 4개 이상(기초 포함), 보통(2점): Y가 3개(기초 포함)

미흡(1점): 기초 N 또는 Y가 2개 이하 기록, 면담

> **3-8. 보육교직원은 다친 영유아를 지침에 따라 처치하고, 영유아를 학대로부터 보호한다.**
>
> 1. 다친 영유아를 위한 지침이 구체적으로 마련되어 있다. [기초]
>
> 2. 보육교직원은 지침에 따라 다친 영유아를 처치하고 관련 내용을 보호자에게 알린다. 기록, 면담
>
> 3. 어린이집에서는 체벌을 금한다. [필수]
>
> 4. 어린이집에 영유아 학대 예방 지침이 수립되어 있다. [기초] 기록, 면담
>
> 5. 보육교직원은 영유아를 학대로부터 보호하기 위한 자신의 책임과 역할을 숙지하고 있다. [필수] 면담
>
> 6. 모든 보육교직원이 영유아 학대 예방교육을 받는다. [기초] 기록, 면담
>
> **평정기준**
> 우수(3점): 모두 Y(필수, 기초 포함), 보통(2점): Y가 5개(필수, 기초 포함)
> 미흡(1점): 기초 N 또는 Y가 2~4개(필수 포함),   0점: 필수가 1개라도 N

2) 유치원 평가척도

제3주기 유치원 평가척도는 3년 주기(2014~2016년)로 이루어진다. 영역으로는 Ⅰ. 교육과정 3개 지표 7개 평가요소, Ⅱ. 교육환경 2개 지표 5개 평가요소, Ⅲ. 건강 및 안전 2개 지표 6개 평가요소, Ⅳ. 운영관리 2개 지표 5개 평가요소로 구성되었다(교육부, 2014).

4개 영역 중 3영역의 건강 및 안전지표 중 안전지표에 초점을 두어 살펴보면 '유아의 안전관리 및 지표의 적절성' 지표에 대한 평가요소는 세 가지다. ① 유아원 교사를 대상으로 하는 안전교육을 실시하고 있다. ② 유아, 교직원 및 시설에 대한 보험에 가입하여 있다. ③ 실내·외 시설 및 설비를 안전하게 설치, 관리하고 있다.

평가방법은 서면평가, 현장평가, 공시정보로 이루어진다. 서면평가는 유치원 교육운영계획서, 자체 평가보고서에 기록된 내용을 확인하는 것이고, 현장평가는 부모교육 관련 자료, 가정 및 지역사회 연계 관련 자료, 방과 후 과정 관련 자료 등을 확인하는 것이며, 정보공시는 회계 예·결산서, 안전 관련 사항, 보험 가입 현황, 급식 관련, 환경 위생 등을 확인한다.

(1) 안전관리 및 지도 평가지표 이해

① 안전교육 실시

- 유아교육기관의 모든 교직원은 다양하고 체계적인 안전교육을 받는 것이 중요하며, 유아들에게도 일상생활에서 안전하게 지낼 수 있는 지식과 행동요령에 대해 정기적으로 교육한다.
- 정기적인 안전교육은 안전한 생활을 실천하는 데 필요한 지식을 습득하여 위험요소를 미리 예측하고 대비할 수 있는 태도와 능력을 가질 수 있도록 돕는다.
- 사고 발생에 대비한 비상대응계획을 수립하고 그에 따라 교직원, 유아는 안전교육을 실시한다.

② 유아, 교직원 및 시설에 대한 보험

- 안전한 교육환경은 시설 및 설비와 같은 물리적 환경뿐만 아니라 유아, 교직원이 안전하게 지낼 수 있도록 보호하는 것이다.
- 공제회 및 보험가입 현황-학교안전공제회, 교육시설재난공제회, 교육기관종합보험, 상해보험, 화재보험, 배상책임보험, 가스배상책임보험, 통학버스 책임보험, 통학버스 종합보험
- 공제회 및 보험가입의 법적 근거

③ 안전한 실내·외 시설 및 설비

- 안전사고를 예방하기 위해 유치원의 실내·외 시설과 설비 등을 미리 점검하여 사고 원인을 제거한다.
- 안전한 유치원 환경이란 시설과 설비 및 교구의 사용에 위험요소가 없어야 함을 의미하고, 범위는 건물 및 주변 환경으로부터 유아의 등·하원 시의 교통환경, 유치원 실내·외 환경 교실 등을 포함한다.
- 실내 환경은 안전하게 구성하고, 잠재적 위험 여부를 수시로 점검하여 유아에게 안전한 환경을 제공해야 한다.
- 실외 놀이터는 상해가 발생하지 않도록 장애물 없는 넓은 공간이어야 한다. 유아가 자유롭게 탐색하고 이동할 수 있도록 안전하게 설계 및 관리해야 한다.

• 유치원 내에 외부인의 무단침입 방지를 위한 입·출입 관리 등 CCTV 등의 안전시스템을 구축하여 유아 및 교직원의 안전을 확보한다.

(2) 평가요소의 확인

① 유아와 교사를 대상으로 안전교육을 실시하고 있다.
• 기본적인 안전교육 내용 및 최소 교육시간은 연간 44시간 이상(「아동복지법」 제31조, 「아동복지법」 시행령 제28조)
  −성폭력 및 아동학대 예방교육은 6개월에 1회 이상, 연간 8시간 이상 교육해야 한다.
  −실종·유괴 예방교육은 3개월 1회 연 10시간 이상
  −약물 오남용 예방교육은 3개월 1회 연 10시간 이상
  −재난대비교육은 6개월에 1회 연 6시간 이상
  −교통안전교육은 2개월에 1회 연 10시간 이상
• 유치원의 모든 교직원을 대상으로 하는 자체 연간 안전교육 계획을 수립하여 실시하고 있는지 확인한다.
  −신규 교직원, 자원봉사자, 보조교사 등 포함
  −교사 대상 안전교육: 안전관리 지도법, 응급처치법, 화재 및 화상 대처, 아동학대 및 유괴, 식중독, 교통안전, 놀이시설, 소방대피훈련, 자연재해 대피훈련 등
  −교직원 성범죄 경력 조회를 하고 있다.
  −안전교육 담당자의 안전교육 연수를 의무적으로 실시한다.
• 가정통신문, 홈페이지, 부모교육 등을 통해서 부모들에게 안전교육에 대한 정보를 정기적으로 제공하고 있는지 확인한다.
• 사고 발생에 대비하여 비상대응계획이 마련되어 있는지 확인한다.

② 유아, 교직원 및 시설에 대한 보험에 가입되어 있다.
• 관련 법률에 따라 피해보상 대비보험에 가입되어 있는지 확인한다.
  −유아, 교직원, 시설에 대한 보험이 모두 가입되어 있다.
  −차량이 보험에 가입되어 있다.

③ 실내 · 외 시설 및 설비를 안전하게 설치 · 관리하고 있다.

- 시설 안전점검을 위한 운영계획 수립, 실행, 사후관리가 체계적으로 이루어지고 있는 지 확인한다.
  - 안전점검 계획 시 연간계획을 수립하고 업무분담과 책임이행에 대한 안전점검 조 직구성, 시설 관리지침 등을 마련하여 명문화한다.
  - 안전점검 시행 시 수시점검과 정기점검으로 분류하여 실시한다.
  - 안전점검 시행 후 안전점검 결과를 기록하여 비치하고, 개선된 사항은 즉시 수정 · 기록한다.
- 정기적으로 안전점검을 실시하는지 확인한다.
  - 매월 4일 안전점검의 날에 안전점검을 실시한다. (「재난 및 안전관리기본법」 제66조 의3 및 시행령 제73조의4에 한해)
  - 안전점검 체크리스트를 활용하여 실외(놀이시설, 바닥, 울타리)와 실내(교실 공간, 비 품, 놀잇감, 가구, 복도 및 문, 계단, 난간, 화장실, 현관 등) 점검을 실시한 후 미흡한 부분 을 신속히 보수
  - 건축, 소방, 전기, 가스 등 시설 · 설비 안전점검(놀이기구, 노후시설 개 · 보수 등)
  - 유아들의 안전을 위해 어린이 놀이시설을 관련 법에 따라 설치 및 검사(「어린이놀이 시설 안전관리법」 제12조 제1항, 제2항)한다.
  - 안전검사기관으로부터 2년에 1회 이상 정기시설검사를 받아야 한다.
  - 미끄럼틀 경사가 완만한지, 미끄럼틀 아래의 착지하는 곳이 위험하지 않은지 점검
- 전문기관과 협조하에 안전점검을 실시한다.
  - 한국전기안전공사, 한국가스안전공사, 한국시설안전기술공단, 한국소방안전협회 또는 지역 소방서 등

〈지표 7의 요소별 평정기준〉

평가지표 7		유아의 안전관리 및 지도의 적절성(5)	요소		환산지표 점수
			평정	합	
7-1 유아와 교사를 대상으로 안전교육을 실시하고 있다.	5	유아와 교사를 대상으로 안전교육을 실시하고 있고, 비상대응계획이 마련되어 있다.			
	4	5와 3의 중간 수준			
	3	유아와 교사를 대상으로 안전교육을 실시하고 있으나, 비상대응계획이 미흡하다.			
	2	3과 1의 중간 수준			
	1	유아와 교사를 대상으로 안전교육과 비상대응계획이 모두 미흡하다.			
7-2 유아, 교직원 및 시설에 대한 보험에 가입하여 있다.	5	관련 법률에 규정된 유아, 교직원 및 시설 보험에 모두 적합하게 가입하여 있다.			
	4	관련 법률에 규정된 유아, 교직원 및 시설 보험 중 한 가지가 누락되었다.			
	3	관련 법률에 규정된 유아, 교직원 및 시설 보험 중 두 가지가 누락되었다.			
	2	관련 법률에 규정된 유아, 교직원 및 시설 보험 중 세 가지가 누락되었다.			
	1	관련 법률에 규정된 유아, 교직원 및 시설 보험 중 네 가지가 누락되었다.			
7-3 실내·외 시설 및 설비를 안전하게 설치·관리하고 있다.	5	실내·외 시설·설비 안전관리 계획을 수립하고 정기적으로 점검·관리하고 있다.			
	4	5와 3의 중간 수준			
	3	실내·외 시설·설비 안전관리 계획은 수립하였으나, 정기적인 점검·관리는 미흡한 편이다.			
	2	3과 1의 중간 수준			
	1	실내·외 시설·설비 안전관리 계획과 점검·관리가 모두 미흡하다.			

* 요소평정의 지표점수 환산(요소평정의 합 → 환산지표점수)

15→5점, 14→4.7점, 13→4.3점, 12→4점, 11→3.7점, 10→3.3점, 9→3점, 8→2.7점, 7→2.3점, 6→2점, 5→1.7점, 4→1.3점, 3→1점

3) 유치원·어린이집 통합 평가척도(안)

정부는 2016년부터 유치원, 어린이집을 위한 평가척도를 목표로 2015년 후반기부터 전국적으로 50개 기관을 선정하여 시범적으로 일원화된 평가척도를 적용하기로 하였다. 통합평가는 3년 주기로 실시되며, 2016년 관련 법령 제정과 시범운영을 거쳐 순차적으로 추

진될 예정이다(연합뉴스, 2014. 12. 12.).

통합 평가지표(안)는 Ⅰ. 보육, 교육환경 3개 지표 18개 평가항목, Ⅱ. 교직원 4개 지표 25개 평가항목, Ⅲ. 건강·안전 6개 지표 17개 평가항목, Ⅳ. 운영관리 4개 지표 20개 평가항목, Ⅴ. 보육·교육과정 6개 지표 40개 평가항목, Ⅵ. 상호작용 4개 지표 31개 평가항목으로 구성되었다. 통합평가지표(안)의 6개 평가영역 중 건강·안전 영역에 대해 살펴보고자 한다. 건강·안전 6개 지표 중 3개 지표는 안전에 대한 평가지표다. 3개 지표 9개 평가항목에 따른 내용은 다음과 같다.

평가영역	평가지표	평가항목	평가방법	특성화	충족/미충족	어린이집	유치원
Ⅲ. 건강·안전	3-4. 실내·외 시설설비의 안전(4)	1. 보육실/교실은 영유아의 안전을 위해 위험요인 없이 관리된다.	관찰		□Y □N	3-1	7-3 매뉴얼
		2. 실내·외 공간(보육실/교실 외)은 영유아의 안전을 위해 위험요인 없이 관리된다.	관찰		□Y □N	3-2	7-3 매뉴얼
		3. 실내·외 놀잇감이 안전하고, 위험한 물건은 영유아의 손에 닿지 않도록 보관한다.	관찰		□Y □N	3-3	7-3 매뉴얼
		4. 비상사태를 대비한 안전시설 및 설비는 비상시 효율적으로 사용할 수 있도록 관리된다.	관찰		□Y □N	3-6-1	7-1 매뉴얼
	3-5. 등·하원의 안전과 차량(2)	1. 영유아는 등원부터 하원까지 성인의 보호하에 있다.	관찰, 기록		□Y □N	3-4	-
		2. 차량을 운행할 경우 안전요건을 갖추어 관리한다.	관찰, 기록		□Y □N	3-5	-

3-6. 안전교육 실시 및 안전사고에 대한 보험 가입(3)	1. 영유아는 다양한 안전교육을 받는다.	기록, 관찰, 면담			3-7	7-1 매뉴얼
	2. 교직원은 다양한 안전교육을 받는다.	기록, 관찰, 면담			3-6	7-1 매뉴얼
	3. 관련 법률에 규정된 영유아, 교직원 및 시설 보험이 모두 적합하게 가입하여 있다.	기록			사전 확인	7-2 매뉴얼

*어린이집 3-1, 유치원 7-3 매뉴얼 등의 표기는 상술한 어린이집 평가인증척도와 유치원 평가척도에 제시된 평가지표의 번호를 의미한다.

제2장
질병안전

감염병 예방조치

- 유치원장은 감염병에 감염 혹은 감염이 의심된다고 의사가 판단한 경우, 등원을 중지시킬 수 있음(등원 중지 시에는 이에 따른 사유와 등원 중지 기간을 명확하게 밝혀야 함).
- 유치원장은 유아의 콜레라, 장티푸스, 파라티푸스, 세균성 이질, 장출혈성대장균감염증, A형간염 등 법정 감염병에 감염 혹은 의심 증상이 있을 시에는 즉각 관할 보건소장에게 신고해야 함.
- 유아의 건강 및 감염병 등에 관련된 업무를 담당한 자는 업무상 알게 된 사실의 비밀을 보장해야 함.
- 유치원장은 교직원의 감염병 감염 혹은 감염이 의심되는 경우에도 보건소 신고 및 격리, 출근 중지를 명할 수 있음.

출처: 교육부(2015a).

1. 발달과정과 아동의 건강문제

영유아 사고의 원인은 돌보는 사람의 부주의, 시설관리 소홀 및 시설 불량, 안전교육 부족 등으로 분류할 수 있는데, 이들 대부분의 안전사고는 90% 이상이 예방 가능하다. 만 2세 미만 및 만 2세 보육과정 교사지침에서도 보육교사는 영유아가 질병에 걸리지 않도록 환경을 조성하고, 영유아의 상태 변화를 민감하게 관찰하여 적절한 조치를 취하도록 하며, 감염병이 있는 영유아는 적절히 격리해야 한다고 제시함으로써 보육교사의 건강관리에 대한 책임을 강조하였다.

「영유아보육법」(2015. 5. 18. 일부 개정)에서도 어린이집은 영유아에 대해서 정기적으로 건강진단을 실시하는 등 건강관리를 하여야 하며, 영유아에게 질병·사고 또는 재해 등으로 인하여 위급 상태가 발생한 경우 즉시 응급의료기관에 이송(「영유아보육법」 제31조 제2항)하도록 함으로써 어린이집에서의 건강관리에 대한 책임을 좀 더 강화하고 있다. 이처럼 어린이집에서 보육교사는 영아에게 안전한 환경을 제공하고, 영유아의 건강상태를 주의 깊게 관찰·관리하며, 응급상황 발생 시 적절하게 대처해야 할 의무가 있다.

제31조(건강관리 및 응급조치) ① 어린이집의 원장은 영유아와 보육교직원에 대하여 정기적으로 건강진단을 실시하는 등 건강관리를 하여야 한다. ② 어린이집의 원장은 영유아에게 질병·사고 또는 재해 등으로 인하여 위급 상태가 발생한 경우 즉시 응급의료기관에 이송하여야 한다. ③ 제1항에 따른 건강진단 등에 필요한 사항은 보건복지부령으로 정한다.

제31조의3(예방접종 여부의 확인) ① 어린이집의 원장은 영유아에 대하여 최초로 보육을 실시한 날부터 30일 이내에 특별자치도지사·시장·군수·구청장 또는 영유아의 보호자로부터 「감염병의 예방 및 관리에 관한 법률」 제27조에 따라 특별자치도지사·시장·군수·구청장 또는 예방접종을 한 자가 발급한 예방접종 증명서 또는 그 밖에 이에 준하는 증명자료를 제출받아 영유아의 예방접종에 관한 사실을 확인할 수 있다. ② 어린이집의 원장은 제1항에 따른 확인 결과 예방접종을 받지 아니한 영유아에게는 필요한 예방접종을 받도록 보호자를 지도할 수 있으며, 필요한 경우 관할 보건소장에게 예방접종 지원 등의

협조를 요청할 수 있다. ③ 어린이집의 원장은 영유아의 예방접종 여부 확인 및 관리를 위하여 제29조의2에 따른 어린이집 생활기록에 예방접종 여부 및 내역에 관한 사항을 기록하여 관리하여야 한다.

제32조(치료 및 예방조치) ① 어린이집의 원장은 제31조에 따른 건강진단 결과 질병에 감염되었거나 감염될 우려가 있는 영유아에 대하여 그 보호자와 협의하여 질병의 치료와 예방에 필요한 조치를 하여야 한다. ② 어린이집의 원장은 제31조에 따른 건강진단의 결과나 그 밖에 의사의 진단 결과 감염병에 감염 또는 감염된 것으로 의심되거나 감염될 우려가 있는 영유아, 어린이집 거주자 및 보육교직원을 보건복지부령으로 정하는 바에 따라 어린이집으로부터 격리시키는 등 필요한 조치를 할 수 있다. ③ 어린이집의 원장은 제1항의 조치를 위하여 필요하면 「지역보건법」 제10조와 제13조에 따른 보건소 및 보건지소, 「의료법」 제3조에 따른 의료기관에 협조를 구할 수 있다. ④ 제2항에 따라 협조를 요청받은 보건소 · 보건지소 및 의료기관의 장은 적절한 조치를 취하여야 한다.

1) 아동의 건강문제에 대한 발달단계적 접근

아동은 단순히 성인의 축소판이 아니다. 아동은 성인과는 다른 아동 고유의 발달상의 신체적 · 심리적 특성이 있으며, 이 시기는 성장과정에서 매우 중요하게 다루어져야 한다. 아동은 신체적으로 발달이 진행되고 있는 상태로 신체적 평형기능과 긴장에 대한 적응력이 증가된다고 할지라도 성인에 비해 떨어지는 반면, 신체 활동은 훨씬 많고, 나이가 많아질수록 외부와의 접촉도 증가하고, 또래집단들과 어울리기를 좋아하여 감염에 노출될 수 있는 기회가 더욱 높아질 수밖에 없다. 그러므로 감염성 질환 중 신종플루 같은 호흡기 감염에 이환되는 경우가 많다(Jung, Oh, Cho, Kim, & Lee, 1996). 또한 호흡기 감염은 나이가 어릴수록 해부학적으로 기도가 좁아 점막이 약간만 부어도 분비물에 의해 공기의 유입이 억제되고, 호흡곤란을 일으키기 쉬우며, 성인에 비해 자율신경 기능 및 내분비계의 기능도 미숙하여 대처능력이 없거나 떨어진다(Lee, Lee, & Kim, 1998). 이에 따라 아동의 성장발달 단계에 다른 신체적 특징과 심리적 발달단계에 따라 아동의 위생과 질병 관련 안전대책을 세워야 한다.

(1) 영아기

영아기의 중요한 정신·사회적 과제는 신뢰감을 형성하는 것이다. 이 시기의 영아가 건강문제를 가지고 있다면 교사와 부모는 먼저 아이를 안아 가볍게 흔들어 주어 따뜻하고 안락하게 해 줌으로써 영아의 요구가 충족될 수 있도록 배려해야 한다. 영아는 자기 위안의 수단으로 엄지손가락이나 고무 젖꼭지 등을 빠는 행동을 보일 수 있으므로 이러한 행동을 이해하고 아이가 편안해질 때까지 영아의 행동을 보호해 주어야 한다.

(2) 걸음마기

1~3세 유아는 운동발달과 언어능력이 향상되면서 자주성이 발달하는 과정에 있다. 이 시기에는 처치나 검사과정에 가능한 한 부모가 함께 있도록 하여 가족으로부터 격리되는 불안감을 감소시켜 주어야 한다. 어린이가 좋아하는 담요나 장난감, 인형 등 과도기적 대상물을 지닐 수 있도록 배려한다. 처치나 검사에 관련된 용어는 어린이가 사용하는 언어를 사용하여 설명해 주도록 한다. 유아는 신체 절단에 대한 공포심을 갖고 있으므로 적절히 확신시켜 줌으로써 건강한 신체 이미지를 조성할 수 있도록 한다. 때로 주스나 스티커, 사탕 등을 치료나 검사과정 후에 상으로 제공하여 어린이의 통제나 자기 가치의 느낌을 장려한다.

(3) 유아기

4~6세 유아는 자신만의 독창력을 발달시키는 단계에 있다. 자신의 상처나 공포에 대해 의사소통을 할 수는 있지만 때로는 상상의 세계에 살고 있다는 것을 염두에 두어야 한다. 검사나 치료과정 중 인형이나 장난감 동물을 이용하여 도움을 얻을 수 있고, 검사 기구나 장비를 만져 보도록 하고, 과정에 대한 충분한 설명을 통해 그들의 두려움을 최소화해 주어야 한다. 취학 전 아동은 신체 중 피부에 대한 관심이 가장 많은 시기이기 때문에 상처를 닦아 낸 이후나 주사를 맞은 후에는 피부 위에 반창고를 붙여 주어 손상된 피부에 대하여 안심하도록 한다(김영숙 외, 2012).

2. 아동기의 일반적인 위생관리

1) 손 씻기 습관은 감염예방의 첫걸음

손을 씻지 않은 경우 시간당 증가되는 세균 수가 기하급수적으로 증가한다.

[그림 2-1] 손을 씻지 않은 경우 시간당 증가 세균 수와 손 씻는 모습

2) 올바른 365 손 씻기 방법

올바른 365 손 씻기는 3가지 약속(자주 씻어요, 올바르게 씻어요, 깨끗하게 씻어요), 손 씻기 6단계, 5늘부터 실천하자는 의미를 지닌다.

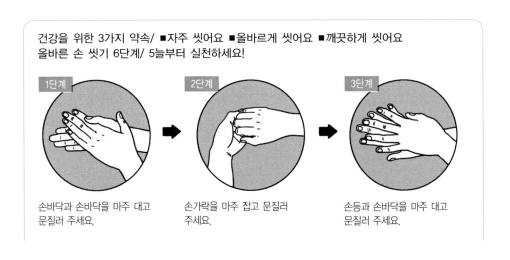

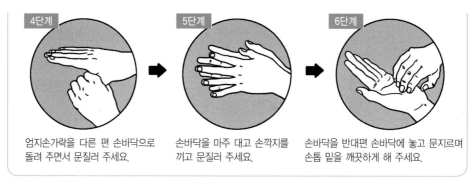

출처: 질병관리본부 홈페이지.

3) 손을 씻은 경우 병원균 수의 감소

손을 씻으면 세균 수는 감소하고, 손을 씻지 않은 경우 세균 수가 급격하게 증가한다.

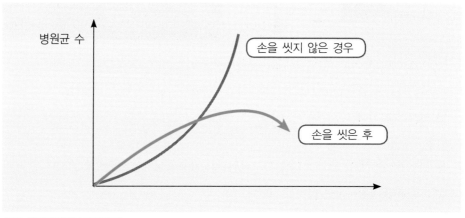

출처: 질병관리본부 홈페이지.

4) 감염 확대 예방을 위한 기침 예절

- 기침이나 재채기가 나올 것 같으면 화장지 등으로 입과 코를 누르고 다른 사람에게서 얼굴을 돌린다(가능한 한 1m 이상 떨어진다).
- 콧물, 가래 등 호흡기계 분비물이 묻은 화장지는 즉시 뚜껑이 있는 휴지통에 버린다.
- 기침 증상이 있는 사람에게는 마스크를 착용하게 한다(마스크는 설명서를 잘 읽고 형태에 맞도록 올바르게 착용한다).

[그림 2-2] 감염 확대를 예방하는 예절 교육

5) 기타 감염관리

- 방수 처리된 장갑을 착용한다.
- 유기물질을 제거하기 위해 먼저 흐르는 찬물로 물품을 헹군다.
- 물품을 헹군 다음 합성세제나 비누로 닦아 따뜻한 물에서 헹군다.
- 물품을 완전히 닦기 위해 지정된 강모 솔을 사용한다.
- 물품을 완전히 헹구고 말린다.
- 적절한 소독방법을 실시할 수 있도록 준비한다.

3. 아동의 일반적인 질병 예방 및 관리

1) 질병의 예방

일반적으로 유아가 환자인 경우 가정에서 유아를 보살피는 경우가 가장 이상적이지만 어머니의 직업이나 가정 사정에 의해 아픈 유아가 기관에서 일과를 보내는 경우가 있다. 경우에 따라서는 가정에서는 완치됐다고 생각하고 데리고 오는 유아 중에는 실제는 완치되지 않았거나 기관에 있는 동안 상태가 갑자기 나빠질 수도 있다. 이러한 경우에 유아교육기관의 교사는 아픈 유아를 적절히 간호할 수 있어야 하므로 교사는 아픈 유아를 간호하는 데 필요한 지식과 기술을 가지고 있어야 한다.

(1) 충분한 영양섭취

유아에게 필요한 영양과 열량이 충분히 공급되지 않으면 영양장애 또는 영양결핍이 되고, 이는 여러 가지 질병의 원인이 될 뿐만 아니라 일생 동안 건강한 신체를 가질 수 없게 될 수도 있다. 따라서 유아는 매일 다양한 종류와 적절한 양의 음식물을 통해 충분하고 균형 잡힌 영양과 열량을 섭취할 수 있어야 하며, 결식하는 일이 없어야 한다.

(2) 충분한 수면

2~3세의 유아는 12~15시간, 4~5세의 유아는 10~12시간의 충분한 수면이 필요하다. 유아기의 낮잠은 오전 생활에서 쌓인 피로를 풀고 보다 활기찬 오후 활동에 필요한 것으로, 5~6세까지는 1~2시간 정도 낮잠을 자게 하는 것이 좋다. 그러나 억지로 낮잠을 강요할 필요는 없으며, 충분히 잠을 잘 수 있는 환경을 만들어 주는 것이 필요하다.

(3) 청결한 환경과 위생 습관

깨끗한 공기와 위생적인 기관의 환경이 필요하며, 날씨에 맞는 깨끗한 의복을 입고, 몸과 손을 깨끗이 닦으며, 손톱을 깨끗이 깎는 등의 습관이 유아를 보호해 주는 중요한 요인이 된다.

(4) 정서적 안정

정서적으로 불안한 환경이나 스트레스를 많이 받게 되면 여러 가지 신체적 · 정신적 질환의 원인이 될 수 있으므로 정신적으로 편안한 환경을 제공하는 것이 필요하다.

(5) 질병의 조기 진단 및 치료

감염의 징후가 있을 때 부모나 교사가 유아의 상태를 잘 관찰하여 필요한 경우 조기 치료가 가능하도록 해야 한다.

2) 항생제 사용

항생제는 박테리아를 근절시킴으로써 많은 생명을 구하고, 심각한 합병증을 예방하나 바이러스 감염에는 효과가 없다. 따라서 아동의 감염성 질환이 바이러스에 의한 것인지,

박테리아에 의한 것인지 파악한 후 항생제 사용 여부를 판단해야 한다.

(1) 바이러스 감염

바이러스는 모든 감기, 급성 폐쇄성 후두염(크루프)의 모든 유형, 기침의 99%, 발열의 95%, 인후통의 90% 등 아동에게 가장 많은 감염을 유발한다.

(2) 박테리아 감염

박테리아 감염은 바이러스 감염에 비해 흔하지 않다. 박테리아는 대부분의 귀감염, 부비동 감염, 인후통의 10% 정도, 백일해, 폐렴 등을 유발한다. 노란 콧물은 부비동 감염(축농증) 증상이 아니고 감기 회복기의 정상적인 증상이며, 노란 가래도 폐렴 증상이라기보다는 바이러스성 기관지염 증상이고, 고열은 바이러스나 박테리아에 의해 발생한다.

(3) 항생제 남용

감기에 걸린 아동에게 2차 감염 예방을 위해 하는 항생제 투여는 오용과 남용이다. 감기의 약 10% 정도에서 중이염으로, 약 1% 정도에서 부비동염(일명 '코 옆에 위치한 동굴'이라 하여 부비동이라 부르며, 이 공간은 머리뼈 속에 있는 뇌를 외부의 충격으로부터 보호해 주는 역할을 하는데, 이 빈 공간 안에 세균이나 바이러스가 침투하여 염증이 발생한 것을 부비동염 또는 '축농증'이라고 함)으로 이환된다. 따라서 감기 아동의 89%는 항생제가 불필요하다.

(4) 항생제 남용 예방 수칙

① 가급적 아동에게 항생제를 투여하지 않는다.
② 의사에게 항생제 처방을 강요하지 않는다.
③ 바이러스성 질환에 항생제 투여는 도움이 안 된다.
④ 항생제 투여가 증상을 빨리 회복시킬 수 없다.
⑤ 항생제로 인한 부작용이 있을 수 있다.
⑥ 항생제가 필요한 경우는 중이염, 부비동염, 연쇄상구균 감염으로 인한 인후염, 기타 박테리아성 감염 등이다. 항생제 남용 방지를 위해 노란 콧물, 노란 가래, 고열, 기침, 감기 등에는 사용하지 말고 아이를 각별한 사랑으로 보살펴야 한다.

3) 영유아 설사의 원인 및 관리

(1) 설사의 원인

겨울철에 발생하는 감염성 위장염의 원인 대부분은 바이러스다. 주요 원인이 되는 바이러스는 다음과 같다.

① 로타바이러스

- 6개월~2세 정도의 영유아에게 많고 심해지기 쉽다.
- 변, 구토, 침을 통해 직접 또는 물을 통해 입안으로 감염된다.
- 주요 증상으로는 대량의 하얀 물설사를 한다.

② 노로바이러스

- 모든 연령층에게서 감염이 관찰된다.
- 변, 구토, 침을 통해 직접 또는 물이나 이매패류(생굴 등)를 통해 입안으로 감염된다.
- 주요 증상으로는 설사, 구토, 발열, 탈수 등이 있다.

(2) 설사관리 수칙

① 설사의 원인이 감염성 위장염(위창자염)인 경우, 설사를 멈추게 하면 병원체를 체외로 배설할 수 없어 감염이 지속될 가능성이 있다. 따라서 원칙적으로 지사제(설사약)는 사용하지 않는다. 그러나 장내 세균무리의 변화가 설사에 관여한다고 판단되는 경우에는 정장약(장청소제)을 사용한다.

② 겨울철에 발생하는 감염성 위장염의 원인 대부분이 바이러스로, 최근에는 노로바이러스의 유행이 문제가 되고 있다. 감염성 위장염의 원인으로는 바이러스 이외에 세균(살모넬라균, 장염비브리오균, 병원대장균 등), 기생충(아메바이질, 말라리아원충)이 있다.

③ 바이러스가 원인인 경우에는 특효약이 없고 대증요법(미열이 계속되고 있는 환자에 대해서 해열제를 투여하는 경우)이 중심이 된다. 설사 이외에 구토, 발열이 생기고 심각한 경우에는 탈수가 일어난다. 탈수를 치료하는 것이 가장 중요하며, 수분을 섭취하기 어려우면 수액 공급이 필요하다.

4) 어린이 발열 시 주의할 점

(1) 발열의 정의

발열이란 체온이 정상보다 높은 수준으로 유지되는 상태로, 감염에 대한 생체의 방어반응인 경우가 많다. 세균이나 바이러스 등에 감염되면 그들이 생산하는 독소 등이 면역 담당세포에 작용하여 내인성 발열물질(resident flora)을 생산시키고 혈관내피세포에 작용하여 프로스타글란딘 E2를 생산시킨다. 프로스타글란딘 E2는 체온조절 중추에 작용하여 체온설정점을 상승시켜 열의 발산을 억제하고 열의 생산을 항진하여 체온이 상승한다.

(2) 소아의 발열 기준

소아는 평소에도 체온이 37.5℃까지 관찰될 수 있어 38.0℃ 이상을 명백한 발열로 간주한다. 특히 영유아는 체온조절이 미숙하기 때문에 환경 온도에도 영향을 받기 쉬운데, 겨드랑이에서 체온이 37.5℃까지 관찰될 수 있어 37.5℃ 이상을 일반적인 발열이라고 본다.

(3) 확인사항

발열 정도, 지속 시간, 발열 형태, 구토, 복통, 탈수, 두통, 기침, 발진, 지남력 장애, 경련 등

(4) 발열 관리

찬찜질 수행, 수분전해질 보충, 실내온도를 조절, 발한 시 침구와 잠옷을 자주 교환한다.

5) 감기

감기(common cold)는 상기도 감염(upper respiratory infection)이라고 하며, 코나 목의 바이러스 감염 증상이다. 감기 바이러스는 손 접촉이나 기침, 재채기에 의해 사람들에게 전염된다. 대부분 건강한 아이들의 경우 1년에 최소한 6회 정도 감기에 걸릴 수 있다. 증상은 콧물이나 코막힘, 열, 인후통, 기침, 쉰 목소리, 눈의 충혈, 경부 림프선 부종 등이 있다. 감기 시 열은 보통 3일 정도 지속되며, 코나 목의 증상은 일주일 정도면 없어진다. 기침은 2~3주 정도 지속될 수 있다. 2차 감염이 발생하지 않도록 하는 것이 중요하다. 감기로 인한 2차 감염으로는 중이염이나 부비동염, 눈에 노란 분비물이 끼는 것, 호흡곤란 등

이 있다. 어린이의 경우 코가 막혀서 제대로 먹지 못하고 탈수를 일으킬 수 있다.

(1) 일반적 관리

① 콧물이 많이 흐르는 경우

가장 좋은 방법은 하루나 이틀 정도 콧속을 깨끗이 해 주는 것인데, 코를 푸는 것보다는 재채기를 하고 분비물을 삼키는 것이 더 좋다. 왜냐하면 코를 푸는 것이 귀나 부비동감염을 유발할 수 있기 때문이다. 어린아이의 경우에는 흡인을 하여 제거하는 것이 좋다. 코의 분비물은 콧속의 바이러스를 없애는 방법이다. 특별한 치료약은 필요하지 않다.

② 점액으로 코가 막히는 경우

더운물이나 소금물을 코에 점적하거나 흡인하는 것이 도움이 된다. 대부분의 경우 코가 막히는 것은 점액 성분이 마르기 때문이다. 코를 풀거나 흡인으로는 마른 분비물을 제거할 수 없다. 따뜻한 생리식염수나 수돗물을 코에 떨어뜨려 넣어 주는 것이 어떤 약보다 더 효과적이다. 코를 풀지 못하는 어린이의 경우 따뜻한 물 3방울을 코에 떨어뜨린 후 1분 후에 살짝 흡인해 준다. 콧속을 잘 흡인해 내려면 다른 한쪽을 손가락으로 막으면서 한쪽 코를 흡인하는 것이 좋다. 코를 풀 수 있는 큰 아동의 경우에는 아이가 똑바로 누운 상태에서 머리를 약간 뒤로 젖힌 후 콧속에 세 방울 정도의 따뜻한 물을 넣어 준 후 1분간 기다렸다가 코를 풀게 한다. 이를 여러 번 반복하면 코가 깨끗해질 수 있다. 아기의 경우 코가 막히면 우유병을 빨 수가 없다. 그러므로 코를 깨끗이 한 후 우유를 먹어야 한다. 특히 재우기 전에 코를 깨끗이 한 후 재우는 것이 좋다(영유아건강연구회, 2003).

6) 사스(SARS)

(1) 원인

사스로 불리는 이 질병은 중증급성호흡기증후군(Severe Acute Respiratory Syndrome: SARS)이다. 2002년에 중국 광동성을 기원으로 한 중증 폐렴이 세계적 규모로 집단 발생한 사실이 보고되었다. 이 중증 폐렴이 사스로, 신형 코로나바이러스(SARS 코로나바이러스, SARS-associated coronavirus: SARS-CoV)가 원인 병원체임이 밝혀졌다. 종래의 코로나바이러스는 사람의 가벼운 감기와 같은 증상을 나타내는 원인 바이러스로 SARS처럼 심하지 않으나, SARS 코로나바이러스는 기존 바이러스의 돌연변이로 추정된다.

(2) 감염 경로

비말감염이 중심이지만 접촉감염, 공기감염의 가능성도 부정할 수 없다.

(3) 감염

발병 후의 단계이며 잠복기(보통 2~14일)의 환자에게서 감염되는 일은 없다고 판단한다.

(4) 증상

38°C 이상의 발열, 마른 기침, 호흡 곤란 등이 나타나며, 흉부 X선 사진에는 폐렴 또는 급성호흡곤란증후군(Acute Respiratory Distress Syndrome: ARDS)의 소견이 보인다. 설사도 비교적 많고 의식이 혼미해지는 경우도 있다. 증상이 발현되면 시간이 지날수록 감염력이 증가한다. 치사율은 10% 정도다.

(5) 예방법

현재까지 백신이나 예방약이 개발되어 있지 않다.

① 가급적 사스가 발생한 지역으로 여행하지 않는다.
② 마스크를 착용하고 환자와의 접촉을 피한다.
③ 양치질, 손 씻기 등 개인 위생을 철저히 해야 하며, 특히 눈, 코, 입 등에 손을 대거나 공동으로 수건을 함께 사용하지 않는다.
④ 운동을 함으로써 신체의 저항력을 향상시키고 과로를 피한다.
⑤ 사스 위험지역 여행자 가운데 의심 증상이 보이는 사람은 즉시 보건소에 신고하고 의료기관에서 치료를 받게 한다.

사스 의심 또는 추정 환자는 보건당국에 의해 격리 지정 병원에서 입원치료를 받게 되는데, 아직까지 사스에 대한 정확한 원인을 알지 못하기 때문에 공인된 치료방법은 없고, 비정형 폐렴의 세균에 대한 항생제 치료, 항바이러스제 치료를 제공하며, 스테로이드를 경구나 정맥으로 투여하기도 한다.

7) 신종인플루엔자A(H1N1)

신종인플루엔자A(Influenza A virus subtype H1N1)는 줄여서 '신종플루'로 불리는데, 멕시코, 미국 등 북미에서 돼지인플루엔자로 알려져 유행하기 시작하였으며, 사람인플루엔자, 조류인플루엔사, 2종의 돼지인플루엔자가 합쳐져서 변이된 기존에 없던 새로운 형태의 바이러스로, 현재 전 세계적으로 빠른 속도로 확산되며, 사람에게 감염을 일으키는 호흡기 질환의 원인 바이러스다.

(1) 감염 경로

사람 간의 감염이 가능하여 감염된 환자와의 직접 및 간접 접촉, 환자의 기침이나 재채기를 통해 감염될 수 있다. 사스보다는 위력이 약하나 세계보건기구(WHO)에 의하면 2009년 11월 세계 206개국 이상에서 52만 명 이상의 신종플루 환자가 발생하였고 그중 6,770명 이상이 사망하였다.

(2) 증상

발열(37.8℃), 콧물, 인후 통증, 기침 등이 나타나며 때로 메스꺼움, 무력감, 식욕 부진, 설사와 구토 증상을 동반하며, 중증으로 발전 시 탈수, 폐렴, 급성호흡부전 등 합병증으로 이어져 사망에 이를 수 있다.

(3) 예방법

국내에서는 녹십자가 2009년에 개발한 백신을 성인의 경우 1회만 접종하면 항체가 생성되기 때문에 1회 접종으로 91% 이상 예방할 수 있게 되었다. 9세 미만 소아의 경우에는 성인과 달리 1회 접종 후의 항체 생성률이 낮아서 2회 접종해야 한다. 일반적인 독감 예방 접종으로는 신종인플루엔자에 충분한 예방 효과가 없기 때문에 신종인플루엔자 백신을 별도로 접종해야 한다.

신종인플루엔자에 걸려도 90%는 자연 치유되기 때문에 만 5세 이상의 건강한 아이나 청소년의 경우 증상이 가벼우면 타미플루를 복용할 필요가 없으며, 충분한 휴식을 취하면 낫게 된다. 그러나 충분한 휴식을 취해도 열이 떨어지지 않으면 곧바로 진료를 받아야 한다.

① 발열이나 호흡기 증상이 있는 사람과는 접촉을 피한다.

② 재채기나 기침을 할 경우 화장지로 입과 코를 막고, 화장지를 버린 후 손을 깨끗하게 씻는다. 손으로 눈, 코, 입을 만지는 것을 피한다.

③ 신종인플루엔자A(H1N1)는 RNA 바이러스 계열인 오르토믹소바이러스과로 인플루엔자 바이러스의 세 가지 종류 중 하나이고, 나머지 두 가지는 B형과 C형이다. A(H1N1)는 공기 중에 떠다니지 않기 때문에 마스크가 일반인에게는 큰 효과가 없지만, 감염자나 환자는 마스크를 착용해야 다른 사람에게 전염되는 것을 막을 수 있으며, 마스크는 일반 마스크보다는 바이러스 차단 효과가 95%에 달하는 N95 마스크를 착용하는 것이 좋다.

④ 지폐를 셀 때는 침을 묻히지 말며, 만진 후에는 반드시 손을 씻도록 한다.

표 2-1 **감기와 인플루엔자(독감)의 차이**

	감기	인플루엔자(독감)
원인	• 리노바이러스, 코로나바이러스 등 200종 이상의 바이러스	• 인플루엔자 바이러스
증상	• 인후통, 콧물, 코막힘, 재채기, 기침, 발열 (인플루엔자만큼 높지 않다)	• 감기 증상, 38℃ 이상의 발열, 두통, 관절통, 근육통 등
중증화	• 중증화되는 경우가 거의 없다.	• 성인에게는 기관지염, 폐렴, 소아에게는 중이염, 열성경련 등 동반 • 소아와 고령자는 만성호흡기질환, 심장질환이 있는 사람은 중증화된다.

8) 중동호흡기증후군

중동호흡기증후군(Middle East Respiratory Syndrome: MERS)은 코로나바이러스(Coronavirus) 감염으로 인한 중증급성호흡기 질환이다. 최근 중동지역 아라비아 반도를 중심으로 감염 환자가 발생하였으며, 아직까지 백신과 치료제가 개발되지 않은 신종 바이러스로 인한 감염질병이다.

중동호흡기증후군의 잠복기는 평균 5일(2~14일) 정도다. 즉, 바이러스에 노출된 후 짧

발열   기침   호흡곤란

인후통   구토, 설사

게는 2일, 길게는 14일 정도가 지난 후에 증상이 발생하며, 이때 바이러스가 몸 밖으로 배출될 수 있다. 주요 증상으로는 38℃ 이상의 발열, 기침, 호흡곤란 등이 있다.

- 발열과 폐렴 증상이 있는데, 14일 이내 중동 지역 방문
- 14일 이내에 중동에 다녀온 후 발열과 폐렴이 있는 사람과 밀접하게 접촉
- 발열과 호흡기 증상(기침, 호흡곤란)이 있으면서 14일 이내에 중동 지역 의료기관 근무 또는 방문
- 발열 또는 호흡기 증상이 있으면서 중동호흡기증후군 확진 환자와 밀접 접촉

증상이 없는 잠복기 중에는 바이러스가 몸에서 배출되지 않는 것으로 알려져 있기 때문에 다른 사람과 접촉이 있더라도 전파될 가능성이 없다. 따라서 잠복기 중에 접촉한 사람에 대한 진단검사는 필요하지 않다.

증상이 발생한 환자와 밀접하게 접촉한 사람은 최종 접촉일로부터 14일간 자가격리 및 모니터링을 실시하며, 그 사이에 발열, 호흡기 증상 등 이상 증상이 나타날 경우 진단검사(바이러스 유전자 검사)를 시행한다.

세계보건기구(WHO)에서는 감염 여부 조사를 위해 노출일로부터 14일 이내에 1차 채혈을 실시하고, 2주 후에 2차 채혈을 실시한 후 항체검사를 하도록 권고하고 있다. 이에 따라 모든 밀접 접촉자를 대상으로 증상 여부에 관계없이 1차 채혈을 시행하고 있다.

환자와의 접촉을 통해 감염되었을 가능성이 있는 사람의 경우, 잠복기를 거쳐 증상이 발생할 가능성에 대비하여 지속적으로 증상 발생 여부를 관찰하고, 외부활동을 통한 추가 접촉자 발생을 최대한 줄이기 위해 밀접 접촉자의 경우 격리조치한다.

환자와 접촉은 하였으나 증상이 없는 사람은 자가격리를 하면서 증상 발생 여부와 체온을 보건소 직원이 1일 2회 확인하고 있다. 증상 발생 시 즉시 국가지정 입원치료 격리병상으로 이송하여 진단 및 치료를 받게 되지만 자가격리만으로도 충분히 관리가 가능하다.

중동호흡기증후군의 전파는 환자와 같은 공간에 동시에 머물면서 밀접한 접촉이 있었던 경우에 제한적으로 발생한다. 환자가 이미 거쳐 간 의료기관을 방문하는 것으로 중동호흡기증후군에 감염될 가능성은 없다.

■ 중동호흡기증후군 감염예방 수칙

• 손 씻기를 자주 해 주세요.
• 손으로 눈, 코, 입을 만지지 마세요.
• 열이나 기침이 나면 마스크를 착용하세요.
• 고령의 만성질환자는 외출을 자제해 주세요.
• 고열, 기침, 호흡곤란 등 중동호흡기증후군이 의심되면 지역 보건소에 연락하여 상담을 받으세요. 메르스 핫라인 043-719-7777 또는 국번 없이 120

9) 중이염 예방 및 관리

소아는 귀인두관이 성인보다 짧고 수평에 가까워서 코인두의 세균이 고실로 침입하기 쉽기 때문에 중이염을 일으키기 쉽다. 중이의 구조 중 '이관'이라는 부분은 코와 연결되어 코와 귓속의 압력을 조절해 주고 있다. 아동은 이관의 모양이 짧고 굵기 때문에 감기를 일으키는 바이러스나 세균들이 쉽게 전파될 수 있어서 염증이 쉽게 생긴다. 그러나 성장하면서 이관의 구조가 점차 좁아지고 길어지기 때문에 중이염의 빈도는 줄어들게 된다.

(1) 발병률

생후 1세까지 약 60%, 3세까지 약 80%로 적어도 한 번은 앓게 된다. 생후 12개월 내에 급성 중이염을 앓은 영아는 중이염이 반복되기 쉬워 1세까지 9~18%, 3세까지 30~40%가 3회 이상 앓는다고 보고되고 있다.

(2) 발병기 전

코를 훌쩍이거나, 재채기를 하거나, 울어서 코인두가 음압이 되거나, 또는 구토나 젖을 토해서 위액이 귀인두관으로 역류하여 염증이 쉽게 생기기도 한다.

(3) 예방 지침

① 아동이 담배 연기에 노출되지 않도록 한다.
② 생후 첫 6~12개월까지 모유를 먹이면 모유 속에 항체가 들어 있어 감염을 예방한다.
③ 분유를 먹일 때는 아기를 45° 각도로 안고 수유한다. 아이가 누운 채 수유를 하거나 우유병을 스스로 잡게 하여 먹이는 것도 중이로 우유가 흐르게 하는 원인이 될 수 있다. 그러므로 아이가 9~12개월에는 우유병을 떼어 주는 것이 좋다.
④ 아이가 코를 심하게 골고, 구강으로 호흡하는 것은 인두편도가 커져 있는 경우가 대부분이므로 병원을 방문해 상의하는 것이 좋다.

(4) 중이염 관리

① 규칙적인 항생제 복용: 항생제는 감염된 박테리아를 죽이므로 사용하는 항생제 용량을 잘 기억하고 약을 거르지 않도록 주의하여야 한다. 항생제는 냉장고에 보관하고 남은 것을 보관했다가 다음에 사용하면 효과가 없다. 만일 항생제를 모두 다 먹기 전에 아이의 열이 내리고 나은 듯이 보인다 해도 처방된 약은 모두 먹이는 것이 재발을 방지하는 데 중요하다.
② 통증 경감: 통증과 열을 내리기 위해 아세트아미노펜 또는 이부프로펜을 주면 1~2시간 이내에 진정될 수 있다. 통증이 심하면 얼음 주머니나 더운 물 주머니를 귀 위에 20분 이내로 대 준다.

10) 손발입병(수족구병) 예방 및 관리

(1) 원인

엔테로바이러스(enterovirus)로, 콕사키바이러스 A16, 엔테로바이러스 71이 주원인이다.

(2) 증상

손바닥, 발바닥, 입안에 물집과 발진이 나타나는 바이러스 감염병으로, 환아의 1/3~1/2은 37.8~38.9℃ 정도의 발열을 동반한다. 때로 엉덩이에 작은 수포와 붉은 점이 생기며 생후 6개월에서 4세까지의 아동에게 발생한다. 불편감과 열은 3~4일이면 완전히 사라지나 구강 궤양은 7일, 손이나 발에 생긴 발진은 10일까지 지속될 수 있다.

(3) 예방 및 관리 지침

① 예방: 매일 손발을 깨끗이 씻고 위생관리를 잘하는 것이 가장 중요하다.

② 음식: 며칠 동안 부드러운 음식을 먹이고 수분을 많이 섭취하도록 한다. 찬 음료나 아이스크림, 셔벗이 도움이 된다. 어린아이에게 우유나 물을 먹일 때 우유병보다는 컵을 이용하여 주는 것이 좋다. 감귤류나 짜고 매운 음식은 피한다. 많이 씹어야 하는 음식도 피하는 것이 좋다.

③ 약: 아세트아미노펜이나 이부프로펜은 심한 통증이 있거나 열이 38.9℃ 이상 올라갈 때 사용한다.

④ 전염성 : 전염이 잘되므로 주위의 아이들이 동시에 발병하는 경우가 대부분이다. 잠복기는 접촉 후 3~6일 사이다. 발진 2일 전부터 발진 후 2일까지 전염이 가능하지만 전파를 막기가 매우 어렵고 질병 상태가 해롭지 않기 때문에 아이들을 격리할 필요는 없다. 예방접종이나 치료약이 없기 때문에 대증치료를 한다.

11) 아토피 피부염

(1) 정의

습진이라고도 하며, 붉고 매우 가려운 발진이다.

(2) 증상

주로 생후 2~6개월의 아기의 볼에서 시작된다. 대개 팔꿈치, 손목, 무릎의 접히는 부분에서 발생하며, 가끔 목, 발목, 발에도 나타난다. 피부가 건조하다.

(3) 원인

민감한 피부의 유전유형으로 천식이나 건초열의 과거력이나 가족력이 있는 경우 이 질환에 이환될 확률이 높다. 비누나 염소와 같이 자극적인 물질과 접촉이 있었을 때 발생한다. 습진을 유발하는 특정한 음식(예: 우유, 계란, 땅콩버터 등)이 의심되면 2주 동안 그 음식을 먹이지 않고 그 후에 그 음식을 다시 한 번 먹여 본다. 습진을 유발하는 음식이라면 음식을 소화하는 2시간 동안 건조한 습진의 증상이 심해져서 가려움이나 두드러기로 나타난다. 사춘기 전에 습진이 사라지지 않는다.

(4) 일반적 관리

① 목욕과 피부 수분 공급: 아이를 하루에 한 번 10분 정도 목욕시킨 후에 윤활크림을 발라 주는 것이 예방에 중요하다. 비누에 민감하므로 물속에서 비누 없이 씻기거나 중성비누를 사용하면 건조해지는 것을 예방할 수 있다. 습진 부위에는 샴푸가 닿지 않도록 한다.

② 윤활크림: 아토피가 있는 아동의 피부는 건조하므로 10분 동안의 목욕 후에 피부가 수분을 공급받은 상태인 물기가 있는 축축한 피부 상태에서 전신에 윤활크림을 발라 준다. 가려운 부위는 스테로이드 크림을 먼저 바르고 난 다음에 윤활크림을 발라 준다. 윤활크림은 하루에 한 번, 겨울에는 하루에 두 번 사용한다.

③ 가려움증: 가려움증의 초기 증상이 있으면 즉시 스테로이드 크림을 가려운 부위에 바른다. 손톱은 짧게 자르고, 감염을 막기 위해 아이의 손을 물로 자주 씻는다.

④ 예방: 모섬유나 가렵고 거친 재질로 만들어진 옷은 습진을 더욱 악화시키므로 면섬유를 입히는 게 좋다. 과도한 열, 땀, 추위, 건조한 공기, 인, 거친 화학물질, 비누는 습진을 더 유발시키므로 사용을 피한다. 거품목욕은 절대 해서는 안 된다. 생후 1년 동안은 우유나 계란, 땅콩버터, 밀, 생선을 먹이는 것을 금한다.

4. 법정 감염병 관리

1) 법정 감염병의 종류

감염병이란 제1군감염병, 제2군감염병, 제3군감염병, 제4군감염병, 제5군감염병, 지정감염병, 세계보건기구 감시대상 감염병, 생물테러감염병, 성매개감염병, 인수(人獸)공통감염병 및 의료관련감염병을 말한다(「감염병의 예방 및 관리에 관한 법률」).

	질환	특성	신고	보고
제1군	콜레라, 장티푸스, 파라디푸스, 세균성 이질, 장출혈성대장균감염증, A형 간염 → 물, 식품 매개로 발생	발생 즉시 방역대책을 수립	즉시	즉시
제2군	디프테리아, 백일해, 파상풍, 홍역, 유행성이하선염, 풍진, 폴리오, B형 간염, 일본뇌염, 수두, B형헤모필루스인플루엔자, 폐렴구균 → 예방접종으로 예방 또는 관리 가능	국가 예방접종 대상	즉시	매주
제3군	말라리아, 결핵, 한센병, 성홍열, 수막구균성수막염, 레지오넬라증, 비브리오패혈증, 발진티푸스, 발진열, 쯔쯔가무시증, 렙토스피라증, 브루셀라증, 탄저, 공수병, 신증후군출혈열, 인플루엔자, 후천성면역결핍증(AIDS), 매독, 크로이츠펠트-야콥병 및 변종크로이츠펠트-야콥병 → 간헐적으로 유행할 가능성 있음	감시 및 예방 대책 수립 필요	7일 이내	매주
제4군	페스트, 황열, 뎅기열, 바이러스성 출혈열, 두창, 보툴리눔독소증, 중증급성호흡기증후군(SARS), 동물인플루엔자 인체감염증, 신종인플루엔자, 야토병, 큐열, 웨스트나일열, 신종감염병증후군, 라임병, 진드기매개뇌염, 유비저, 치쿤구니야열, 중증열성혈소판감소증후군, 중동호흡기증후군(MERS) → 국내외 새로 발생한 신종감염증, 해외 유행병	방역대책 긴급 수립	즉시	즉시

제5군	회충증, 편충증, 요충증, 간충증, 간흡충증, 폐흡충증, 장흡충증	정기적인 조사 및 감시 필요	–	매주
지정	C형 간염, 반코마이신내성 황색포도상구균, VRSA감염증, 샤가스병, 광동주혈선충증, 유극악구충증, 사사충증, 포충증, 수족구병, 임질, 성기단순포진 → 기생충으로 감염되어 발병되는 질병	유행 여부 조사, 감시	7일 이내	매주

출처:「감염병의 예방 및 관리에 관한 법률」.

2) 감염병의 종류와 예방법

감염병 환자 발생 시 즉각적인 후송과 격리가 감염병 확산 예방에 매우 중요하다.

(1) 소화기계 감염병

환자나 병원체 보유자의 분변으로 배설되어 음식물이나 식수에 오염되고 입을 통해 침입함으로써 감염이 일어나며, 장티푸스, 콜레라, 세균성 이질이 대표적인 소화기계 감염병이다.

■ 예방 수칙

• 환자, 보균자를 색출하여 격리, 소독한다.
• 분변의 위생관리를 철저히 한다.
• 위생 해충 구제와 역학적 관리를 철저히 한다.
• 상하수도의 위생적 관리를 철저히 한다.
• 정기적인 예방접종을 실시한다.
• 손을 수시로 닦는 습관을 갖는다.
• 환경오염으로부터 음료수 및 식품관리를 철저히 한다.
• 생활환경에 관한 위생관리를 철저히 한다.

(2) 호흡기계 감염병

환자나 보균자의 객담, 콧물, 먼지에 의해 감염되며, 디프테리아, 백일해, 인플루엔자,

홍역, 두창, 성홍열, 결핵 등이 이에 속한다.

■ 예방 수칙

- 정기적인 예방접종을 실시한다.
- 환자 발생 시 즉시 신고하고 격리한다.
- 환자의 물건은 철저히 소독한다.
- 주변 환경 위생에 힘쓰고 소독한다.
- 감염병 예방에 대한 보건교육을 한다.
- 코를 닦거나 푼 후, 목과 눈의 분비물과 접촉한 후, 음식을 준비하거나 먹기 전에도 손을 철저히 씻는다.
- 입에 넣을 수 있는 장난감과 자주 사용된 장난감은 씻고 살균한다.
- 식기는 따뜻한 물과 세제로 잘 씻은 다음 소독하고 말린다.
- 가능하면 일회용 컵을 사용한다. 재사용 컵이 사용되어야 할 때는 각 아동의 컵에 이름표를 붙이고 사용 후에는 살균하고 공기 중에 말린다.
- 아동이 가능한 한 자주 밖에서 놀도록 하고, 겨울에는 실내 공기를 자주 환기시킨다.
- 기침이나 재채기 시 사람들을 피해 한곳으로 향하도록 하고, 사용한 티슈는 즉시 휴지통에 버리고 손 씻기를 한다.
- 일회용 수건과 티슈를 사용한다.

(3) 곤충 매개 감염병

곤충으로 인하여 인간에게 전파되는 질병으로는 페스트(쥐벼룩), 발진티푸스(이), 일본뇌염(모기), 발진열(벼룩), 말라리아(모기), 사상충증(모기), 양충병(진드기), 유행성 출혈열(들쥐의 진드기) 등이 있다.

■ 예방 수칙

- 정기적으로 예방접종을 실시한다.
- 자주 목욕을 한다.
- 모기를 비롯한 곤충 방역에 힘쓴다.
- 환경위생, 특히 부엌과 화장실 청결에 힘쓴다.

(4) 동물유래 감염병

① 동물유래 감염병(인축공통 감염병, 인수공통 감염병)은 병원체가 동물에서 사람에게 전파되는 감염병이다.

② 동물유래 감염병이 증가하는 주요 이유
- 사육환경의 변화: 밀폐되고 높은 아파트에서 사육, 도시의 콘크리트화로 산책 장소가 한정되어 공원의 모래놀이터 등이 애완동물의 분뇨로 오염
- 환경파괴로 인한 야생동물의 생활영역 변화
- 애완동물의 의인화: 사람과 애완동물의 거리가 가까워짐
- 살서제('쥐약'이라고도 함. 쥐를 비롯해 설치류를 죽이는 약)에 내성이 생긴 쥐의 출현
- 애완동물의 다양화: 다양한 수입 야생동물의 증가

③ 주요 감염원
애완동물, 야생동물, 식용동물

④ 감염경로
감염 또는 보균 동물에게 물린 상처나 긁힌 상처, 감염된 동물의 분변 접촉, 매개체(모기, 벼룩, 진드기 등)의 매개, 동물성 식품의 섭취 등

⑤ 예방 수칙
- 애완동물에게 백신을 접종한다. 수의사에게 정기적으로 건강관리 지도를 받는다.
- 애완동물을 만지고 난 후에는 반드시 손을 씻는다.
- 수생동물인 경우에는 물 교환을 꼼꼼히 한다.
- 애완동물을 의인화하지 말고 생활환경을 구분하여 일정한 거리를 둔다.
- 벼룩 구제를 꼼꼼히 한다.
- 배설물 처리를 꼼꼼히 한다.
- 입으로 모이를 주지 않는 등 음식을 공유하지 않는다.
- 발톱 손질을 꼼꼼히 한다.

• 실내 환기를 철저히 한다.

(5) 만성 감염병

결핵, 한센병(나병), 성병, 후천성면역결핍증후군(에이즈) 등이 있다.

■ 예방 수칙

• 결핵의 경우에는 정기적으로 예방접종을 하고, 위생적인 환경을 유지한다.
• 한센병은 일반인으로부터 격리한다.
• 성병을 막으려면 안전하고 청결한 성생활이 필요하다.

(6) 후천성면역결핍증후군(에이즈)

에이즈란 HIV 바이러스에 의해 후천적으로 면역체계의 중추가 파괴됨으로써 세균 감염, 암 등 여러 가지 2차적 증상들이 나타나는 질병을 말한다. 증상으로는 기운이 없고, 극심한 피로감, 고열, 식욕 부진, 식은땀이 나타난다. 일정 기간이 경과한 후에는 이러한 증상이 완화되는 동시에 대퇴부, 목, 겨드랑이 등의 림프절이 붓고 체중이 감소된다. 감염 경로는 성적 접촉, HIV에 감염된 혈액 및 혈액 제품의 수혈, 또는 감염된 어머니로부터 자녀에게로의 감염이 이루어진다.

■ 예방 수칙

• 문란한 성생활을 피하고 콘돔을 사용한다.
• 주사기의 공동 사용을 피해야 한다.

안전교육 활동계획안(질병안전)

생활주제	건강과 안전	주 제	깨끗한 나와 환경	대 상	만 4세
소 주 제	질병 예방하기			활동유형	이야기 나누기
활 동 명	다양한 질병을 조심해요.			집단형태	대집단
누리과정 관련요소	• 의사소통: 듣기 – 동요, 동시, 동화 듣고 이해하기 • 신체운동 · 건강: 건강하게 생활하기 – 몸과 주변을 깨끗이 하기 • 신체운동 · 건강: 건강하게 생활하기 – 질병 예방하기				
창의인성 관련요소	• 창의성: 인지–문제해결력 • 인성: 청결				
활동목표	• 질병의 종류와 발병 원인을 안다. • 각 질병의 예방법을 알고 실생활에서 실천할 수 있다. • 다양한 질병의 위험성을 느낀다.				
자료 준비 및 제작	• 질병에 걸린 친구 그림 자료 • 〈왜 병에 걸릴까〉 동화책 • 손 씻기 영상				

단계	교수 · 학습 활동	자료 제시 및 유의점
도입	• 질병에 걸린 친구 그림을 보며 이야기를 나눈다. –친구의 표정은 어떤 것 같나요? –친구는 왜 힘들어하고 있을까요? • 질병에 걸려 본 경험에 대해 이야기 나눠본다. –친구들도 아파서 힘들었던 적이 있어요? –우리는 왜 아픈 걸까요?	아파하고 있는 친구 그림

전개	• 〈왜 병에 걸릴까〉 표지를 감상한 후 동화를 들어본다.
	–이 친구는 어떤 것 같나요?
	• 동화 내용을 회상하여 질병의 종류와 원인에 대해 알아본다.
	–친구가 아침에 눈을 떴을 때 왜 일어나기가 힘들었다고 했지요?
	–우리는 왜 병에 걸릴까요?
	–맞아요~ 우리 주변에는 정말 많은 병균들이 있어요.
	  이 병균들은 언제 우리 몸으로 들어오는 걸까요?
	–우리 몸속에는 병균과 싸워 주는 것이 있다고 했어요.
	  어떤 것들이 있었나요?
	–병균이 우리 몸에 들어오면 어떤 증상이 나요?
	–바이러스가 우리 몸에 퍼지면 어떤 병을 일으킨다고 했나요?
	• 질병을 낫게 하는 방법과 예방법에 대해 알아본다.
	–질병에 걸려 몸이 몹시 아플 때는 어떻게 해야 할까요?
	–질병에 걸리지 않으려면 어떻게 해야 할까요?
		〈왜 병에 걸릴까〉
		동화책

	• 최근 우리나라에서 유행했던 감염병에 대해 알아본다. –'신종플루'나 '메르스'를 들어 본 적이 있나요? –신종플루는 무엇일까요? –메르스는 무엇일까요? –신종플루나 메르스는 왜 생겨났을까요? –감염병이 유행할 때는 어떤 것들을 조심해야 할까요?	
마무리	– 질병을 예방하는 방법을 회상해 보고 '손 씻기 영상'을 감상한다.	손 씻기 영상
활동평가	• 질병의 종류와 발병 원인을 아는가? • 각 질병의 예방법을 알고 실생활에서 실천할 수 있는가? • 다양한 질병의 위험성을 느꼈는가?	
수업 및 교구 사진	1. 동화 – 〈왜 병에 걸릴까〉  2. 손 씻기 송 동영상 (출처: 식품의약품안전처 홈페이지) 	

 수업 동영상 파일 링크

제3장
놀잇감 안전

1. 안전한 놀이 환경의 필요성 및 기본 방향

1) 안전한 놀이 환경

운동장 놀이기구에서 발생한 사고 때문에 응급실에서 치료를 받아야 하는 경우의 약 70%는 공공 운동장에서 발생한 것이다. 사고의 1/3은 3~5세 유아에서 발생하고, 40%는 6~8세 어린이에게서 발생하는 것으로 보아 이 시기가 가장 위험한 나이라고 볼 수 있다. 놀이터에서 발생하는 가장 빈번한 사고로는 미끄럼틀, 철봉, 정글짐, 구름다리 등의 오르기 기구에서 추락하는 것이다(이기숙, 장영희, 정미라, 배소연, 박희숙, 2002). 놀이기구에서 빠질 수도 있고, 놀이기구의 설계가 잘못되었거나 관리가 잘못되어 생긴 날카로운 부분에 의해 사고가 발생하기도 한다. 공공 놀이터에서 감독이 제대로 되지 않아 어린이가 차도로 나가 차에 부딪힐 수 있는 위험도 도사리고 있다.

놀이터 안전사고 중 가장 큰 위험요인은 추락이다. 기어오른 기구의 높이와 울타리의 부재, 보호 난간 등이 추락사고와 관련이 있다. 놀이기구들이 너무 좁게 비치되어 있으면 고정된 물체, 나무, 울타리가 없어 기구 자체에 충돌하기 쉽다. 감독이 어려운 기구 배치도

문제다. 다른 연령의 어린이들이 함께 운동장을 사용하거나 많은 어린이가 한꺼번에 기구를 사용할 때 감독이 부족하면 문제가 생길 수 있다. 그네나 기어오르는 기구 바닥의 적절한 관리를 하지 않으면 부드러웠던 바닥재가 딱딱해질 수 있다. 놀이기구는 시간이 지남에 따라 낡고 헐거워지고 돌출부가 날카로워지거나 붕괴를 초래하게 된다.

가정에 있는 장난감이나 놀이기구는 아동이 가장 좋아하는 것이면서 이로 인한 사고도 매우 빈번하다. 어른들의 부주의와 놀이기구의 안전성 결여로 인해 다치는 경우가 많은데, 이로부터 아동을 보호하는 것은 우리 모두의 책임이라고 할 수 있을 것이다. 이를 위해 장난감이나 놀이기구를 고를 때 신중을 기하고, 놀고 있는 아동에 대한 적절한 감시가 필요하다. 아울러 놀이기구의 수리 및 보관에도 주의를 해야 한다.

영유아의 발달 특성은 주변 환경에 대한 호기심 및 탐색 욕구가 매우 강하며, 자신에게 닥치는 위험에 대해 무관심하거나 무지하다. 가령 영유아는 발달과 수준에 맞지 않는 위험한 구조물이 부착되었거나, 유해한 재료를 사용한 놀잇감을 선택하여 놀이를 하거나, 안전한 환경에서 놀이를 한다 하더라도 놀이 규칙을 지키지 않거나, 예측하지 못한 상황의 발생으로 상해 등의 사고를 초래할 가능성이 매우 높다. 따라서 놀이 상황에 있어 안전이라는 요소가 반드시 함께 고려되어야 하며, 영유아의 안전한 놀이를 위해서는 발달 정도와 능력에 맞는 안전한 놀이 공간, 안전한 놀잇감을 선택해 주는 것도 필요하다.

과거에는 영유아의 생활에 필요한 안전이 부모의 몫이었으나 오늘날의 영유아들은 유아교육기관에서 보내는 시간이 점차 늘어남에 따라 유아교육기관에서의 놀이는 영유아에게 가치 있고, 의미 있는 학습이 되며, 발달적 통합을 이루는 목표인 동시에 교수과정으로 교육과정의 중심이 되어야 한다. 그러므로 유아교육기관에서 영유아가 안전하게 놀이할 수 있는 필요한 기본 지식을 이해하고, 위험요소를 미리 예측하여 위험한 상황을 대처할 수 있는 행동 변화를 위해서 영유아의 놀이안전 생활습관을 정착화할 필요가 있다. 이는 가정과의 지속적인 협력을 통해 놀이안전 사고를 감소시키고 예방함으로써 개인의 행복뿐 아니라 가정과 사회의 행복에 기여하는 일이다.

놀이안전이란 영유아가 놀이안전 지식과 기술을 습득하여 스스로 놀이안전 규칙을 지켜가며 놀이하는 습관을 형성하도록 돕는 것이다(이화영, 2008). 영유아는 선천적으로 놀이에 대한 흥미와 욕구를 가지고 태어나고, 놀이를 통해 삶을 이해하며 발전시킨다. 그러므로 "어린이는 놀면서 배운다."라는 말이 있는 것처럼, 놀이는 마치 숨을 쉬는 것과 같이 자연스럽게 발생하는 즐거운 활동으로 유아의 삶 자체이자 발달이다.

2) 놀이안전사고의 원인 및 유형

(1) 놀이안전사고의 원인

놀잇감으로부터 영유아를 보호하는 것은 모든 사람의 책임이며, 놀잇감을 주의 깊게 선택하고 어린이를 적절하게 감독하는 것은 놀잇감과 관련되어 일어나는 부상과 사망으로부터 어린이를 보호하는 최상의 방법이다. 미국의 경우 정부에서 매년 수십만 개의 놀잇감을 불량품으로 회수하고 있다(한국소비자원, 2014). 보고된 사고만도 위험한 놀잇감 때문에 매년 평균 40여 명이 사망하고 있고, 수천 명이 병원에 입원하는 사례가 있다. 놀이안전사고 중 가장 많이 발생되는 사고로는 질식으로, 입에 넣을 수 있는 작은 놀잇감과 큰 놀잇감에서 분리되는 부품들, 사탕이나 음식처럼 생긴 놀잇감, 바람이 빠지거나 터진 풍선을 삼키거나, 긴 끈이나 리본과 줄이 달린 놀잇감에 목 졸리는 등에 의한 것으로 보고되고 있다.

다음으로 유아에게 많이 발생하는 놀이안전사고는 추락이다. 특히 보행기에 의한 추락사고가 가장 많이 나타나고 있다. 해마다 수천 명의 부상자를 낳는 보행기 사고는 대부분 계단에서 굴러떨어져서 발생한다. 이 외에도 소리가 큰 장난감에 의해 청각에 이상이 생기거나, 놀잇감의 뾰족한 부분에 눈이 찔리거나, 심지어 안구에 심각한 손상을 입기도 한다. 또 다른 형태의 놀이안전사고 중 하나는 납중독에 의한 것이다. 납은 유독물질 중 가장 심각한 공해물질로 적은 함량이라도 영유아의 발달 장애 및 지적 성장에 장애를 가져온다. 특히 미술재료에 포함된 납 성분은 영유아가 사망하거나 최소한 수십만 명이 뇌 이상을 초래하는 것으로 보고되고 있다. 1990년 미국은 놀이안전과 관련된 제정법에서 크레파스 등의 미술재료에 납을 비롯한 독성물질이 포함되었는지 표시하기 위한 안전기준을 마련하여 이에 따라 상품을 구입하도록 하고 있다(한국소비자원, 2014). 이처럼 미국은 「연방위험물법」에서 3세 이하의 영아용 완구와 상품, 그리고 그 부품이 직경 31.7mm, 높이 25.4mm의 원통에 들어가는 제품은 영아들이 삼킬 경우 질식사할 위험이 있으므로 판매할 수 없도록 규제하고 있다(한국소비자원, 2014). 또한 미국 소비자제품안전위원회(US Consumer Product Safety Commission: USCPSC)에 따르면 1993년 1월부터 1994년 9월까지 8명의 어린이가 작은 크기의 공이나 공깃돌에 의해 질식사한 것으로 나타났으며, 그 이후에도 이와 같은 어린이용 완구에 의한 질식사가 계속 발생하고 있다. 이에 따라 소비자제품안전위원회에서는 어린이들이 삼켜 질식할 위험이 있는 어린이용 상품의 규제에 대해 오랫동안 검토를 하였고, 그 결과 「아동안전보호법」을 제정하여 1995년부터 이를 시행하고 있다. 납 등 인체에 유해한 성분이 검출되거나 영유아들에게 질식 또는 상해를 입힐 우려가 있는 완구에 대해서는 리콜 등의 감시활동을 강화하여 전량 회수하게 하는 등 영유아들의 안전을 위해 특별히 노력하고 있다. 일본에서도 놀잇감에 의한 질식 사고율이 높은 것으로 나타나고 있다.

(2) 놀이안전사고의 실태

영유아기는 발달 특성상 놀이하는 동안 안전사고 가능성이 높은 시기다. 세계보건기구(World Health Organization: WHO) 및 통계청(2003)에 의하면 영유아 사망사고 원인 중 가장 높은 수위를 차지하는 것은 질병이나 전염병이 아닌 '사고'로 보고되었다. 최근 놀잇감의 중요성에 대한 높은 사회적 인식과 더불어 놀잇감 수요의 증가와 정보사회의 발달로 인해 미디어까지 놀잇감의 영역에 포함되고 확대되어 이에 수반되는 영유아 안전사고도 크게 증가하고 있는 추세다.

한국소비자원(2014)에 접수된 놀잇감 관련 상담 및 피해 구제 건수 중 사고원인과 내용을 요약해 보면, 첫째, 품질구조나 마감 등의 조잡함으로 인한 것, 둘째, 유해물질이 함유된 재질, 포장의 사용 등으로 인한 중금속 피해, 셋째, 폭죽이나 모의 총기류 등의 판매 및 관리 허술로 인한 실명과 화상 등, 그 외에도 작은 물건을 삼킴으로 인한 질식, 예리한 가장자리와 날카로운 끝에 의한 자상, 소음 및 충격에 의한 손상, 끈에 의한 교살, 미술 공예 재료의 독성효과 등이 있다(이자형 외, 2002). 또한 중국산 놀잇감에도 납 성분이 포함되어 놀이안전에 대한 유해함이 대두되고 있다. 이처럼 매해 20만 명의 아동이 실외 놀이시설 및 놀잇감과 관련된 상해로 병원 응급실을 찾고 있다.

유아교육기관에서의 놀이 안전사고의 대부분은 놀이시설에 의해 발생하는데, 각종 실내·외 교재교구나 그네 주변, 미끄럼틀 아래, 철봉과 같은 놀이시설 및 기구 등을 이용하면서 많은 사고가 발생한다(이재연, 1995). 목숨까지 잃은 대부분의 사고는 추락으로 인한 것으로, 놀이기구에 옷이 끼거나 늘어진 줄에 얽힘으로써 질식사하는 경우도 있고, 놀이기구 틈새에 머리가 끼어 목숨을 잃는 사례도 많이 발견할 수 있다. 이와 같이 영유아들의 놀이 안전사고는 유아교육기관 및 동네 놀이터, 가정 등 실내·외를 막론하고 발생한다. 사고원인은 주로 영유아들이 부주의하게 놀이용품을 사용하고, 또래와 놀이하면서 공격하거나, 실내·외 규칙을 지키지 않고 놀이시설물을 잘못된 방법으로 이용하다가 추락하거나 충돌, 끼임으로 인하여 사고가 발생한다.

우리나라에서도 놀이용품 자체로 인한 안전문제가 끊임없이 이슈화되고 해결을 위한 노력의 움직임은 있으나 아직까지 구체적이고 강력한 대처는 미비한 실정이다. 우리나라에서도 놀이안전사고를 위해 2003년에 '아동안전 원년'을 선포하고 '아동안전 종합대책'을 수립, 추진하여 아동 안전에 노력을 기울이고는 있지만 유럽표준위원회(European Standard Organization: CEN) 또는 국제표준기구(International Organization for Standard: ISO), 미국소비자제품안전위원회(US Consumer Product Sagety Commission: USCPSC)에서와 같은 강력한 제도적 장치가 제대로 구축되지 못하고 있다. 영유아 안전을 위한 국내·외의 영유아 놀이시설물이나 놀이용품을 영유아의 정신적·신체적 발달에 대한 이해를 기초로 하여 안전하게 설치·관리되어야 함에도 불구하고, 수입품에 대한 안전기준이 없고, 품질 표시 불이행에 대한 지도·감독 규정도 없으며, 문제성을 유발하는 완구에 대한 규제 규정도 없는 실정이다.

(3) 놀이안전사고 요인과 유형

모든 사고는 원인과 결과가 있다. 그러므로 일반적인 놀이안전사고 요인과 일반적인 사고 유형을 이해해야 한다. 영유아에게 발생하는 사고요인을 숙지하고 어떤 유형의 사고가 많이 발생하고 있는지 파악하고 있는 것이야말로 놀이 안전사고를 줄일 수 있는 최선의 방법이다. 놀이안전사고 유형은 일반적으로 물리적·환경 요인, 영유아에 의한 요인, 성인에 의한 요인으로 나눌 수 있는데 다음과 같다(윤선화, 2006).

첫째, 물리적·환경 요인은 유아교육기관의 시설과 설비의 구조적인 문제, 유아교육기관 내의 놀이기구의 안전장치 부족, 영유아에게 적합하지 않은 물리적·환경적 요인이 영유아의 안전사고를 유발한다.

둘째, 영유아에 의한 요인은 영유아들의 발달적 미숙으로 인해서 사고가 발생하고, 영유아가 자신이 한 행동의 원인과 결과를 이해하지 못해서 두려움의 부족, 놀잇감 사용의 부주의, 정서적인 불안과 스트레스, 타인 행동의 모방으로 사고가 발생한다.

셋째, 성인에 의한 요인은 부모, 교사와 유아교육기관 직원들이 부주의하거나 영유아에 대한 감독 소홀, 안전 지식과 이해 부족, 영유아에게 위험에 관한 의사전달 부족, 안전 예방책 미비, 교사의 스트레스, 정서적 불안으로 사고가 발생한다.

놀이안전사고는 놀이 유형과 놀잇감의 유형, 실내·외의 물리적 놀이 환경, 영유아기의 발달적 미숙으로 인한 행동, 안전 규칙 불이행, 성인에 의한 요인 등으로 놀이안전사고가 일어난다. 그러므로 영유아가 놀이를 하기 이전에 안전한 놀이기구의 선택과 취급 방법, 관리 등을 고려한 쾌적하고 즐거운 놀이환경을 위해서 다음과 같은 놀이안전사고의 유형을 살펴볼 필요가 있다(김계자, 2004).

① 놀잇감 흡입으로 생기는 질식사고의 유형
- 입에 넣을 수 있는 작은 놀잇감으로 인한 질식사고
- 큰 놀잇감에서 음식처럼 생긴 놀잇감으로 인한 질식사고
- 사탕이나 음식처럼 생긴 놀잇감으로 인한 질식사고
- 바람이 빠지거나 터진 풍선을 삼켜 일어나는 질식사고
- 긴 끈이나 놀잇감에 목이 졸려 일어나는 질식사고
- 둥글고 넓적한 놀잇감으로 코가 막혀서 일어나는 질식사고
- 입에 동전, 땅콩, 단추, 놀잇감 조각을 넣어서 일어나는 질식사고

② 침구, 본드, 스카프나 긴 끈, 비닐봉지, 창문 커튼에 의한 질식사고의 유형
- 침구에 의한 사고: 영아 돌연사 증후군(Sudden Infant Death Syndrome: SIDS)이라 부르는 현상으로, 미국에서는 만 1세 미만의 젖먹이가 죽는 경우가 매년 5,000명에 이르고, 독일에서는 매년 2,000명에 이르고 있다고 보고되고 있다. 영아 돌연사 증후군이 발생하는 정확한 원인이 밝혀지지 않아 그 구체적인 예방법도 분명하지 않으나, 전문가들은 공통적으로 생후 6개월 미만의 영아는 엎어 재우지 말고 등을 바닥에 대거나 옆으로 눕는 것이 침구에 의한 질식을 막을 수 있다고 권고하고 있다.
- 본드에 의한 사고: 영유아들의 경우에는 만들거나 꾸미기 시간에 본드를 사용하는 경우가 많다. 본드를 사용할 때는 반드시 창문을 열어 환기시킨다. 또한 튜브 속의 본드를 영유아가 직접 짜서 쓰게 하기보다는 쓰지 않는 접시 등에 본드를 짜 놓고 면봉으로 필요한 만큼 찍어서 쓰게 한다.
- 스카프나 긴 끈에 의한 사고: 영유아는 긴 스카프나 끈 등을 가지고 놀이하는 것을 좋아한다. 그러나 놀이 중에 질식사의 위험에 노출이 되기 때문에 그들의 손이 닿지 않는 곳에 보관한다.
- 비닐봉지에 의한 사고: 비닐봉지에 놀잇감을 보관하거나 비닐봉지를 영유아들이 가

커튼 줄 처짐 방지

지고 놀게 해서는 안 된다. 영유아들이 비닐봉지를 얼굴에 대거나 머리에 뒤집어썼다가 질식할 수도 있다.

• 창문 커튼에 의한 사고: 창문 커튼이나 블라인드를 묶을 때는 뒤편으로 묶는다. 또한 영유아들이 커튼 가까이에서 놀거나 커튼으로 몸을 감고 놀지 않게 한다. 가능하면 끈이 늘어진 블라인드나 커튼을 영유아가 활동하는 공간에 설치하지 않는 것이 좋다. 끈에 목이 졸리는 일이 순식간에 일어날 수 있기 때문이다.

③ 기타 여러 가지 원인에 의한 사고

• 보행기에 의한 추락사고
• 미끄럼틀, 철봉, 정글짐, 구름다리 등의 오르기 기구의 추락사고
• 큰 소리를 내는 놀잇감에 의한 청각의 이상
• 뾰족한 놀잇감에 의해 안구나 눈, 귓구멍, 목구멍을 다치는 사고
• 납중독에 의한 사고(도자기 유약, 페인트, 자동차, 가솔린, 장난감 휴대폰 등에는 납 성분이 포함되어 있음)

2. 놀이안전교육의 내용 및 방법

안전교육의 방법에 대한 일련의 연구(곽은복, 2000)에서는 단순한 지식중심의 교육방법은 행동 변화에 영향을 미치지 못한다고 보고하였다. 이에 안전교육의 교수·학습방법은 구체적이고 실제적인 상황에서 활동중심적으로 실시해야 효과가 높다(Church, 2005). 예를 들어, 다양한 놀이안전교육 활동방법으로 이야기 나누기, 역할극, 현장체험, 미술활동, 실습, 동화 등 총체적인 경험 학습을 위해 통합적 접근 활동중심으로 운영한다. 통합적 접근 교수·학습방법은 유아가 놀이 안전에 대한 내용을 보다 흥미 있고 의미 있게 습득하도록 돕고, 이에 능동적으로 대처할 수 있도록 안전한 놀이에 대한 지식·태도·기술을 향상시키는 데 매우 적절하다. 그러나 통합적 접근을 운영하는 데 있어 단지 재미있게 활동을 하는 데 그치기 쉬우므로 교사는 놀이안전교육의 목적 및 통합적 접근의 교육적 가치를 항상 염두에 두고 실시해야 한다.

1) 놀이안전교육의 목표

놀이안전사고는 위험한 놀이 환경, 영유아의 능력과 활동 간의 불일치, 안전 규칙 불이행, 그리고 성인의 감독 소홀 등의 문제에 의해 발생한다. 따라서 놀이 시작 전에 안전한 놀이기구의 선택과 관리가 우선되어 영유아를 위한 안전한 놀이 환경을 마련하고, 영유아가 안전하게 놀이하는 습관을 기르도록 하는 것이 안전사고를 줄일 수 있는 최선의 방법이다.

안전한 놀이를 위한 교육목표는 다음과 같다.

- 안전한 놀이기구와 놀잇감을 식별한다.
- 놀이기구와 놀잇감에서 일어날 수 있는 위험을 안다.
- 놀이기구와 놀잇감을 안전하게 다루는 방법을 알고 실천하는 태도를 기른다.
- 놀이를 통해 발생할 수 있는 위험을 제거하거나 줄이는 방법과 비상시 대처방법을 알고 실천한다.

2) 놀이안전교육의 내용

하루의 일과 중 대부분을 차지하는 놀이는 영유아들의 생활 그 자체다. 그러나 크고 작은 안전사고가 일상에서 자주 발생하기 때문에 유아교육기관에서는 영유아의 안전을 위해서 계획하고 활동하는 놀이와 안전교육의 사고 위험을 조기에 발견하여 영유아 개인 및 집단의 안전에 필요한 지식을 이해시키고, 놀이안전생활을 영위할 수 있는 안전교육의 내용으로 놀이안전에 대한 바람직한 태도를 형성할 수 있게 하는 것이 목적이다. 즉, 친구와 안전하게 놀이할 수 있도록 놀잇감 · 도구 · 놀이시설물의 사용법을 알고 안전하게 사용하기, 안전한 장소에서 안전한 방법으로 놀이하기, 미디어는 유익한 것과 유해한 것이 있음을 알고 바르게 사용하기 등의 내용이다(교육부, 2015b).

영유아에게 놀이안전에 대한 의미 있는 교육이 되기 위해서는 유아교육기관에서 이루어지는 여러 활동영역에서 안전과 관련된 학습을 지속적으로 반복하여 경험을 통해 지식, 기능, 태도를 구성하는 것에 가치를 두어야 한다. 영유아들에게 의미 있는 놀이안전교육을 지원함으로써 놀이안전교육의 구성요소를 살펴보면 다음과 같다.

표 3-1　**놀이안전교육 구성요소**

구성요소	내용
지식	영유아가 직접 경험하거나 성인이나 또래와의 상호작용을 통해 얻은 정보다. 주변에 위험한 시설물이 있다는 것을 인식하고 안전을 위해 그네 주변에서 떨어져 있거나 차례를 지켜 타야 한다는 것 등 안전에 대한 기본 지식이다.
기능	지식을 응용하고 적용할 수 있는 기술이자 능력이다. 블록영역에서 규칙을 지켜 놀이하기, 실내 미끄럼틀 사용 시 안전 규칙 지키기 등은 풍부한 경험과 상호작용에 의해 안전한 대처 방법을 지원하면서 놀이도구를 능숙하고 안전하게 이용할 수 있다.
태도	안전하게 놀이함으로써 타인에 의한 자기인식을 통해 자존감과 유능성을 성취하고, 놀이안전에 대해 긍정적인 태도로 변화함으로써 개인의 행복뿐만 아니라 타인의 행복까지 함께 추구한다.

3) 놀이안전교육 활동 시 교사가 유의할 사항

① 활동 시작 전에 놀이 환경이 안전한지 점검하고, 놀이안전교육의 활동의 목적과 목표, 내용, 방법, 평가 등을 숙지하면서 교수자료를 준비한다.

② 각 활동마다 영유아가 알아야 할 놀이안전 개념을 영유아의 발달수준에 맞도록 선택하여 한 활동에 간단하고 적은 양만을 제시한다.

③ 활동 시간은 가급적 15분을 넘기지 않아야 하며, 연령이 높은 유아의 경우도 20분을 넘지 않도록 주의한다.

④ 놀이안전 개념을 영유아에게 전달할 때, 부정적인 측면을 지나치게 강조하기보다는 긍정적인 측면을 강조하여 유아의 자율적 학습을 촉진하도록 돕는다. 예를 들어, '미끄럼틀을 거꾸로 타지 마라.'라고 하기보다는 미끄럼틀을 안전하게 타는 방법을 이야기한다.

⑤ 놀이안전교육은 시행착오를 통해 습득될 수 있는 영역이 아니므로 명확하고 일관되게 지도한다.

⑥ 교사는 실물자료, 현장체험, 시청각 자료, 사진이나 상황 그림, 인형 등의 다양한 교수매체를 활용한다. 교사의 바른 시범이 중요하고, 영유아들이 학습경험을 반복할 기회를 주는 것이 좋다.

⑦ 교사는 영유아의 사전경험을 끌어낸 후 문제해결, 타인의 감정 이해, 타인과의 관계와 관련된 질문을 자주 사용하여 놀이안전 지식이 내면화되도록 돕는다. 예를 들어, "안전한 방법은 무엇일까?" "친구는 그네를 어떻게 타다가 다쳤니?" "네가 모래를 던져서 친구의 눈에 들어갔을 때, 그 친구는 어땠을까?" "만약 안전하지 않은 행동을 하면 어떤 일이 일어날까?" 등이다.

⑧ 교사는 영유아들의 놀이를 관찰하면서 교육할 기회를 잘 포착하여 개별 또는 집단으로 지도하며, 영유아들끼리 놀이안전 지식을 가르칠 수 있는 분위기를 조성한다.

⑨ 영유아가 목표를 달성하면 긍정적인 강화와 격려를 해 준다. 예를 들어, "우리 반 친구들이 놀이할 때 규칙을 잘 지키면서 놀았기 때문에 다친 친구가 없어 선생님 기분이 좋아요." 등이다.

⑩ 안전교육 활동은 한 번에 끝나는 것이 아니라 다른 놀잇감이나 유아용품을 사용할 때에도 계속된다. 예를 들어, "미술 블록 놀잇감을 정리해요." "실외 놀잇감을 정리해요."로 활동내용을 반복하여 교육한다.

⑪ 제시된 활동을 확장해서 교육하는 과정에서 영유아가 위험한 상황에 처해지지 않도록 한다. 예를 들어, 떡을 빨리 먹고 먼저 들어오는 사람이 이기는 게임은 영유아가 떡을 급히 먹다가 질식하는 사고를 당할 수 있다.

4) 놀이안전교육 시 안전수칙

- 영유아가 삼킬 만한 작은(지름 3.5cm 이하) 놀잇감은 제공하지 않기
- 베이거나 긁힐 수 있는 위험한 놀잇감 제공하지 않기
- 움직이는 놀잇감 사용 시 바닥에 충격을 흡수하는 고무판 깔아 놓기
- 놀잇감이나 우유병을 입에 넣고 다니지 않도록 주의시키기
- 전쟁놀이 등 위험한 놀이나 행동은 보는 즉시 중재하기
- 낮은 책상이나 의자에 올라가서 뛰어내리지 않도록 지도하기
- 영유아가 의자나 책상과 같은 무거운 가구를 이동해야 할 때는 사전에 안전수칙 설명하기
- 보행기를 탈 때는 주변에 위험한 물건이 있는지 점검하기
- 놀이활동 정리나 이동 시 영유아가 예측할 수 있도록 미리 예고하기
- 걸려 넘어질 만한 물건이나 놀잇감은 수시로 정리하기
- 놀잇감 파손 등을 매일매일 점검하고 보수하기
- 위험한 장소 표시하기
- 안전한 놀이를 위해 영유아의 옷차림 살피기(긴 옷, 끈이 있는 옷, 머리끈 등)
- 영유아만 두고 교실 비우지 않기
- 영유아를 돌보며 행정업무 등을 처리하지 않기
- 영유아가 있는 곳에서 커피포트 등 위험한 전열기구 사용하지 않기

3. 놀잇감

영유아들에게 놀이는 삶 자체이자 생활의 표현방식이며, 놀이로 시작하고 놀이로 끝나는 것이 그들의 하루 일과다. 하루 종일 놀이를 하기 때문에 놀이 도중에 사고도 많이 발생하게 된다. 이와 관련하여 놀이안전교육의 방법은 안전한 놀이뿐만 아니라 안전한 놀잇감을 선택하고, 관리하며, 안전한 놀이 규칙을 준수하게 함으로써 부모나 교사가 영유아의 즐거운 놀이 환경을 만들어 주는 것이야말로 최적의 의무라고 할 수 있다. 이러한 노력은 영유아의 놀이안전사고를 미연에 방지하고, 놀이안전의 여러 가지 면에 지대한 영향을 미

치게 된다.

특히, 남자 어린이가 흔히 갖고 노는 장난감 총의 총알(BB탄)이 눈에 맞아 출혈되는 경우, 귀나 코에 들어가 빠지지 않는 경우, 입에 들어가 기도를 막아 질식 위험에 처하는 경우가 보고되고 있다. 또한 장난감 및 완구에 칠해진 페인트에서 다량의 납 성분이 검출되어 영유아 건강을 위협하고 있다. 줄이 달린 아동용 장난감 기타를 가지고 놀다가 목이 졸려 사망할 위험이 있으며, 장난감 불꽃을 가지고 놀다가 입을 수 있는 화상 사고도 보고되고 있다. 이에 따른 안전대책은 다음과 같다.

- 연령에 맞는 완구를 선택한다.
- 직경 3.17cm 이하의 작은 부품이 들어 있는 완구는 질식사를 유발할 위험이 있으므로 구입을 피한다.
- 견고하게 부착된 제품인지 확인한다.
- 소리는 크지 않은지 확인한다.
- 튼튼한 제품을 선택한다.
- 착색료가 빠져나오지 않는지, 안전한 착색료를 사용했는지 확인한다.
- 완구에 대한 표시 및 주의 사항을 읽도록 한다.
- 장시간 현란한 빛을 발생하는 완구는 피한다.
- 질식, 목졸림 또는 상해위험이 높은 완구는 피한다.

1) 놀잇감 선택 시 주의사항

- 놀잇감의 크기와 놀이기구의 높이는 영유아에게 적합한 것이어야 한다.
- 영유아를 위한 놀잇감으로 셀룰로이드나 그와 유사한 가연성 재료로 만든 것은 선택하지 않는 것이 좋다.
- 금속 제품의 놀잇감은 날카로운 가장자리가 없어야 한다.
- 플라스틱 놀잇감은 너무 얇으면 위험하므로 깨지지 않을 만큼 두꺼운 재료나 깨지지 않는 재료로 만든 것이 좋다.
- 염료나 페인트 등의 물질이 녹는 재료가 아니어야 하며, 특히 납이 허용치 이상 사용된 것은 구입하지 말아야 한다.

- 전동 장난감의 경우, 모터의 전압은 가동 범위가 낮은 것을 사용하지 않는 것이 좋다.
- 움직이는 구조의 부분은 손으로 만지지 말아야 한다. 태엽을 감을 때 너무 세게 감다가 튕겨 나가 사고가 나기도 하므로 주의한다.
- 영유아들이 탈 수 있을 만큼의 큰 놀잇감은 영유아들이 어떻게 올라타더라도 균형을 잃지 않는 안정감이 있는 것으로 골라야 하며, 튼튼하고 끝이 무딘 것이 좋다.
- 나사나 못이 많은 놀잇감은 각 부분이 튀어나오지 않은 것을 골라야 하며, 못이나 나사에 손을 다치지 않도록 유의한다.

놀잇감 구입 4S 지침

- 크기(size): 최소한 35mm 필름통 크기 이상이어야 함.
- 모양(shape): 날카로운 모서리나 뾰족한 끝부분이 없는지 살펴보아야 함.
- 표면(surface): 표면의 칠이 무독성이어야 하고 비휘발성이어야 함.
- 끈(string): 끈이 있는 것은 영유아들의 목을 감을 수 있다는 점에 주의함.

이상의 사항을 참고하여 놀잇감을 구입하게 될 때 부모나 교사는 관리를 철저히 하고, 영유아가 규칙을 잘 지키며 놀잇감을 가지고 놀이할 수 있도록 도와주어야 한다.

2) 놀잇감 관리 시 주의사항

- 놀잇감이 파손되어 날카로운 부분은 없는지, 작은 부품이 떨어져 있지 않은지 자주 확인하여 안전하지 않은 것은 폐기해야 한다.
- 놀잇감을 주기적으로 세척하고, 파손 여부를 잘 관찰하며, 보수가 필요한 것은 방치하지 않는다.
- 영유아가 자기보다 나이가 많은 형제자매의 놀잇감을 가지고 놀지 못하도록 관리해야 한다(37개월 이상의 놀잇감에는 작은 부품 등이 포함될 수 있으므로 36개월 이하의 영유아가 작은 부품을 삼키지 않도록 주의할 것).
- 3세 미만의 영유아가 놀잇감을 가지고 놀 때는 놀이과정을 지켜보아야 한다.
- 영유아가 놀잇감을 가지고 논 후에는 안전한 장소에 보관하도록 가르치고, 어린 영아가 작은 부품을 삼킬 수 있음에 주의한다.
- 비닐 포장지, 리본이나 끈으로 되어 있는 부분은 질식 위험이 있으므로 잘라 버린다.

- 목재 놀잇감의 경우, 거친 가장자리와 표면의 가시는 사포를 이용하여 매끄럽게 한다.
- 놀잇감을 수리할 때 안전장치에 이상이 생기지 않도록 주의한다.
- 고장난 부품을 대체할 때는 규격에 맞지 않는 유사품을 사용하지 않도록 한다.
- 놀잇감으로 위험한 놀이가 진행될 때는 올바른 사용방법을 다시 알려 준다.
- 놀잇감 등에 다시 페인트칠을 해야 할 경우에는 쓰다 남은 오래된 페인트를 사용하지 않는다(오래된 페인트는 새로운 페인트보다 납 성분이 많이 포함된 것일 수 있음).
- 놀잇감을 보관할 때는 육안으로 식별하기 쉽게 종류별로 정리해 둠으로써 놀잇감 상자에서 놀잇감을 찾다가 다치는 경우가 없도록 한다. 장난감을 계단이나 방바닥에 함부로 놓아두면 발에 걸려 넘어지거나 밟아서 다치게 되므로 주의한다.
- 실외 놀이를 위한 놀잇감은 비를 맞히지 않도록 한다. 비와 이슬은 영유아에게 해로운 녹의 원인이 된다.
- 그네, 말 타기, 보행기, 자전거 등 움직이는 놀잇감은 부딪히지 않도록 공간의 여유를 두고 배치한다.

3) 놀이안전 규칙

단순히 법적 규제나 성인들이 안전한 놀잇감을 선택하고 관리한다고 해서 전적으로 사고를 예방할 수 있는 것이 아니다. 놀잇감 사고의 예방은 사용자인 영유아가 기본적인 놀잇감의 안전수칙을 이해하고 놀이 규칙을 습관화하여 잘 지켜 나갈 때 가능한 것이다. 따라서 부모나 교사는 일반적인 놀이 규칙을 기본적으로 알려 주고, 영유아와 함께 놀이를 해 봄으로써 일어날 수 있는 사고를 예측하고, 이를 예방할 수 있는 규칙을 영유아들과 함께 만들 수 있다. 놀이 규칙을 정할 때는 위험성이 높은 놀이에 대한 약속은 미리 정하고, 위험성이 적은 놀이에 대한 약속은 영유아들이 놀이를 한 후에 토의를 통하여 자율적으로 정하는 것이 영유아들로 하여금 규칙을 더 잘 지키도록 도와주는 방법이다. 또한 장난감의 결함이 발견된 경우 서로 알려 주어 안전하게 놀이하는 습관을 형성해 나가는 것이 필요하다. 영유아가 안전하게 놀이할 수 있도록 영유아의 연령에 따라 〈표 3-2〉와 같이 도와줄 수 있다(류경화, 정명순, 지주영, 2008).

표 3-2 **연령별 놀이안전을 위한 보호**

연령	놀이안전을 위한 보호
1세 이하	하루 종일 성인이 보호해 주어야 한다.
1~2세	호기심이 왕성하며, 위험에 대한 인식이 전혀 없으므로 성인이 영유아의 놀이 상황을 감독해야 한다. 영유아가 걷게 되면 손으로 집을 수 있는 물건을 입에 넣지 못하도록 지도한다.
2~4세	놀잇감과 관련된 상처를 가장 많이 입는 시기이므로 항상 가까이에서 지켜보아야 하며, 특히 남아일 경우 더욱 주의해야 한다. 통계적으로 이 시기 이후부터는 남아가 여아보다 부상당하는 비율이 높게 나타나므로 놀잇감을 안전하게 다루는 방법을 적극적으로 지도해야 한다.
4~6세	놀잇감의 사용과정에서 발생할 수 있는 위험을 이해할 수 있으므로 놀이할 때 안전 규칙을 지키도록 지속적인 안전교육을 실시해야 한다.
6~8세	대부분 유아교육기관이나 초등학교에 다니는 시기로서 교사나 부모의 직접적인 감독에서 벗어나는 시기이므로 안전 규칙을 습관화되도록 일관성 있게 지도할 필요가 있다.

4) 놀잇감 세척방법

(1) 원목 놀잇감

① 미지근한 물이나 찬 물수건으로 수시로 닦아 준다.

② 마른 수건으로 물기를 닦아 건조하거나 그늘에서 말린다.

(2) 헝겊 놀잇감

① 수시로 먼지를 털어내고 전용세제를 풀어 손세탁한다.

② 건전지가 내장되어 있어 물세탁이 어려운 경우, 먼지를 자주 털어내도록 한다.

(3) 플라스틱 놀잇감

① 따뜻한 비눗물에 담가 세척한 후 따뜻한 물로 헹군다.

② 마른 수건으로 닦은 후 그늘에서 말린다.

(4) 고무 놀잇감

• 영유아용 세제나 샴푸를 이용해서 스펀지로 닦고 헹군다.

5) 흥미영역에 대한 안전

(1) 미술영역

① 미술놀이를 할 경우에는 쉽게 바닥을 닦을 수 있는 비닐이나 종이를 깔되 물기가 생기면 즉시 닦아 미끄러지지 않도록 유의한다.

② 종이를 취급할 때 베지 않도록 주의하고, 베이면 물로 깨끗이 씻는다.

③ 색종이, 유점토 등 채색이 되어 있는 경우, 색소가 유해할 수 있으므로 입에 대지 않도록 한다.

④ 가위는 끝이 무딘 것으로, 13cm 정도 길이의 안전한 것으로 준비한다. 유아용 안전 가위를 준비한다.

⑤ 연필, 크레파스, 붓 등은 입에 넣지 않도록 한다.

⑥ 글루건은 교사가 사용하되, 근처에 유아가 가까이 가서 글루건의 액체가 몸에 떨어지지 않도록 주의한다.

⑦ 스테이플러, 펀치 등의 도구에 대한 안전한 사용법에 대해 이야기한다.

⑧ 접착제, 특히 본드의 안전한 사용법을 알려 준다.

⑨ 락스나 파라핀류는 반드시 성인의 감독하에 사용하도록 한다.

⑩ 기타 재활용품, 자연물 등의 재료는 깨끗하고 안전하게 처리한 후 사용한다(우유통을 깨끗이 씻어 사용하기, 깡통 끝을 테이프로 말아 주기, 낙엽을 걸레로 닦아 말리기 등).

⑪ 바늘 등의 도구를 사용한 후에는 스티로폼이나 스펀지 등의 바늘꽂이에 안전하게 정돈하도록 한다.

⑫ 다리미 등을 사용하는 활동을 할 경우 반드시 교사가 도와준다.

⑬ 빗자루, 쓰레받기 등도 안전하게 사용하는 방법을 알려 준다.

(2) 과학영역

① 이야기 나누기 시간에 안전하게 사용하는 법을 이야기하고, 과학영역에 안전한 사용법을 유아들이 볼 수 있게 붙여 둔다.

② 여러 가지 탐색 도구(거울, 자석, 프리즘, 확대경, 현미경, 스포이트 등)를 안전하게 사용한다.

③ 측정 도구(자, 저울, 시계 등)를 위험하게 사용하지 않는다.

④ 실내에서 기를 수 있는 동물, 곤충, 식물류도 함부로 만지지 않는다.

⑤ 기계류를 조작할 때는 조립기구를 활용하되 잘 조작이 되지 않을 때는 교사에게 도움을 청한다.

⑥ 컴퓨터를 설치할 경우에는 본 스위치를 별도로 두는 것이 안전하며, 눈의 보호를 위해 보안 화면경을 설치한다.

⑦ 전기기구를 사용하여 요리를 할 경우 전선은 유아가 다니지 않는 공간을 이용해 안전하게 처리한다.

⑧ 프라이팬은 가장자리가 열전도율이 낮은 재질로 처리한 것을 구입한다.

⑨ 가열 기구 중 휴대용 가스는 가능한 한 사용하지 않는다.

⑩ 기름에 튀기는 요리는 가능한 한 하지 않는다.

⑪ 요리활동 때 사용하는 칼은 끝이 무딘 플라스틱 칼을 사용한다.

(3) 음률영역

① 몸을 많이 움직이는 놀이를 위해 서로 부딪히지 않도록 충분한 공간을 마련한다.

② 녹음기를 제공할 때는 전선줄 처리를 안전하게 해야 하며, 여의치 않을 경우에는 건전지를 넣어 사용한다.

③ 헤드폰을 사용할 때는 음향 크기를 적절하게 조절해 둔다. 갑자기 큰 소리가 나서 영유아들이 놀라지 않게 한다.

④ 악기 사용법을 올바르게 알고, 악기로 위험한 놀이를 하지 않는다.

⑤ 피아노 등의 뚜껑을 닫을 때는 손을 치운 것을 확인하고 닫는다. 특히 자유선택활동 시간에 피아노를 치다가 장난하며 뚜껑을 닫지 않도록 한다.

(4) 목공영역

목공놀이 시설은 다른 놀이 장소와 약간 떨어지는 곳에 설치하되, 너무 격리되면 교사가 감독하기 어렵고 영유아가 격리된 느낌을 가질 수 있기 때문에 너무 떨어지지 않도록 한다. 목공놀이에서 사용될 연장은 장난감이 아닌 실제 사용이 가능한 것으로, 안전하고 튼튼한 것을 준비한다. 연장의 질이 나쁘면 영유아가 의도대로 사용할 수 없기 때문에 오히려 사고가 날 염려가 있다.

연장은 벽의 낮은 곳에 합판을 붙인 후 못을 박고 걸어서 보관하도록 하거나 이동식 장소일 경우에는 연장의 윤곽을 그려 정리하면 편리하고 안전하게 사용할 수 있다. 망치의 무게는 310~370g이 적당하며, 망치 머리가 넓적한 것이 좋다. 망치 손잡이는 나무로 되어야 하고, 손잡이의 길이와 굵기는 영유아들이 손으로 잡기에 적절해야 안전하다. 톱은 나무를 자를 때 사용되며, 길이는 약 40~50cm 정도가 안전하다.

못은 머리가 둥글고 넓적한 것이 안전하고, 못을 박을 때는 손으로 잡는 것보다 펜치로 잡는 것이 안전하므로 함께 준비해 둔다. 못질을 할 때는 못이 나무 밖으로 삐져나오지 않도록 밑에 놓이는 나무의 2/3 이내에 못이 박히도록 못의 길이를 정하는 것이 좋다. 못질을 할 때는 보안경(물안경 또는 스키용 안경)을 반드시 착용하도록 한다. 드릴은 나무에 구멍을 뚫을 때 사용하며, 크기 및 무게는 영유아에게 적합한 것으로 준비해 두어야 한다.

① 처음 목공놀이를 할 때 연장의 올바른 사용법에 대해 이야기할 기회를 갖는다.
② 연장은 목공놀이 영역에서만 사용하도록 한다.
③ 안전한 놀이를 위하여 충분한 공간이 필요하며, 작업할 수 있는 적정 인원수를 제한하고, 반드시 성인의 감독하에 놀이한다.
④ 망치질을 할 때는 펜치로 못을 잡고 한다.
⑤ 목공놀이 영역에서 싸울 경우 즉시 연장들을 내려놓도록 한다.
⑥ 유아가 못이나 기타 부속품을 입에 물거나 넣지 않도록 한다.
⑦ 연장은 수시로 검점하여 필요시 수리하거나 교체한다.
⑧ 목공놀이 후에는 바닥에 떨어진 작은 연장들이 있는지 확인한다.

(5) 쌓기영역

블록놀이를 하기 전에 약속을 이야기 나누기 시간에 갖고, 약속한 것을 블록놀이 영역에 붙여 유아들이 볼 수 있게 한다.

① 블록으로 친구를 때리거나 던지지 않는다.
② 큰 블록은 맨 아래 정리장에 넣어 유아가 블록을 안전하게 꺼낼 수 있게 한다.
③ 블록은 끝부분이 날카롭거나 깨지지 않았는지 매일 교사가 확인한다.
④ 블록을 밟고 다니지 않는다.
⑤ 총, 칼 등을 만들어 위험한 놀이를 하지 않는다.

⑥ 작은 블록을 입속에 넣지 않는다(영아반에는 작은 블록을 놓지 않는다).

(6) 역할영역

① 모형 음식을 입에 넣지 않는다(환경호르몬에 영향을 받지 않는 플라스틱이나 천으로 된 모형 음식 등은 교사가 자주 씻는다).

② 선반이나 옷장, 싱크대는 안전한 재질로 제작된 것을 선택하고, 높이도 유아에 맞아 물건을 꺼낼 때 위험하지 않은 것이 좋다.

③ 봉제인형 등 장난감의 상태를 정기적으로 점검한다.

④ 드라이기, 전화기 등은 전선줄을 끊고 내준다.

⑤ 유리 등 위험한 재질의 용품은 내주지 않는다.

⑥ 깨어진 그릇은 즉시 교체한다.

⑦ 젓가락을 귀나 입에 넣지 않는다.

⑧ 병원놀이를 할 때 눈, 코, 입, 귀 등에 실제 물건을 넣지 않는다.

(7) 모래영역

① 모래에 개, 고양이 등의 오물이 있는지 항상 확인하고 청결을 유지한다.

② 모래 속에는 뾰족한 돌멩이나 유리 등이 있을 수 있으므로 안전을 위하여 규칙적으로 모래를 점검하고 체로 쳐서 걸러 내어 준다.

③ 모래놀이장에는 적당하게 물을 뿌려 모래가 날리지 않도록 한다.

④ 모래놀이 용구는 날카롭지 않은 플라스틱 제품으로 제공하며, 모래놀이에서만 사용하도록 한다.

⑤ 모래를 친구에게 던지지 않도록 한다.

⑥ 모래가 눈에 들어갔을 경우 비비지 않고 교사에게 이야기하도록 한다.

⑦ 모래놀이 기구를 정리할 수 있는 정리함을 준비한다.

(8) 수 · 조작 영역

① 작은 교구는 입, 코, 귓구멍에 넣지 않고, 만약 들어갔을 때는 교사에게 알린다.

② 수 · 조작 영역은 조용한 영역에 배치하여 혼자서도 놀이를 할 수 있게 하며, 친구들과 함께 놀이 시에는 놀잇감 공유로 인해 싸우는 일이 없도록 한다.

③ 구슬끈을 돌리고 다니거나 목이나 팔에 감지 않도록 한다.

④ 깨지거나 부서진 놀잇감이 없는지 항상 확인하고 체크한다.

(9) 언어영역

① 책의 가장자리 끝이 뾰족하므로 날카롭지 않게 한다. 날카로운 가장자리가 눈을 다치게 할 수도 있기 때문이다.

② 책을 던지거나 책으로 친구를 때리지 않도록 한다.

③ 책장을 넘길 때 손을 베이지 않도록 조심하고, 베였을 경우 손을 깨끗이 씻는다.

④ 연필과 같이 길고 끝이 뾰족한 물건은 손에 들고 장난치지 않는다.

⑤ 헤드폰이나 이어폰 소리를 너무 크게 조작하지 않도록 한다.

(10) 물놀이 영역

① 물놀이는 반드시 교사 지도하에 하여야 한다.

② 물놀이를 하기 전에는 준비운동을 한다.

③ 물놀이를 할 때 친구에게 물을 뿌려서는 안 된다.

④ 물에 들어가기 전에 손, 발부터 적신 후 물에 들어간다.

⑤ 물놀이 도중 몸에 소름이 돋고, 피부가 당기며, 몸이 떨리면서 입술이 파래지면 물놀이를 중단하고, 옷이나 타월 등으로 몸을 따뜻하게 감싼 후 휴식을 취한다.

6) 교재교구에 대한 안전

- 교재교구와 도구의 올바른 사용법에 대해 안내한다.
- 발달에 따른 적합한 크기의 견고한 교재교구를 선정한다.
- 무독성이고 불가연성의 재질로 된 것을 확인한다.
- 모서리를 둥글게 잘라 제작한다.
- 빛이 반사되어 눈에 부담이 되므로 가능하면 코팅한 교재교구는 피한다.
- 영유아를 위해 너무 크거나 푹신한 인형은 피한다.
- 영아의 경우 3.5cm보다 작은 크기의 교재교구는 삼킬 위험이 있으므로 피한다.
- 영유아에게 인기 있는 교재교구를 동일한 것으로 여러 개 구비한다.

• 부서진 것은 즉시 폐기하고 새것으로 교환한다.

• 수리가 필요한 것은 방치하지 않고 즉시 수리한다.

• 건전지나 자석, 기타 작은 부속물이 빠지지 않았는지 확인한다.

4. 스포츠 안전의 필요성 및 내용

영유아들은 스포츠의 필요성을 가르쳐 주지 않아도 자발적으로 뛰어놀면서 신체를 움직인다. 이처럼 자발적인 신체 활동은 영유아의 건전한 성장, 발달을 촉진하고 건강한 몸과 마음을 형성하는 중요한 역할을 한다.

최근 자유롭게 놀 수 있는 공간의 감소, TV 시청이나 오락 게임이 증가하면서 비만, 당뇨병, 성인병 등의 증상이 나타나는 경우도 있다. 현대의 복잡한 생활 속에서 소득이 증가하고 생활양식이 바뀜에 따라 여가 선용으로 여러 가지 스포츠를 즐기는 가정이 늘어나고 있으며, 이에 영유아들도 어릴 때부터 그러한 경험을 하는 기회를 많이 가지게 되었다. 그러나 성장 · 발달 과정에 있는 영유아들은 조절능력이나 민첩성이 부족하고, 위험한 상황을 인식하고, 그에 대처할 수 있는 능력이 부족하기 때문에 실외 놀이나 스포츠를 즐기는 과정에서 안전사고를 당하기 쉬우므로 적절한 안전교육이 수반되어야 한다. 여러 보고에 의하면 스포츠 놀이안전사고 현황은 연령별로 차이가 있는데, 특히 6세 전 · 후에 스포츠와 레저 활동에 따른 안전사고의 발생률이 높았다. 2003년 어린이 안전사고 9,298건 중 어린이 안전사고 발생과 관련된 물품 또는 서비스 중 스포츠 · 레저 · 놀이용품 가운데 14세 이하 아동 사고가 전체 안전사고의 64.8%인 것으로 나타났다. 이는 바깥에서의 신체활동의 양이 많아지는 영유아기 때부터 스포츠 안전의 생활교육의 확대와 강조의 필요성을 시사한다. 영유아들이 적절한 운동을 생활화하고, 규칙적으로 운동을 하여 근력, 순발력, 지구력 등의 체력요소를 골고루 발달시켜 균형 있는 신체발육을 하기 위해서는 먼저 영유아들이 쉽게 경험할 수 있는 바깥놀이를 통해 스포츠를 안전하게 즐길 수 있는 기능을 익히고, 그에 필요한 규칙을 지키도록 하는 것이 필요하다. 또한 다양한 활동을 통해 신변안전의 대처능력을 키울 수 있는 발현적 교육과정을 통해 어떤 상황이 위험한 상황이며, 내가 어떻게 대처할 수 있는가를 확장하여 생명존중 및 관계중심의 세계관으로의 전환을 꾀하는 바람직한 스포츠 놀이안전의 기초를 형성하는 것이 바람직하다.

■스포츠 놀이안전을 위한 일반적인 고려사항

- 발달수준에 맞는 스포츠 기구를 선택한다.
- 기구가 안전검사를 받은 제품인지를 확인한다(⑯ 표시나 '검'자 표시).
- 사전에 도구 사용법이나 운동방법에 대한 교육을 한다.
- 안전 보호장구를 반드시 착용한다(안전모, 장갑 · 무릎 보호대, 신발 등).
- 각종 스포츠를 즐기기 위한 기본 기능을 익힌다.
- 위험한 장소에서는 하지 않는다.
- 정면을 주시하고 운동한다.
- 운동 전 · 후에 근육이완을 위한 준비 운동, 마무리 운동을 한다.

5. 영유아의 스포츠 안전교육

1) 스포츠 안전의 필요성 및 내용

영유아기는 신체적 성장 변화가 빠르게 변화하고, 활발한 움직임과 호기심이 많은 시기이다. 신체 발달에 적합하고 건전한 성장, 발달을 촉진시키는 운동은 영유아기 시기에 건강한 몸과 마음을 형성하게 하는 중요한 역할을 한다.

그러나 최근에는 TV, 컴퓨터, 스마트폰 등과 같은 미디어의 증가와 특기나 조기학습 교육 등으로 인하여 영유아들이 자유롭게 뛰어놀 수 있는 놀이 시간과 공간의 제한 등으로 신체 활동이 급격하게 감소되고 있어서 실제로 신체운동기능을 적절히 경험할 기회가 점차 감소되고 있다. 그로 인한 운동부족은 스포츠를 통해서 발달과 발육을 촉진시키고 심신을 단련하고 안정된 정서와 건전한 사회인으로 성장하는 데 중요한 역할을 한다. 특히, 영유아들은 조정능력이나 민첩성이 부족하고, 위험한 상황을 인식하고 대처할 수 있는 능력이 부족하기 때문에 영유아들이 실외 놀이나 스포츠를 즐기는 과정에서 안전사고가 일어나기 쉽다.

따라서 안전하게 스포츠를 즐길 수 있도록 적절한 안전교육이 병행되어야 한다. 유아들이 가장 즐겨 하는 스포츠이면서 안전사고의 위험 가능성이 높은 자전거, 수영, 스키, 스케이트, 롤러스케이트, 인라인스케이트 등에 대해서 안전한 사용법과 기본 기능을 익히고, 스포츠 규칙 및 안전 수칙을 익히고 준수하는 태도를 갖도록 한다. 특히, 스케이트보드, 자전거 등의 이용 시 안전모와 무릎보호대, 팔꿈치 보호대 등 보호 장구를 꼭 착용하도록 한다.

2) 스포츠 안전을 위한 일반적인 고려사항

- 먼저 어린이의 건강을 점검해 본 후에 스포츠에 참여하도록 한다.
- 발달수준에 맞는 스포츠 기구를 선택한다.
- 운동 전 충분한 준비운동을 하여 근육을 이완시키고, 마무리 운동을 한다.
- 어린이가 스포츠 활동에 참여할 때에는 해당 스포츠 종목을 위한 안전 보호 장구를 몸에 맞도록 착용(안전모, 장갑, 무릎보호대, 신발 등)한다.
- 어린이가 새로운 종목을 익힐 때에는 적절한 훈련으로 기술을 습득, 사전에 기구 사용법과 운동 방법, 안전수칙 등을 지키도록 해야 한다.
- 어린이가 운동경기에 참여하고 있을 때에는 충분한 양의 수분을 섭취할 수 있도록 하고 덥거나 습기가 많은 날씨에는 자주 쉴 수 있도록 해야 한다.
- 기구가 안전 검사를 받은 제품인지를 확인한다(㉧ 표시나 '검'자 표시).
- 운동 전·후에 근육이완을 위한 준비 운동, 마무리 운동을 한다.

3) 자전거

발달 단계 및 형태에 따라 알맞은 자전거를 선택하여야 한다. 세발자전거부터 시작하여 유아들이 성장함에 따라 점차적으로 발달단계에 적절한 자전거를 택하여 그때마다 조정 방법 및 기능을 알려 주고 익숙해질 때까지 교사나 부모는 안전 지도를 계속하여야 한다.

자전거는 신체 근육을 단련시키는 운동기구이므로 적절한 사전 교육을 통해 안전사고를 예방하기 위해서 자전거를 타기 전에는 반드시 확인하고 준비해야 할 사항들에 대해서 알아 두어야 한다.

(1) 몸에 맞는 자전거를 선택한다
① 몸에 맞는 자전거란 발 앞부분의 반 정도가 땅에 닿는 자전거를 의미한다.
② 발이 땅에 닿지 않는 자전거는 자전거를 세울 때 균형을 잃어서 넘어지기 쉽다.

③ 페달 위의 발 위치는 발 앞부분으로 페달을 밟아야 가장 힘차게 페달을 밟을 수 있고 중간으로 밟았을 때보다 미끄러지지 않을 수 있다.

(2) 안전한 복장을 입는다

- 안전한 복장은 몸에 붙고 밝은 색상의 옷으로 끈이 없는 운동화가 좋다.

(3) 보호 장구를 반드시 착용한다

① 〈2 법칙〉: 눈썹 위에 손가락 두 개가 들어갈 공간만 남기고 이마가 덮이도록 착용한다.

② 〈4 법칙〉: 양손의 두 손가락으로 V를 만들어 귀 옆으로 가 붙이듯 안전모 양쪽에 달린 끈이 귀를 감싸도록 한다.

③ 〈1 법칙〉: 버클을 '딱' 소리가 나도록 잠근 뒤, 손가락 한 개가 들어갈 정도의 공간만 남기고 끈을 잘 조여 준다.

(4) ABC 체크를 한다

① 'A'는 Air: 타이어의 바람상태를 확인한다.

② 'B'는 Brake: 브레이크가 작동이 잘 되는지, 즉 브레이크 레버를 잡았을 때 바퀴가 움직이지 않는지 확인한다.

③ 'C'는 Chain: 체인이 부드럽게 잘 돌아가는지 확인한다.

④ 자전거를 타기 전에는 30초간 이 세 가지를 모두 확인하고, 이상이 없을 때에만 자전거를 타도록 한다.

자전거 헬멧 구매 및 사용 시 주의사항

- 헬멧이 머리에 맞는지 시야를 방해하지 않는지 꼭 확인하기
- 항상 턱끈이 잘 채워져 있는지 확인하기
- 헬멧의 훼손 상태, 제조회사, 구입처, 손상 정도 등에 따라서 점검하기
  - 헬멧이 충격을 받은 경우 아무리 미세한 손상이라도 헬멧의 효율성이 떨어질 수 있으므로 점검해 보기

4) 인라인스케이트

스케이트장 이외에 공원이나 거리 등 넓고 다양한 공간에서 즐기는 스포츠로 각광받기 시작한 인라인스케이트는 장비만 있으면 크게 제한받지 않고 탈 수 있는 스포츠로 유아들에서부터 어른들까지 모두 즐기는 스포츠다.

인라인스케이트를 도로에서 타는 사람이 증가함으로써 위험요소가 발생하고 있으며, 또한 성능이 좋아지고 속도가 더 빨라짐으로 인해 무엇보다 중요한 것은 안전하게 탈 수 있는 장소다. 운동장, 공원, 놀이터 등 차량이 없는 곳에서 탈 수 있도록 배려하고 여의치 않을 때는 교사나 어른의 보호가 반드시 필요하다.

과도한 속도, 예상치 못한 돌출물 및 구멍, 다른 물체와의 충동 등이 사고 발생의 주요 원인이며 이러한 사고에서는 특히 상체 부분이 많이 다치며 주로 발목 골절상을 입을 수 있으므로 인라인스케이트를 처음 배울 때 우선 넘어지는 방법부터 배워야 한다. 넘어질 때, 손과 팔로 바닥을 짚는 경우 상해가 더 커질 수 있기 때문에 신체 한 부분에 힘이 집중되게 하기보다는 팔을 모으고 옆으로 굴러 몸통, 어깨, 엉덩이 부분으로 충격이 흩어지게 교육한다.

한국소비자보호원의 사건 발생 접수에 의하면, 스포츠·놀이용품의 사고가 가장 많았으며(22.1%), 식료품·기호식품(16.9%), 시설물(12.2%) 순이었다. 특히 스포츠 안전사고 중에서 자전거, 롤러스케이트, 킥보드, 인라인스케이트, 바퀴 달린 운동화 관련 안전사고의 비중이 컸으며 14세 이하 어린이가 전체 사고의 65%로 나타났다. 안전사고는 매년 증가하고 있고 성별로는 남자 어린이가 여자 어린이보다 2배 정도 높게 나타나고 있으며 스포츠 놀이 기구의 종류로 보면 1위가 킥보드(10.2%), 2위가 인라인스케이트, 롤러스케이트 (9.4%)로 나타났다.

어린이들의 신체 활동량이 증가하고 신체 발달의 균형을 도와주는 스포츠 활동의 필요성이 더욱 커짐에 따라 스포츠 놀이를 하면서 일어나는 안전사고에 세심하게 주의하고 안전교육과 예방에 더욱 관심을 갖고 아동의 놀이 활동을 도와주는 것이 필요하다.

인라인스케이트 탈 때 안전수칙 사항은 다음과 같다.

■ 인라인스케이트 탈 때 안전수칙

① 안전보호 장비를 착용한다(안전모, 무릎, 팔 보호대 등).

② 시작 전에 근육 긴장, 이완을 예방하기 위해 준비운동을 한다.

③ 언덕이나 차도가 있는 길에서는 타지 않고, 차도를 건널 때에는 벗어서 들고 건너야
한다.

④ 손은 빈손으로 타고, 자동차나 자전거 등을 잡고 타지 않는다.

5) 킥보드

킥보드(kick board)는 다양한 연령층에서 단거리 이동용 또는 놀이용으로 사용되는 제품
으로 2000년 후반부터 어린이나 청소년들에게 유행하고 있는 제품으로 한쪽 발을 이용해
타는 놀이 기구다. 미국 소비자제품안전위원회(CPSC)의 자료에 의하면 헬멧을 쓰고, 무릎
과 팔꿈치에는 보호대를 대는 등의 안전 장구를 갖추고 킥보드를 탈 경우 60% 이상의 부
상을 예방할 수 있으므로 킥보드를 탈 때 주의사항을 지키는 것은 매우 중요하다.

(1) 안전한 어린이용 킥보드를 구입하는 요령

① 어린이용 킥보드는 발판이 넓고 브레이크 작동이 쉬운 핸드브레이크가 있는 제품을
선택한다.

② 헬멧 등의 안전장구를 제품과 함께 구입하고, 경음기도 핸들에 부착한다.

③ 몸체의 재질, 부품 간의 틈새, 각 부분의 용접, 나사 연결 상태 등이 견고한지 잘 파악
하고 결정한다.

④ 제품 특성상 수시로 접고 다시 조립해야 하는 제품은 각 조절레버가 견고하고 작동
이 부드러운지 확인한다.

(2) 안전하게 킥보드를 사용하는 요령

① 안전기준에 맞는 헬멧, 손목과 팔꿈치 보호대, 무릎 보호대 등의 안전 장비를 반드시
착용한다.

② 인도나 포장된 도로에서만 타야 하고, 차량 근처나 물이 있는 곳에서는 타지 않도록
한다.

③ 손잡이, 접는 부위, 놀이 조절레버가 안전하게 고정되었는지 확인한다.

④ 무릎과 팔꿈치 보호대를 대고 헬멧을 반드시 착용한다.

⑤ 내리막길에서는 속도가 빠르고 제동이 어려워 중심을 잃고 넘어지거나 자동차 틈에 부딪쳐 다칠 수 있으므로 타지 않는다.

⑥ 밤에는 장애물이 잘 보이지 않고 운전기사의 시야가 좁아져 킥보드를 타고 가는 것을 발견하기 어려우므로 타지 않는다.

6) 수영

물놀이와 수영은 몸의 대근육을 사용하는 운동으로 신체발달 및 유연성을 기르는 전신 운동이며, 심폐기능 향상과 소아 비만을 예방하는 데에도 매우 효과적이다. 또한 수영은 단계적 지도를 받아 배우게 되면 어떤 운동보다는 신체 상해의 위험이 적고 신체 접촉이 적기 때문에 안전성이 매우 높으나 안전수칙을 지키지 않으면 익수 사고가 일어날 수 있으므로 각별히 주의해야 한다.

특히 유아의 경우 반드시 성인의 보호하에 물놀이와 수영을 하도록 지도해야 한다. 익수사고는 대개 물에 대한 지식과 수영 기술이 부족할 때, 환경적 조건을 잘 파악하지 못했을 때, 위험한 상황에서의 대처 능력이나 생존기술이 부족할 때 등의 요인이 복합적으로 작용하여 발생한다.

물놀이 및 수영 시 안전수칙 사항은 다음과 같다.

(1) 물놀이하기 전 안전수칙

① 준비운동을 한다.

② 물의 특성, 깊이를 확인하고 물과 친숙해진다.

③ 심장에서 먼 부분부터 물을 적신다(손, 발, 다리, 얼굴, 가슴의 순).

④ 질식위험이 있으므로 음식을 먹고 소화가 된 후 수영을 한다.

⑤ 수영을 하다 춥고 소름이 돋으면 물에서 나와 쉬면서 몸을 따뜻하게 한다.

⑥ 물놀이나 수영을 하기 전에 먼저 샤워를 한 후 수영복으로 갈아입고, 수영 모자와 물안경을 착용한다.

(2) 물놀이할 때 안전수칙

① 반드시 성인의 감독하에 해야 한다.

② 다이빙은 정해진 수영장에서만 가능하다.

③ 아이들이 많은 경우 돌볼 어린이들의 책임을 나누어 돌보아야 한다.

④ 위급 시 도움을 요청하는 방법을 알고 있어야 한다(한쪽 팔을 최대한 높이 올리고 흔들어야 한다).

⑤ 경련 등이 일어나면 즉시 밖으로 나온다.

⑥ 수영장 내에서 소변을 누어서는 안 된다.

⑦ 머리가 긴 경우에는 묶는다.

⑧ 튜브의 상태를 점검하고 확인한다.

⑨ 수영 후에는 깨끗한 물로 씻고 옷을 갈아입어 체온을 유지한다.

7) 축구

축구는 아동이 원만한 사회생활에 필요한 신체발달과 협동심, 창의력 발달과 사회성 발달에 크게 기여한다. 그리고 정서적 발달에도 도움을 주는 동시에 페어플레이 정신을 기르는 스포츠 운동 종목으로도 적합한 운동이다. 또한 기초 기술의 습득만으로 장소에 구애받지 않고 어디서나 할 수 있는 운동 종목으로 범세계적으로 대중화된 스포츠라 할 수 있다.

아동 사이에서는 축구의 선호도가 많아짐에 따라서 안전사고에 대한 관심과 예방이 증가하고 있는 추세다. 그 예로서 축구 골대가 넘어져서, 기어 넘거나 매달려서 회전하다가 골대가 아동을 덮쳐서 심각한 손상이나 죽음을 초래할 수 있는 안전사고가 일어날 수 있다.

축구를 할 때 안전수칙 사항은 다음과 같다.

■ 축구를 할 때 안전수칙

① 축구를 하기 전 준비운동을 하여 근육을 풀어 주어 근육이 당기거나 삐는 손상을 예방할 수 있다.

② 축구화는 발에 맞아야 하고 끈이 풀어지지 않도록 단단히 묶도록 한다.

③ 골대가 넘어져서 아동이 다칠 수 있으므로 골대를 잡지 않도록 한다.

④ 네트에 오르지 않는다(사용하지 않을 때에는 네트 제거하기).

⑤ 아동에게 축구 규칙에 대해서 가르친다.

안전교육 활동계획안(놀잇감 안전)

생활주제	유치원과 친구	주 제	함께하는 유치원	대 상	만 5세
소 주 제	우리가 만들고 싶은 유치원 계획하기			활동유형	이야기 나누기
활 동 명	안전한 교실을 만들어요			집단형태	대집단
누리과정 관련요소	• 의사소통: 말하기-자신의 느낌, 생각, 경험을 말해 본다. • 신체운동 · 건강: 안전하게 생활하기-안전하게 놀이하기				
창의인성 관련요소	• 창의성: 인지적 요소-문제해결력 • 인성: 약속 • 창의성: 인지적 요소-사고의 확장				
활동목표	• 놀잇감을 바르고 안전하게 사용한다. • 놀이할 때 발생할 수 있는 사고나 위험에 대해 조심하는 방법을 안다. • 놀잇감을 안전하게 사용하는 방법에 대해 관심을 갖는다.				
자료 준비 및 제작	• 교실에서의 위험한 행동에 관련된 안전교육 그림 자료 -교실에서의 위험한 행동이 그려진 그림 자료를 인쇄하여 코팅한다. -뒷면에 벨크로를 붙인다. • 〈교실에서의 안전수칙〉 판 -교실에서 일어날 수 있는 안전사고에 대비하는 규칙을 만든다. -규칙을 구간별로 인쇄하여 자른 후 하드보드지에 붙인다. -투명 접착 시트지를 이용하여 하드보드지를 코팅한다.				

단계	교수 · 학습 활동	자료 제시 및 유의점
도입	• 손유희로 주의집중을 유도한다. 뚱뚱이와 홀쭉이 (양손을 등 뒤에 숨기고 시작) 뚱뚱이 뛰어와(오른쪽 엄지손가락이 등 뒤에서 나와 가슴 앞으로 나온다.) 홀쭉이 뛰어와(왼쪽 검지손가락이 등 뒤에서 나와 가슴 앞으로 나온다.) 둘이는 골목에서 부딪혔다네(가슴 앞에서 서로 쿵 부딪힌다.) 너 때문이야(엄지손가락이 검지손가락을 야단치듯이 한다.) 너 때문이야(검지손가락이 엄지손가락을 야단치듯이 한다.) 둘이는 화가 나서(양쪽 손가락을 머리 위로 올려 뿔을 만든다.) 뿌뿌뿌~(양손을 주먹을 쥐고 얼굴에 대어 불을 터트리듯이 뿌뿌뿌) 뚱뚱이 걸어와(위와 같음) 홀쭉이 걸어와(위와 같음) 둘이는 골목에서 부딪혔다네(위와 같음) 미안 미안해, 미안 미안해(엄지손가락과 검지손가락이 서로 예쁘다 하듯이 쓰다듬어 준다.) 둘이는 사이좋게 하하하(한 손씩 차례대로 머리 위로 올려 하트를 만들어 준다.)	유아들이 자신의 경험을 자신 있게 표현하도록 격려한다.

	• 교실에서 놀이한 경험을 이야기 나눈다. −교실에서 무엇을 하며 놀이하나요? −어떤 놀이가 가장 재미있나요? −놀이를 하다가 다친 적은 없나요?	
전개	• 교실에서의 위험한 행동 안전교육 자료를 보며 이야기 나눈다. −교실에서 놀잇감으로 놀 때 언제 위험해질까요? −문을 세게 닫으면 어떻게 될까요? −의자에서 장난을 치면 어떻게 될까요? −놀잇감을 던지면 왜 위험할까요? • 교실에서의 안전수칙에 대해 이야기 나눈다. −교실에서 안전하게 생활하려면 어떻게 해야 할까요? −놀잇감으로 안전하게 놀이하는 방법을 알아볼까요? 〈교실에서의 안전수칙〉 1. 정해진 영역에서 놀이한다. 2. 교실 문을 열고 닫을 때 살살 열고 닫는다. 3. 교실에서는 걸어다닌다. 4. 놀잇감을 던지지 않는다. 5. 책상이나 의자에서 장난하지 않는다. −교실에서 안전수칙을 지키지 않으면 어떤 일이 일어날까요?	안전교육 그림 자료, 교실에서의 안전수칙 규칙판
마무리	• 활동을 통해 새로 알게 된 점과 느낀 점에 대해 이야기 나눈다. −오늘 선생님과 무엇에 대해 알아보았나요? −활동을 통해 어떤 것들을 새롭게 알게 되었나요? • 안전수칙을 지켜 놀이하면 좋은 점에 대해 이야기 나눈다. −우리가 이야기한 안전수칙을 지켜 놀이하면 무엇이 좋을까요? −우리 서로 안전하게 놀이하기로 친구와 약속해 볼까요? • 연계활동 소개 −다음 시간에는 우리가 만든 안전수칙 외에도 또 지켜야 할 약속을 생각해 보며, 모둠 친구들과 함께 토의해 보도록 할까요?	다음에 이루어질 활동에 대해 언급한다.
활동평가	• 놀잇감을 바르고 안전하게 사용할 줄 아는가? • 놀이할 때 발생할 수 있는 사고나 위험에 대해 조심하는 방법을 아는가? • 놀잇감을 안전하게 사용하는 방법에 대해 관심을 가질 수 있는가?	

수업
및
교구
사진

 수업 동영상 파일 링크

제4장
시설설비 안전

    유아교육기관과 가정에서는 크고 작은 각종 안전사고에 어려움을 겪어 왔다. 경험이 많은 교사와 부모는 경험을 통하여 그런 사고에 대처할 수 있지만 경험이 적은 교사와 부모는 많은 어려움을 겪는다. 이와 같이 체계적인 유아의 안전관리에 대한 지식이 부족한 이유는 그동안 대학이나 재교육을 통하여 체계적인 교육을 받을 기회가 거의 없었기 때문이다. 따라서 경험이 적은 교사와 부모는 경미한 사고에도 당황하는 경우가 많으며, 큰 사고를 당했을 때는 거의 속수무책일 수밖에 없다.

    최근 유아교육기관에서는 방과 후 과정의 도입으로 영유아들이 유치원, 어린이집, 놀이방 등에 머무는 시간이 점점 늘어나고 있고, 그에 따른 건강과 안전의 문제는 더 크게 대두되고 있다. 교사들은 건강과 안전이 전제되어야 모든 교육활동을 잘할 수 있음을 익히 잘 알고 있지만, 너무 기본적이어서 종종 잊고 지내는 경우가 많다. 따라서 교사들은 영유아의 건강과 안전에 대하여 더 많은 관심을 기울여야 한다. 아무리 좋은 교육이라도 단 한 번의 안전사고로 인하여 모든 것이 수포로 돌아갈 수 있음을 잊지 말아야 할 것이다. 우리는 주변에서 그런 사고가 발생할 때마다 안전교육의 중요성을 재인식하게 된다.

1. 시설설비의 개념 및 중요성

1) 시설설비의 개념

• 시설: 일련의 목적을 달성하기 위하여 활용되는 물리적 환경을 의미하는 것으로, 대지, 건물, 건조물로 구분할 수 있고, 넓은 의미로는 물적 요소와 인적 요소를 말하며, 좁은 의미로는 토지나 건물의 물적 요소를 말한다.
• 설비: 시설을 구성하는 부분으로, 목적을 달성하기 위해 필요한 모든 물적 요소를 의미하는 것으로, 조명, 난방, 방음, 급수 등 시설을 구성하는 부분이라고 볼 수 있다.
• 유아교육기관의 시설설비: 시설과 관련되어 유아의 보호 및 교육 기능을 수행하기 위한 물적 요소의 총체다(예: 야외 놀이터, 정원, 교문, 담장).

2) 시설설비의 유지 및 안전관리

• 원장은 매일 설비를 점검하여 흠이 없는지 안전한지 살펴보고 필요하다면 간단한 수리를 통해 정비한다.
• 보수는 24시간 이내에 이루어지고, 모든 보수는 2주 이내에 실행되어야 한다.
• 안전점검을 시행하여 화재, 상해 등의 위험 발생 요인을 제거해야 한다.
• 보육실의 시설점검
  −건축물 점검: 건축에 관한 부분으로, 건물 벽체, 축대, 천정, 도색, 도배 상태, 옥탑이나 뒤쪽 등 사각지대에 관한 점검을 말한다.
  −전기 점검: 전기시설, 전기차단시설 등에 관한 부분이다.
  −소방 점검: 소방전, 유도등, 소화기 배치 등이 포함된다.
  −설비 점검: 냉난방 설비, 주방 가스시설, 화장실 비품 파손 등에 관한 점검이다. 담당자는 시설 점검표를 만들어 월 2회 정도 시설을 점검한다.
• 소방계획을 작성하여 매월 소방훈련을 실시한다.

3) 시설설비의 중요성

시설설비의 환경은 성장과 발달의 속도가 빠르고 감수성이 예민한 영유아를 대상으로 교육하는 곳이기 때문에 더욱 중요한 의미를 지닌다. 영유아들의 교육 효과를 높이기 위해서는 그들에게 적절한 교육적 환경을 마련해 주는 것은 필수적이다. 질 높은 환경이 제공되는 곳에서 영유아들은 안정감을 느끼고, 놀이와 활동에 집중할 수 있으며, 다양한 놀이와 학습활동을 통하여 신체, 인지, 언어 및 사회, 정서발달을 도모할 수 있다.

4) 시설설비 기준

(1) 어린이집 시설설비 기준

어린이집을 설치·운영하려면 종사자 기준은 물론 시설기준에 적합해야 한다. 또한 다른 어떤 건축물과 마찬가지로 보육시설을 설치하고자 하는 건축물은 「건축법」「소방법」 등의 각종 규정사항을 준수해야 한다. 어린이집의 시설기준은 「영유아보육법」 시행규칙 제7조와 관련된 [별표2]에 제시되어 있으며, 내용을 요약하면 다음과 같다.

구분		시설기준
시설규모		– 국공립어린이집 또는 직장어린이집: 상시 영유아 11인 이상 – 민간어린이집: 상시 영유아 21인 이상 – 가정어린이집: 상시 영유아 5인 이상 20인 이하
교지		– 특별히 면적 기준 없음
놀이터		– 영유아 1인당: 2.5m² 이상 – 놀이방 및 영유아 30인 미만 어린이집 제외 – 지역특성상 옥내 놀이터 또는 인근 놀이터 사용 가능
원사	보육실 (거 실) (포복실) (유희실)	– 보육실을 포함한 실내면적: 영유아 1인당 3.63m² 이상 – 1층 설치원칙, 2층 이상 설치 시 안전사고 대비시설 설치 – 3세 미만의 영유아 1인당: 2.64m² 이상 – 3세 이상 영유아 1인당: 1.98m² 이상 – 침구, 놀이기구, 그림책 기타 필요한 완구 비치 　환기, 채광, 조명, 방습, 방충 및 냉난방설비 등의 적합한 시설 비치

	사무실	– 놀이방 및 영유아 40인 미만의 어린이집 제외: 타 시설과 겸용 가능
	양호실	– 위와 동일
	수유실	– 수유를 위한 적당 시설 설치: 타 시설과 겸용 가능
	조리실	– 채광 및 환기가 잘 되도록 하고, 창문에는 방충망 설치
		– 식기 소독, 위생, 취사 및 조리용 설비
	목욕실	– 샤워 또는 세면 설비
화장실		– 수세식을 원칙: 수세식이 아닌 경우 방수처리, 소독수, 살충제 비치
		– 영유아의 보육에 지장이 없도록 필요한 변기 설치
급배수시설		– 급수시설은 상수도에 의함: 상수도가 없는 경우 우물을 사용하되 주위 환경 6m 이내에 화장실, 하수저류장 등이 없을 것
		– 우물의 경우에는 지표로부터 1m 이상의 높이로 우물 틀을 설치
		– 더러운 물, 빗물 등이 잘 처리되도록 배수설비 설치
비상재해 대비시설		– 소화용 기구 비치: 비상구
		– 비상재해에 대비시설 설치

(2) 유치원 시설설비 기준

유치원을 설립 · 운영하려면 우선 법적인 구비요건을 기본적으로 갖추어야 한다. 유치원의 법적인 구비요건은 인적 요건인 교직원의 자격 조건과 물적 요건인 시설설비 요건을 의미한다. 유치원의 시설설비 기준인 '학교시설 · 설비 기준령'의 규정 표를 요약하면 다음과 같다.

구분		시설기준
교지 (원사대지)		– 원아 수 40인까지: 400m²
		– 원아 수 40 초과 160인까지는 초과하는 원아 1인당 5m²씩 가산
		– 원아 수 160인 초과 시 초과하는 원아 1인당 4m²씩 가산
유원장		– 기준면적: 150m²
		– 원아 40인 초과 시 초과하는 원아 1인당 1m²씩 가산
원사	보통 교실	– 1학급당 1실
		– 66m² 이상: 원아 40인 이하 수용
		– 50m² 이상: 원아 30인 이하 수용
	유희실	– 1~3학급: 66m² 이상
		– 4학급: 2실 이상
	원장실 사무실 숙직실 창고	권 장

화장실	– 소변기: 필요에 알맞은 수 – 대변기: 원아 30인당 1개 이상
급수시설	– 상수도 시설이 있는 경우: 1학급당 급수전 2개 이상 – 상수도 시설이 없는 경우: 펌프시설, 수질 무해 증명
소방 설비	–「소방법」에 규정한 방화 및 소화에 필요한 설비

유치원의
다른 시설 이용
	– 학교, 교회, 기타 시설 이용 설립 가능
	– 상호 겸용 가능 시설: 유원장과 유희실, 보통 교실과 유희실, 단 유희실을 유원장
	  으로 겸용하는 경우에는 보통 교실과는 겸용 불가(겸용 조항은 인가권자가 수업에
	  지장이 없다고 판단하여 엄격히 적용)

2. 가정 시설설비의 안전

영유아의 안전사고는 가정에서 일어나는 경우가 많다. 가정에서의 사고는 영유아의 발달적 특성이나 신체적 크기를 고려하지 않고 성인 위주로 만든 방, 거실, 욕실, 부엌에서 주로 일어나며, 위험한 물건을 영유아의 손이 닿는 곳에 함부로 두기 때문이다. 따라서 영유아가 있는 가정에서는 집안 내의 모든 환경을 구성할 때 영유아에게 위험한 요소를 제거하도록 힘써야 할 것이다(한국산업안전보건공단, 2013).

평상시 가장 안전한 곳으로 인식하고 있는 가정에서의 영유아 안전사고가 의외로 많다. 최근 한국소비자보호원이 실시한 5세 이하의 영유아 안전사고 사례는 전체의 44.4%를 차지하였다. 가정 내의 안전사고에서 넘어짐, 화상, 추락, 베임, 찔림, 미끄러짐, 충돌이 대부분을 차지하였다(안전문화추진위원회, 2013). 또한 사고장소에 따른 사례는 전체의 60.9%의 평상시 안전하다고 인식하고 있는 방과 거실에서 사고가 발생하였다.

1) 방과 거실

영유아를 둔 가정에서는 책상이나 식탁 위에 큰 물건을 놓아서는 안 된다. 특히 식탁 위에 식탁보를 깔아 놓은 경우에는 아장아장 걷던 영아가 갑자기 식탁보를 잡아당겼을 때 물건이 떨어져 머리를 다칠 수 있기 때문이다. 또한 탁자 위에는 담배, 라이터, 성냥을 놓아두어서는 안 된다. 이층침대는 가능한 한 사용하지 않는 것이 좋다. 침대의 높이는 영유아가 혼자서 오르내릴 수 있을 정도가 좋다. 또한 영유아의 침대에는 충분한 높이의 보조난간을 설치하고, 난간 사이의 폭은 5~6cm를 넘지 않는 것이 좋다. 또한 아기가 혼자 자고 있을 때는 에어컨, 선풍기, 히터 등을 켜 주지 않아야 한다. 타일이나 나무로 된 바닥은 미끄럽지 않아야 하고, 식탁, 책상, 테이블의 날카로운 모서리는 플라스틱이나 천으로 씌워서 영유아가 다치지 않도록 해야 하며, 텔레비전의 뒷부분은 만지지 못하도록 설치하고, 난방기구나 히터, 선풍기에는 보호망을 설치하여 손이 끼지 않도록 해야 한다.

전깃줄은 영유아의 발에 걸려 넘어질 수 있으므로 붙박이나 천장에 설치하는 것이 좋고, 젖은 손으로 전깃줄을 만지지 않도록 하고, 철사, 가위, 송곳, 칼, 못, 바늘, 압정, 핀 등을 전기 콘센트 구멍에 넣지 않도록 알려 주어야 하며, 콘센트는 안전덮개가 있는 것으로 설치하며, 가전 제품은 사용한 후에 스위치를 끄고 콘센트에서 플러그를 꼭 뽑아 두어야 한다. 특히 다리미는 켜 둔 채로 자리를 비워서는 안 된다.

거실에는 반드시 소화기를 비치해 두고 사용법을 익혀 두어야 한다. 거실의 소화기 보관장소는 모든 사람의 눈에 띄는 위치가 적당하고, 영유아의 손에 닿지 않는 1.5m 이내의 높이에 두어야 한다. 소화기는 안전핀이 쉽게 뽑히도록 되어 있으므로 영유아가 장난감으로 사용하지 않도록 해야 한다. 소화기는 불이 났을 때 불을 끌 수 있는 도구이며 가지고 노는 장난감이 아님을 분명하게 가르쳐야 한다. 그러나 취학 전 유아들이나 초등학교 어린이들은 유사시 소화기를 활용할 수 있어야 하기 때문에 너무 높지 않은 곳에 보관하며, 평소에 사용방법을 알려 주고 실제 연습을 해 보도록 하는 것이 바람직하다.

영유아가 있는 집의 문은 여닫이문보다 미닫이문으로 설치하는 것이 좋다. 하지만 현관문이나 방문의 경우에는 미닫이문보다는 여닫이문으로 설치하는 경우가 많기 때문에 반드시 문이 천천히 닫히도록 하는 안전장치를 해야 한다. 영유아는 물론 성인들조차 문틈에 손가락이나 손이 끼어 크고 작은 안전사고가 유발될 수 있기 때문이다.

2) 욕실(화장실)

욕실에서의 가장 심각한 사고는 미끄러짐, 넘어짐, 화상, 전기쇼크, 감전, 익사 등이다. 가정의 화장실은 미끄럽지 않은 재질을 사용하고, 세면대가 유아의 신체에 맞지 않을 경우에는 세숫대야에 물을 받아 바닥에서 사용하도록 한다. 화장실에서 사용하는 비누, 치약, 샴푸, 세탁세제, 표백제, 헤어드라이어, 전기면도기 등은 유아의 손이 닿지 않는 곳에 보관한다. 특히 3세 미만의 영아들은 욕조나 변기에 빠져 익사할 우려가 있으므로 욕실에 혼자

두어서는 절대 안 된다. 어른과 함께 있을
때 전화나 초인종이 울리더라도 무시하거
나 부득이한 경우에는 영유아를 데리고
나가야 한다.

화장실

욕실의 벽이나 욕조 바로 옆에는 손잡
이 봉을 부착하여 미끄러질 때 잡을 수 있
도록 하면 사고를 예방할 수 있다. 또한
욕실문의 유리는 안전유리나 플라스틱 재
질로 하고, 슬리퍼는 미끄러지지 않는 재
질로 된 것을 선택해야 한다. 또한 욕실에
는 만지면 베이거나 찔릴 수 있는 유리컵, 면도날 등의 물건들을 잘 관리하거나 가능하면
다른 제품으로 바꾸어 사용해야 한다. 유리컵은 바닥에 떨어뜨려 깨지면 크게 다칠 수 있
으므로 플라스틱이나 금속으로 된 제품을 사용하며, 다 쓴 면도날은 즉시 치워서 아이들의
손이 닿지 않도록 해야 한다. 욕실의 온수는 치명적인 화상을 일으킬 수 있다. 특히 노인이
나 영유아가 목욕할 때는 항상 물의 온도를 잘 감지하고 확인하여 화상으로 인한 사고를
예방하도록 해야 한다. 또한 영유아가 수도꼭지나 샤워기를 조작하여 갑자기 뜨거운 물이
쏟아져 화상을 입지 않도록 항상 어른이 곁에서 돌보고 조심시켜야 한다.

3) 주방(부엌)

가정에서 사용하는 부엌은 가족 모두가 사용하는 곳이므로 매우 혼잡하고 여러 가지 물
건이 많이 있으므로 잠재적인 위험이 가장 많은 곳이다. 보통 성인들이 음식을 준비하거
나 요리에 몰두하다 보면 유아가 들어와 무엇을 하는지 신경 쓸 수 없으므로 다음 사항에
주의하여 안전지도를 해야 한다.

- 마룻바닥은 왁스칠을 하여 미끄럽게 하지 말고, 물기가 생기면 즉시 닦는다.
- 싱크대 문을 열고 닫을 때 영유아의 손가락이 끼지 않도록 하고, 모든 찬장과 서랍은
  유아가 함부로 열 수 없도록 줄로 묶거나 안전 잠금 장치를 한다.
- 칼, 포크, 가위, 채칼, 열린 깡통 등 날카로운 물건은 영유아의 손이 닿지 않는 곳에 보

관하고, 위험한 물건임을 영유아에게 알려 주어 함부로 만지지 않도록 한다.

- 영유아가 가스레인지를 만지지 못하게 하고, 항상 중간 밸브를 잠그며, 가스 누출 자동 차단 장치를 한다.
- 영유아가 쓰레기를 뒤질 경우 깡통 뚜껑에 손을 베일 수 있기 때문에 뚜껑 양옆의 날카로운 부분을 찌그러서 버리는 등 주의해야 한다.
- 튀김 요리를 할 때는 영유아가 접근하는 것을 막아야 하고, 다 쓴 기름은 잘 식히며, 튀김용 솥은 바닥에 두지 않아야 한다.
- 전기코드는 영유아의 손에 닿지 않게 하고, 전깃줄을 길게 늘어놓지 않으며, 사용 후에는 반드시 플러그를 빼 두어야 한다.
- 엄마가 부엌일을 하는 동안에는 멀리 떨어진 곳에서 영유아가 놀도록 해야 하지만, 영유아가 놀면서 엄마를 쳐다볼 수 있고 엄마도 일하면서 영유아를 살펴볼 수 있는 안전한 장소를 마련해야 한다.
- 뜨거운 음식이 가스레인지나 식탁 위에서 떨어져 델 염려가 있기 때문에 항상 주의해야 한다.
- 부엌에는 비상용 소화기를 비치해 두어야 한다.
- 뜨거운 냄비를 손으로 들다가 내용물이 쏟아지면서 화상을 입을 수 있기 때문에 영유아의 손에 닿지 않도록 해야 한다. 특히 주전자의 입부분이 몸 반대쪽으로 향하도록 하고, 냄비나 프라이팬의 손잡이는 안쪽으로 향하도록 해야 한다.
- 냄비의 깊이가 얕으면 기름이 튀어 화상을 입거나 끓으면서 튀는 기름이 화재를 일으킬 수 있다. 만일 냄비에 불이 붙었을 경우에는 뚜껑을 닫아 불을 차단해야 한다. 당황하여 냄비를 들어내다가 타고 있는 기름을 바닥에 엎지르면 대형 화재가 발생할 수 있으므로 유의해야 한다.
- 전기밥솥은 영유아가 손을 댈 수 없는 곳에 두고, 취사 중일 때는 영유아가 접근하지 못하도록 하여 증기로 인한 화상사고가 발생하지 않도록 주의해야 한다.

4) 창문 및 베란다

아파트 베란다의 난간이 너무 낮거나 간격이 넓은 경우에는 영유아가 추락사고의 위험이 있다. 또한 베란다에 간단한 놀이시설, 자전거, 운동기구, 장독대, 의자 등이 놓여 있는

경우에는 영유아가 매달리거나 딛고 올
라서기 쉽기 때문에 추락사고의 위험이
있다. 창문은 안전고리를 설치하고, 특히
2층 이상의 창문은 반드시 안전망이나 난
간을 설치해야 한다. 그리고 창틀 위에
유아용품을 올려놓은 경우에는 영유아가
이것을 꺼내기 위하여 기어올라 가다가
추락사고를 당할 수 있다. 이처럼 창문이
나 베란다에서 발생하는 사고의 위험은
매우 심각한 것이기 때문에 가급적 영유

창문추락방지 안전바

아 혼자서 놀지 않도록 하는 것이 바람직하다.

　최근 아파트의 실내구조 변경으로 거실과 바깥을 연결하는 베란다를 없애는 경우에는
거실 창문을 통하여 바로 추락할 수 있는 위험이 높다. 특히 영유아가 낮은 곳에 있다가 높
은 곳으로 올라가면 새로운 시야를 경험하게 되어 감탄하게 된다. 이럴 때 영유아는 바깥
경치를 구경하기 위하여 몸의 상체를 지나치게 바깥으로 내미는 등의 위험한 행동을 하지
않도록 주의를 요한다. 창문이다 베란다는 항상 사고의 위험이 있기 때문에 다음의 안전
수칙을 준수하도록 해야 한다.

- 창문이나 베란다는 창문 보호대나 난간을 반드시 설치한다.
- 영유아가 위에 올라가 놀다가 떨어질 수 있기 때문에 침대나 가구를 창문 가까이에
  설치하지 않아야 한다.
- 영유아가 창문 밖으로 머리 부분을 내밀거나 베란다 난간에 기대어 서지 않도록 한
  다. 많은 추락사고는 영유아가 바깥을 구경하거나, 친구와 이야기하기 위하여 상체
  를 외부로 내밀거나, 난간에 기대어 서 있을 때 일어난다.
- 아주 어린 영아도 닫혀진 창문이나 문을 열 수 있으므로 잠금장치를 하여 영유아가
  함부로 열지 못하도록 해야 한다.
- 공기 순환을 위하여 창문을 열 때는 반드시 위에서부터 열도록 한다. 아래쪽의 창문
  을 열어야 하는 경우에는 10~13cm 정도만 열고 안전장치를 해야 한다.
- 베란다는 밖이 보이는 곳이므로 아이의 호기심을 자극하는 곳이다. 따라서 베란다에

서 영아가 물건을 놓고 올라서는 것을 막기 위해서는 발판이 될 수 있는 물건을 두지 않아야 한다.

3. 유아교육기관 시설설비의 안전

1) 실내 시설설비의 안전

영유아들은 실내 시설에서 가장 많은 시간을 보낸다. 따라서 영유아들이 머무는 실내 공간의 시설과 설비는 영유아의 연령, 발달 수준, 신체 크기, 능력 등을 고려하여 안전하고 편리하게 마련되어야 한다(한국산업안전보건공단, 2013).

(1) 현관

현관은 많은 사람이 드나드는 장소이므로 충분한 공간이 확보되어야 한다. 한꺼번에 많은 인원이 들어가고 나갈 때는 공간에 적합한 인원만큼 수를 조절함으로써 사고를 방지할 수 있다. 현관의 문은 성인과 영유아가 손쉽게 사용할 수 있도록 너무 무겁지 않아야 하고, 바닥은 미끄럽지 않아야 한다. 현관문은 앞뒤로 움직이는 것보다 한쪽 방향으로만 움직이는 것이 좋으며, 가능하면 바깥쪽으로 여닫는 것이 현관의 공간 활용에 도움이 된다. 현관문은 2/3 이상이 투명하거나 투시가 가능하도록 제작하는 것이 좋다. 유리로 되어 있는 현관문의 경우에는 유아의 어깨 높이 이하에는 두꺼운 안전유리를 설치해야 한다.

(2) 계단

영유아 추락사고의 20%는 계단에서 일어난다. 계단은 우리의 주거 환경에서 필수적이면서도 영유아의 안전을 위협하는 장소이기도 한다. 따라서 가정에서 계단을 설치할 때는 안전규칙을 준수하여 추락사고를 방지해야 한다. 각 층을 연결하는 계단의 상하부에는 문을 설치하고, 필요하지 않을 때는 문을 닫아 둠으로써 영유아들이 계단으로 굴러 떨어지는 것을 방지해야 한다. 또한 계단의 양쪽에는 난간을 설치하여 오르내릴 때 손잡이 역할을 하도록 한다. 난간의 높이는 추락을 방지하기 위하여 110cm 정도로 유지하고, 난간 막대 사이는 영유아의 머리가 빠져나가지 않도록 11cm를 넘지 않아야 한다. 또한 계단 각 발판의 폭과 높이는 경사에 따라 조절되어야 하지만, 보통 한 발판의 높이는 약 20cm, 폭은 25cm 정도가 적당하고, 계단 발판 끝을 둥글게 처리하는 것이 안전하다. 계단은 항상 밝게 조명되어야 하고, 물체나 물이 흘려 있지 않아야 한다. 또한 계단에 그림이나 사진을 걸어 놓을 경우에는 영유아들이 시선을 뺏겨 신체의 균형감각을 잃을 수 있기 때문에 계단 옆 벽면에는 그림이나 사진과 같은 장식물을 걸지 않는

계단 미끄럼 방지

것이 좋다. 그 밖에 계단의 안전한 이용을 위해서는 다음 사항을 준수해야 한다.

① 영유아가 계단을 올라갈 때 보호자는 반드시 아래쪽을 걸어간다.
② 계단에서 날카로운 부위 등 위험이 없는지 수시로 점검한다.
③ 계단을 내려올 때는 주머니에 손을 넣지 않는다.
④ 자기 발보다 큰 신발을 신거나 신발끈을 매지 않은 채 계단을 오르내리지 않는다.
⑤ 영유아들이 계단을 이용하지 않고 난간을 이용하여 미끄럼을 타는 경우가 있기 때문에 난간 끝에 받침대를 설치하거나 끝부분을 완만하게 처리하여 곡선으로 굴려 줌으로써 난간사고를 예방한다.
⑥ 계단에서는 뛰어다니거나 장난을 치지 않는다.
⑦ 실내에서 지붕이나 옥상으로 통하는 문은 항상 잠가 둔다.

(3) 문과 창문

영유아들이 사용하는 건물의 문은 문지방이 없어야 하고, 바닥이 미끄럽지 않아야 하며, 충돌을 방지하기 위하여 영유아의 눈높이에 맞는 작은 안전유리를 끼워 양쪽에서 서로 볼 수 있도록 해야 한다. 창문은 실내의 채광, 환기, 방음, 온도 조절 등을 위하여 필요하다. 그러나 창문에 안전장치를 하지 않으면 사고 유발 위험이 크므로 반드시 창문에 보호장치나 난간을 설치한다. 창문의 높이는 영유아들이 바닥에 서서 밖을 내다볼 수 있는 높이에 설치한다. 너무 낮게 설치되면 외부세계에 지나치게 노출되고, 유아가 넘나들 수 있

어 위험하다. 보통 바닥에서 50~70cm 정도가 적당하다. 창문이 너무 넓고 낮은 경우에는 파손 위험이 있고, 너무 투명한 경우에는 부딪힐 위험이 있다. 그러므로 시야를 방해하지 않는 범위 내에서 창문 가까이에 교구 진열대나 식물재배 영역을 마련하거나 유리창에 스티커 등을 붙여 영유아들이 유리창을 쉽게 식별할 수 있도록 해야 한다. 창문은 전체를 3등분하여 가운데를 여닫을 수 있도록 설계하면 안전하다.

(4) 활동실

우리나라 교육시설 기준령에는 유아 1인당 필요한 실내 면적을 0.5평으로 규정하고 있으나, 많은 연구에서 밝히고 있는 이상적인 면적은 유아 1인당 1.0평이다. 최소한 0.65평은 되어야 유아의 공격적 행동이 줄어든다는 연구도 있다. 활동실은 유아들이 마음껏 기어다니고 앉을 수 있는 공간으로 활용되기 때문에 냉기를 제거하고, 넘어질 경우를 대비하여 충격을 줄일 수 있는 탄력이 있어야 하며, 미끄럽지 않고 쉽게 청소할 수 있어야 한다.

천장이 너무 낮으면 교사들의 키가 너무 크게 보여 영유아들에게 위압감을 줄 수 있고, 너무 높으면 허전하고 서늘한 느낌을 줄 수 있기 때문에 보통 바닥에서 3.0~3.4m가 적당하다. 천장에는 자동 화재 경보장치나 스프링클러 등을 설치하여 화재가 발생했을 때의 안전에 대비해야 한다. 활동실은 낮에 가능한 한 자연 채광만으로도 밝은 것이 좋으며, 벽면의 색채를 조절함으로써 자연 채광의 효율을 높일 수 있다. 조명시설을 설치할 때는 조명등에 보호막을 씌우는 것이 안전하다.

활동실의 구조는 교사가 어느 곳에 있어도 모든 유아를 관찰할 수 있도록 막힌 부분이 없어야 한다. 또한 바닥에는 미끄럼 방지용 스프레이를 뿌려 미끄럽지 않도록 하고, 미끄러운 카펫 밑에는 테이프 등을 부착하여 움직이지 않도록 해야 한다. 보육실 문은 손가락과 발가락이 끼지 않도록 하는 장치를 하고, 바닥은 턱이 없도록 하며 미끄럼 방지 처리를 한다.

(5) 화장실

우리나라 교육시설 기준령에는 학급당 대변기 1대 이상, 소변기는 필요한 수만큼 설치하도록 되어 있으나, 일반적으로 변기는 유아 5~7명당 하나가 필요하며, 유아 8~15명까지는 적어도 2개 이상을 설치해야 한다. 양변기의 높이는 바닥으로부터 30cm 정도로, 유아의 신체에 알맞아야 하며, 소변기는 유아용으로 설치해야 한다. 화장실 문의 손잡이는

3. 유아교육기관 시설설비의 안전　**113**

영유아가 사용하기에 적절한 높이에 있어
야 하고, 문에 손이 끼지 않도록 해야 하
며, 교사가 감독할 수 있는 정도의 높이로
문을 설치해야 한다. 화장실 문은 영유아
가 혼자 열고 닫을 수 있어야 하고, 문고
리는 설치하지 않는 것이 바람직하다.

　화장실 바닥은 미끄럽지 않도록 하고,
흘린 물은 자연스럽게 배수구 쪽으로 흘
러내리도록 약간의 경사를 유지하는 것이
좋다. 세면대는 화장실에 갈 때는 물론 간

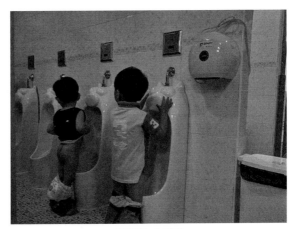

유아용 소변기

식이나 식사 전후, 놀이활동에 관련하여 수시로 활용할 수 있으므로 화장실의 출입구 근처
에 설치하는 것이 편리하다. 유아 한 명이 세면대를 사용하는 폭은 60cm 정도가 필요하고,
세면대의 높이는 바닥에서 50cm 정도가 적당하며, 온수와 냉수를 쉽게 조작할 수 있도록
해야 한다. 온수는 뜨겁지 않게 38℃ 이내로 유지한다.

(6) 교무실과 양호실

　교무실은 각 기관의 규모와 교사의 수에 맞게 설치하되 영유아의 출입을 지켜볼 수 있는
곳에 설치하고, 전면에 큰 창문을 만들어 바깥 활동도 쉽게 관찰할 수 있도록 하는 것이 좋
다. 유아교육기관에는 영유아의 몸이 아플 경우 보호자가 올 때까지 돌봐 줄 수 있는 조용
하고 격리된 방이 있어야 한다. 몇 가지 놀잇감을 가지고 편안하게 지낼 수 있는 작은 공간
을 마련해 두는 것이 바람직하며, 화장실과 가까운 곳에 위치하는 것이 바람직하다. 양호
실에는 유아 25명당 1개의 침대가 필요하며, 종일제를 운영하는 경우에는 유아 10명당 1개
정도의 침대가 필요하다. 양호실의 공간이 없는 경우에는 교사실이나 원장실에 침대를 마
련해 두는 것도 좋다. 양호실에 위험한 물건이나 기구들은 놓지 않고, 구급 약품 보관함은
영유아의 손이 닿지 않는 곳에 두어야 한다.

(7) 주방

　영유아들의 영양관리를 위해서는 반드시 필요한 곳이 주방이다. 특히 종일제를 운영하
는 유아교육기관에서는 없어서는 안 되는 곳이다. 주방은 간식과 점심을 준비하는 곳이기

소독판

때문에 환기와 통풍이 잘되는 곳에 설치해야 한다. 주방 바닥은 미끄럼 방지용 자재를 사용하여 청소하기에 편리하고 위생적이어야 한다. 주방은 영유아들도 수시로 드나들 수 있는 곳이므로 칼, 락스, 중성세제 등의 위험한 부엌용품들은 영유아의 손이 닿지 않는 곳에 보관한다. 가스설치 시 중간 밸브와 가스 누출 자동차단장치를 설치하고, 주방에는 비상용 소화기를 반드시 비치해야 한다. 식판, 그릇, 수저는 주 1회 이상 혹은 매일 삶거나 자외선 소독기로 소독하여 보관한다. 그리고 음식을 다루는 사람은 위생복을 입고 요리해야 하며, 음식물의 재료와 남은 음식물을 보관하는 냉장고를 별도로 준비하여 음식의 보관에 주의를 기울여야 한다.

(8) 전기 배선

위험에 대한 대처능력이 없는 영유아의 감전사고는 타 사고와 구별되는 생명이 위급한 사고로 볼 수 있다. 전기코드는 영유아의 손이 닿지 않게 하며, 출입구와 통로에서 떨어져 있어야 하며, 모든 전기코드 구멍에는 안전커버가 부착되어 있어야 한다. 유아교육기관에 설치되어 있는 전기시설에서의 안전을 위해 유의해야 할 사항은 다음과 같다.

① 사용하지 않는 전기코드 및 싱크대에 가까이 있거나 영유아의 손이 닿기 쉬운 곳에 있는 전기코드에는 안전커버를 덮어야 한다.

② 영유아들이 방지기를 제거하는 방법을 배웠을 때는 다른 형태의 안전커버로 교체하여 사용하여야 한다.

③ 절대적으로 필요한 때만 연장 전깃줄을 사용해야 한다.

④ 카펫 아래에 어떤 전기 제품이나 연장 전깃줄을 두지 않아야 한다. 왜냐하면 카펫 아래에서 전깃줄이 닳아 화재를 일으킬 수 있기 때문이다.

⑤ 연장 전깃줄을 벽에 못질하여 고정시켜 사용하지 말아야 한다.

⑥ 배선기구에 대한 안전기준을 지키도록 한다.

⑦ 노후된 배선기구는 즉시 교체하도록 한다.

(9) 승강기 및 에스컬레이터

아파트나 유아교육기관에 승강기가 설치되어 있고, 주변에 에스컬레이터가 대부분 설치되어 있어 승강기와 에스컬레이터는 영유아의 생활과 밀접한 관련이 있다. 이 모두가 전기를 이용하고 있어 운동능력과 대처능력이 미숙한 영유아가 사고를 당할 수 있다는 점에서 반드시 안전교육이 필요하다(김일옥, 이정은, 2010).

엘리베이터

■ 승강기 안전

① 승강기의 버튼은 함부로 누르지 않도록 한다. 재미 삼아 여러 버튼을 함부로 누르면 오작동과 고장의 원인이 되므로 가고자 하는 층의 버튼을 반드시 누르도록 한다.
② 승강기의 문이 열리면 승강기 내부의 바닥을 확인한 후 안에 탄 사람이 먼저 내리면 타도록 한다.
③ 승강기에서 뛰지 않도록 한다. 승강기를 견인하는 철선이 고장날 위험이 있기 때문이다.
④ 승강기는 문이 열린 상태로 오르내릴 수 있고 갑자기 문이 열릴 수도 있으므로 승강기 문에 기대어 있지 말고 똑바로 서 있도록 한다.
⑤ 승강기를 타고 있을 때 정전이나 오작동으로 승강기가 멈추었을 때 당황하여 문을 억지로 열려고 하거나 조작판의 단추를 함부로 누르지 말고 인터폰을 눌러 안내원에게 어떤 상황인지 이야기하고 지시에 따르도록 한다. 인터폰에서 응답이 없는 경우에는 벽을 두드려 안에 사람이 있다는 것을 알리고 지시에 따라 움직이며, 문이 열려도 즉시 나가지 말고 밖의 안전 상황을 확인한 후 나가도록 한다.
⑥ 승강기 안에 애완동물의 배설물이나 아이스크림, 음료수 등을 흘리면 낙상사고가 발생할 우려가 있으므로 주의한다.
⑦ 승강기 문틈에 이물질을 끼워 넣어 고장이 발생하지 않도록 한다.

⑧ 자전거를 탄 채 승강기에 오르지 않도록 하고, 인라인스케이트 등을 탄 채 승강기에 오르다가 다른 사람과 충돌하지 않도록 주의한다.

■ 에스컬레이터 안전

① 계단에 표시된 노란 안전선 안에 발을 들여놓는다. 긴 치마나 신발 끈 등이 틈새에 끼지 않도록 유의한다.

② 에스컬레이터의 이동 손잡이나 어른의 손을 반드시 잡아 몸의 균형을 잃었을 때 넘어지는 사고를 예방한다.

③ 계단에서 뛰거나 이동 손잡이 밖으로 머리나 손을 내밀면 시설물에 다칠 위험이 크므로 절대 금지한다. 슬리퍼를 신고 타거나 맨발로 타면 홈에 발가락이 끼여 위험하다. 또 신발 끈도 길게 늘어지지 않도록 묶은 후 타도록 한다.

④ 계단을 거꾸로 오르내리며 장난을 치는 것은 추락이나 충돌사고의 위험이 크므로 절대 금한다.

⑤ 에스컬레이터에 기대거나 이동 손잡이에 올라타지 않도록 한다.

⑥ 내릴 때는 미리 준비하여 균형을 잃지 않도록 한다. 계단과 발판 사이에 신발이 끼일 염려가 있으므로 주의한다.

(10) 실내 공기질

하루의 일과를 실내에서 생활하고 있는 영유아들은 실내 환경의 영향을 받으며, 영유아들의 건강에 많은 영향을 주므로 쾌적한 학습 환경을 유지해야 한다. 또한 건물에서의 실내 공기질은 환경문제의 부각과 더불어 심신의 건강과 쾌적을 적극 추구하는 의식과 결부되어 이에 대한 개선 요구가 더욱 증대되고 있는 실정이다. 특히 교실의 실내 공기질이 더욱 관심을 끄는 이유로는 영유아들이 많은 시간을 머무는 곳이고, 더욱이 영유아들이 성장 발육이 왕성한 시기이기 때문이다. 이들이 생활하는 공간인 교실의 실내환경을 쾌적하고 안전하게 만들어 주고, 유지, 관리하는 일이 매우 중요하다.

① 적용 대상: 「다중이용시설 등의 실내공기질관리법」 시행령, 「영유아보육법」 제10조의 규정에 따른 어린이집 중 연면적 430m² 이상인 국공립어린이집, 법인어린이집, 직장어린이집 및 민간어린이집

② 측정 기준(「다중이용시설 등의 실내공기질관리법」 시행규칙 제11조)

　가. 측정 횟수: 유지 기준 연 1회, 권고 기준 2년에 1회

　나. 유지 기준: 실내 공기질 오염물질 중 5개 물질은 유지 기준을 설정하고, 위반 시 과태료부과 등 제재 조치

　다. 권고 기준: 외부에 오염원이 있거나 위험도가 비교적 낮은 5개의 오염물질은 권고 기준을 설정하여 자율적 준수 유도

③ 오염물질 발생원 및 건강에 미치는 영향

오염물질	발생원	건강에 미치는 영향
미세먼지	실내 바닥재, 외부 먼지 유입, 생활 활동 등	눈, 코, 상기도 점막 자극, 호흡기 계통에 영향
폼알데하이드	바닥재, 접착제 등 건축자재, 파티클 보드, 합판 등을 사용한 가구, 장롱, 싱크대, 생활용품 등	눈·호흡기 자극, 피부염, 발암성 의심
총부유세균	인간의 활동 및 각종 살포제, 공기정화기, 냉장고, 가습기, 애완동물 등	전염성 질환, 알레르기 질환, 호흡기 질환 유발
이산화탄소	난방시설, 호흡활동 등	호흡과 맥박 상승, 두통, 권태, 현기증, 구토, 불쾌감 유발
일산화탄소	취사, 난방, 흡연 등	뇌조직 신경계통 장애, 정신적 영향(불쾌, 피로 촉진), 심폐환자의 병세 악화 등

■실내 공기질 향상을 위한 생활 수칙

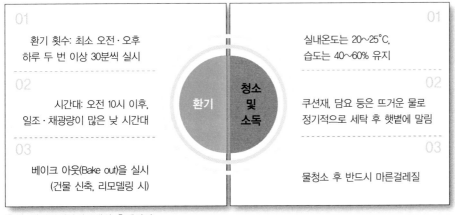

출처: 어린이집안전공제회 홈페이지.

2) 실외 시설설비의 안전

영유아들이 마음껏 성장해 나가기 위해서는 안전하고 쾌적한 넓은 바깥 공간이 필요하다. 유아교육기관의 바람직한 환경적 조건은 배수가 잘 되고, 햇빛이 잘 들고, 통풍이 잘되며, 주변 환경이 건전하고 소음이 적어야 하며, 유아의 수에 적합한 넓은 실외공간이 마련되어야 교육적인 기능을 최대한 발휘할 수 있다. 인근의 공원이나 자연 환경을 이용하여 실외놀이 공간을 넓혀 줄 수도 있으나, 이 경우에는 유아의 안전사고에 특히 유의해야한다(한국산업안전보건공단, 2013).

「어린이놀이시설 안전관리법」에 의한 설치검사

「어린이놀이시설 안전관리법」(법률 제10989호, 2011. 8. 4. 개정)에 따라 기존 시설은 '15. 1. 26.까지 설치검사를 받도록 유예기간을 부여하고 있으나, 놀이터를 새로 설치하거나 인가요건이 변경되는 경우에는 아래 기준을 적용함.

※「어린이놀이시설 안전관리법」: 행정안전부장관이 고시하는 어린이 놀이기구의 시설기준 및 기술기준에 따라 설치하고, 행정안전부장관이 지정하는 안전검사기관 (한국건설생활환경시험연구원, 한국기계전기전자·시험연구원, 대한민국 비상재난안전협회, 대한산업안전협회)으로부터 받아야 하는 설치검사를 말함.

---

(1) 시야

운동장이 학교 안에 있거나 유아교육기관 내에 있다면 모든 운동장은 교사가 볼 수 있어야 한다. 공공 운동장인 경우 감독이 부족한 경우가 많으므로, 큰 놀이기구나 울타리가 보호자의 시야를 막아서는 안 된다.

(2) 통로

통로란 사람이 한 장소에서 다른 장소로 이동할 때 통과하는 공간을 의미하며, 놀이 영역과 구분된다. 통로는 폭이 넓고 전체 놀이 공간을 서로 연결하면서 실외 놀이 공간 어디에서 보아도 잘 보일 수 있게 구성되어야 안전사고를 예방할 수 있다. 실외 공간에 설치되어 있는 놀이기구 간의 사이의 통로는 1.5~2.5m 정도의 폭이 적당하며, 직선보다는 곡선형태가 영유아의 뛰는 속도를 조절하기 쉽다. 통로를 사용하는 영유아와 놀이기구를 사용하는 영유아 간에 충돌의 위험이 있는 곳에는 통로와 놀이영역 사이의 경계 부분에 낮은 관목을 심을 수 있다.

(3) 바닥

실외 놀이 공간의 바닥은 흙, 모래, 자갈, 잔디, 시멘트, 진흙, 아스팔트 등 다양한 재질을 이용하여 구성할 수 있으며, 배수가 잘 되도록 설치하는 것이 중요하다. 전체적인 바닥은 건물에서 멀어지는 쪽으로 완만한 경사를 이루게 하는 것이 좋다. 전체 실외 놀이 공간에서 1/3~1/2 정도는 잔디밭으로 구성하는 것이 좋고, 대근육 운동기구가 있는 곳은 모래나 모래가 섞인 황토, 톱밥을 까는 것이 안전하다. 바닥 표면의 경계 부분은 높이를 같게 해야 영유아들이 걸려 넘어지지 않으며, 경사를 둘 경우에는 완만하게 한다. 물놀이 영역은 배수가 잘 되고, 물기가 빠르게 마르는 곳에 설치하며, 모든 놀이 공간의 바닥에는 뾰족한 돌멩이나 유리 조각, 깡통 등이 없어야 한다. 장미나무와 같은 가시가 많은 관목은 안전사고의 원인이 될 수도 있다.

(4) 울타리

영유아들이 안전하고 자유롭게 놀고, 교사들이 놀이를 쉽게 관찰하기 위해서는 실외 놀이 공간에 외부와의 경계를 표시하는 울타리가 반드시 있어야 한다. 주변에 주차장, 길, 연못 같은 위험한 지역이 있을 경우에는 담을 쌓는 것이 좋으며, 영유아들이 오를 수 없는 재료를 사용하여 돌출부나 계단 없이 120cm 이상의 높이로 쌓아야 한다. 문에는 위쪽에 걸개 장치를 만들어 성인이 위에서 열고 닫을 수 있도록 한다. 만일 실외 공간이 안전지대에 있다면 자동차 타이어나 관목을 이용하여 담장을 대신하는 것이 유아들의 시선을 가리지 않아서 좋다.

(5) 창고

실외 놀이 공간에는 남아 있는 놀이기구를 안전하게 보관하기 위하여, 시기에 따라 사용하지 않는 놀이기구를 보관할 수 있는 창고가 필요하다. 창고를 만드는 재료는 보통 나무, 알루미늄 등을 사용하되 반드시 교사용 창고와 유아용 창고를 분리하는 것이 바람직하다. 유아용은 언제든지 사용할 수 있는 장소에 설치하여 정리정돈을 쉽게 할 수 있도록 하고, 교사용은 후미진 곳에 두어 필요시 물건을 꺼내 쓸 수 있도록 하며, 영유아들이 쉽게 출입할 수 없도록 잠가 둔다.

3) 놀이시설의 안전

(1) 대근육 활동 놀이기구

① 미끄럼틀

미끄럼틀은 폭이 너무 좁지 않아야 하며, 경사는 31~33°정도여야 내려올 때의 속도로 인한 낙상의 위험을 피할 수 있다. 미끄럼틀의 추락사고를 방지하기 위해서는 올라가는 계단, 미끄럼판, 올라서서 기다리는 발판의 면이 안전하게 설계되어야 한다. 꼭대기에는 기다리는 유아들을 위한 충분한 공간이 있어야 하며, 추락방지를 위한 보호벽이 설치되어야 한다.

미끄럼틀로 올라가는 사다리나 계단은 난간이 있어야 하며, 미끄러지는 면의 양옆에는 8~15cm 높이의 난간이 있어야 옆으로 떨어지는 것을 방지할 수 있고, 미끄럼틀 끝 부분에의 40cm 정도는 편평하게 유지해야 속도를 줄일 수 있다. 미끄럼틀의 판이 스테인리스인 경우, 여름철에는 복사열로 인해 뜨거워질 수 있으므로 교사는 타기 전에 온도를 체크하고 필요하면 물을 뿌려 온도를 조절해 주어야 한다. 나무로 제작된 경우에는 나무의 결이 일지 않았는지, 갈라진 곳이 없는지 정기적으로 점검해야 한다.

미끄럼틀에서의 안전수칙은 다음과 같다.

- 미끄럼틀에 올라갈 때는 손잡이를 잡고 한 계단씩 올라간다.
- 앞 사람이 올라간 다음에 차례로 올라간다.
- 미끄럼판으로 거꾸로 올라가지 않고 꼭 계단을 이용하여 올라간다.
- 차례를 기다린다.
- 한 사람씩 앉아서 내려온다.
- 내려오기 전에 앞에 사람이 없는지 확인한다.
- 내려올 때는 발이 먼저 내려와야 한다.
- 엎드려 타거나 서서 타지 않는다.
- 다른 사람을 밀거나 당기지 않는다.

• 내려온 뒤에는 다른 사람과 부딪히지 않도록 빨리 비켜 준다.

② 그네

그네의 받침대는 A자 형태가 좋으며, 그네 받침대에는 2개의 그네를 매다는 것이 가장 바람직하다. 그네는 양쪽의 받침대에서 최소한 70cm 간격을 띄어 매달고, 두 그네 사이의 간격도 70cm 정도를 띄워서 설치한다. 그네의 높이는 땅바닥에서 40cm 정도가 적당하며, 그네의 앉는 부분은 가죽이나 고무 타이어 등의 부드러운 재료를 사용하여 만드는 것이 좋다.

그네의 줄은 위쪽 받침대에 고리나 완전히 잠긴 S자 식으로 단단히 매야 하고, 그네 줄의 고리는 손가락이 끼지 않도록 8mm 이하로 작게 해야 하며, 구멍이 클 경우에는 튜브를 이용하여 120cm 높이로 감싸서 손가락이 끼는 것을 방지해야 한다. 타이어 그네일 경우에는 타이어 밑에 15cm 간격으로 구멍을 뚫어 물이 빠지도록 하고, 그네의 줄 2개로 균형을 잡아 안전하게 매야 한다.

그네 주변은 그네를 타고 내리는 데 필요한 2개의 출입구를 각각의 그네 옆쪽으로 설치하고, 다른 모든 부분은 낮은 관목을 심어 보호 벽을 만드는 것이 안전하다. 그리고 바닥에는 톱밥이나 모래를 깔아 추락했을 때 충격을 줄일 수 있어야 한다.

그네를 탈 때의 안전수칙은 다음과 같다.

• 줄을 서서 기다렸다가 순서대로 바꾸어 탄다.
• 한 사람씩 탄다.
• 그네가 완전히 정지한 상태에서 타고 내린다.
• 그네의 한가운데에 앉아서 탄다.
• 손잡이를 양손으로 꼭 잡는다.
• 서서 타거나 무릎으로 혹은 엎드려 타지 않는다.
• 사람이 타지 않는 그네를 흔들거나 줄을 꼬지 않는다.
• 움직이는 그네와 떨어져서 안전선 밖으로 다닌다.
• 그네를 타지 않는 아이들은 그네 근처에서 다른 놀이를 하지 않는다.

③ 시소

시소는 무게의 균형이 정확하게 잡히고 흔들거림이 없도록 안전하게 설치해야 하며, 시소가 닿는 부분에는 헌 타이어를 반쯤 묻어서 유아의 뇌나 척추에 충격이 가지 않도록 해야 한다. 또한 시소에는 반드시 손잡이를 부착하여 유아가 손잡이를 붙잡고 안전하게 탈 수 있어야 한다. 한국소비자보호원(1998)의 연구 결과에 따르면 시소에서의 안전사고 사례는 전체 안전사고 사례 중에서 세 번째로 높은 9.7%를 차지하는 것으로 나타났다.

시소를 탈 때의 안전수칙은 다음과 같다.

- 서로 마주 보고 앉는다.
- 시소 위에 서 있거나 뛰지 않는다.
- 두 손으로 손잡이를 꼭 잡는다.
- 내릴 때는 상대방에게 미리 알린다.
- 내릴 때 시소 밑에 발을 두지 않는다.
- 시소 끝을 땅에 세게 부딪혀 내려서 마주 타고 있는 사람을 놀라게 하거나 다치게 하지 않는다.

(2) 물놀이 시설

물놀이 시설은 콘크리트 등과 같이 물기가 빨리 마르고 단단한 바닥이 좋으며, 물놀이 주변에는 미끄럼 방지를 위해 고무 매트를 깔아두면 안전하다. 물놀이장의 깊이는 바닥에서 70cm를 넘지 않으며, 배수가 용이한 곳에 설치하는 것이 좋다. 햇빛이 강한 장소에 물놀이 영역을 설치하는 경우에는 영유아들이 쉴 수 있는 그늘을 근처에 마련하여 휴식을 취할 수 있도록 한다. 물놀이 용품 중 공기를 주입하는 튜브는 안전 검사를 거친 제품을 구입하여 관리해야 한다.

(3) 모래놀이 시설

모래놀이 시설은 곰팡이 등의 세균 번식을 막기 위해 양지 바른 쪽에 설치하는 것이 좋으며, 무더운 날씨에는 강한 햇빛을 막아 주는 그늘 시설을 만들어 주는 것이 바람직하다. 비가 왔을 때 배수가 잘 되는 모래놀이 시설을 설치하기 위해서는 맨 밑에 자갈을 깔고, 그 위에 벽돌을 느슨하게 깔며, 그 위에 45~60cm 정도의 모래를 깔아 완성한다.

모래놀이장에 있는 모래에 이물질이 들어가는 것을 막기 위하여 뚜껑(천막)을 덮어 주는 것이 좋으며, 모래장에서 사용되는 각종 용품은 플라스틱 재질로 모서리가 둥근 것이 안전하다. 모래장의 모래는 수시로 체로 쳐서 유리 조각이나 돌멩이 등의 위험 물질을 골라내야 하고, 모래가 부족해지면 수시로 첨가해 주어야 하며, 한 학기에 한 번 정도는 모래를 깨끗이 세척해 주어야 한다.

모래를 세척할 때는 모래밭 10m²를 기준으로 세척표백용액 22mL와 물 18L를 준비한다. 먼저 9L 물에 11mL의 표백용액을 잘 섞어서 모래밭에 골고루 뿌린다. 잠시 후에 나머지 9L의 물과 11mL의 표백용액을 섞어서 다시 모래밭에 뿌린다. 모래밭 전면에 용액을 골고루 뿌렸으면 속에 있는 모래와 골고루 뒤섞어 준다. 그다음 모래밭에 물을 뿌려 용액을 밑으로 다 흘러보내고, 모래를 다시 뒤섞은 후 다시 한 번 물을 뿌려서 용액이 완전히 제거되도록 한다.

모래놀이 시설에서의 안전수칙은 다음과 같다.

① 모래놀이 기구를 정리할 수 있는 정리함을 준비한다.
② 모래 속에는 뾰족한 돌이나 유리 등이 있을 수 있으므로 안전을 위하여 규칙적으로 모래를 점검하고 체로 걸러 준다.
③ 모래놀이장에 적당하게 물을 뿌려 모래가 날리지 않도록 한다.
④ 모래놀이 용구는 날카롭지 않은 플라스틱 제품으로 하고, 모래놀이에서만 사용하도록 한다.
⑤ 모래를 입에 넣거나 사람을 향하여 던지지 않도록 지도한다.
⑥ 모래가 눈에 들어갔을 때는 눈을 비비지 않도록 지도한다.
⑦ 모래놀이 용구는 수시로 점검하여 깨지거나 망가진 놀잇감은 즉시 교체한다.

(4) 목공놀이 시설

목공놀이 시설은 다른 놀이 장소와 약간 떨어지는 곳에 설치하되, 너무 격리되면 교사가 감독하기 어렵고 영유아가 격리된 느낌을 가질 수 있기 때문에 너무 떨어지지는 않도록 한다. 목공놀이에서 사용될 연장은 장난감이 아닌 실제 사용이 가능한 것으로, 안전하고 튼튼한 것을 준비한다. 연장의 질이 나쁘면 영유아가 의도대로 사용할 수 없기 때문에 오히려 사고가 날 염려가 있다.

연장은 벽의 낮은 곳에 합판을 붙인 후 못을 박아 연장을 걸어 보관하도록 하거나 이동식 장소일 경우에는 연장의 윤곽을 그려 정리하면 편리하고 안전하게 사용할 수 있다. 망치의 무게는 310~370 g이 적당하며, 망치 머리가 넓적한 것이 좋다. 망치 손잡이는 나무로 되어야 하고, 손잡이의 길이와 굵기는 영유아들이 손으로 잡기에 적절해야 안전하다. 톱은 나무를 자를 때 사용되며, 길이는 약 40~50cm 정도가 안전하다.

못은 머리가 둥글고 넓적한 것이 안전하고, 못을 박을 때는 손으로 잡는 것보다 펜치로 잡는 것이 안전하므로 함께 준비해 둔다. 못질을 할 때는 못이 나무 밖으로 삐져나오지 않도록 밑에 놓이는 나무의 2/3 이내에 못이 박히도록 못의 길이를 정하는 것이 좋다. 못질을 할 때는 보안경(물안경 또는 스키용 안경)을 반드시 착용하도록 한다. 드릴은 나무에 구멍을 뚫을 때 사용하며, 크기 및 무게는 영유아에게 적합한 것으로 준비해 두어야 한다.

(5) 생태체험 시설(텃밭)

생태체험 시설(텃밭)은 울타리 부근 자투리 한쪽 땅을 활용해 적당한 넓이의 기준을 정해 놓고 평지보다 15~20cm 높이의 흙을 돋우어서 조성한다. 흙은 생명의 원천인 동시에 무한한 생명력을 지니고 끊임없이 다른 생명력을 키운다. 또한 사람들은 생존에 필요한 거의 대부분을 흙에서 얻고, 흙이 키워 준 생명체에 의존해서 살아갈 뿐 아니라, 옛 선조들은 흙을 어머니로 받들면서 생명의 씨를 뿌리고, 땀 흘려 가꾸고, 수확의 기쁨을 더불어 나누며 풍요로운 삶을 살아왔음을 생태체험 시설(텃밭)을 통해 체험하게 한다. 텃밭 가꾸기를 통한 교육적 효과는 다음과 같다.

① 흙의 소중함을 알게 된다.
② 계절의 변화를 알게 된다.
③ 감각이 살아나고 과학적 인식과 사람 사귀는 능력을 길러 준다.
④ 땀의 의미와 수확의 기쁨을 알게 된다.
⑤ 자연계의 순환과 생명에 대한 사랑을 알게 된다.

표 4-1 **텃밭 가꾸기 연간계획안**

월	활동 내용	월	활동 내용
3월	• 텃밭 둘러보기 • 텃밭 푯말 만들기 • 땅 고르기 · 퇴비 뿌리기 • 씨앗과 흙 관찰하기 • 쑥갓 씨앗 뿌리기 • 보리 관찰하기	8~9월	• 옥수수 수확하기 • 옥수수 말리기 • 깻잎은 어떻게 되었나요? • 허수아비 만들기 • 배추 모종, 김장 무 심기
4월	• 보리피리 불어 보기 • 텃밭의 잡초 뽑기 • 쑥갓은 얼마나 자랐나요? • 쑥갓 수확하기 • 깻잎 씨앗 뿌리기 • 고추, 가지, 방울토마토 모종 심기	10월	• 고구마 줄기 자르기 • 고구마 캐기 • 고구마 요리 축제 • 추수하기 • 들깨 받기 • 시금치 씨앗 뿌리기
5월	• 오이, 호박, 여주, 수세미 모종 심기 • 보리 관찰하기 • 텃밭의 벌레 찾기 • 옥수수 씨앗 뿌리기 • 깻잎은 얼마나 자랐나요?	11월	• 퇴비 뿌리기 • 마늘 심기 • 양파 모종 심기 • 시금치 수확하기
6월	• 고구마 심기 • 보리 베기 • 퇴비 뿌리기 • 모 심기 • 옥수수는 얼마나 자랐나요?	12월	• 보리는 얼마나 자랐나요? • 김장 담그기
7월	• 음식 찌꺼기로 퇴비 만들기 • 고추, 가지, 오이, 방울토마토 수확하기 • 지렁이 찾기 • 호박, 여주, 수세미 관찰 및 수확하기 • 깻잎 수확하기	1~2월	• 퇴비 만들기 • 마늘, 양파는 얼마나 자랐나요? • 수확한 텃밭 작물을 알아보기

4. 놀이기구의 안전점검

일반적인 놀이안전 규칙은 다음과 같다.

- 다른 사람을 밀지 않는다. 특히 오르기 기구에 올라가거나 미끄럼틀을 내려올 때 다른 사람을 밀지 않는다.
- 놀이기구를 이용할 때 싸우지 않는다.
- 흙이나 물건을 던지지 않는다.
- 순서를 무시하고 다른 사람을 밀지 않는다.
- 물건을 들거나 가방을 메고 놀이기구를 이용하지 않는다.
- 인라인스케이트 등을 타고 놀이기구에 올라가지 않는다.
- 여름철에 놀이기구가 뜨거워졌거나 겨울철에 얼었을 때는 이용하지 않는다.
- 놀이기구 이음 부분에 결함이 있는지 점검하고 수리한다.

다음은 놀이터 안전에 대한 점검표다.

놀이터 안전에 대한 점검표

다음은 부모가 자녀들이 사용하는 공중 놀이터와 학교 놀이터의 적합성을 평가하기 위하여 사용할 수 있는 점검표다.

- 그네, 미끄럼틀, 오르기 기구 아래에 5~30cm 두께의 루즈필(loose fill) 또는 적절한 인조 표면이 있는가?
- 아동이 기구에서 떨어질 가능성이 있는 모든 방향에 방해물이 없는 '낙하지대'를 제공하기 위해서 적어도 240cm의 보호 가능한 표면이 있는가?
- 그네의 의자는 옆 그네와 적어도 60cm 떨어져 설치되어 있고, 부드럽고 가벼운 물질로 되어 있는가?
- 오르기 기구나 미끄럼틀의 꼭대기는 유아들에게는 150cm, 학령기 아동에게는 180cm 이하이고, 추락을 예방할 수 있는 적절한 보호대가 있는가?
- 8.8~22.5cm 크기의 걸릴 가능성이 있는 놀이기구들은 열리는 곳이 있는가?
- 기구나 철물은 부식, 녹, 굽은 것, 과도한 마모가 없는가?
- 바위, 나무 뿌리, 유리, 쓰레기, 배수되지 않은 물웅덩이와 같은 환경의 위험이 있는가?

놀이터 사고 예방 체크리스트

- 놀이터 바닥에 안전장비를 갖추고 있는가? (작은 나무 조각, 덮개, 안전 고무 또는 고무 소재의 재료)
- 안전 바닥이 최소한 1.8m 가량 각 놀이기구에서 사방으로 펼쳐져 있는가?
- 약 76cm 높이의 놀이기구는 최소한 2.7m 떨어져 위치해 있는가?
- 옷이 걸릴 우려가 있는 S자 모양의 딱딱한 물체가 튀어나온 곳은 없는가?
  (난간과 가로대 사이의 공간이 9~23cm 정도가 될 경우 아이들이 갇힐 수 있음)
- 놀이기구에 날카로운 모서리나 가장자리가 있는가?
- 발판 등에 갈라진 틈, 나무, 돌 등이 발에 걸리는가?
- 표면이 올라온 곳에 낙상을 방지할 난간이 갖추어져 있는가?
- 놀이터의 기구와 바닥에 이상이 없는가?

안전교육 활동계획안(시설설비 안전)

생활주제	유치원과 친구	주 제	유치원의 환경	대 상	5세
소 주 제	유치원에서 안전하게 지내는 방법에 대해 알기			활동유형	이야기 나누기
활 동 명	시설물 안전			집단형태	대집단
누리과정 관련요소	• 의사소통: 말하기-느낌, 생각, 경험 말하기 • 신체운동 · 건강: 안전하게 생활하기-안전하게 놀이하기				
창의인성 관련요소	• 창의성: 인지적 요소-문제해결력 • 인성: 질서				
활동목표	• 유치원의 시설물에 관심을 가진다. • 유치원의 시설을 이용할 때 지켜야 할 질서를 안다.				
자료 준비 및 제작	• '유치원의 환경' 교구판 -책 표지에 '유치원의 환경'이라는 글씨를 색지를 이용해 오려 붙인다. -하드보드지 3개를 반으로 접은 후(책 모양으로) 왼쪽 모서리에 구멍을 3개 뚫어 준다. 그다음 고리로 연결시켜 책 모양처럼 만든 후 그림 3장을 붙인다. -그림 옆 페이지에는 안전하게 지낼 수 있는 방법에 대한 글을 프린트한 후 시트지로 깔끔하게 감싸 하드보드지에 붙인다.				

단계	교수 · 학습 활동	자료 제시 및 유의점
도입	• 유치원에서 일어날 수 있는 안전사고에 대해 이야기 나눈다. -유치원에서 생활하면서 다친 친구들이 있나요? -어디에서/어떻게 하다가 다쳤나요?	

전개	• 유치원 시설물의 안전에 대해 이야기 나눈다.
	• 교사는 준비한 교구를 보여 준다.
	  (교구에는 유치원에서 흔히 접할 수 있는 위험요소 계단, 화장실, 문에 관련된 그림 3장이 준비되어 있다.)
	-교구판으로 보니 어떤 것들이 보이나요?
	• 그림을 차례대로 보여 주며 무슨 상황인지 물어본다.
	-첫 번째 그림은 무슨 상황일까요?
	-두 번째 그림은 무슨 상황일까요?
	-세 번째 그림은 무슨 상황일까요?
	  (유아가 말하고 나면 교사는 유아가 말한 것을 한 번 더 이야기해 준다.)
	• 그림에 맞는 안전하게 지내는 방법은 무엇이 있는지 물어본다.
	-첫 번째 그림에서는 어떻게 해야 친구들이 안전할 수 있을까요?
	-두 번째 그림에서는 어떻게 해야 친구들이 안전할 수 있을까요?
	-세 번째 그림에서는 어떻게 해야 친구들이 안전할 수 있을까요?
	  (유아가 말하고 나면 교사는 유아가 말한 것을 한 번 더 이야기해 준다.)
		교구판, 그림
		
		어떠한 상황인지 알고, 안전하게 지내는 방법에 대해 알게 한다.

마무리	• 수업을 통해 느낀 점을 이야기 나눈다. –오늘 선생님과 배운 내용은 어떠한 것이었죠? –앞으로 친구들은 어떻게 해야 하죠? • 다른 시설에서도 약속을 지키자고 말을 하며 마무리한다. • 오늘 배운 내용으로 약속판 만들어 보기 활동으로 확장한다.	
활동평가	• 유치원의 시설물에 대해 상호작용을 잘 이끌 수 있었는가? • 유치원 시설을 이용할 때 지켜야 할 질서를 잘 지켰는가?	
수업 및 교구 사진	  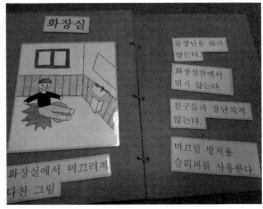	

 수업 동영상 파일 링크

제5장
응급처치

1. 응급처치 교육의 필요성 및 방향

영유아들의 안전사고는 가정이나 놀이시설 등 일상생활과 밀접한 환경에서 지속해서 발생하고 있다. 그중에는 생명에 위협을 줄 수 있는 상황도 발생할 수 있어 영유아들에게도 응급처치에 대한 기본 개념과 방법을 지도해 자신을 스스로 보호할 수 있는 능력을 길러 주어야 한다.

1) 응급처치의 개념

응급처치란 생명을 보존하고 현재의 상태가 더 이상 나빠지지 않도록 유지해 주며, 부작용을 최소화하고 빠른 회복을 돕기 위한 임시적인 치료를 말한다. 응급처치는 주로 실신·질식·호흡곤란·중독과 같은 내과적인 문제나 각종 외상으로 인한 상황에서 실시하게 되는데, 특히 유아교육 현장에서의 응급처치는 영유아의 생명뿐만 아니라 영유아가 영구적으로 입게 될 장애와 흉터의 예방을 위해서도 중요하다.

응급처치는 아무리 단순한 조치라고 해도 반드시 의학적 지식에 근거해 실시해야 한다.

응급처치는 의사의 전문적인 응급처치를 받기 전까지의 처치로 한정한다. 그 이유는 비전
문가인 일반인에 의한 의료행위(진단과 치료)를 법으로 금지하고 있기 때문이다.

유아교육기관이나 가정에서 안전사고가 발생한 경우 병원에 가기 전까지 혹은 구급차가
오기 전까지 영유아를 그냥 방치해서는 안 된다. 교사나 부모는 다양한 사례에 따른 기본
적인 안전지식을 가지고 상황을 잘 관찰하여 응급처치를 해야 한다. 먼저 119에 신고한 후,
구급차가 도착하기 전까지 전화를 이용해 처치해야 할 방법에 대한 도움을 받을 수 있다.

2) 응급처치 시 유의사항

응급 상황에서는 무엇보다 침착하게 대처하는 것이 중요하다. 사고가 발생했을 때는 처
음 발견했을 때의 상황을 냉정하게 판단해야 한다.

응급처치 시 유의사항은 다음과 같다.

- 안정을 취한다.
- 응급처치의 기본 원칙을 잘 기억하고 따른다.
- 기도 확보에 유의한다.
- 음료는 가급적이면 주지 않는다. 특히 의식이 없을 때는 음료를 주어서는 안 된다.
- 환자를 격려한다.
- 민간요법과 같은 상식에 의존한 처치는 하지 않는다.
- 함부로 평가해서 약물을 주지 않는다.
- 구토물이나 지혈에 사용했던 거즈나 수건 등은 버리지 않고(출혈 양 확인에 필요) 병원
  으로 가지고 간다.

2. 응급 상황에 대한 대비

1) 구급상자 관리

구급상자는 영유아의 손이 닿지 않고 모든 성인이 손쉽게 찾을 수 있는 곳에 비치한다.

교실 내 구급상자

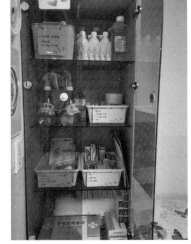
보건실 구급상자

① 일정한 장소에 비치하고 사용한 후에는 반드시 원래 있던 곳에 둔다.

② 직사광선이 닿지 않고 습기가 없는 곳에 보관한다.

③ 정기적으로 내용물을 점검하고 목록을 작성해 날짜를 기록한다.

④ 해열제(좌약)와 얼음 주머니 등은 냉장고에 보관한다.

2) 구급상자에 준비해 두어야 할 기본 재료 및 약품

응급 상황에서는 약을 쓰지 않는 것이 원칙이지만 부상 정도에 따라 간단하게 처치할 수 있는 준비를 하고 있어야 한다. 약을 보관할 때는 겉포장과 복용량을 표시한 설명서를 함께 보관해 유효기간을 확인할 수 있도록 한다.

표 5-1 **구급상자에 준비해 두어야 할 의약품**

분 류		종 류	효 용
구급약품	외용약	• 소독약 • 항히스타민 연고 • 부신피질호르몬 연고 • 바셀린, 거즈 • 구강용 진통제 • 방충제	• 상처 소독 • 벌레 물린 데 • 벌레 물린 데, 습진, 피부병 • 데인 데 • 치통 • 벌레가 무는 것을 예방

구 급 용 품	구급내용약	• 해열제 • 소화제	• 열을 내릴 때 • 소화불량일 때
	붕대류	멸균 거즈, 구급 붕대, 신축 붕대, 반창고, 삼각건, 지혈대, 받침대 등	
	기타	얼음	화상, 염좌, 손가락 삔 데 (얼음은 항상 준비하고 있도록 한다.)
		체온계, 얼음주머니, 비닐봉지(얼음주머니 대용), 탈지면, 면봉, 가위, 핀셋 등	

3. 응급 구조 활동의 기본 원칙

대한응급구조사협회(2006)에 따르면 응급처치는 다른 사람들을 위하여 어떤 일을 하는 것보다 더 중요하다고 한다. 심장마비 환자의 90%가 목격자가 있음에도 적절한 처치를 받지 못하고 사망하거나 뇌 손상을 입는 것으로 나타나 최대한 빨리 적절한 응급처치로 사망률과 장기 예후를 호전시킬 수 있는 초기 응급처치가 매우 중요하다.

응급처치에 임하는 사람의 행동지침은 다음과 같다.

1) 응급 현장에서의 행동

(1) 응급 상황의 인지

목격자는 목격되는 현장의 상황과 소리, 냄새 그리고 그 사람의 증상과 징후를 보고 응급 상황을 인지하게 된다.

(2) 행동의 결정

사고현장에 많은 사람이 있어도 다른 누군가가 도와줄 것으로 기대하지 말고 도와주고자 하는 행동을 멈추어서는 안 된다. 자신이 할 수 있는 제일 좋은 방법을 선택한다. 만약 무엇인가 잘못되지 않을까 하는 두려움 때문에 자신이 없다면 119에 신고를 하여 도움을 요청한다. 가장 나쁜 것은 아무것도 하지 않는 것이다.

(3) 119 신고

신속하게 119에 신고하는 것은 환자를 빠르게 의료진에게 인계하게 하고, 구급차가 도착 전까지 부상자에 대한 응급처치법을 도움받을 수 있어 중요하다. 119에 연락할 때는 다음에 유의한다.

① 위치를 정확하게 알려 준다. 주소 또는 근처의 큰 건물, 간판 등 위치를 확인할 수 있는 지형물이 있으면 알려 준다. 정확한 위치를 설명하기 어렵다면 가장 가까운 곳에 있는 전신주의 고유번호를 알려 준다. 등산로에서는 국가지점 번호나 소방관서의 등산로 위치표지판 번호로, 고속도로에서는 시점표지판으로 위치를 확인할 수 있다. 유선 전화번호와 119 신고 앱을 사용하면 소방관서에서 쉽게 위치를 확인할 수 있다.

② 무슨 일이 일어났는가를 되도록 정확히 설명하고, 부상자 수와 기타 특별히 알려야 할 사항을 알려 준다.

③ 다른 사람에게 전화를 부탁할 때는 반드시 구체적으로 지목해서 신고하도록 하고, 신고가 되었는지 확인한다.

④ 부상자의 상태를 구체적으로 설명한다.

⑤ 구급차가 도착하기 전까지 부상자에 대한 응급처치법에 대해 도움을 받을 수 있으므로 먼저 전화를 끊지 않는다.

2) 환자 평가

심하게 다치거나 원인 없이 정신을 잃고 쓰러진 경우에는 생명이 위독한 경우가 있으므로 생명에 지장이 없는지 먼저 확인해야 한다.

첫째, 부상자가 반응하는가?

둘째, 순환기능은 어떠한가?: 순환의 징후는 호흡, 기침, 움직임, 피부색과 체온으로 확인할 수 있다. 호흡에 문제가 있으면 얼굴이 붉어지거나 창백해진다. 숨쉬기가 힘든 상황에서 심장 박동이 빨라지면 얼굴이 붉어지고 피부는 따뜻해진다. 반대로 신체의 주요 장기쪽으로 피가 모이면 피부가 창백해지거나 푸른색에 가깝고 식은땀이 나게 된다.

셋째, 기도는 열려 있는가?: 숨을 쉬기 위해서는 기도가 열려 있어야 한다. 반응은 하는데 말을 잘하지 못하거나, 기침도 할 수 없다면 기도가 막혀 있는 것이다.

넷째, 숨을 제대로 쉬고 있는가?: 숨을 제대로 쉬고 있는지 확인하는 방법은 코 앞에 얼굴을 갖다 대고 콧바람이 나오는지 느끼거나 가슴이 오르락내리락하는지 보면 알 수 있다. 숨쉬기 힘들어하는지, 숨을 쉴 때 다른 소리(씨근거리는 소리, 그르렁거리는 소리, 코 고는 소리)가 있는지 확인한다.

4. 기도 폐쇄

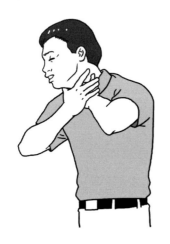

2014년 8월, 한 초등학교 병설유치원에서 점심으로 비빔밥을 먹던 여섯 살 이 모 군이 갑자기 호흡곤란 증세를 보이며 쓰러졌다. 병원으로 옮겨진 이 군은 뇌사상태에 빠졌고, 약 20일 만에 숨졌다. 음식이 기도를 막은 상황이었는데 체한 것으로 착각해 30분이 지나서야 병원으로 옮겨진 것이었다. 기도 폐쇄의 신속한 확인은 생존율을 높이는 중요한 요인이 된다.

음식이나 이물질이 기도로 들어가 기도를 막거나 끈에 의한 목 졸림과 같은 기도 폐쇄는 영유아에게서 많이 발생하는 사고다. 기도 폐쇄는 폐와 뇌로 가는 공기를 막기 때문에 뇌로 가는 산소의 부족으로 뇌 손상을 일으키고, 바로 사망하기도 할 만큼 치명적이다. 얼굴색이 변하거나, 말하거나 숨쉬기 힘들어할 때뿐만 아니라 졸음이나 나른함도 호흡곤란의 증상이므로 영유아가 평상시와 움직임이 다르다면 반드시 주의 깊게 관찰한다(대한심폐소생협회, 2011).

1) 부분 기도 폐쇄

가벼운 기도 폐쇄 증상을 보이며 환자가 강한 기침을 하고 있다면, 환자의 자발적인 기침과 숨을 쉬기 위한 노력을 방해하지 않도록 한다. 기침해도 나오지 않는다면 억지로 빼려고 하지 말고 병원으로 이송한다.

2) 완전기도 폐쇄

심각한 기도 폐쇄의 징후를 보이는 경우 의식의 유무와 관계없이 즉시 119에 연락을 한 후 기도 폐쇄가 해결될 때까지 또는 의식을 잃기 전까지 복부 밀어내기를 반복한다.

첫째, 환자의 뒤쪽에서 허리를 팔로 감아 안고 한 손은 주먹을 쥔다.
둘째, 주먹을 쥔 손의 엄지손가락 방향을 상복부에 댄다.
셋째, 다른 한 손으로 주먹 쥔 손을 감싸 쥔다.
넷째, 주먹을 후상 방향으로 강하게 잡아당긴다(빠르게 밀쳐 올린다는 느낌으로).

5. 심폐소생술

대한심폐소생협회는 2006년 미국심장학회에서 제정된 심폐소생술 가이드라인의 내용 중에서 새로운 과학적 증거의 출현으로 변경이 필요한 부분과 우리나라에서의 적용을 위해 조정이 필요한 부분을 개정하여 '2015 한국 심폐소생술 지침'을 발표하였다. 호흡이 정지되거나 심장이 멈추었을 때 4~6분 이내에 심폐소생술을 시행하지 않으면 환자의 생존 가능성은 낮아진다. 구급차가 도착하기까지 4~5분 이상 소요되므로 일반인들도 심폐소생술을 시행할 수 있어야 한다. '2015 한국 심폐소생술 지침'에 의한 심폐소생술의 방법은 다음과 같다.

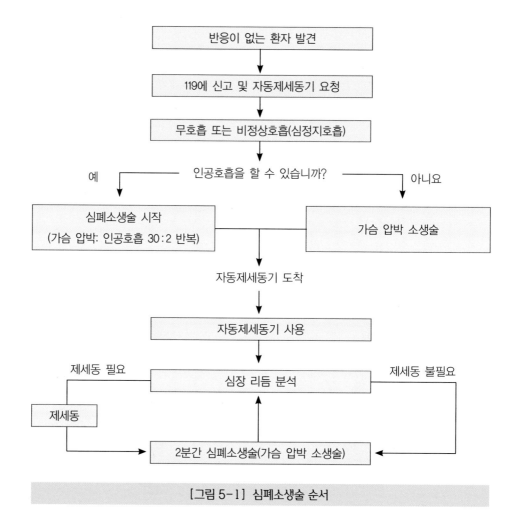

[그림 5-1] 심폐소생술 순서

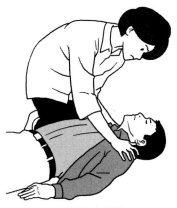

반응의 확인

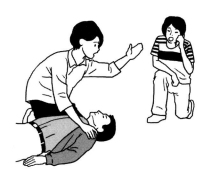

119에 신고

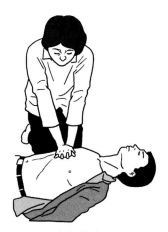

가슴 압박

기도 유지

인공호흡

[그림 5-2] 일반인 구조자에 의한 심폐소생술 순서

표 5-2   기본소생술 요약

	성인	소아	영아
심정지의 확인	무반응, 무호흡 혹은 심정지 호흡		
가슴 압박	분당 100~120회		
	5~6cm	가슴 깊이의 1/3(5cm)	가슴 깊이의 1/3(4cm)
기도 유지	머리 젖히고 턱 들기		
인공호흡	2회	2회	2회
가슴 압박 대 인공호흡 비율	30 : 2	30 : 2(1인 구조자) 15 : 2(2인 구조자)	

1) 반응의 확인

환자의 어깨를 가볍게 두드리며 "괜찮으세요?"라고 물어본다. 심정지의 즉각적인 확인은 무반응과 비정상적인 호흡의 여부로 판단한다. 비정상적인 호흡이란 환자가 숨을 쉬지 않거나, 정상이 아닌 모든 형태의 호흡을 말한다.

2) 119에 신고

심정지 상태임을 인지하면 바로 119에 신고한다. 만약 구조자가 자동제세동기 교육을 받았고, 주변에 자동제세동기가 있다면 즉시 가져와 심폐소생술과 함께 사용한다. 이때 두 명 이상의 구조자가 있다면 한 명은 심폐소생술을 시작하면서, 동시에 다른 한 명은 119 신고와 자동제세동기를 가져오도록 한다.

3) 호흡 확인

일반인의 경우 반응을 확인한 후 반응이 없으면 119에 신고하여 응급의료상담원의 안내에 따라 호흡의 유무 및 비정상 여부를 판별한다. 호흡이 없거나 비정상이라고 판단되면 즉시 가슴 압박을 시작해야 한다.

4) 가슴 압박

흉골의 아래쪽 절반 부위를 분당 100~120회의 속도로 5~6cm 깊이로 강하게 규칙적으로 그리고 빠르게 압박해야 한다. 가슴을 압박할 때 손의 위치는 '가슴의 중앙'이 되어야 한다. 가슴 압박이 최대로 이루어지기 위해 가슴 압박이 중단되는 기간과 빈도를 최소한으로 줄여야 한다. 가슴 압박과 인공호흡의 비율은 30 : 2를 권장한다. 성인 5~6cm, 소아 4~5cm 깊이로 압박을 해야 하므로 성인은 두 손, 소아는 한 손으로 힘 조절을 하면서 압박한다. 심폐소생술을 교육받지 않았거나, 심폐소생술에 익숙하지 않은 경우에는 인공호흡은 하지 않고 가슴 압박만 하는 '가슴 압박 소생술'을 권장한다.

5) 기도 유지-인공호흡

심폐소생술 순서에서 가슴 압박을 우선으로 하고 있지만, 효율적인 인공호흡은 심정지 환자의 생존에 필수적인 요소로, 인공호흡을 하기 위해서는 먼저 기도 유지를 해야 한다.

한 손은 환자의 이마에 댄 후 손바닥으로 머리를 뒤로 젖히고, 다른 손의 손가락으로 아래턱의 뼈 부분을 머리 쪽으로 당겨 턱을 받쳐 준다. 이때 턱 아래 부위의 부드러운 부분을 깊게 누르면 오히려 기도를 막을 수 있으므로 주의한다. 기도가 열리면 환자의 코를 막고 입을 열어 1초 정도 숨을 불어넣는다. 가슴이 올라오는 것이 눈으로 확인될 정도의 1회 호흡량으로 호흡한다. 일반인은 가슴 압박 소생술을 권장하고, 인공호흡을 할 수 있는 구조자는 인공호흡이 포함된 심폐소생술을 시행한다.

6) 제세동기 사용

자동제세동기는 심실세동이나 심실빈맥으로 심정지가 되어 있는 환자에게 전기충격을 주어서 심장의 정상 리듬을 가져오게 해 주는 도구로, 의학지식이 부족한 일반인도 쉽게 사용할 수 있도록 음성으로 작동방법을 지원한다. 국내에서도 공공보건의료기관, 구급차, 여객 항공기 및 공항, 철도 객차, 20톤 이상의 선박, 다중이용시설에 자동제세동기의 설치가 「응급의료에 관한 법률」에 의해 의무화되었다. 급성 심정지 발생 후 4분 내에 자동제세동기(Automated External Defibrillator: AED)를 사용해 심폐소생술을 실시할 경우 생존율이 80%에 달한다고 한다.

자동제세동기는 반응과 정상적인 호흡이 없는 심정지 환자에게만 사용해야 하며, 심폐소생술 도중에 자동제세동기가 도착하면 바로 사용하되 될 수 있는 대로 가슴 압박을 멈추는 시간을 최소화해야 한다(나눔테크 홈페이지).

① 전원 켜기: 자동제세동기는 반응과 정상적인 호흡이 없는 심정지 환자에게만 사용하여야 하며, 심폐소생술 시행 중에 자동제세동기가 도착하면 지체 없이 적용해야 한다. 먼저 자동제세동기를 심폐소생술에 방해가 되지 않는 위치에 놓은 뒤에 전원 버튼을 누른다.

② 2개의 패드 부착

패드 1: 오른쪽 빗장뼈 바로 아래

패드 2: 왼쪽 젖꼭지 아래의 중간 겨드랑 선

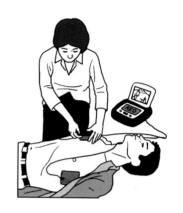

패드 부착 부위에 이물질이 있다면 제거하며, 패드와 제세동기 본체가 분리되어 있는 경우에는 연결한다.

③ 심장리듬 분석: "분석 중"이라는 음성 지시가 나오면, 심폐소생술을 멈추고 환자에게서 손을 뗀다. 제세동이 필요한 경우라면 "제세동이 필요합니다."라는 음성 지시와 함께 자동제세동기 스스로 설정된 에너지로 충전을 시작한다. 자동제세동기의 충전은 수 초 이상 소요되므로 가능한 가슴압박을 시행한다. 제세동이 필요 없는 경우에는 "환자의 상태를 확인하고, 심폐소생술을 계속하십시오."라는 음성 지시가 나온다. 이 경우에는 즉시 심폐소생술을 다시 시작한다.

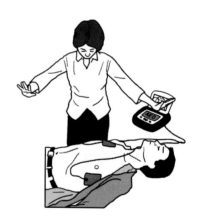

④ 제세동 시행: 제세동이 필요한 경우에만 제세동 버튼이 깜박이기 시작한다. 깜박이는 제세동 버튼을 눌러 제세동을 시행한다. 제세동 버튼을 누르기 전에는 반드시 다른 사람이 환자에게서 떨어져 있는지 다시 한 번 확인한다.

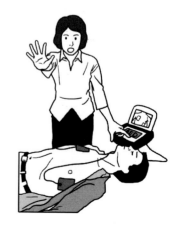

⑤ 즉시 심폐소생술 다시 시행: 제세동을 실시한 뒤에는 즉시 가슴압박과 인공호흡 비율을 30 : 2로 심폐소생술을 다시 시작한다. 자동제세동기는 2분마다 심장리듬 분석을 반복해서 시행하며, 이러한 자동제세동기의 사용 및 심폐소생술의 시행은 119 구급대가 현장에 도착할 때까지 지속되어야 한다.

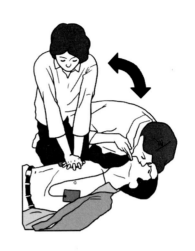

흔들림이 많은 장소에서 제세동기를 작동할 경우에는 기계가 오류를 범할 수 있다. 자동차 안에서 기계를 작동할 때는 차를 정지시킨 이후에 작동하도록 한다. 제세동기 버튼을 누를 때는 감전의 우려가 있으므로 반드시 시행자를 포함한 주변 사람들이 환자와의 접촉이 없음을 확인한다(대한심폐소생협회, 2011).

- 제조사에 따라 조금씩 다르기는 하지만 자동제세동기의 사용순서는 거의 '전원 켜기 → 패드 부착 → 심장 리듬 분석 → 전기충격'으로 되어 있으며 기계의 표면에는 작동 방법이 그림과 글로 설명이 되어 있으므로 당황하지 말고 차분히 내용을 참조하여 기계를 작동하도록 한다.
- 제품에 따라 성인과 소아를 구분하는 것이 버튼으로 되어 있기도 하고, 커넥터를 바꿔 끼우는 것도 있으니 확인한다(커넥터를 끼우는 것도 대개의 경우 평소에는 성인용이 끼워져 있다).

119 신고 앱을 이용하면 국민안전처에서 제공하는 심폐소생술 교육영상을 확인할 수 있다.

119 신고 앱

(119 신고 앱 메인 화면)

- 신고자가 최소한의 동작으로 119 신고 메시지를 전송할 수 있게 도와주는 앱으로, 신고 메시지는 MMS 또는 SMS를 통해 해당 지역 소방 상황실로 전송된다.
- GPS를 이용하여 내 위치에 대한 정보가 전송이 되므로 안내에 따라 GPS 활성과 정보제공 동의에 체크를 하고 앱을 설치한다.
- 화재와 구조/구급 상황에 따라 해당 화면을 터치하면 신고 메시지가 전송된다.
- 화면 하단의 '소방안전 익히기'를 클릭해 소화기, 소화전, 심폐소생술을 교육할 수 있다.

소방안전 익히기

출처: 국민안전처(2015).

6. 상황별 응급처치

1) 상처 및 출혈

(1) 긁힌 상처(찰과상)

운동장에서 넘어지거나 길을 가다 벽 등에 닿아서 피부나 점막이 심하게 마찰하든지 긁힘으로써 생기는 상처다. 출혈은 적으나 병균 등에 감염될 우려가 있다.

긁힌 상처에 대한 응급처치는 다음과 같다.

① 손이나 더러운 헝겊으로 함부로 상처를 건드리지 말고 엉키어 뭉친 핏덩어리를 떼어 내지 말아야 한다.
② 흙이나 더러운 것이 묻었을 때는 깨끗한 물로 상처를 씻어 준다.
③ 상처를 소독하고 거즈를 댄 후 반창고로 고정하여 의사에게 간다.

(2) 찔린 상처(자창)

영유아의 주변에는 깨진 병이나 유리 조각이 많아 발바닥에 유리가 박히는 경우가 종종 있으며, 주변의 장미 덩굴이나 나무의 가시가 박혀 당황하는 경우가 있다. 또한, 교실 마룻바닥의 날카로운 나무 부스러기가 손과 발에 찔리는 경우도 있다. 가벼운 유리나 가시가 박혔을 때는 가정이나 기관에서 간단하게 응급처치를 할 수 있으나, 길이가 긴 조각이 박혔을 때는 주위의 피부까지 손상시키거나 파상풍을 일으킬 수 있으므로 병원으로 데려가 치료를 받게 하는 것이 좋다.

찔린 상처에 대한 응급처치는 다음과 같다.

① 비교적 가볍게 찔렸을 경우에는 소독한 핀셋이나 족집게로 간단하게 제거한 후 소독약으로 소독하고 얼음찜질을 한 후 1회용 반창고를 붙여 두면 2~3일이 지나면 낫게 된다.
② 박힌 조각의 끝이 남아 있으면 바늘 끝으로 피부를 파헤쳐서 한쪽 끝을 나오게 하여 핀셋으로 박힌 조각을 빼낸다. 이때 얼음 조각을 조금 얹어 두었다가 바늘로 헤치면

통증을 다소 덜어 줄 수 있다.

③ 박힌 조각을 **빼낸** 다음에는 비누와 깨끗한 물로 닦아 내고 항생제를 바른 후 일회용 반창고를 붙여 준다.

④ 찔린 유리나 가시가 비교적 깊게 박혀 상처 부위가 심하게 부어오른 경우에는 얼음 찜질로 부기를 내린 다음 유리나 가시를 무리하게 제거하려 하지 말고 반창고를 붙이거나 소독된 거즈를 대고 의사에게 가서 진찰을 받는 것이 좋다.

(3) 멍이 든 상처(타박상)

유아교육기관에서 가장 접하기 쉬운 경우인 멍이 든 상처에 대한 응급처치는 다음과 같다.

① 팔다리의 가벼운 타박상으로 피부에 상처가 없을 때는 환부를 찬 물수건으로 습포하면 통증이 경감된다.

② 피부에 상처가 있을 때는 상처 부위의 소독이 먼저다. 상처 부위를 흐르는 물로 잘 씻고 나서 소독하고, 항생물질 연고, 거즈 등으로 처치한 후에 습포약 등을 그 위에 붙이고 붕대로 감는다.

③ 환부를 움직이면 내출혈도 많아지고, 통증도 더해지므로 안정을 취한다.

④ 부기가 빠지고 통증이 가시면 더운 물수건으로 습포한다. 상처가 있거나 부기가 심해지는 경우에는 빨리 정형외과로 가도록 한다.

(4) 베인 상처(절창)

날카로운 칼이나 풀잎 등으로 베인 상처는 먼저 지혈시킨 후 상처를 소독한다. 그러나 깊은 상처인 경우에는 지혈시킨 다음 병원으로 가는 것이 바람직하다.

① 얕은 상처의 응급처치

• 거즈를 대고 가볍게 압박하여 지혈한다. 보통 2~3분 정도면 지혈된다.

• 소독약으로 소독하고 거즈를 댄 후 반창고를 붙이거나 붕대를 감는다.

② 깊은 상처의 응급처치

- 거즈나 깨끗한 천 등을 대고 상처 부위를 세게 압박하여 지혈한다.
- 상처를 압박한 채 환부를 심장보다 더 높게 한다.
- 출혈이 심할 때는 지압점을 찾아 압박한다.
- 거즈 위를 붕대나 삼각건 등으로 고정한 후 곧바로 병원으로 간다.
- 상처가 개방된 경우 꿰매야 한다. 이때는 벌어진 상처 속까지 연고를 바르면 꿰매도 잘 붙지 않으므로 주의해야 한다.

(5) 출혈 시 처치(지혈)

사고를 당하여 출혈이 있는 경우에는 지혈해야 한다. 지혈방법으로는 거즈 등을 이용하여 상처 부위를 직접 압박하는 방법, 심장보다 상처 부위를 높여 주는 거양, 지압점을 찾아 간접 압박하는 방법이 있다.

① 직접 압박법: 거즈나 깨끗한 천을 접어서 상처에 대고 직접 압박하거나 붕대로 단단히 감아 주는 방법이다.
② 거양: 팔, 다리 등 사지 부분에 출혈이 있을 경우 심장보다 대략 20~30cm 정도 높여 주는 방법이다. 누워 있는 상태에서는 담요나 옷 등으로 고임을 만들어 상처가 난 부분을 45° 정도 높여 준다.
③ 간접 압박법(지혈점): 간접 압박법은 직접 압박법으로 지혈되지 않는 경우에 사용하는 방법이다. 손상된 곳과 심장 사이의 **뼈** 가까이 지나는 곳의 동맥을 **뼈**에 압박함으로써 출혈을 막는 방법으로 직접 압박법과 거양을 동시에 병행해야 한다.

- 머리에 출혈이 있는 경우
- 얼굴에 출혈이 있는 경우
- 어깨에 출혈이 있는 경우
- 상지(팔)에 출혈이 있는 경우
- 하지(다리)에 출혈이 있는 경우
- 손에 출혈이 있는 경우

2) 손상

(1) 머리를 다쳤을 때

아기가 걸음마 단계에서는 자주 엎어지고 넘어지지만 큰 상처를 입지는 않는다. 머리가 다쳤을지라도 부어오르는 정도일 뿐이므로 얼음찜질을 해 주면 된다. 그러나 계단에서 아래로 굴러떨어졌거나, 높은 나무에서 떨어졌거나, 야구를 하다가 방망이에 맞아 심하게 다쳤을 때는 상황이 다르다. 아이들끼리 놀다가도 머리를 다쳤다고 하면 의식을 잃지 않았었는지 확인해야 한다. 잠깐이라도 의식을 잃었다고 하면 병원으로 가서 이상 여부를 확인해야 한다.

① 증상의 관찰

- 의식이 있는지, 주위를 살피는 능력이 있는지, 시각적·청각적 자극에 반응을 하는지 등을 살펴봐야 한다.
- 많이 다쳤을 때는 호흡이 늦어지고 혈압이 오른다.
- 두개골을 심하게 다쳤을 때는 두개골이 함몰(움푹 들어간 상태)되어 있다.
- 귀나 코의 출혈이나 어떤 액체가 흘러나오면 상처가 위급하다는 뜻이다.
- 사지를 움직일 수 없다면 상처가 깊다는 뜻이다.
- 소변을 가리지 못한다면 상처가 깊다는 뜻이다.
- 눈동자가 확대되고 자극에 아무런 반응이 없으면 위급하다는 신호다.
- 머리를 다친 후 여러 번 토하는 것은 신경증상을 일으키고 있다는 뜻이다.

② 응급처치

- 머리를 다쳤을 때 제일 먼저 해야 할 응급처치는 기도의 확보다. 머리 외상으로 인한 사망의 원인은 대뇌의 무산소증이다.
- 호흡이 얕고 느리면 과호흡 상태를 유발시키기 위해 인공호흡을 시킨다. 손상받은 뇌에 가장 필요한 것은 산소 공급임을 알아야 한다.
- 어린이의 두부 출혈은 쇼크를 초래하기 쉽다. 먼저 두개골 골절을 확인하기 위해 상처 부위를 만져 보아 두개골의 골절이 없다면 상처 주위를 손가락으로 눌러 지혈한다.
- 두개골 골절이 의심되면 직접적인 상처 부위가 아닌 근접 부위에 압박을 가하고, 골

절 부위는 압박해서는 안 된다.

- 환자의 몸을 보온하지 않는다. 외부 온도가 21℃ 이상이면 담요를 덮지 말아야 한다.
- 상처는 덮어 준다. 뇌 조직이 노출되는 두개골 골절인 경우 소독된 거즈를 적셔 가볍게 덮어 주며 코나 귀에서의 출혈이나 뇌척수액은 거즈로 닦아 낸다.
- 두개골에 이물질이 박혀 있으면 제자리에서 움직이지 않도록 고정시킨다.
- 환자는 앉은 자세로 이송한다. 그러나 구급차로 이송 도중 환자가 의식이 없다면 반쯤 엎드린 체위가 바람직하다.

(2) 뼈손상(골절)

골절이란 뼈가 부러졌거나 금이 간 상태를 말하며, 골절의 원인은 대체적으로 교통사고, 추락사고, 운동으로 인한 부상, 비틀림 등에 의해 생긴다. 골절은 단순골절과 복잡골절로 구분된다. 단순골절은 뼈가 부러졌거나 금이 간 상태를 말하며, 복잡골절은 부러진 뼈에 의해 다른 신체조직의 손상을 겸하고 있는 상태를 말한다. 골절의 증세는 심한 통증이 있고, 붓고, 멍이 들며, 형태가 변한다. 골절된 곳의 밑부분을 움직일 수 없으며, 출혈이 있고, 뼈가 튀어나오기도 한다.

① 단순골절 시 응급처치

- 의사나 구급차가 오고 있는 중이라면 부상자를 움직이지 않는다.
- 복합골절이 되지 않도록 부목을 대서 최소한 두 곳 이상을 묶어 골절 부위를 고정한다.
- 편한 자세로 눕히고 보온을 해 준다.

② 복잡골절 시 응급처치

- 의사나 구급차가 오고 있는 중이라면 부상자를 움직이지 않는다.
- 출혈이 있으면 직접압박으로 지혈시킨다.
- 골절 부위를 고정시킨다.
- 골절의 의심이 있을 경우에는 골절로 간주하고 부목을 사용한다.

③ 부목 사용

- 상박 부분(상완골)의 골절은 어깨에서 팔꿈치까지 부목을 댄다.

- 전박 부분(요골, 척골)의 골절은 팔꿈치에서 손가락 끝까지에 걸쳐서 부목을 댄다.
- 대퇴 부분(대퇴골)은 겨드랑이 밑에서 발끝까지 부목을 대며, 몸과 부목의 틈은 의복이나 담요 등으로 채운다.
- 하퇴 부분(경골, 비골)은 모포, 의복 등을 접어서 넓적다리의 중간에서 발끝까지 싼다. 부목이 있으면 허리에서 발끝까지를 삼각건 등으로 고정시킨다.
- 손가락은 아이스크림 스틱 등으로 부목을 대거나 부러지지 않은 옆의 손가락과 함께 붕대로 묶어서 병원으로 간다.

(3) 삐었을 때(염좌)

생리적으로 관절이 움직이는 범위 이상의 운동을 무리하게 하여 관절의 구성 성분의 위치 관계가 정상이더라도 관절 부위의 조직이 단렬(斷裂)하거나 늘어나는 것이다.

삐었을 때의 응급처치는 다음과 같다.

① 부상자를 눕히고 삔 부분을 높여 준다.
② 부상자를 안정시킨다.
③ 의사가 올 때까지 냉수찜질을 하고 움직이지 않게 한다.
④ 딱딱한 바닥에 무릎을 꿇고 발등은 바닥에 댄 후 뒤꿈치를 모아 엉덩이로 누른 채 5분 정도 앉아 있는다.

(4) 치아 손상

영유아들은 장난을 치다가 넘어져 치아가 빠지는 일이 자주 생기기도 한다. 빠진 치아는 마르면 신경조직이 손상될 수 있으므로 흐르는 물에 가볍게 헹구고 입에 머금거나 우유, 식염수에 담가 옮겨야 한다. 병원에 가는 동안 잇몸에 들어가는 뿌리 부분을 건드리면 치근막이 손상되어 2차 감염이 생길 수 있으므로 이 부분을 손으로 잡지 않도록 주의해야 한다.

3) 이물질

(1) 눈에 이물질이 들어갔을 때

① 눈에 먼지가 들어간 경우
- 눈을 깜박이든가, 눈을 감든가 또는 깨끗한 손으로 위의 눈꺼풀을 쥐고 아래 눈꺼풀에 겹쳐 두면 눈물과 함께 밖으로 흘러나온다.
- 이 방법으로 제거되지 않는 경우에는 깨끗한 세숫대야에 물을 담고 얼굴을 담가 눈을 깜박인다. 주전자의 물, 수돗물, 샤워 등으로 씻어 내는 것도 좋다.
- 눈꺼풀 속에 붙은 먼지는 눈꺼풀을 뒤집고 씻어 내거나, 면봉이나 거즈 끝에 물을 적셔 살짝 제거한다.
- 눈에 이물질이 들어갔을 때는 눈 안쪽에서 눈꼬리 쪽으로 입바람을 세게 불거나, 눈꺼풀을 뒤집은 후 혀로 이물질을 닦아낼 수도 있다.
- 그래도 제거되지 않는 경우 또는 눈이 까슬까슬하고 아픈 경우에는 각막을 손상할 우려가 있으므로 안과 치료를 받도록 한다.

② 눈에 약품과 세제가 들어간 경우
- 즉시 깨끗한 물로 씻어 낸다. 한쪽 눈에만 들어간 경우에는 씻어 낸 약품이 다른 쪽 눈으로 흘러 들어가지 않도록 약품이 들어간 눈을 아래쪽으로 하고 적어도 5분 동안은 계속해서 씻어야 한다.
- 그러고 나서 안과 치료를 받도록 한다.

(2) 귀에 이물질이 들어갔을 때

귀에 들어간 이물이 동물성인 경우에는 동물의 움직임에 의한 심한 잡음과 그에 따른 통증이 있으며, 비동물성 이물인 경우에는 외이도(外耳道)에 통증과 불쾌감이 따른다. 귓속에 이물이 들어간 상태를 내버려 두면 외이염이나 중이염의 원인이 되며, 고막이 찢어지거나 중이강(中耳腔)을 상하게 하여 현기증을 일으킬 수도 있다.

① 동물성 이물질의 처치

- 외이도 입구에 빛을 비춰서 밖으로 유인해 낸다.
- 스포이트로 올리브유와 같은 무자극성 기름을 넣어 벌레를 죽인 후 핀셋으로 끄집어 낸다.
- 담배 연기를 불어넣으면 연기에 취하여 나온다.

② 비동물성 이물질의 처치

외이도 입구에 있는 것은 핀셋으로 제거해도 상관없지만 자칫, 외이도 안쪽으로 이물을 밀어 넣지 않도록 주의해야 한다. 안쪽은 통증이 심하고 고막 등을 손상할 위험이 있으므로 간단히 꺼내지 못할 것 같으면 신속하게 이비인후과 치료를 받는 것이 좋다.

③ 코에 이물질이 박혔을 때

어린아이가 콧구멍으로 이물을 밀어 넣은 경우가 대부분이며, 땅콩, 유리구슬, 단추, 솜뭉치, 식물의 꽃망울, 장난감 등이 원인이 된다. 처음에는 비통(鼻痛), 비출혈 등의 증상이 있고, 그 후에는 악취 나는 농성(膿性) 콧물이 나온다.

코에 이물이 들어갔을 때의 응급처치는 다음과 같다.

- 이물이 들어가 있지 않은 쪽의 콧구멍을 손으로 누르고 코를 푸는 동작을 함으로써 이물을 불어 낸다. 너무 세게 하면 고막이 찢어지는 일이 있으므로 주의해야 한다.
- 스포이트 등으로 이물을 흡입하여 꺼낸다.
- 핀셋을 사용할 때는 이물을 도리어 안쪽으로 밀어 넣지 않도록 주의해야 한다. 쉽게 꺼내지 못하는 것은 이비인후과 치료를 받도록 한다.

4) 코피가 날 때

콧구멍 안에는 혈관의 분포가 풍부하기 때문에 출혈의 빈도가 높아서 앞부분에서의 출혈과 뒷부분에서의 출혈이 있다. 앞부분의 출혈은 압박만으로도 비교적 빨리 멎지만, 뒷부분의 출혈은 지혈이 어려워 좀처럼 그치지 않는다. 멎지 않을 경우에는 신속하게 이비인후과 치료를 받아야 한다.

코피가 날 때의 응급처치 방법은 다음과 같다.

① 코피가 나면 앞으로 몸을 굽히듯이 앉혀서 목구멍으로 피가 넘어가지 않도록 하여 호흡에 지장이 없도록 하며, 피는 삼키지 말고 뱉도록 한다.

② 코끝을 엄지와 검지로 꼭 쥐어 지혈하고, 코끝 부분과 이마 부분을 찬 물수건으로 찜질해서 지혈을 촉진한다. 목덜미를 두드리는 방법은 좋지 않으므로 사용하지 않고, 지혈하기 어려운 경우나 피가 목구멍으로 넘어가는 경우에는 곧장 이비인후과에 가서 치료를 받아야 한다.

③ 쉽게 그치는 코피라도 자주 일어나는 경우에는 비강종양(鼻腔腫瘍) 등의 비강 질환이나 고혈압, 신장·혈액·간장 질환 등의 전신 질환으로 의심될 수 있으므로 이비인후과 치료를 받도록 하는 것이 좋다.

5) 고열

고열이 나면 원칙적으로 의사의 지시를 받는다. 당황하지 말고 다른 증세도 살펴보아야 한다. 열의 형태에 따라서 무슨 병인지 판단할 수 있으므로 해열제는 의사의 지시가 있을 때까지 기다려야 한다.

갑자기 열이 날 때의 응급처치는 다음과 같다.

- 오한과 떨림이 시작되면 담요 등으로 전신을 보호하고 따뜻한 음료를 준다.
- 발열하면 안정을 취하게 한다. 물베개로 머리를 식히면 기분이 좋아진다.
- 온몸에 갑자기 열이 오를 경우 이마에 얼음주머니나 찬 물수건을 얹고, 미지근한 물에 적신 수건으로 겨드랑이나 등을 마사지하여 식혀 주고, 의복은 얇게 입힌다.
- 손발이 차면서 머리와 가슴 부분만 열이 나는 경우에는 해열제를 먹이고 모포를 덮어 땀이 나게 하고 재운다.

6) 경련(경기)

젖먹이 어린이는 경련을 일으키기 쉬운데, 대부분은 '열성경련'으로 2~3분이면 멎는다.

유아들도 감기나 다른 이유로 체온이 올라 경련을 일으키기도 한다. 처음으로 경련을 일으켰을 때는 당황하기 마련이지만, 멎은 후 곧 진찰을 받으면 된다. 몸을 흔들거나, 큰 소리로 이름을 부르거나, 품에 안고 병원으로 뛰어가는 등의 방법은 도리어 역효과가 난다. 안정을 취하게 하면서 상태를 관찰하면 경련이 멎고 잠드는 경우가 많다. 그런 다음 의식이 분명하면 진찰을 받을 필요는 없다.

- 눕히고 옷을 느슨하게 하여 호흡을 편히 할 수 있게 한다.
- 위험한 것이 있는지, 입 속에 사탕 등이 들어 있지 않은지 살펴본다.
- 담요, 수건, 겉옷 등으로 보온한다.
- 심한 경련 시에는 혀를 깨물지 않도록 손수건을 접어 치아 사이에 물린다.
- 열로 인한 경련인 경우에는 얼음주머니로 머리, 목, 겨드랑이를 식혀 준다.

7) 호흡곤란과 기침이 심할 때

호흡곤란의 원인은 폐와 기관지 계통, 심장질환의 경우가 많다. 최근에는 스트레스와 고민의 누적으로 젊은 여성에게서 심인성 호흡곤란이 많이 나타나고 있다. 심인성인 경우에는 환자를 안정시키고, 숨을 멎게 한 다음, 천천히 호흡하도록 하여 안심시키면 회복된다. 기침의 원인은 기도에 염증을 일으키는 감기 등의 질병에 걸린 것 외에도 먼지와 점액 등이 기관의 출구에 고였을 때, 차가운 공기와 자극성인 가스를 흡입했을 때 등 일시적인 경우도 있다. 특히 영유아와 어린이들이 갑자기 심하게 기침하는 경우에는 이물질이 기관에 차 있을 가능성이 있다. 이때는 서둘러 진찰을 받거나, 환경을 바꾸는 등의 근본적인 치료가 필요하다.

(1) 호흡이 곤란할 때 응급처치
① 의복을 느슨하게 하고 편한 자세를 취하게 한다. 눕게 하는 것보다는 앉은 채 뒤에 기대게 하거나 책상에 엎드리게 하는 것이 편하다.
② 몸을 앞으로 밀듯 등을 문지른다. 그 리듬에 맞춰 호흡하면 편해진다.
③ 호흡이 편해지더라도 병원에 가서 원인을 확인해 둔다.
④ 격심한 호흡곤란으로 호흡과 의식상태가 나빠진 경우에는 기도를 확보한다.

⑤ 호흡이 멈추었을 때는 구조호흡을 실행하면서 구급차를 부른다.

(2) 기침이 심할 때 응급처치

① 침구 등에 상체를 기대게 한다.

② 등을 가볍게 문지른다.

③ 담요 등으로 충분히 보온한다.

④ 가습기를 이용하여 목이 건조하지 않게 한다.

⑤ 기침이 계속되어 안색이 나빠지고, 호흡이 거칠고, 열이 나고, 호흡이 곤란하고, 식은땀이 나는 등의 증상이 나타나는 경우에는 산소흡입이 필요하므로 즉시 구급차를 부른다.

7. 유아와 함께 해 보는 응급처치

유아들에게 응급처치 방법을 알려 주는 것은 어른의 도움을 받을 수 없을 때 스스로 또는 친구를 도와줄 수 있는 능력을 갖추도록 해 줄 뿐만 아니라 평소 안전을 실천하는 데 도움을 줄 수 있다.

1) 넘어졌어요

넘어져서 마찰하거나 긁힌 상처를 찰과상이라고 한다. 찰과상을 지도할 때는 상처 부위를 청결하게 하는 것과 깨끗한 수건이나 헝겊으로 지혈시키는 방법을 직접 해 보게 할 수 있다.

- 먼저 양손을 비누로 잘 씻어요.
- 상처 부위에 먼지나 기타 더러운 것이 묻어 있을 때는 상처 부위를 비누로 가볍게 씻고 물로 헹궈요.
- 피가 나면 거즈나 깨끗한 수건으로 눌러서 지혈을 시켜요.
- 상처에 소독된 거즈를 덮고 반창고로 고정하거나 밴드를 붙여요.

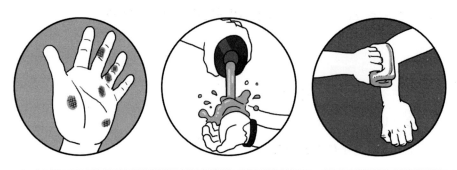

[그림 5-3] 찰과상 응급처치 방법

- 의사나 약사 선생님의 처방전을 받기 전에는 연고나 소독약을 함부로 바르면 안 돼요.

2) 물건을 삼켰어요

친구나 동생이 장난감이나 동전과 같은 조그마한 물건을 잘못해서 삼킬 수 있다. 삼키는 것을 목격했을 때는 침착하게 어른에게 이야기하라고 한다. 만약 어른이 계시지 않은 상황에서는 119에 신고해서 도움을 받도록 가르쳐 준다.

- 119에 신고해요.
- 이때 친구가 무엇을 먹었는지 설명해요.
- 친구가 먹은 약병을 버리지 않아요.
- 목에 음식물이 걸렸을 때는 손가락으로 끄집어내려고 하지 않아요.
- 등을 쳐 주며 기침을 유도해요.

3) 코피가 나요

영유아뿐만 아니라 성인에게서도 코피가 나는 일은 자주 있다. 코를 후비거나 코를 너무 세게 풀어도 코피가 나는데, 보통 코피는 바로 멈추기 때문에 크게 걱정하지 않아도 되지만 영유아들은 피가 난다는 것 자체만으로도 겁을 먹을 수 있으므로 사전에 행동방법을 알려 줄 필요가 있다.

- 코피가 나면 의자에 똑바로 앉아서 몸을 약간 앞으로 굽혀요.
- 콧망울을 엄지와 집게손가락으로 잡아서 콧구멍을 막고 몇 분 동안 기다려요. 이때 입으로 숨을 쉬어요.
- 코피가 멈추지 않으면 같은 방법으로 조금 오랫동안 다시 한 번 하고 부모님이나 잘 아는 이웃에게 연락해서 도움을 받아요.
- 코피가 멈추면 옷을 느슨하게 하고, 얼마 동안은 코를 풀거나 후비지 않아야 해요.

4) 딸꾹질이 나요

음식을 급하게 먹었거나, 뜨겁거나 찬 음식을 먹었을 때, 또 먹기 싫은 음식을 억지로 먹었을 때도 딸꾹질이 나올 수 있다. 딸꾹질은 대부분 곧 멈추지만 집중력을 흐리게 하거나 괴로울 수 있다. 딸꾹질을 멈추게 하는 방법은 다음과 같다.

- 숨을 최대한 참아요.
- 혀를 밖으로 내놓고 한동안 있어요.
- 빵이나 얼음조각을 삼켜요.
- 얼음주머니로 목덜미 쪽을 문질러요.
- 혀에 설탕을 한 숟가락 올린 후 녹여 먹어요.

안전교육 활동계획안(응급처치)

생활주제	유치원과 친구	주 제	유치원에서의 하루	대 상	만 5세
소 주 제	도우미가 되어 보기			활동유형	동화
활 동 명	유치원에서 멍이 들었어요!			집단형태	대집단
누리과정 관련요소	• 의사소통: 듣기−동요, 동시, 동화 듣고 이해하기 • 신체운동 · 건강: 안전하게 생활하기−안전하게 놀이하기				
창의인성 관련요소	• 창의성: 인지적 요소−문제해결력, 상상력, 문제 발견, 논리분석적 사고 정의적 요소−열정, 용기, 호기심 • 인성 요소: 약속				
활동목표	• 유치원에서의 위급 상황을 말할 수 있다. • 동화를 주의 깊게 들을 수 있다. • 유치원에서의 위급상황을 대처할 수 있다.				
자료 준비 및 제작	• [동화] 〈만지지 마, 내 거야!〉(유희정 글/혜경 그림) • 수건 2개, 세숫대야				

단계	교수 · 학습 활동	자료 제시 및 유의점

도입	• 손 유희로 주의집중을 유도한다.
	−나 따라 해 봐요 이렇게, 나 따라 해 봐요 이렇게,
	  나 따라 해 봐요 이렇게, 아이참 잘했어요. 짠!
	
	• 유아들의 경험에 대해 이야기 나눈다.
	−유치원에서 다쳤던 친구 있어요?
	−혹시 장난감을 가지고 놀다가 다친 친구가 있어요?
	−어떻게 하다가 다쳤나요?
	−선생님이 동화를 하나 가지고 왔어요.
	  이 동화의 친구들이 어떻게 하다가 다쳤는지 잘 들어 봅시다.
		유아들이 자신
		의 경험을 자신
		있게 표현하도
		록 격려한다.

전개	• 동화를 들려준다. • 동화 내용에 대해 이야기 나눈다. −동화 안에서 어떤 일이 있었나요? −멍이 들어 본 친구 있나요? −멍이 들면 어떻게 변하지요? −왜 변하는지 아는 친구 있나요? −멍이 들면 어떻게 해야 할까요?	동화 〈만지지 마, 내 거야!〉

전　개	• 멍이 들었을 때 대처 방법을 알려 준다. －멍이 들었을 때 3가지 대처 방법이 있대요. 한번 알아볼까요? －멍이 들면 먼저 555를 해야 한대요. 555가 뭘까요? 　5분간 찬 수건을 얹고 5분 쉬었다가를 5번 반복해요. 　① 수건 1개를 돌돌 말아 바닥에 놓는다. 　② 수건 1개를 세숫대야에 넣었다 뺀다. 　③ 물을 짜서 상처(멍) 위에 올려놓는다. 　④ 상처(멍)난 팔(다리)을 수건 위에 올려놓고 쉰다. －그런데 몸 말고 눈에 멍이 들었다면 어떻게 해야 할까요? 　연고를 바르고 비타민 C를 충분히 먹어요. －그런데 왜 비타민 C를 충분히 먹으라는 걸까요? 　비타민 C는 우리 몸에서 상처를 회복시켜 주고, 면역력을 키워 주는 역할을 　한대요. －이틀 후에는 더운 찜질을 한대요. 왜 더운 찜질을 할까요? 　멍이 들었던 곳에 피가 잘 흡수될 수 있도록 멍든 부분을 따뜻하게 하는 거 　래요.	
마무리	• 활동을 통해 새로 알게 된 점과 느낀 점에 대해 이야기 나눈다. －오늘 선생님과 무엇에 대해 알아보았나요? －실제로 멍이 들었다면 선생님이 말해 준 방법대로 할 수 있나요? －친구가 멍이 들면 서로 도와주고 배려하는 친구들이 되어 봅시다.	
활동평가	• 유아교육기관에서의 위급 상황을 말할 수 있었는가? • 동화를 주의 깊게 들을 수 있었는가? • 유아교육기관에서의 위급 상황을 대처할 수 있었는가?	
수업 및 교구 사진	• [동화] 〈만지지 마, 내 거야!〉(유희정 글/혜경 그림) 	

| 수업
및
교구
사진 |  |

 수업 동영상 파일 링크

제6장
아동학대 및 성폭력 · 성희롱

1. 아동학대

아동학대는 부모를 포함한 어른에 의하여 아동의 건강과 복지를 해치거나 정상적 발달을 저해할 수 있는 신체적 · 정서적 · 성적 폭력 · 가혹행위 및 아동의 보호자에 의한 유기와 방임을 말한다. 2014년 중앙아동보호전문기관의 통계 결과, 신체, 정서, 방임, 성학대의 비율은 비슷하였지만 정서적 학대의 사례가 더 높다는 것을 알 수 있다(아동보호전문기관, 2014).

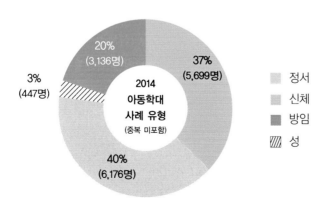

[그림 6-1] 아동학대 유형별 사례

출처: 아동보호전문기관 홈페이지.

1) 신체적 학대

「아동복지법」 제3조 제7호에는 신체적 학대를 "보호자를 포함한 성인이 아동의 건강 또는 복지를 해치거나 정상적 발달을 저해할 수 있는 신체적 폭력이나 가혹행위를 하는 것"이라 말한다. 영유아를 대상으로 주먹을 휘두르고, 때리고, 화상을 입히고, 또는 다른 방법으로 타격을 가하여 신체적으로 상처를 입히는 것을 말한다. 문화권에 따라서는 신체적 학대의 의미나 범위가 모호한 경우도 있다.

■ 아동학대를 발견할 수 있는 신체적 징후

- 공격적이거나 위축적인 극단적 행동
- 비정상적인 부모와 어른과의 접촉에 대한 두려움
- 집에 가는 것을 두려워함
- 영양이 부족해 보이거나 활력이 없어 보이는 모습
- 상처를 숨기기 위해 계절에 맞지 않는 옷을 입는 행동 등

2) 정서적 학대와 방임

정서적 학대와 방임은 적절한 보호를 받지 못하거나, 위험한 환경에 처하거나, 또는 아동이 충분한 영양을 공급받지 못하고 일반적으로 홀로 방치되는 것이다. 예로 성장 부진, 부적합한 영양 공급을 들 수 있다. 무관심은 뚜렷한 잠재적인 형태의 학대이며, 만일 의사나 간호사와 상의하지 않으면 무관심의 결과가 오랫동안 눈에 띄지 않은 채로 지속되어 정서적인 영향을 준다. 성인의 정서적 무관심은 보통 신체적 학대를 수반하는 경우가 대부분이다. 다음과 같은 특징적인 행동을 보이면 정서적인 학대를 받고 있는 것으로 의심하고 세밀한 관찰과 조사를 해야 한다.

- 거의 웃지 않으며 행복해 보이지 않는다.
- 다른 사람의 말이나 행동에 대한 감정적인 반응이 없다.
- 일상생활의 행동이 바르지 못하고 손톱을 물어뜯거나 손가락을 빠는 불안 증상을 보인다.

- 발육 혹은 정서적 · 지적 발달이 더디다.
- 자아존중감이 낮고 어른을 두려워한다.
- 부모에게서 과소평가를 받는다.
- 공격적이거나, 비정상적으로 수줍어하거나, 위축되어 보인다.

3) 발육 부진

발육 부진 상태에 있는 영유아들은 잘 자라지 못하고, 멍하게 행동하며, 허약해 보인다. 늦은 발육의 이유가 될 명백한 질병을 가지고 있지 않더라도 영유아 중 1/3 이상이 건전한 정신과 감정표현을 발달시키는 데 실패하고 있다. 발육부진은 부모로부터의 영양 공급의 결핍보다는 정서적인 애정 결핍의 결과에서 기인하며, 특히 모성애의 부족은 아동의 정서적 욕구를 충족시켜 주지 못한 엄마의 무능과 출생 후 엄마와 아기 사이의 유대 상실, 이러한 요소의 조합에 기인할 수 있다. 이러한 영유아들은 그들의 부모로부터 떨어져 있을 때 또는 위탁부모 밑에서 자랄 때 더 빠른 성장을 보여 준다.

영유아의 성장에 대한 한 연구에서 생후 초기에 아기를 충분히 다독여 주지 않으면 장기적으로 성장에 큰 장애가 생긴다는 사실을 증명하였다(Newsweek, 1997). 예를 들어, 돌봐 주는 사람이 없는 고아원에서 자란 영유아들은 두뇌의 중요한 부분이 발달하지 않는 결과를 초래하게 된다고 하였다. [그림 6-2]에서 왼쪽 그림은 정상적으로 건강하게 자란 영유아의 두뇌가 골고루 발달된 것을 보여 주고 있고, 오른쪽 그림은 방임 및 학대를 받으며 자란 영유아의 두뇌가 제대로 발달하지 못한 것을 보여 주고 있다(최민수, 2001).

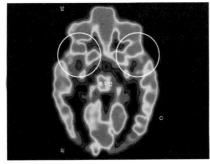 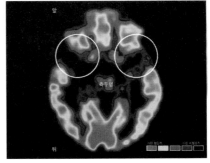

건강한 뇌의 모습　　　　　　학대받은 뇌의 모습

[그림 6-2] 건강한 뇌와 학대받은 뇌

출처: Newsweek(1997).

(1) 건강한 뇌

정상적인 영유아의 두뇌를 위에서 아래로 찍은 PET 사진을 보면 활동적인 적색 부분과 그렇지 못한 흑색 부분으로 대비된다. 출생 시에는 동그라미 부분((그림 6-2), 뇌간)처럼 가장 기본적인 부분만 원래의 기능을 충분히 발휘한다. 그리고 뇌의 꼭대기 부분(측두엽)은 출생 초기의 경험에 따라 신경회로가 형성되어 나간다.

(2) 방임 및 학대받은 뇌

출생 직후 고아원에 보내진 루마니아 아기의 두뇌 PET 사진은 유아 시절에 받은 방임 및 학대의 영향을 선명하게 보여 준다. 감각기관으로부터의 자극을 수용하고, 감정 조절 기능을 수행하는 측두엽(꼭대기)이 거의 활동하지 않는다. 이런 영유아들은 정서 및 인식 발달에 문제가 발생한다.

4) 학대하는 부모

아동보호전문기관 조사에 따르면 2014년 아동학대 행위자와 피해 아동과의 관계에서 81.8%가 부모인 것을 알 수 있다(아동보호전문기관, 2014).

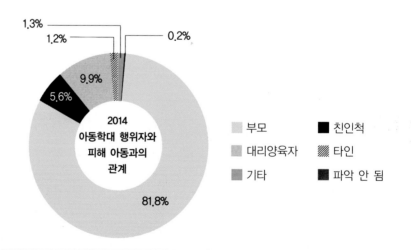

[그림 6-3] 아동학대 행위자와 피해 아동과의 관계

출처: 아동보호전문기관 홈페이지.

(1) 학대하는 부모의 특징

아동을 학대하는 부모의 행동은 자신이 성장 과정에서 경험한 양육태도와 밀접한 관련이 있으며, 부모의 사회경제적인 불안 등이 원인이 되기도 한다. 학대하는 부모들의 대체적인 특징은 다음과 같다.

① 어릴 때 억압받고 학대받으면서 자란 경험이 있는 부모가 아동을 학대한다. 이러한 부모들은 자신이 경험한 똑같은 양육방식으로 자녀를 양육할 가능성이 높다. 연구 결과에 의하면 어릴 때 학대받았던 사람들은 보통의 사람들에 비하여 더 많이 학대를 한다고 한다.

② 부모의 방임적인 양육방식으로 자랐거나 영유아기 때 공격성을 관찰하면서 자라난 경우 반사회적 행동을 자연스럽게 모방하게 된다. 즉, 어린 시절 공격성에 노출되었거나 폭력을 경험하게 되면 어른이 되어 부모-자녀 간의 갈등을 다루는 데 공격적인 전략을 취하는 결과를 가져온다.

③ 자녀들의 성장 발달단계에 대한 지식이 없는 부모는 영유아들에게 비현실적으로 성숙한 성인의 행동을 기대한다. 이러한 부모들은 보통 타인과의 관계가 원만하지 못한 성격적 결함을 가진 부모로서 자녀들이 부모를 존경하고 사랑해 주기만을 기대한다.

④ 영유아를 돌본 경험이 없어 자녀의 행동을 수용할 능력이 부족한 어린 부모들은 안정감 부족으로 영유아들을 잘 다루지 못하기 때문에 학대를 하게 되는 경향이 있다.

⑤ 한부모 아버지 또는 한부모 어머니, 계부 또는 계모 등 결손가정의 부모가 학대할 수 있다. 한부모는 자녀에게 무엇을 기대해야 할지 잘 몰라 기대에 부응하는 어떤 반응을 요구하는 경향이 있고, 자녀가 원하는 대로 반응하지 않으면 좌절감을 느껴 죄의식을 자녀에게 돌려 화풀이를 하게 된다.

⑥ 실업이나 불완전한 고용상태에 있는 아버지가 있는 가족의 경우에는 흔히 어머니가 가족을 부양하기 위해 일을 하면서 남자의 자존감을 상하게 한다. 이로써 아버지의 체면 상실은 더 악화되고, 나이가 든 자녀에게 아버지는 신체적 완력으로 자존심을 세우려 한다.

⑦ 가정이 고립되어 있어 부모나 친지 등 자녀양육에 도움이 될 만한 사람들과 왕래가 없는 가정의 부모들이 자녀를 학대하게 된다.

⑧ 경제적·법률적 또는 부모 상호 간의 문제나 질병 등 심각한 문제를 가진 위기에 처한 가정에서 자녀를 학대하게 된다.

⑨ 알코올 및 약물 중독, 습관적인 음주문제를 가진 부모가 자녀를 학대한다.

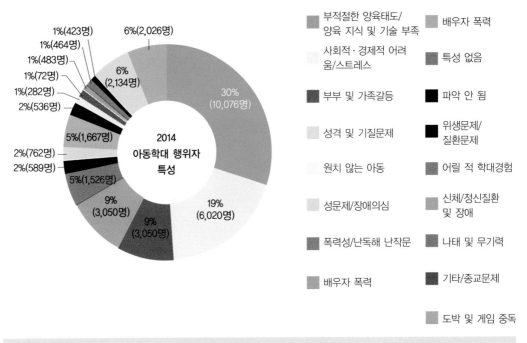

[그림 6-4] 학대 행위자의 특성

출처: 아동보호전문기관 홈페이지.

(2) 학대하는 부모의 치료법

학대하는 부모를 위한 치료는 즉각적인 개입으로 돕는 방법, 학대하는 부모에 대한 치료, 그 밖에 부모교육을 통하여 학대하는 상황을 제거할 수 있도록 하는 방법으로 구분하여 살펴볼 수 있다.

① 즉각적인 개입

학대의 증거를 발견하면 가정의 위기로 보고 개입해야 한다. 그 가정의 자녀는 우선 치료를 받게 하고, 필요하면 부모로부터 일시 격리나 위탁 가정에 수용시킨다. 부모가 자신의 정서상태를 안정시킬 수 있도록 상담하거나 여러 방법을 통해 풀어 나가도록 도움을 주어야 한다.

② 학대하는 부모에 대한 치료와 개입

과거에는 학대당한 자녀를 즉시 부모로부터 격리시켜 안전한 시설에 보호하는 방향으로 치료적 개입이 시작되었으나, 최근에는 가능하면 가정에 머물게 하면서 부모를 도와주는 방향으로 바뀌고 있다.

- 부모 집단치료: 집단치료를 통하여 똑같은 처지에 있는 다른 가해 부모들과 함께 토론하도록 도와주고, 사회적으로 고립되어 있는 이들이 서로 의미 있는 관계가 되도록 도와준다.
- 부모지지 프로그램: 가정에 직접 방문하여 자녀의 양육과 훈육방법을 도와주고 가르쳐 줄 수 있는 부모보조원 제도다. 사회봉사 가정부, 보조치료사를 활용한다. 사회봉사 가정부는 대부분 여성으로서 가사 처리와 가족을 돌보는 훈련을 받는다.
- 응급전화: 24시간 동안 응급전화가 가설되어 학대가 일어나기 전에 이를 방지하는 데 목적을 둔다.
- 위기 위탁소: 큰 위기에 닥쳤을 때 부모 자신이 견딜 수 없는 스트레스와 문제로부터 쉴 수 있는 시간을 만들어 주고, 부모 자신이나 아이가 함께 주간보호센터나 유아원에 와서 도움을 받을 수 있게 만들고, 또한 부모로서 아이를 다루는 방법 등을 도와준다.
- 부모역할 교육: 자녀교육에 대한 그릇된 이해나 아동발달에 대한 교육 등을 행한다. 특히 대소변 가리기와 훈육, 체벌 등에 관한 것이다.
- 시설 입주: 센터에 입주하여 생활하는 동안 부모들은 전문 직원의 보육을 받고 있는 자신의 아이들을 관찰하고, 직접적인 가르침을 받으며 그들 스스로가 더 좋은 방법을 선택하게 되어 부모–자녀 간의 어울림 시간을 갖게 된다.
- 가족요법: 가족 전체를 치료하는 방법으로, 근친 성관계인 경우 매우 유용한 치료방법이다.
- 정신요법: 치료의 효과가 더욱 표면적이거나 직접적으로 나타나게 해야 한다. 구체적인 목표를 세우고 치료를 하는 데 많은 시간을 투자하지 않으면 오랫동안 깊이 뿌리박힌 문제점을 해결할 수 없으며 한정된 목표를 달성할 수 있을 것이다.

③ 부모교육

부모를 교육함에 있어서 가장 중요한 것 중 하나는 아동학대가 일어난 모든 상황에서 그 원인을 어떻게 관리 또는 제거하며, 구타가 아닌 방법을 사용할 수 있는가다.

- 아동의 행동을 관리하는 가장 흔한 방법은 체벌이다. 체벌을 아주 조심스럽게 사용하면 아동의 행동을 조절하는 데 매우 효과적일 수 있는데, 그 시기, 강도, 일관성 등을 유지하기가 매우 어렵고 바람직하지 못한 부작용이 일어난다.
- 부모 재교육 프로그램을 통하여 영유아들을 다루는 새로운 방법을 가르쳐 주거나, 부모의 분노를 자아내는 영유아들의 행동을 줄이는 방법을 가르쳐 준다. 강화 방법, 타임아웃 방법 등 모델링과 역할극을 통해 행동관리 방법을 배운다.
- 부모의 분노를 조절하는 방법을 가르쳐 준다. 부모 자신이 화가 나거나 적개심이 일어날 때 어떻게 그 분노를 억제하고 통제하는지를 가르쳐 주는 것이 필요하다.
- 사회와의 접촉을 증가시키는 방법을 알게 한다. 아동학대 부모의 특징 중 하나는 그들이 지역사회에서 매우 고립되어 있다는 것인데, 이러한 고립을 줄이고 사회적인 접촉을 할 수 있도록 도와주는 것이 중요하다.
- 학대의 결과로 오는 큰 상처를 알게 한다. 부모의 학대 행동으로 인하여 어떠한 결과가 오는지를 비디오를 통하여 상처를 입은 영유아들의 상태를 부모들에게 보여 주고 토론함으로써 체벌이 어떤 결과를 가져오는지를 알도록 하여 행동의 부당함을 알게 한다.

5) 학대받는 아동

학대의 잠재성을 가진 부모들은 흔히 불행했던 아동기의 경험을 가지고 있어 때로는 그들 자신이 학대의 희생자이며 고립되어 산다. 또, 다른 사람을 믿지 않으며, 아동에게 비현실적 기대를 가지고 있다. 전형적으로 영아일 때는 잘 울고 나이가 들어 감에 따라 어른의 말을 듣지 않거나 말대꾸하면서 부모로부터 강한 징계행동을 일으키는 아동이 있다. 방아쇠 역할을 하는 스트레스적인 상황이나 사건이 있는데, 이것은 직업의 상실과 같은 문제이거나 지역사회로부터의 고립과 같은 사회적 문제일 수 있다.

신체적 처벌이 허용되거나 부추겨지는 문화에서 잘 우는 아기들은 그칠 새 없는 울음,

점점 커지는 울음소리, 길어지는 울음 등이 학대를 재촉하는 요인이 될 수 있다. 아기가 매우 평온하고 젖을 잘 빨며 젖 먹는 시간 외의 대부분 시간에 잠을 잔다면 거의 모든 부모가 좋아할 것이다. 아이가 울 때 많은 학대 부모는 견딜 수 없는 불안을 느끼고, 꼭 멈추게 해야 하는 것으로 생각한다. 아기를 달래기 위해 때리거나 심하게 흔드는 것을 '흔들린 증후군'이라고도 부르며, 영아를 빠르게 계속 흔드는 경우 뇌출혈, 지적장애, 영구적인 뇌손상이나 실명이 초래될 수 있다.

장난꾸러기의 가장 큰 특징은 관리가 매우 어렵다는 것이다. 쉴 새 없이 움직이고, 조용히 앉아 있지 못하며, 무엇에 오랫동안 집중하거나 다른 아이들과 관용적인 놀이를 하는 것이 거의 불가능하다. 다른 사람의 비난에도 둔감하며, 다른 어린이들을 계속 짓궂게 때려야 직성이 풀린다. 부정적인 말과 행동을 열심히 하고 공격적이다. 종종 통제하기 힘든 불안감에 시달리며, 매우 조용하고, 조직적인 환경에 민감하다. 이런 장난꾸러기들이 보이는 증상은 부모의 부정적 행동에 대한 방어기제이거나 모델링일 수도 있다.

6) 아동학대의 결과

학대를 받은 아동의 심리적 후유증은 다음과 같다(최민수, 정영희, 2014).

(1) 자아기능 손실

가장 흔히 나타나며, 전반적인 자아기능의 손실을 보인다. 발달지연과 중추신경계 장애, 지적장애 등을 보이며, 과잉운동, 충동성을 보이고, 언어발달의 장애도 보인다. 자신의 감정, 특히 좋아하는 것, 외로움, 불안감 그리고 즐거움을 인식하고 말로 표현하는 것이 매우 힘들다.

(2) 급성 불안 반응

신체적 · 심리적 충격으로 소멸 또는 유기당할 위협을 느낀다. 심한 공황상태에 빠지며 충격적인 상황을 예기하는 것만으로도 불안상태가 온다. 정서적으로는 극심한 놀람과 공포, 연속적인 울음, 극도의 정서적 불안, 대인관계에서의 수치심을 나타내기도 한다.

(3) 병적인 대인관계

근본적인 신뢰를 이루지 못한다. 어렸을 때의 경험 때문에 영구적인 불변의 대상을 얻지 못하고, 누구와든 얕은 관계를 맺고, 누구에게나 등을 돌린다. 평생 남을 사랑하지 못하거나 이웃과 더불어 살아가지 못하는 자아를 형성하게 된다.

(4) 원시적 방어기제

부정, 투사 등을 과도하게 사용하여 위협적인 내적·외적 부모상을 다루므로 부모를 사랑하는 면과 적개심을 느끼는 면을 통합시킬 수 없다. 다른 벌을 더 받을까 봐 두려워 부모의 잘못을 인정하지 못하고 억압한다.

(5) 충동조절의 손상

집이나 학교에서 공격적·파괴적 행동을 보이게 된다. 어린이는 불안정하고, 과잉운동을 보이는 아동·청소년은 반사회적 행동 및 비행을 보인다. 또한 폭력 부모와 자신을 동일시하여 공격적 행동을 보이고, 극도의 파괴적·공격적 행동을 보인다.

(6) 자아개념의 손상

항상 슬프고 낙심하며 모욕을 느낀다. 부모가 자신을 싫어하고 경멸하며, 실제로 잘못이 없는데도 자신의 잘못이라고 생각한다. 과대망상이나 전지전능의 공상으로 위장하며, 신흥종교 교주나 극도의 테러분자들 대부분이 부모로부터 경멸이나 자아개념의 손상을 받은 경험이 있다.

(7) 자학적·파괴적 행동

흔히 자살기도나 자살미수, 가출, 여러 형태의 자학행위가 나타난다. 학대받은 자녀가 부모로부터 떨어지게 되거나, 그런 위협을 받은 후 자기가 파괴되거나 사라지기를 바라는 부모의 소원에 순응하는 형태다.

(8) 학교 적응의 어려움

집중력 장애, 과잉 운동, 인지 손상 등으로 학업성취가 어렵다. 공격성 행동 문제와 학습부진으로 자주 불려 가고, 이것으로 인해 또 학대받게 된다. 부모에 대한 분노가 선생님에게 전이되어 수업 중의 방해 행동으로 나타난다.

(9) 중추신경계 장애

신체적 손상보다는 잘못된 신체적·심리적 이상을 초래한다. 아동의 신경학적 문제는 잘못된 양육, 영양 부족, 부적합한 의료적 처치, 비정상적인 자극 때문이다. 신체적인 학대를 받은 아동은 뇌손상으로 인해 지적장애, 학습 거부, 도벽, 우울증 등 후유증을 앓는 경우가 많다.

아동학대의 가장 심각한 결과로 볼 수 있는 중추신경계의 장애에 대해 더 구체적으로 살펴보고자 한다. 학대, 공포, 충격, 불안, 사고 등의 과정에서 스트레스원(stressor)에 접하게 되면 뇌의 변연계(편도체와 해마)에서 정보를 접수한다. 변연계는 쾌감, 불쾌감, 분노, 공포, 슬픔, 불안 등 감정을 관장하는 곳으로, 자율신경계 중추에 큰 영향력을 갖고 있다. 공포 위험 시 뇌에 전달하는 과정을 생략하고 바로 행동으로 반응한다. 스트레스를 받으면 해마에 붙어 있는 편도체는 몸을 보호하기 위해 코르티솔을 분비한다. 사람이 잠에서 깰 때 가장 높고, 잠들 때 낮으며, 등원이나 출근할 때 가장 높고, 집에 갈 때 낮다. 연어가 회귀하여 알을 낳고 죽는 것이나, 임신부가 영양과 휴식을 취하지 못하면 평생 쇠약해지는 것은 분비해야 할 코르티솔이 더 이상 없기 때문이다.

스트레스는 크게 두 가지로 구분된다. 하나는 사람의 성장과 촉진으로 이어지는 순기능 스트레스(eustress)이고, 또 하나는 부정적으로 영향을 미치는 역기능 스트레스(distress)다. 문제는 역기능 스트레스에 있다. 인간에게 부정적으로 영향을 미치는 역기능 스트레스를 감당하기 어렵고, 장기적으로 지속될 때 스트레스는 심리적 외상이라 부르는 트라우마(trauma)로 전환된다. 비교적 자아존중감이 높은 사람은 스트레스를 잘 견딜 수 있으나, 자아존중감이 낮아지면 변연계가 스트레스를 장악하지 못해 심신증이 유발될 수 있다. 스트레스가 트라우마로 변화되면 심신증(신체적 손상, 조절장애, 과민성 대장증후군, 만성피로 증후군), 발달장애(ADHD, LD, 자폐증), 뇌신경계 영향(시상하부·해마의 감소, 전전두엽 체적 감소 등), 불안장애(불안장애, 분리불안장애, 강박증, 공황장애) 등이 나타난다.

그렇다면 우리는 이러한 스트레스와 트라우마를 어떻게 극복할 수 있을까? 인간은 출생에서 죽을 때까지 스트레스를 겪을 수밖에 없다. 그러므로 어렸을 때부터 적극적으로 스트레스에 대응하는 방법을 배워야 한다. 그래야 자신이 하고 싶은 일에 집중하여 무언가에 전념할 수 있다. 따라서 교사와 부모는 유능한 아이로 키우기 위해서는 스트레스에 스스로 대응할 수 있는 능력을 길러 주어야 한다. 그중 가장 효과적인 방안은 자아존중감을 길러 주는 것이다. 왜냐하면 자아존중감이 높을수록 스트레스에 대응하는 능력이 강해지기 때문이다. 영유아들이 자라면서 자아존중감을 기를 수 있는 가장 좋은 방법은 지지적이고 안정적인 발달을 이룰 수 있는 환경에서 성공적인 경험을 많이 하는 것이다. 이러한 환경은 충분한 휴식과 수면, 적당한 신체 운동, 단백질을 포함한 충분한 영양 섭취, 정서적인 안정감을 유지할 수 있는 환경이다. 이러한 환경에서 부모나 교사가 영유아의 발달적 신호를 민감하게 관찰하여 적절하게 반응해 주면 자아존중감이 높은 아이로 자랄 수 있다. 그래서 발달에 적합한 상호작용이 부모나 교사에게는 매우 중요한 과제다.

7) 학대받는 아동의 치료

학대받는 아동은 학대 경험에 대해 부정적인 개념과 상처, 부모에 대한 적대심을 계속적으로 갖게 되고, 또한 그들과 동일시함으로써 나중에 그들이 커서도 학대하는 부모가 될 가능성이 많으므로 학대 피해 아동들을 반드시 도와주어야 한다.

- 적합한 운동 및 감각 자극을 해 줌으로써 환경적 실조를 보상해 준다.
- 적합한 장난감 등을 제공함으로써 놀이를 할 수 있는 능력을 길러 준다.
- 일대일의 접촉을 피함으로써 아동의 성인에 대한 공포와 불신감을 변화시킨다.
- 구조화된 놀이를 통하여 신체적 · 감각적 기술의 발달을 도와준다.
- 놀이경험을 통하여 또래들과의 관계를 형성하고 협동적 놀이가 생기도록 도와준다.

학대받는 아동들에게는 놀이치료, 집단치료, 교육적 개입 등이 필요하다. 가족인형이나 손인형 놀이 또는 그림 그리기, 모래놀이 등을 반복함으로써 자기가 경험한 상처들을 정리하도록 할 수 있다. 『딥스』 『한 아이』 등 책 속의 주인공을 예로 들 수 있다.

8) 아동학대의 예방

아동학대를 사전에 예방하기 위해서는 학대가 일어날 위험도가 높은 집단을 색출하여 집중적으로 예방책을 실시하는 방법, 부모교육을 실시하는 방법 등 학대를 일으키는 원인적 요소를 제거해야 한다. 이를 위해서는 부모교육과 결혼 전 교육이 필요하다. 청소년과 어머니가 될 여성들에게 임신, 분만, 아동발달, 부모의 역할, 부모로서의 양육기술, 결혼관, 부모의 책임 등에 관한 교육을 실시함으로써 부모역할의 문제로 생기는 아동학대를 예방하도록 한다.

(1) 위기에 대한 치료

아동을 최대한 안정시키고 지금의 상황을 설명해 준다. 그리고 아동에게 말 또는 놀이로 자기의 느낌을 표현할 기회를 주고, 또한 질문할 기회를 줌으로써 아이의 긴장감을 완화시켜 준다.

(2) 개인적 놀이요법

학대를 받는 아동의 대부분은 언어 구사에 어려움이 있기 때문에 인형, 꼭두각시, 장난감 동물을 가지고 노는 연극놀이에서 일상생활을 많이 털어놓는다. 어린이가 인형을 통해 나타내는 감정을 이해하고 받아들여서 그것을 되받아 줌으로써 자신감을 길러 준다.

(3) 놀이치료기관

놀이치료기관은 학대받는 아동들에게 휴식처가 되어야 하며, 매주 일정한 시간에 놀이치료기관에서 치료를 받음으로써 학대받는 아동은 타인이 자기를 안전하게 수용하는 것에 자신감을 발전시킬 수 있다.

(4) 위탁양육과 그 대안

영유아의 입장에서 보면 위탁양육이란 가족과 이별하는 것이며, 위탁양육은 폭력의 공포는 적지만 자기가 알고 있는 유일한 사람을 잃는 감당하기 어려운 측면도 있다. 부모와 자녀 관계의 퇴화를 막기 위해 위탁양육이 아닌 입주치료나 보육치료를 하는 경우도 있다.

(5) 집단치료

부모의 집단치료와 거의 비슷하다. 예를 들어, 사춘기 전과 사춘기를 맞은 어린이 8명을 한 집단으로 하여 집단치료를 하면서 모든 문제에 대해 매우 효과적으로 치료할 수 있다.

(6) 외국의 사례

미국, 유럽, 캐나다, 호주 등 아동학대 방지체계가 잘 정비된 국가에서는 아동학대 양육비를 정부에서 부담한다. 즉, 신고 → 조사 → 사후조치 과정에서 국가가 적극 관여한다. 심지어는 아이가 계속 울고 있거나 아이를 혼자 내버려 두어도 '방임'으로 신고되고, 아동학대로 입증될 경우에는 신속하게 아동을 격리 조치하여 가정 위탁 혹은 시설보호 등의 조치를 한다. 또한 이러한 국가들은 이에 따른 인적·물리적 지원을 부담하는 한편, 학대 가해자에게는 다른 형사법에 비하여 가중 처벌하는 것으로 엄하게 다스리고 있다(중앙일보, 2000. 11. 14.).

9) 영유아 학대에 대한 한국의 현실

우리나라에는 아동학대 통계자료가 부족하고, 그 문제성의 심각성도 분명하지 않으며, 아동학대에 관한 연구도 빈약하며, 사회적 관심도나 법적 위치도 빈약하다. 최근 우리나라도 자본주의 산업화, 핵가족화, 개인주의, 남녀평등사상 등 서구화와 이에 따른 사회 구조의 변화, 부부관계, 이혼율의 증가, 아동관, 가치관의 변화로 보아 서구사회 문제성의 추세를 따라가는 경향이 있다. 따라서 아동학대와 방임, 성장 부진, 성적 학대에 이르기까지 점점 의학적·사회적 문제로 등장할 것으로 예상되기 때문에 그러한 문제가 더 광범위해지고 심각해지기 전에 예방책을 논의하는 것이 중요하다.

(1) 지역사회에서의 각종 서비스

아동학대가 발견되었을 당시 병원에서뿐 아니라 학대 가정이 속한 지역사회 내에서 이를 위한 각종 서비스가 있어야 한다. 특히 가정방문 서비스, 부모의 문제와 가정의 문제를 해결해 줄 수 있는 부모 보조원 등이 필요하다.

(2) 유아교육시설의 이용

우리나라에 있어서 조기교육을 담당하는 어린이집, 유치원 교사들을 교육하여 아동학대에 관한 지식을 습득하게 함으로써 증거 사례를 빨리 발견하고, 혹은 영유아의 부모에 대한 사전교육을 통하여 영유아 학대의 발생을 예방하는 역할을 할 수 있다.

(3) 부모 문제 및 가정폭력의 치료

부부의 문제가 심각하거나 부부 간의 폭력행위가 일어나는 가정에서 아동학대가 일어날 위험성이 높으므로 부부 및 가정 문제의 해결을 위한 도움을 제공하는 것도 방법이다. 이러한 상황을 사회적인 문제로 인식하는 것이 중요하다.

(4) 학대 위험성이 높은 가정의 발견

학대 가능성이 높은 가정을 조기에 발견하여 조기치료를 함으로써 부모가 아동을 다루는 데 있어서 겪는 스트레스와 좌절, 그리고 각종 문제를 실질적으로 잘 다룰 수 있는 효과적인 양육방법 및 훈육방법을 습득하도록 교육시킨다.

(5) 사회 대중 교육

일차원적 예방방법으로는 이미 부모가 된 부모나 학대의 가능성이 높은 부모 말고도 결혼 전 남녀, 예비 부모에게 시행하는 것도 단순히 아동학대뿐만 아니라 잘못된 아동양육에 의한 일반적인 문제 가능성을 예방하는 방법으로서 매우 효과적이고 또 필요한 것이다.

(6) 학대 신고 및 보호체제

우리나라도 학대받는 아동을 발견한 경우 쉽게 보고할 수 있는 통로를 마련하고, 법적으로 보고를 의무화하도록 한다면 사례 발견에 큰 도움이 될 것이다. 일반적으로 학대받는 아동은 제일 먼저 병원을 찾게 되므로 의사의 신고의식이 중요하다. 최근 개정된 「아동복지법」은 아동을 구타하거나 신체에 손상을 주는 행위, 아동에게 성적 수치심을 주는 성희롱·성폭행, 아동의 정신건강 및 발달에 해를 끼치는 정서적 학대, 아동의 의식주를 포함한 기본적인 보호양육 및 치료를 소홀히 하는 행위, 아동에게 구걸을 시키거나 아동을 이용하여 구걸하는 행위 등을 아동학대로 규정하고 있다.

전국 시·도에 설치되어 있는 아동학대 전문기관에는 전문상담요원을 배치하고 있고, 전국 어디에서나 국번 없이 통화가 가능한 긴급전화 1577-1391 또는 보건복지부 콜센터 129번이 개설되어 아동학대 신고접수를 받고 있다. 진료기관의 의사와 교육기관의 교사는 아동학대 신고를 하도록 의무화하였으며, 전문상담요원이나 경찰은 신고를 받는 즉시 현장에 출동하여 현장조사서를 작성하고, 격리 및 치료 등이 필요한 경우에는 인근 보호시설이나 병원에 응급조치를 의뢰할 수 있다. 2014년 1월, 최초로 신고의무자인 부산의 한 어린이집 교사에게 아동학대 신고의무 불이행으로 인한 처벌이 이루어지기도 했다.

2. 성폭력 · 성희롱

성폭력 및 성추행, 성희롱은 비슷하게 보이지만 많은 차이가 있다. 성폭력은 좁은 의미로는 「성폭력범죄의 처벌 등에 관한 특례법」에 의해 가해자를 형사처벌할 수 있는 강간, 강제추행 등의 범죄행위를 의미한다. 성추행은 상대방의 의사에 반하여 성적인 수치심이나 혐오감을 유발하는 성적 행위로, 간음 이외의 성적인 가해행위를 의미한다.

성희롱은 성적인 말이나 행동으로 피해자에게 성적 굴욕감, 혐오감을 느끼게 하는 모든 행위를 말한다. 일반적으로 직장 내에서 업무, 고용, 그 밖의 관계 등에서 권력 차이 등에서 발생하는 성희롱을 의미한다. 성폭력과 성추행은 형사처벌 대상이지만 성희롱은 국가인권위원회 조사 사항이다(「남녀고용평등과 일 · 가정 양립 지원에 관한 법률」 시행령, 시행규칙, 2015).

1) 성폭력

성폭력이란 강간뿐만 아니라 몸을 만지는 행위인 추행, 성적 희롱, 성기 노출 등 다른 사람에게 가해지는 모든 신체적 · 정신적 · 언어적 폭력을 말한다. 따라서 성폭력에 대한 막연한 불안감이나 공포감, 그로 인하여 행동이 자유스럽지 못한 것도 간접적인 성폭력이라 할 수 있다. 성폭력은 상대방을 때리거나 위협을 가하는 등의 강제적인 방법을 사용하는 것, 특별히 잘 봐 주겠다는 등의 속임수를 사용하는 것, 평소에 친한 사이로 인한 믿음이나 존경 등으로 거절하기 힘든 점을 이용하여 상대방의 뜻과는 상관없이 이루어지는 것을 모두 포함한다.

(1) 성폭력의 원인

성폭력은 음란한 이야기, 욕설, 지나치게 노골적인 성에 관련된 표현 등 성에 관련된 말만으로도 일어날 수 있고, 음란한 몸짓이나 눈짓으로도 일어날 수 있으며, 성기나 성 관련 신체 부위를 노출하는 행위 등으로 직접적인 신체적 접촉이 없이도 일어날 수 있다. 또한 성폭력은 음란물의 영상매체나 전파매체 등을 통해 만들어 파는 일, 청소년을 유흥업소에서 일하게 하는 일 등과 같이 일상행위 중에서도 일어날 수 있다. 본인이 거절함에도 불구하고 강제적으로 일어나는 성적 행위는 모두 성폭력이다. 옷을 입은 위로 신체를 접촉하는 것, 옷을 벗기거나 벗도록 요구하는 것, 성적인 의도로 성기나 다른 신체 부위를 만지거나 만지게 하는 것, 성기나 항문에 도구나 이물질을 삽입하는 것, 성기를 입에 접촉시키거나 삽입하는 것, 청소년과 성교하는 것 등이 모두 성폭력의 범위에 포함된다.

(2) 성적 학대 아동의 행동과 증상

① 신체적으로 앉거나 걷기를 어려워한다.

② 소변을 볼 때 고통을 호소하거나 화장실에 갈 때 다른 사람과 같이 가려 하지 않는다.

③ 신체적 활동에 참여하기를 꺼려 한다.

④ 위축되거나 유치한 행동, 갓난아이와 같은 행동을 하려 한다.

⑤ 성문제에 관해 비정상적인 관심을 갖거나 알려고 한다.

⑥ 더럽혀진 속옷을 입고 있거나 피가 묻어 있다.

⑦ 생식기 부분의 고통을 호소하고 상처가 있다.

⑧ 악몽을 꾸거나, 낮에도 혼자 있는 것을 두려워하고, 불을 켜 놓으라고 한다.

⑨ 성병이나 질에 관련된 전염병이 있다.

⑩ 극도로 과격하거나 정신분열적 · 파괴적 행동을 한다.

(3) 성폭력 예방

유아에게 어떤 상황에 접할지도 모를 성폭력에 대처할 수 있는 방법을 가르쳐야 한다.

① 성폭력이 무엇인지 알려 주기 위해 영상이나 동화를 활용한다.

② 유아에게 자신과 다른 사람의 몸이 소중함을 알게 한다.

③ '괜찮은 적절한' 접촉과 '안 되는 부당한' 접촉을 구별하여 부당한 접촉은 거부하도록 가르쳐 준다.

④ 좋지 않은 말을 하거나 나쁜 사진 또는 잡지, 비디오를 보여 주는 사람이 있으면 부모나 교사에게 알리고 피하도록 한다.

⑤ 낯선 장소에 혼자 있거나 밤늦게 돌아다니지 않고, 낯선 곳에서 화장실에 혼자 가지

않는다.

⑥ 낯선 사람에게 문을 열어 주지 않는다.

⇒ 교사, 학부모, 지역사회 주민을 대상으로 성적 학대 예방교육을 실시하고, 전문기관의 전화번호를 알아 둔다.

(4) 성폭력 대응방법

피할 수 없는 상황에서 성폭력을 당했을 때는 결코 피해자의 잘못이 아니므로 수치심 때문에 숨기지 말고 다음과 같이 적극적인 대처를 해야 한다.

① 증거를 보존한다. 입은 옷 그대로 병원이나 경찰서로 가며, 장소는 있던 그대로 보존한다. 그리고 피해를 준 사람의 얼굴 특징, 체격, 말투, 특징, 소지품, 옷의 상표, 차량번호 등을 정확히 기억해 둔다.

② 주위에 도움을 청한다. 성폭행 직후 목격자를 확보하여 법정에서 증인으로 부를 수 있으며, 성폭력 상담소나 보호시설을 찾는다.

③ 병원으로 즉시 달려간다. 의료상 보호를 받을 수 있으며, 임신, 성병, 신체에 이상 등을 검사받을 수 있다. 피나 정액은 24시간까지 남아 있기 때문에 범인의 식별이나 유죄의 증거가 될 수 있다.

④ 신고는 빠를수록 좋으며, 진술 시에는 자세한 기록을 남겨야 한다.

⑤ 심리적 상처 예방을 위해 심리치료를 받는다.

⑥ 본인의 잘못이 아님을 인식시키고, 교사나 부모에게 숨김없이 말하도록 지도한다.

⇒ 성폭력 피해 아동은 피해를 준 사람에게 증오심, 배반감, 혐오감, 복수심, 공포감 등을 지니게 되고, 자신이나 남을 해칠 정도의 정신적 혼란에 빠질 수 있다. 따라서 안정을 찾을 때까지 친구나 교사의 도움과 보호가 필요하다.

영유아에 대한 성폭력 예방을 위하여 부모나 교사들이 지도할 수 있는 예는 다음과 같다(최민수, 정영희, 2014). 성폭력에 대한 정확한 지식과 대처방법을 익혀 두어야 더 큰 문제를 방지할 수 있다.

성폭력 예방을 위한 지도

■ 1단계–아이의 소중한 몸에 대하여 설명한다

아이들에게 자신의 몸이 얼마나 소중한지 가르친다. 특히 속옷을 입는 부위는 더욱 소중하기 때문에 옷을 한 번 더 입는다는 것을 설명한다. 그리고 몸의 주인이 자신이기 때문에 어느 누구도 함부로 자신의 몸의 소중한 부분을 만질 수 없다는 것을 말해 준다.

■ 2단계–좋은 느낌과 싫은 느낌의 차이를 알려 준다

좋은 느낌이란 아이를 사랑하는 부모, 가족 등이 안아 주거나 쓰다듬어 줄 때 느끼는 편안하고 안락한 행복감이고, 싫은 느낌은 다른 사람이 자신의 몸을 만질 때 느끼는 불편함이나 두려운 느낌이라는 것을 알려 준다.

■ 3단계–아이도 어른에게 '안 돼요!'라고 말할 권리가 있음을 가르친다

싫은 느낌일 때 큰 소리로 "싫어요!" "안 돼요!" "하지 마세요!"라고 말하도록 가르친다. 교사가 다음 상황을 읽어 주면 큰 소리로 외치도록 연습시킨다. "어떤 사람이 치마를 올려요." "어떤 사람이 성기를 보여 주거나 만지라고 해요." "모르는 사람이 아이스크림을 사 준다고 가자고 해요." "모르는 사람이 문을 열어 달라고 해요."

■ 4단계–위협적인 상황에 대처하는 적극적인 방법을 가르친다

"안 돼요!"를 외친 다음에는 그 자리에서 사람이 많은 곳으로 빨리 도망가서 믿을 만한 어른에게 생긴 일을 말하도록 한다. 도움을 청할 수 있는 믿을 만한 안전한 어른이 누구인지 물어본다. 아이들은 부모님, 가족, 선생님 등을 말할 것이다.

(5) 성폭력에 대한 잘못된 선입견들

① '성폭력은 주로 낯선 사람에 의해 이루어진다는 생각'은 잘못된 것이다. 많은 사례에서 성폭력은 평소에 친하게 지내던 사람에게 당하는 경우가 훨씬 더 많다.

② '성폭력의 가해자는 겉보기에 비정상적인 사람일 것이다.'라는 생각은 잘못된 것이다. 성폭력의 가해자는 매우 평범하고 남다르지 않으며, 심지어는 사회적으로 존경받거나 높은 지위에 있는 사람도 있다.

③ '성폭력을 가하는 사람은 주로 젊은 사람이다.'라는 생각은 잘못된 것이다. 성폭력을 가하는 사람이나 피해를 입은 사람은 어떤 연령의 사람이라도 될 수 있다. 10대에서

부터 70대 노인에 이르기까지 가능하다.

④ '폭력은 언제나 위협, 폭행으로 시작한다.'라는 생각은 잘못된 것이다. 평소에 잘 아는 사이이거나 믿고 따르던 사람인 경우 폭력을 사용하지 않고 은근히 협박하거나, 조건을 제시하여 좋아하는 것을 제공하거나, 애원하여 요구에 응할 수밖에 없는 처지를 이용하기도 한다.

⑤ '남자아이들은 성폭력의 피해 대상이 될 수 없다.'라는 생각은 잘못된 것이다. 남자아이들도 피해 대상이 되고 있다. 경우에 따라서는 여자아이들보다 피해가 훨씬 더 심각하고 복잡하여 피해자에게 미치는 정서적 혼란이나 정신적 고통 등이 극심하기도 하다.

⑥ '성폭력의 피해는 문제 가정이나 문제 아동에게서 일어난다.'라는 생각은 잘못된 것이다. 겉보기에는 지극히 정상적이고 모범적인 가정에서도 일어나고 있으며, 품행이 단정하고 모범적인 아동들이 성폭력의 피해를 입을 수도 있다.

⑦ '어릴 때 당한 성폭력은 세월이 지나면 저절로 치유가 된다.'라는 생각은 잘못된 것이다. 성폭력을 당한 경우 반드시 적절한 조치를 취해야 한다. 그렇지 않으면 피해의 상처는 속으로 깊어져 몸과 마음에 영향을 끼쳐 모든 생활에 걸쳐 지속적인 피해를 남길 수 있다.

(6) 성폭력 관련 법과 제도의 변화

① 2006년 용산 초등학생 성추행 살인사건: 성범죄자 치료감호 및 전자발찌 제도 도입
② 2007년 안양 어린이 성폭력 사건: 아동 성추행 살인범 사형제도 도입
③ 2008년 안산 조두순 초등학생 성폭행 사건: 화학적 거세 도입 음주감경 배제
④ 광주 인화학교 사건(영화 〈도가니〉): 성범죄 교직원 처벌 강화, 장애인 대상 성폭력 방지 및 피해자 보호 대책 및 범죄자 형량 강화
⑤ 성폭력 예방 원년: 「형법」「성폭력범죄의 처벌 등에 관한 특례법」「아동·청소년의 성보호에 관한 법률」 등 대폭 개정 시행, 성폭력 친고죄 전면 폐지(2013년 6월 19일 시행, 합의 여부 상관없이 처벌), 남성도 강간의 객체에 포함

(7) 성폭력 범죄자 처벌 및 관리 강화

① 전자발찌 부착: 2013년 7월 기준 전자발찌 착용자 1,225명

② 성범죄자 약물치료: 화학적 거세

③ 아동청소년 관련 기관 취업 제한: 어린이집, 유치원, 학원, 학교, 아동복지시설, 의료
기관, PC방, 멀티방, 경비업 등 취업제한 대상 시설 확대. 관련 기관 취업자는 성범
죄 경력조회 신청서 및 동의서("본인은 ○○기관(시설)(예: 유치원, 어린이집, 아동복지시
설, 청소년 쉼터, 청소년 활동시설, 의료기관 등) 취업자(취업 예정자)로서 「아동 · 청소년
의 성보호에 관한 법률」 제56조 및 같은 법 시행령 제25조에 따른 성범죄경력 조회에 동의합
니다.")를 기관장에게 제출하고, 원장은 관할 경찰서장에게 반드시 직접 조회 신청을
해야 함.

④ 성범죄자 신상정보 공개제도: www.sexoffender.go.kr(성범죄자 알림e 홈페이지)

(8) 성폭력 피해자 지원시설 및 상담소 현황 (2013년 7월 현재)

① 여성긴급전화: 전국 1366센터 17개-긴급상담, 서비스 연계

② 성폭력상담소: 전국 176개

③ 보호시설: 성폭력 피해자 보호시설 21개, 성폭력 피해자 특별보호시설(아동 · 청소년
전용 쉼터)

④ 장애인 상담/보호시설: 장애인 성폭력 상담소 22개, 장애인 보호시설 4개

⑤ 성폭력 피해자 통합지원센터: 1899-3037, 원스톱 지원센터 17개, 해바라기 아동센터
8개, 해바라기 여성아동센터 7개-상담, 법률, 수사, 의료, 심리치료 통합지원

2) 성희롱

주로 영유아들과 생활하는 보육교사들도 직장생활을 하면서 많은 사람들과 생활한다.
따라서 보육교사 역시 직장에서의 성희롱 예방교육에 대한 충분한 지식을 가져야 할 것이
다. 직장에서의 성희롱 예방교육과 관련이 있는 법은 「남녀고용평등과 일 · 가정 양립 지
원에 관한 법률」(고용노동부 소관), 「양성평등기본법」(여성가족부 소관), 「국가인권위원회
법」(국가인권위원회 소관), 「민법」 제750조(불법 행위의 내용), 「민법」 제756조(사용자의 배상
책임), 「형법」 제303조(업무상 위력 등에 의한 간음), 「성폭력범죄의 처벌 등에 관한 법률」 제
10조(업무상 위력 등에 의한 추행) 등이 있다.

(1) 성희롱의 유형

여러 법에서 규정하고 있는 직장 내 성희롱의 유형에 대해서는 육체적 행위, 언어적 행위, 시각적 행위, 기타 행위로 구분하여 살펴볼 수 있다(「남녀고용평등과 일·가정 양립 지원에 관한 법률」 시행규칙, 2015).

① 육체적 행위
- 입맞춤이나 포옹, 뒤에서 껴안는 등의 신체적 접촉행위
- 가슴이나 엉덩이 등 특정 신체 부위를 만지는 행위

② 언어적 행위
- 음란한 농담을 하거나 음탕하고 상스러운 이야기를 하는 행위(전화통화 포함)
- 외모에 대한 성적인 비유나 평가를 하는 행위
- 성적인 사실관계를 묻거나 성적인 내용의 정보를 의도적으로 유포하는 행위
- 성적인 관계를 강요하거나 회유하는 행위
- 회식자리 등에서 무리하게 옆에 앉혀 술을 따르도록 강요하는 행위

③ 시각적 행위
- 음란한 사진, 그림, 낙서, 출판물 등을 게시하거나 보여 주는 행위
- 성과 관련된 자신의 특정 신체 부위를 고의적으로 노출하거나 만지는 행위

④ 기타 언어나 행위
- 사회통념상 성적 굴욕감 또는 혐오감을 느끼게 하는 것으로 인정되는 언어나 행동

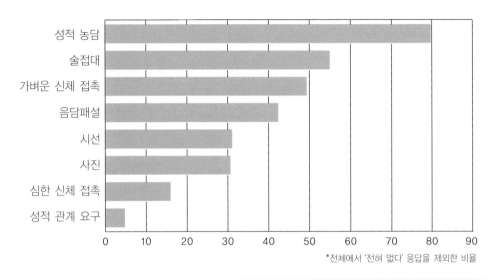

[그림 6-5] 성희롱의 유형

출처: 여성부(2001).

(2) 성희롱의 피해자와 가해자의 대응

직장에서 성희롱과 관련하여 물의를 일으킨 임직원에 대해서는 징계의 종류와 경중에 따라 징계위원회에서 해고, 권고사직, 감봉, 정직, 휴직, 배치 전환, 출근 정지, 견책이나 경고, 기타 이에 준하는 조치 등 징계조치를 취해야 한다. 성희롱과 관련하여 피해자와 가해자는 다음과 같은 노력을 기울여야 한다(「남녀고용평등과 일 · 가정 양립 지원에 관한 법률」 시행규칙, 2015; 성희롱국제평생학습연합회, 2015).

① 성희롱의 피해자가 되지 않으려면
- 자신의 의사표시를 분명히 해야 한다.
- 새로운 직장에 들어갈 경우에 전임자에게 성희롱이 있었는지 여부를 물어본다.
- 직장의 규정에 성희롱 예방과 구제절차가 있는지 알아본다.
- 동료 간의 음담패설에 가급적 참여하지 않는다.
- 음란한 사진이나 그림을 붙이는 행위에 대하여 이의를 제기한다.
- 회사에 성희롱 예방대책 마련을 촉구한다.
- 성희롱을 당한 동료를 비난하지 않고 공동으로 대응한다.
- 업무시간 이외에 원하지 않는 만남을 가급적 피한다.

② 성희롱 피해를 당했을 때 대응방안

- 당사자에게 명확한 거부의사를 표시한다.
- 행위자에게 거부의사를 표시하기 어려울 때는 중단을 요청하는 편지를 쓴다.
- 거부의사가 수용되지 않으면 날짜, 장소, 성적 언어나 행동에 대한 느낌 등을 기록한다.
- 행위자에게 항의하여도 시정하지 않으면 상급자나 전문상담요원에게 상담을 요청한다.
- 성희롱 행위에 대한 중단요청이 수용되지 않으면 사업주에게 문제를 제기하여 해결한다.
- 고용평등상담실을 이용하여 상담하거나 지방노동관청에 진정서 등을 제출한다.

③ 성희롱의 행위자가 되지 않으려면

- 불필요하게 음담패설을 하지 않는다.
- 직장에 음란한 그림이나 사진을 붙이지 않는다.
- 직원의 외모나 사생활에 지나치게 간섭하지 않는다.
- 타인과 불필요한 신체접촉을 하지 않는다.
- 상대방이 거부의사를 표시하였을 때 즉각적으로 행위를 중지한다.
- 자신의 지위를 이용하여 사적인 만남을 강요하지 않는다.
- 회식자리나 야유회 등에서 직원에게 술을 따르도록 하거나 서비스를 강요하지 않는다.
- 직원이 성희롱을 하는 경우에는 바로 주의를 준다.
- 성희롱 예방 프로그램에 적극적으로 참여한다.

④ 성희롱의 행위자로 지목되었을 때의 대응방안

- 자신의 의도가 어떠하든 상대방이 불쾌감을 느꼈다면 이를 받아들이고 즉시 사과한다.
- 분쟁의 조정을 받고 있다면 성실하게 내용을 수용하면서 피해자의 요구사항을 이행한다.
- 징계를 받았다면 자신의 행동 정도와 지속성에 비추어 징계가 합당한지 확인하고 수용한다.

안전교육 활동계획안(성폭력 및 아동학대 예방)

생활주제	나와 가족	주 제	소중한 나	대　　상	만 5세
소 주 제	나의 몸을 소중히 여기기			활동유형	동화
활 동 명	동화 〈솔비가 태어났어요〉			집단형태	대집단
누리과정 관련요소	• 의사소통: 말하기−느낌, 생각, 경험 말하기 • 사회관계: 나를 알고 존중하기 − 나를 알고 소중히 여기기 　　　　　　　 가족을 소중히 여기기 − 가족과 화목하게 지내기				
창의인성 관련요소	• 창의성: 인지적 요소−시각화 능력, 문제해결력, 문제 발견 　　　　　 정의적 요소−흥미, 용기, 호기심, 자율성 • 인성: 약속				
활동목표	• 나는 부모님으로부터 태어난 소중한 아이라는 것을 안다. • 내가 태어날 때까지 어떻게 변화했는지에 대해 관심을 가진다. • 자신을 소중히 여기고, 위험한 상황이 생겼을 때 소중한 몸을 지키기 위한 방법을 알고 실천한다.				
자료 준비 및 제작	• 막대인형 '솔비' −펠트지를 이용해 '솔비'라는 여자아이를 만들고, 색깔 막대에 붙여 막대인형을 만든다. • 솔비 편지 −색지를 이용해 솔비가 쓴 편지를 프린트하여 준비한다. • 동화 〈솔비가 태어났어요〉(글: 민수현, 그림: 이주윤) −그림 배경을 10쪽 안으로 하고, A3 흰색 종이에 매직과 색연필을 이용해 동화 그림을 만든다. −TV 동화 틀을 검정색 폼보드로 만들고, 앞부분은 아스테이지를 붙여 그림카드가 보이면 면과 그 　림카드를 넣어 두는 곳을 나눌 수 있도록 가운데에 판을 넣는다. −동화틀 주변을 장식한 후 그림 배경을 TV 동화 틀에 넣어서 완성한다.				

단계	교수 · 학습 활동	자료 제시 및 유의점
도입	• 손유희를 한다. • 주인공의 '솔비'의 편지를 들어 본다. −오늘 우리 반 친구들에게 '솔비'라는 친구가 편지를 보냈어요. −어떤 친구가 나와서 솔비의 편지를 읽어 줄 수 있나요? −(편지 내용) 　안녕 친구들, 나는 솔비라고 해. 　어젯밤에 엄마가 내가 아기였을 때 이야기를 들려주셨어. 　너무나 신기하고 재미있는 이야기여서 친구들에게도 들려주고 　싶어 편지를 썼어. 　친구들이 내 이야기를 잘 들어 주었으면 좋겠어. 그럼 안녕! −솔비가 어떤 이야기를 들려준다 했나요? −그럼 솔비의 이야기를 들어 볼까요?	솔비 편지

전개	• 동화 구연 (솔비가 태어나게 된 이야기를 들려 주며 소중한 나의 몸에 대해 알려 준다.) • 동화 〈쌍둥이 남매〉를 들어 보고 동화 내용을 정리한다. −솔비에게 무슨 일이 있었지요? −솔비 엄마는 솔비에게 어떤 이야기를 들려주었지요? −솔비는 어떻게 엄마 뱃속에 생겼을까요? −솔비가 태어났을 때 엄마와 아빠의 기분은 어땠을까요? −솔비는 엄마, 아빠에게 가장 소중한 아이예요. • 나의 몸을 지키는 방법에 대해 이야기 나눈다. −솔비처럼 우리 친구들도 소중한 아이예요. −이렇게 부모님이 낳아 주시고 키워 주셨는데 나의 소중한 몸을 지키려면 어떻게 해야 할까요? −낯선 사람이 다가와 몸을 만지려 하면 어떻게 해야 할까요? −몸을 함부로 만지려 할 때 "싫어요!" "안 돼요!" "하지 마세요!" "기분이 나빠요!" 라고 큰 소리로 말하는 거예요.	TV 동화 〈솔비가 태어났어요〉 유아들이 알게 된 내용을 정리할 수 있도록 유도한다.
마무리	• 동화를 통해 새로 알게 된 점과 느낀 점에 대해 이야기 나눈다. −오늘 선생님과 어떤 동화를 들어 보았나요? −동화를 듣고 무엇에 대해 새롭게 알게 되었나요? −동화 내용 중에서 어떤 점이 가장 재미있었나요? −나의 몸을 지키기 위해서는 어떻게 해야 할까요? • 다음 활동에 대해서 설명한다. −솔비 이야기를 통해 내가 어떻게 태어났는지 알게 되었고 그만큼 나의 몸이 소중하다는 것도 알았어요. 소중한 나의 몸을 지키기 위해서 "싫어요!" "안 돼요!" "하지 마세요!"라고 해야 한대요. 그래서 다음에는 나를 낳아 주시고 길러 주신 엄마, 아빠에게 고마운 마음을 담아 효도 쿠폰을 만들어 볼 거예요.	다음에 이루어질 활동에 대해 언급한다.
활동평가	• 나는 부모님으로부터 태어난 소중한 아이라는 것을 아는가? • 내가 태어날 때까지 어떻게 변화했는지에 대해 관심을 가지는가? • 자신을 소중히 여기고 위험한 상황이 생겼을 때 소중한 몸을 지키기 위한 방법을 알고 있는가?	

수업 및 교구 사진	 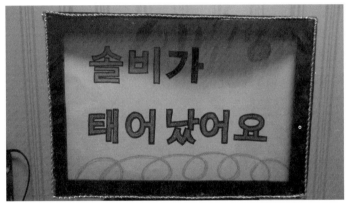 

수업 동영상 파일 링크

제7장
실종 및 유괴 안전

실종(失踪)이란 '종적을 잃어 간 곳이나 생사를 알 수 없는 상태'를 말하고, 미아(迷兒)는 '길이나 집을 잃고 헤매는 아이'를 의미한다. 개념적으로 볼 때 미아의 단계를 거쳐 실종에 이른다. 또한 유괴(誘拐)란 '폭력, 협박이나 사기 등을 통해 사람의 신체적 자유를 구속하고 범죄자 자신 또는 제삼자의 지배하에 두어 억류하는 범죄'를 말한다.

1. 실종 및 유괴 예방교육의 필요성

아동을 대상으로 실종 및 유괴가 발생하고 있다. 특히 유괴범죄는 의사능력이나 위험에 처했을 때 대처능력이 부족한 아동이 대상이 되기 때문에 성인의 보호 아래에 있지 않은 아동은 쉽게 범죄자의 대상으로 지목될 수 있다. 아동은 범죄의 피해자가 될 확률이 성인에 비해 높은 것으로 나타났다(정진수, 2000). 또한 유괴범죄는 의사능력과 대처능력이 부족한 아동들을 대상으로 하여 피해 아동의 신체와 생명을 위협한다. 따라서 어린 시기부터 유괴 예방교육이 필요하다.

취업여성의 증가로 인하여 영유아들이 어린이집, 유치원과 각종 학원 그리고 동네 놀이터와 골목길 등 가정 외부 환경에서 사회적 접촉이 많아짐으로써 다양한 상황 및 문제를 경험한다. 오늘날의 아동은 과거의 아동과 달리 도시의 복잡성과 교통 혼잡의 증가 등으로 그들의 생활에 위험이 내재되어 있기 때문에 각종 사고가 증가하고 있고, 이미 우리 사회에서 아동의 안전사고는 그들에게 직면한 가장 큰 문제가 되었다(윤선화, 2006). 따라서 자녀에 대한 부모의 보호는 과거보다 더욱 심혈을 기울여야 한다.

아동은 발달특성상 자신의 주변 세계에 호기심이 많고, 자기 의사대로 행동하려는 발달특성으로 주변 상황에 쉽게 관심을 보이며 충동적인 반응을 나타낸다. 특히 주변 현상이나 사물에 대한 변별력이 부족하고 욕구조절 능력이 미약하여 위험상황에 직면하거나 사고에 희생되기 쉬운 존재이기 때문에 미아사고의 발생 가능성 또한 높다. 아동의 신변을 위협하는 미아와 유괴사고에 대한 대책으로 법률 강화, 안전한 환경 조성, 안전교육 등 여러 예방대책이 있지만, 어린이 스스로 위험을 인식하고 자기보호기술을 습득하여 대처능력을 형성할 수 있는 안전교육은 무엇보다 중요하고 시급한 과제다.

최근 여성의 사회 진출 증가로 맞벌이 가구가 늘어남에 따라 성인의 보호 및 지도 없이 아동 혼자 자신을 보호하는 자기보호 아동이 증가하고 있다. 특히 아동들은 학교, 어린이집, 유치원, 각종 학원, 동네 놀이터, 골목길 등 가정 외부 환경에 노출되는 경우가 많아 다양한 상황과 문제를 경험하게 된다. 그래서 아동을 대상으로 하는 유괴 및 미아 사고 역시 아동의 집이나 교육기관 주변 등 일상적인 공간에서 흔하게 발생되고 있다.

■ 아동 유괴 실험 결과

미국의 아동안전전문가인 우든(Kenneth Wooden)의 실험에서 아동이 놀이터에서 유괴되는 데 걸리는 시간이 불과 35초밖에 걸리지 않는다고 하였다. 우든은 공원에 가서 몇몇의 젊은 어머니들에게 유괴에 대한 실험에 협조해 줄 것을 요청했고, 아이들을 유괴하였다. 어머니들은 결코 자신의 아이가 낯선 어른에게 유괴되지 않을 것이라고 자신했지만, 낯선 어른이 데리고 있는 강아지를 보며 유괴범을 따라 공원을 나서는 자신의 아이를 보고 충격을 받았다고 한다(윤선화, 정윤경, 이경선, 2012). 어린이들을 대상으로 하는 유괴는 폭력을 행사하여 억지로 끌고 가기보다는 부드러운 속임수를 활용하거나 친근감을 형성하여 어린이들이 그 의도를 쉽게 알아차리지 못하게 하는 형태로 나타난다. 그로스 등(Groth & Bernbaum, 1978)과 토비아스 등(Tobias & Gordon, 1977)의 연구에서도 10~17%의 유괴범만이 물리적 강제력을 사용했고, 대부분의 사건에서 말로 유혹하거나 다른 방법으로 유인을 했다고 밝혔다(윤선화, 정윤경, 이경선, 2012에서 재인용). 포슈의 실험에서도 3~6세 유아의 90%가 낯선 사람의 유혹에 쉽게 넘어간다는 결과가 나타났고(Poche et al., 1981), 75%의 유치원생과 초등학교 1학년 아동이 낯선 사람의 유인에 쉽게 넘어가는 성향이 있는 것으로 나타났다(윤선화, 정윤경, 이경선, 2012; 이기숙, 장영희, 정미라, 윤선화, 2014).

아동 유괴 범죄는 아동이 어른에 대한 예절을 중요시하는 문화를 이용하여 범죄가 이루어지기도 한다(윤선화, 이경선, 이소영, 2008). 예를 들어, 어른에게 친절해야 하며, 누군가가 도움을 요청하면 친절하게 도와주어야 한다는 방식의 도덕교육을 강조하는 사회적 분위기와 예의 바른 어린이가 되기를 가르치는 문화 속에서 아동들은 가끔 위험한 어른이 도움을 요청하는 가장된 유인상황에 끌려 범죄의 희생양이 되기도 한다.

따라서 유아가 유괴에 대해 이해하고, 유괴범의 유인행동에 대해 올바른 판단력을 가지고 안전하게 대처할 수 있도록 일상적인 안전사고 예방교육의 일환으로 유괴예방 교육이 반드시 필요하다. 유괴예방 교육은 아동들이 유괴상황에 처했을 때 상황을 정확하게 판단하여 자신을 보호할 수 있도록 하는 것이다. 아동들에게 유괴의 의미를 전달할 뿐만 아니라 실제로 유괴범들이 활용하는 유인행동을 제시하여 속임수를 알아차릴 수 있도록 상황을 판단하는 능력과 감수성을 길러 주어야 한다.

2. 실종아동에 대한 이해

보호자로부터 이탈되어 행방을 알 수 없는 모든 아동을 실종아동으로 본다. 실종아동에는 일반적으로 약취 · 유괴 · 유기 · 사고를 당한 경우, 혹은 가출하거나 길을 잃어버린 경우가 포함된다.

1) 실종아동 발생 원인

• 집 또는 공공장소에서 길을 잃는 경우
• 낯선 사람을 따라서 길을 잃는 경우
• 타인이 금전 또는 양육의 목적으로 유괴해 가는 경우
• 아동 스스로 집을 나간 경우

• 사고로 인해 행방을 알 수 없는 경우

2) 실종아동 발생 후 문제점

• 가족 전체의 문제로 확대됨
• 정상적인 삶의 패턴이 깨질 수 있음
• 슬픔과 죄의식, 죄책감 야기
• 과도한 스트레스 생성
• 가정 해체

3) 실종아동 관련 법률

2005년 5월에 「실종아동 등의 보호 및 지원에 관한 법률」이 제정되어 2005년 12월부터 시행되고 있다. 이 법에는 실종아동을 찾기 위한 국가의 책무가 규정되어 있으며, 실종아동 및 그 가족에 대한 지원서비스 등이 명시되어 있다.

3. 아동의 실종 및 유괴 실태

1991년 3월 대구 달서구에 살던 다섯 명의 초등학생 소년들이 도룡뇽 알을 주우러 간다며 집을 나선 뒤 소식이 끊겼다. 그리고 이 아이들은 영영 돌아오지 않았다. 사건 발생 11년 6개월 만인 2002년 9월 아이들의 유골이 발견되었고, 타살된 것으로 판단되었다. 그러나 경찰의 미흡한 수사 때문에 아이들의 구체적인 사망원인과 가해자를 제대로 규명하지 못한 채 2006년 3월 사건의 공소시효 15년이 만료되면서 영구 미제 사건으로 남게 되었다. 공식적으로 초등학생 실종사건이지만 '개구리 소년 실종사건'으로 널리 알려진 아동 실종사건이다. 개구리 소년 실종사건에서 보듯이 아동 실종은 다음과 같이 세 가지 측면에서 문제가 발생한다(김진숙, 2013; 정익중, 김성천, 송재석, 2009).

첫째, 실종아동이 직접적으로 입는 신체적 상해나 정신적 충격이 크다는 점이다. 아동에게 있어 보호자와 떨어져 격리되는 경험은 극도의 불안감과 스트레스를 야기하여 평생

토록 지워지지 않는 심리적 충격으로 남는다. 이 때문에 실종아동은 발견된 후 종종 외상 후 스트레스 장애를 나타낸다. 또한 앞서 개구리 소년 실종사건에서처럼 아동의 생명이 위협받거나 극단적인 경우 아동의 죽음으로 끝나는 결과를 낳기도 한다.

둘째, 실종아동이 발견되기까지 가족이 경험하는 고통이 가중된다는 점이다. 장기적으로 실종아동 가족 중 많은 수가 심리적 · 정신적 · 경제적 고통을 경험하게 된다. 실종아동을 찾는 데 전념하고자 부모가 생업을 포기하면서 경제적 어려움을 겪게 되거나 아동실종에 따른 충격으로 깊은 좌절감을 경험하거나 정신적 질환을 얻는 경우도 있고, 가족 구성원 사이에 죄책감, 비난, 분노 등 정서적 갈등이 야기되어 가족 해체로 이어지는 등 다양한 고통에 처하게 된다.

셋째, 실종아동 문제는 한 가정의 문제로 끝나는 것이 아니라 사회적 부담으로 이어지며 그 심각성이 크다. 실종아동을 발견하기까지 경찰과 법제도의 상당한 노력이 투입되어야 할 뿐만 아니라 실종아동 사건에서 파생되는 사회적 비용도 만만치 않다. 1명의 장기 실종아동이 발생하였을 때 약 5억 7천만 원 정도의 비용이 발생하는 것으로 추산되는데, 그 가운데 직접비용은 약 7천만 원 정도이며, 간접 비용은 약 5억 원 정도였다.

실종아동 문제를 해결하기 위해서 광범위한 사회적 관심과 제도적 노력이 동시에 요구된다. 개구리 소년 실종사건은 당시 그리고 이후로 큰 사회적 파장을 불러일으켰다. 사건을 알리는 전국적 방송과 함께 다양한 매체를 활용한 캠페인 등 전 국민에게 실종아동의 발견과 아동실종 예방이 중요함을 알리는 계기가 되었다. 2004년 발생한 부천 초등생 사건, 포천 여중생 사건과 더불어 우리 사회에서 실종아동 문제를 사회적 이슈로 부각시키면서 국가적 차원의 실종 예방 및 조기발견 대책 마련의 필요성을 강조하게 된 결정적인 사건이 되었다.

2005년 정부는 실종아동 문제를 해결하기 위하여 국가 차원의 대책 마련의 일환으로 「실종아동 등의 보호 및 지원에 관한 법률」을 제정하였다. 이는 실종아동과 실종 장애인의 발생을 예방하고, 이들의 신속한 가정 복귀를 도모하기 위한 제도적인 기틀을 마련한 것으로 그 의미가 크다고 하겠다. 그럼에도 불구하고 실종아동의 수는 줄어들지 않고 있는 실정이다.

〈표 7-1〉은 경찰청 182센터에 연간 신고되는 실종아동 현황을 보여 주고 있다. 실종아동 발생 건수를 살펴보면, 실종자 대다수는 발견되지 못한 채 영구 실종될 소지가 큰 것으로 판단된다. 더욱이 2005년에 「실종아동 등의 보호 및 지원에 관한 법률」이 제정되기 이

전에 경찰에 접수된 실종아동에 대해서는 정확한 통계조차 파악되지 못하고 있는 실정이
다. 연도별 미아 발생 현황을 보면 오르내림이 있지만 매년 발생하는 미아의 수가 적지 않
음을 보여 주고 있다. 실종아동과 미아를 체계적으로 연계해야 할 필요성을 보여 준다.

표 7-1 **연도별 실종아동 신고접수 및 발견 현황: 경찰청 182센터**

연도	발생 건수	발견 현황		
		발견 건수		미발견 건 수
		보호자 인 계	%	
2007	8,602	8,600	99.9	2
2008	9,470	9,469	99.9	1
2009	9,240	9,207	99.6	33
2010	10,829	10,780	99.5	62
2011	11,425	11,364	99.5	61
2012	10,825	10,655	98.4	170
2013	2,641	2,537	96.0	104

출처: 보건복지부(2013).

4. 실종 및 유괴 방지 정책

실종아동 문제를 해결하기 위해서는 첫째, 아동이 실종되지 않도록 미리 예방하고, 둘
째, 일단 실종아동이 발생하면 단기간 내에 발견해야 하며, 셋째, 아동실종을 근본적으로
예방하는 것이 문제해결을 위한 지름길이다. 아동의 실종 자체를 예방할 수 있는 체계의
강화가 요구되며, 실종아동이 발생하였을 경우 신속히 발견하여 가족으로 복귀시키는 일
이 이루어져야 한다. 이 모두를 위한 제도적 뒷받침이 마련되어야 할 것이다. 다음은 정부
차원에서 마련한 실종아동 예방 및 발견 대책을 연도별로 정리한 것이다.

표 7-2　**실종아동 문제해결을 위한 정부의 법제도 및 정책 수립**

시기	대책 및 내용
2005년	- 「실종아동 등의 보호 및 지원에 관한 법률」 제정 - 「실종아동 등의 보호 및 지원에 관한 법률」 시행령
2006년	- '실종아동 및 실종장애인 찾아주기 종합대책' 시행
2008년	- 범정부적 '아동·여성 보호 종합대책' 수립 - 보건복지부 '아동실종 예방대책' 마련
2009년	- '실종아동찾기 연계시스템' 구축 - '신상카드 제출 대상인 무연고 아동관련 지침' 개정
2010년	- 「실종아동 등의 보호 및 지원에 관한 법률」 일부 개정
2011년	- 경찰청 운영 공개 수색·수사체계(유괴·실종 경보)의 법적 근거 마련 - 한국판 앰버 경고 시스템 구축
2012년	- 실종아동 등의 조기발견을 위한 지문 및 얼굴 사전 등록 시스템 도입

출처: 보건복지부(2013).

　실종아동 문제를 해결하기 위하여 그동안 정부는 법제도를 제정·개정하고 대책을 수립하여 방안을 마련하는 등 다양한 노력을 기울여 왔으며, 그 효과도 상당한 성과를 거두었다. 그럼에도 불구하고 통계를 살펴보면 최근 들어 실종아동의 수는 늘어나고 있는 추세다. 이는 근본적으로 아동실종 자체를 예방할 수 있는 체계의 강화가 요구됨을 보여 준다. 이러한 맥락에서 실종아동 문제를 해결하기 위해서는 최근 사회에서 부각되고 있는 빅데이터 구축을 활용해야 할 것이다.

　'실종아동 빅데이터'* 구축의 가장 중요한 목표는 실종아동과 관련한 다양한 정보를 데이터화하고, 이를 활용하여 아동의 실종을 예방하며, 실종아동을 신속하게 발견하여 가정으로 복귀시킬 수 있도록 하는 시스템을 마련하는 것이다. 실종아동 빅데이터는 아동의 실종을 예방하고, 실종아동 문제를 해결할 수 있는 정책을 수립하는 데 기여할 수 있게끔 한다. 또한 실종아동 빅데이터를 구축함으로써 실종아동 가족을 위한 효과적인 프로그램과 서비스를 제공할 수 있는 체계를 구축하는 데 기여할 수 있다. 실종아동 빅데이터를 구성하기 위한 단계는 다음과 같다.

---

* 빅데이터: 디지털 환경에서 생성되는 데이터로, 규모가 방대하고 생성 주기도 짧다. 수치 데이터뿐만 아니라 문자, 영상 데이터를 포함하는 대량의 정형 또는 비정형 데이터 집합 및 이러한 데이터로부터 가치를 추출하고 결과를 분석하는 기술을 의미한다.

1단계는 우선적으로 실종아동 발생 위험요인을 분석하는 것이다. 경찰청과 실종아동 전문기관에 묻혀 있는 실종아동 관련 정보를 분석하는 작업이 뒤따른다. 실종아동의 연령 등 인구사회학적 특징도 중요하지만, 가장 고려해야 할 발생 위험요인으로 실종 장소, 실종 시간, 실종 유형, 유괴일 경우 납치범의 특징 등 모든 정보를 고려해서 실종아동의 발생에 가장 큰 영향을 미치는 요소를 분석해 낸다.

2단계는 빅데이터 작업을 통해 실종아동 발생 경로를 분석할 수 있는 분석틀을 구축하는 일이다. 동시에 실종아동 발견과 가정복귀에 대한 경로를 찾는 알고리즘을 구성하는 일이다. 이러한 분석틀이 완성되면 이를 바탕으로 정기적이고 체계적으로 빅데이터를 수집할 수 있는 시스템을 개발하고 구성한다. 이 단계에서는 실종아동과 관련한 모든 관련 기관의 정보가 투입될 수 있다.

3단계는 빅데이터를 활용하는 단계다. 빅데이터 분석을 통하여 활용할 수 있는 길은 실종아동 발생 예방 시스템 운영, 실종아동 신고 이후 신속한 발견을 위한 시스템 운영, 장기 실종아동 추적 시스템 운영, 그리고 실종아동 및 가족을 위한 지원 서비스 및 프로그램을 제공하는 일이다. 이상에서 실종아동 빅데이터를 구성하기 위한 일련의 과정을 정리하면 〈표 7-3〉과 같다.

표 7-3 **실종아동 빅데이터 구축 과정**

단계	구축 작업 내용
1단계: 분석 단계	실종아동 발생 위험요인 분석 경찰청, 실종아동 전문기관 실종아동 정보 분석 실종아동 및 가족에 대한 서비스 및 프로그램 분석
2단계: 구축 단계	실종아동 발생 경로 분석틀 구축 실종아동 발견과 가정복귀 경로를 찾아내는 알고리즘 구성 빅데이터 수집 시스템 개발
3단계: 활용 단계	실종아동 발생 예방 시스템 운영 실종아동 신고 이후 신속한 발견 시스템 운영 장기 실종아동 추적 시스템 운영 실종아동 및 가족 지원 서비스 및 프로그램 제공

이상과 같이 실종아동 빅데이터를 구축하기 위해 필요한 데이터와 보유기관을 나열해 보면 〈표 7-4〉와 같다. 빅데이터 구축과 무관하지 않은 무연고아동의 신상카드 D/B(데이터 베이스) 구축현황을 살펴보면, 실종아동 전문기관에서 2012년 12월 말 기준 3,139명을 구축한 것으로 나타나고 있다(정도연, 2014). 따라서 실종아동 문제를 해결하기 위한 빅데이터 구축을 위한 전문가 집단을 구성하고, 이에 대한 지원이 필요하다.

표 7-4   **실종아동 빅데이터 구축을 위한 관련 데이터 구성**

필요한 데이터	보유기관
실종아동 신고 DB	실종아동 전문기관
실종아동 및 가족에 대한 정보·자료	경찰청·구급대 국립과학수사기관
실종아동 및 가족에 대한 법률 서비스 정보·자료	대한법률구조공단 대한변호사협회 전국범죄피해자지원연합회
의료서비스 정보·자료	대한의사협회·대한간호협회 대한약사회·건강보험공단
지원서비스 정보·자료	중앙가정위탁지원센터 한국청소년상담원 아동보호시설

5. 실종 예방교육

누리과정에서 실종 및 유괴 예방교육은 신체운동·건강 영역에서 안전하게 생활하기 내용범주에 포함되어 있다. 안전하게 생활하기 내용범주는 비상시 적절히 대처하기 내용으로 학대, 성폭력, 실종, 유괴상황을 알고 도움을 요청한다는 세부내용으로 제시되어 있다.

표 7-5   **만 3~5세 연령별 누리과정: 실종 및 유괴 예방교육 관련 내용**

내용범주	내용	세부내용
〈신체운동·건강〉 안전하게 생활하기	비상시 적절히 대처하기	학대, 성폭력, 실종, 유괴 상황을 알고 도움을 요청한다.

1) 장소별 대처방법

집 안, 집 근처, 공공장소 등에서 실종이 발생될 경우 대처방법을 알아 두면 실종에 대처할 수 있다.

표 7-6 **상황별 실종 발생 시 대처방법**

장소 구분	대처방법
집 안에서 실종	• 즉시 온 집 안을 구석구석 찾기 (장롱 속, 침대 밑 등)
집 근처에서 실종	• 아이가 다녀오겠다고 했던 곳, 평소에 자주 놀던 곳을 찾기 (친구 집, 놀이터, 공원 등)
공공장소에서 실종	• 왔던 길을 되짚어서 가 보기 (아이들은 호기심으로 제자리에 서서 구경하고 있기도 함) • 안내데스크, 미아보호소 등을 방문하여 자녀의 이름과 인상착의 등을 말해 주고 안내 방송하기

2) 신고요령

실종아동이 발생했을 경우에는 경찰청 실종아동찾기센터 (국번 없이) 182로 신고한다.

3) 일반인이 실종아동을 발견했을 때의 대처방법

실종아동을 발견한 경우 절대로 자신의 집으로 데려가면 안 되고, 다음과 같은 방법으로 대처한다.

- 겁먹은 아이를 잘 달래 진정시켜 준다.
- 그 자리에 서서 함께 아이의 부모를 기다린다.
- 아이의 이름과 연락처 등을 물어본다.
- 경찰청 실종아동찾기센터 182에 신고하고, 인근 치안센터에 데려다 준다.
- 절대로 집으로 데려가지 않는다.
- 실종아동 발견 당시 상황을 정확히 설명한다.

4) 가정에서의 실종 예방대책

(1) 사전등록을 신청해 둔다

경찰청 아동·여성·장애인 경찰지원센터에서 지문 등 사전등록제를 시행하고 있다. 아동 등이 실종되었을 때를 대비해 미리 지문과 사진, 보호자 인적사항 등을 등록해 놓으면 실종되었을 때 등록된 자료를 활용해 신속히 발견할 수 있다.

(2) 자녀를 집에 혼자 두지 않는다

잠시 외출한다고 아이를 혼자 두고 나오지 말아야 한다. 특히 아이가 잠든 틈에 외출은 금물이다. 아이가 집 바깥으로 엄마를 찾으러 나설 수 있다. 외출을 하게 될 때는 믿을 만한 친척이나 이웃에게 자녀를 돌봐 달라고 부탁한다.

(3) 항상 자녀와 함께 다닌다

가까운 곳에 외출할 때도 잠시라도 아이 혼자 두지 않는다. 가까운 백화점, 슈퍼나 시장, 쇼핑몰, 영화관, 공원의 공중화장실 등에서 특히 주의한다. 화장실에 혼자 가게 하거나, 심부름을 시키거나, 자동차 안에 혼자 두는 것도 위험하다.

(4) 아동실종 예방용품을 활용한다

아이가 어리거나 장애로 말을 못하는 경우 아동실종 예방용품을 착용하도록 한다. 이름표 등을 착용하게 하고, 아이의 이름과 연락처 등을 적을 때는 바깥으로 쉽게 드러나지 않는 옷의 안쪽이나 신발 밑창 등에 새겨 주는 것이 좋다. 왜냐하면 낯선 사람들이 쉽게 접근할 수 있고, 이것은 유괴의 소지가 될 수 있다.

(5) 자녀에 관한 정보를 기억해 둔다

자녀의 키, 몸무게, 생년월일, 신체 특징, 버릇 등 상세한 정보를 알아 두는 것은 실종아동 예방 및 실종아동 발생 시 유용하게 활용될 수 있다. 경찰청에 사전등록을 신청하면 걱정을 덜 수 있으며, 사전등록이 된 경우 182로 신고하였을 때 기본 정보 입력 및 확인 절차를 거칠 필요가 없어 더욱 빨리 위치 추적 등을 실시할 수 있다.

(6) 자녀의 하루 일과와 친한 친구들을 알아 둔다

아이가 놀러 나갔다가 집으로 돌아오지 않는 경우 재빨리 아이를 수소문해 볼 수 있으려면 부모가 아이의 하루 일과를 자세히 알고 있어야 한다. 바깥에 있는 아이가 구체적으로 어디에서, 누구와 있는지를 알아야 한다. 외출할 때는 누구와 가는지, 언제 돌아올 것인지, 어디로 가는지 등을 물어보고 시간 약속을 지키도록 가르친다.

(7) 정기적으로 자녀의 사진을 찍어 둔다

실종아동이 발생했을 때 가장 중요한 정보는 바로 아이의 사진이다. 아이들은 특히 성장이 빠르므로 너무 오래된 사진은 실종아동 찾기에 도움을 줄 수 없다. 가능한 한 정기적으로 아이 사진을 찍어 보관하도록 한다. 그리고 사전등록된 경우 아이의 사진을 수시로 변경 등록할 수 있다.

5) 실종 예방을 위한 교육

(1) 자녀에게 이름과 나이, 주소, 전화번호, 부모 이름 등을 기억하도록 가르친다

평소에 잘 알고 있는 내용도 당황하면 잊어버리기 쉬우므로 아주 익숙해지도록 반복해서 연습시켜야 한다. 아이와 함께 실종 발생 상황을 연출해 보고 함께 연극(역할극 등)을 해 보는 것이 꼭 필요하다. 쇼핑몰이나 공원 등에서 길을 잃은 경우, 무작정 길을 걷지 말고 그 자리에서 멈춰 서서 기다리게 하고, 주위 어른들이나 경찰에게 도움을 요청하게 하는 연습을 해 보는 것이다. 만약 아이가 전화할 수 있다면, 당황하지 말고 근처 상점 등에 들어가 부모에게 전화를 하거나 국번 없이 182 혹은 112에 신고하도록 가르친다.

(2) 밖에 나갈 때는 누구랑 어디에 가는지 꼭 이야기하도록 가르친다

자녀가 평소에 밖으로 놀러 나갈 때는 누구와 어디에 가는지 이야기하고, 언제 돌아올 것인지 부모와 약속하도록 한다. 또 가급적 외부에서는 잠시라도 혼자 다니지 않고 친구들과 함께 다니도록 가르친다. 특히 사람이 많은 공원이나 놀이터, 공중화장실 등에 갈 때는 친구들이나 믿을 만한 어른과 함께 가도록 한다.

(3) 낯선 사람을 따라가지 않도록 주의시킨다

자녀가 처음 보거나 잘 알지 못하는 사람을 따라가지 않도록 주의시킨다. 막연히 낯선 사람을 경계하라고 가르치기보다는 구체적인 예를 들어 설명해야 한다. 즉, 길을 물어보며 차에 태우거나, 엄마 친구를 사칭하거나, 강아지를 함께 찾아 달라는 등 도움을 요청할 때도 단호히 거부할 수 있도록 하는 것이다. 만약 낯선 사람이 자신의 이름을 부르며 데려가려고 할 때는 소리를 질러 주위 사람들에게 도움을 청하도록 가르쳐야 한다. 그리고 납치범들이 물건을 들어 달라고 하거나 땅에 떨어진 물건을 주워 달라고 하면서 접근하여 차량 등에 납치하는 것에 유의하도록 가르친다.

6) 단계 및 상황별 실종 예방교육

(1) 실종 예방 3단계 구호 연습하기

단계	연습내용
1단계: 멈추기	아이가 길을 잃거나 부모와 헤어지면 제자리에 서서 부모를 기다리게 한다. 부모 역시 자녀가 사라지면 왔던 길을 되짚어 가고, 아이가 당황하지 않고 자리에 잘 있어 준다면 아이를 쉽게 찾을 수 있다.
2단계: 생각하기	자신의 이름과 연락처 등을 생각하며 기다리게 한다. 평소 자신의 이름과 부모의 이름, 연락처, 주소 등을 잘 외우고 있는 아이라 할지라도 당황하면 쉽게 잊을 수 있다. 부모와 함께 평소에 연습해서 익숙해져야 한다.
3단계: 도와주세요	자녀가 길을 잃었을 때 주위에 있는 아이와 함께 있는 아주머니에게 도움을 요청하도록 교육한다. 또한 가까운 곳에 있는 공중전화를 찾아 '빨간색 긴급통화 버튼+112번'을 눌러 경찰에게 도움을 요청하게 한다. 노점상 어른보다는 건물 안 가게에 들어가 어른에게 도움을 구하는 것이 좋다.

(2) 길을 잃었을 때 대처방법 연습하기

구분	대처방법
방법	사전에 부모님이 '실종예방 3단계 구호'를 알려 준다.
장소	집 밖 길거리, 대형 마트, 백화점, 놀이터 등
행동 단계	1단계-자녀와 함께 '실종 예방 3단계 구호(멈추기, 생각하기, 도와주세요)' 외우기 2단계-연습할 장소를 선정한 후 그곳에서 자녀와 함께 다니다가 혼자 두어 보기

행동 단계	3단계-자녀가 혼자 되었을 때 '실종 예방 구호'를 잘 외우는지 지켜보기 4단계-3~5분 정도 후 자녀를 안정시키고 부모가 찾으러 왔음을 인식시키기 5단계-부모와 엇갈렸을 때 경찰 혹은 아이를 데리고 있는 아주머니에게 도움을 구하는 연습, 공중전화에서 '빨간색 긴급통화 버튼+112번'을 눌러 경찰의 도움을 구하는 연습하기
토의하기	부모와 헤어졌을 때 어떤 생각이 들었는지 느낌을 나누고, 자녀가 행동한 것에 대해 대 화하고 설명해 주기

(3) 실종 및 유괴 사고가 발생했을 때 교사의 역할

① 경찰에 신고할 때는 침착하도록 한다.

② 아이의 이름과 주소를 말하고, 이름, 생년월일, 잃어버린 장소와 시간, 키, 몸무게, 신
체적 특징, 입고 있던 옷 등을 자세하게 말한다.

③ 아이의 최근 사진을 여러 장 준비하여 제시하고, 연락 가능한 연락처를 말한다.

④ 경찰청 실종아동찾기센터 (국번 없이) 182번이나 홈페이지(www.182.go.kr)에 신고
한다.

⑤ 신고한 뒤에는 경찰의 지시에 따른다.

⑥ 놀이공원 현장학습 장소에서 아이를 잃어버렸을 때는 아이를 잃어버린 처음 장소로
간다. 잃어버린 장소에 아이가 없으면 당장 미아보호소로 달려가 방송을 부탁한다.
이때 아이의 옷차림, 인상 착의, 나이 등을 상세하게 말한다.

6. 유괴 예방교육

1) 낯선 사람의 개념 알기

대부분의 아동에게 "얼굴이 예쁘고, 옷을 깨끗하게 입었으면 어떤 사람일까?"라고 물으
면 "좋은 사람이요."라고 답한다. 반대로 "얼굴이 우락부락하고 무섭게 생겼거나 더럽고
지저분한 옷을 입은 사람을 만나면 어떤 기분이 드니?"라고 물으면 "무섭고, 나쁜 사람이
에요."라고 답한다. 아동들은 낯선 사람의 의미를 잘 알지 못한다. 예를 들어, 아동들은 교
육기관에서 처음 보는 선생님도 '낯선 사람'이 아니라고 생각한다. 얼굴만 아는 사이라도

선생님이라는 이유만으로 좋은 사람이고, 낯선 사람이 아니라고 이해하는 것이다(윤선화, 2006; 윤선화, 정윤경, 이경선, 2012).

유괴 예방교육은 아이들에게 잘 알지 못하는 사람은 모두 '낯선 사람'이라고 가르치는 것에서 시작한다. 낯선 사람은 어른일 수도 있고, 아이일 수도 있으며, 남자일 수도 있고, 여자일 수도 있다. 하지만 아동 유괴범의 유형을 보면 면식범이 대다수다. 따라서 동네에서 가끔 마주치는 사람이나 가끔 만나는 먼 친척도 '낯선 사람'의 범주에 포함시키도록 한다. 아이가 자주 방문하거나, 가족과 함께 식사를 하거나, 집에 와서 잠을 자고 가는 친한 사람들 이외에는 모두 낯선 사람이라고 가르친다.

낯선 사람 중에는 좋은 사람도 있지만 나쁜 사람도 있을 수 있음을 알려 준다. 겉모습만 가지고서는 좋은 사람인지 판단할 수 없기 때문에 낯선 사람을 경계하고 조심해야 한다. 하지만 지나친 공포감을 조성하면 아이가 불필요한 두려움과 경계심을 갖게 되어 행동이 위축될 수 있다. 또한 주변 환경이나 사람들에 대해 불신감을 가지게 될 수 있으므로 주의해야 한다(윤선화, 이경선, 이소영, 2008). 유괴 예방교육도 화재대피 훈련, 도로횡단 훈련과 마찬가지로 위험한 상황에서의 대처행동을 알게 하기 위한 것이고, 교육을 통해 어린이들이 안전한 행동방법을 알고 있으면 안전감을 느낄 수 있다.

2) 유괴 유인술에 따른 대처방법

Wooden(1996)에 따르면 유괴 범죄자에 의해서 사용되는 유인술은 열다섯 가지나 된다고 한다. Wooden의 연구에 기초하여 윤선화, 이경선, 이소영(2008)이 제시하고 있는 어린이 유인방법과 그에 대한 대처방법은 다음과 같다.

(1) 도움을 이용한 유인

도움을 이용하는 유인은 유괴범이 가장 자주 이용하는 방법이다. 아이에게 길을 가르쳐 달라고 하거나, 잃어버린 애완동물을 찾아 달라고 하거나, 차나 집에서 짐을 들어 달라는 요청을 한다. 유괴범은 자신이 무능력하여 도움의 손이 필요한 것처럼 꾸며 아이의 선의를 악용한다.

대처방법으로는 어른은 다른 어른에게 도움을 청한다는 것을 먼저 어린이에게 알려 주어야 한다. 누군가가 차를 세우고 길을 물으면 아이는 차에서 큰 걸음으로 두 걸음 정도 떨어져서 반대 방향으로 달아날 준비를 해야 한다고 가르친다. 잃어버린 애완동물을 찾아 달라는 요구는 거절하고, 즉시 부모에게 알리도록 한다.

(2) 권위를 이용한 유인

아이는 어른을 존경하고 그들에게 복종해야 한다고 배운다. 보통 치한들은 코치, 성직자, 부모, 스카우트 대장 등과 같은 자신의 위치를 이용함으로써 아이를 협박하거나, 강제적으로 성폭력을 행하거나, 유괴를 한다. 어떤 성범죄자들은 경찰이나 조사관으로 가장하기까지 한다. 그들은 권위 있게 보이기 위해 자동차에 경광등을 달거나 배지와 유니폼을 착용하기도 한다.

대처방법으로는 가족을 포함하여 어떤 어른도 아이 몸의 소중한 부분(속옷으로 가려진 부분)을 함부로 만지는 것은 불법이라는 점을 강조한다. 이는 아이에게 자신을 학대할 수 있는 권위자에게 자신의 권리를 주장할 자신감을 부여한다. 한편 아이에게 성기가 아파 부모와 함께 의사의 진찰을 받는 경우, 대중목욕탕에서 목욕을 하는 경우 같은 때는 소중한 부분을 보여 주는 예외도 있다는 것도 알려 주어야 한다.

(3) 뇌물을 이용한 유인

뇌물을 이용하는 유인은 오래전부터 사용되어 오고 있으며, 지금도 여전히 사용되고 있다. 아이들은 사탕, 장난감, 돈, 선물에 의해 성적 이용 또는 학대 상황에 빠지기 쉽다.

대처방법으로는 외관상 선물로 보이는 것도 뇌물이 될 수 있다는 것을 아이에게 가르친다.

사탕으로 아이를 유인하는 모습

(4) 자부심이나 명성을 이용한 유인

유괴범들은 아이들을 성적 학대와 유괴에 끌어들이는 데 칭찬을 사용하고, 명예와 행운을 제안할 수 있다. 때로는 아이에게 모델이 되게 해 주겠다거나 텔레비전에 출연시켜 주겠다고 약속하기도 한다.

대처방법으로는 자부심에 대한 호소가 판단력을 흐리게 할 수 있다는 것을 아이에게 설명해 둔다. 아이와 관련된 모든 일에는 부모나 보호자가 동반되어야 한다는 것을 강조하며, 미성년자가 다른 사람과 합법적으로 계약을 할 때는 반드시 부모의 동의가 있어야 함을 가르친다.

(5) 위급 상황을 이용한 유인

유괴 범죄자들은 아이에게 사랑하는 가족이 심하게 다쳤거나 위험에 빠졌다고 말함으로써 아이에게 불안 및 걱정이나 공포감에 휩싸이게 하여 희생시킬 수 있다.

대처방법으로는 아이도 부모와 함께 가족의 행동계획에 참여하도록 한다. 가족에게 위급 상황이 생겼을 때 확인하지 않고서는 절대로 다른 사람을 따라가지 않아야 한다고 알려 준다. 어떤 사람으로부터 위급 상황을 전해 들었을 때 어떻게 해야 할지에 대해 확신이 서지 않으면 직접 행동하지 말고 친척, 이웃 또는 믿을 만한 어른의 도움을 받도록 한다.

(6) 유명인을 이용한 유인

아이들은 자신이 존경하는 사람의 주목을 받고 싶어 한다. 존경하는 사람이 아는 사람일 수도 있고, 유명한 운동선수, 음악인, 영화배우, 탤런트 등일 수도 있다. 성범죄자들은 아이들이 갖고 있는 이러한 동경심을 이용하여 아이를 성폭행하거나 유괴할 수 있다.

대처방법으로는 유명하든, 그렇지 않든 어떤 어른도 아이를 성적으로 접촉하지 않아야 한다는 사실을 가르치는 것이다. 그리고 유명인을 닮았거나 유명하게 해 주겠다고 하는 사람을 맹목적으로 믿거나 따라가지 않아야 함을 가르쳐야 한다. 다른 사람을 학대하는 사람은 유명인이 될 가치가 없다는 것도 가르친다.

(7) 일을 이용한 유인

아르바이트나 심부름이 아이를 학대하거나 유괴하는 데 이용될 수 있다. 아이들은 많은 돈을 주겠다거나 재미있는 일이라는 유괴범의 약속에 유혹받을 수 있다. 아이들에게는 아르바이트할 인터뷰 장소를 알려 주는 우편 광고만으로도 충분할 수 있다.

대처방법으로는 아이가 어떤 아르바이트나 일을 하기로 결정하기 전에 반드시 부모의 허락을 받아야 한다는 것을 가르친다. 예를 들어, 청소하는 일, 포장하는 일, 가게 돕는 일 등이 있다.

(8) 이름을 부르며 접근하는 유인

보통의 부모들은 옷, 운동장비, 도시락 가방, 신발주머니 및 기타 소지품에 아이의 이름을 새겨 주는 경우가 있다. 이는 아이를 전혀 모르는 사람이 거짓으로 친밀감과 안전감을 표현하면서 아이의 이름을 부를 수 있도록 하는 단서가 될 수 있다.

대처방법으로는 아이의 이름을 부르는 사람일지라도 모르는 사람이면 절대 그 사람을 믿거나 따라가지 않아야 한다는 것을 가르친다. 이름표가 필요하면 다른 사람이 쉽게 볼 수 없는 곳에 표시한다.

(9) 위협과 공포를 이용한 유인

유괴범은 공갈이나 협박을 이용하여 아이가 협조하게 하거나 침묵하도록 할 수 있다 (예를 들면, "부모에게 알리면 부모님은 더 이상 너를 사랑하지 않을 거야." "내가 한 일을 다른 사람에게 말하면 너도 함께 감옥에 가게 돼." "이 일을 말하면 네 부모님을 해치거나 죽이겠어."). 경우에 따라서는 유괴범이 칼이나 총 등의 실제 무기를 사용하여 위협하여 유인하는 경우도 있다.

대처방법으로는 공갈과 협박은 법에 위반되는 것이라고 아이에게 말해 준다. 공갈과 협박은 즉시 부모나 경찰에게 알려야 한다는 것을 가르친다. 협박에 복종하는 것은 문제를 더 나쁘게 할 뿐이며, 칼이나 총 등의 무기를 보면 소리치며 도망해야 한다는 것을 가르친다. 대부분의 경우에는 실제로 무기를 사용하지 않으며, 아이가 소리를 지르는 등의 소동을 일으키면 유괴범은 자리를 피한다.

3) 유괴 예방교육

아동은 어른의 말을 신뢰하는 경향이 있기 때문에 평소에 잘 아는 사람뿐만 아니라 낯선 사람이라도 잘 따른다. 또한 아동의 생활 반경이 좁기 때문에 유괴나 성폭력을 행할 의도를 가지고 쉽게 접근할 수 있다. 아동은 부모나 교사의 보호하에 있지만 스스로 자신을 지킬 수 있도록 대인관계 안전교육을 반드시 실시해야 한다. 아동들은 낯선 사람이나 수상한 사람을 구분할 수 없다. 수상한 사람에 대해서도 편견을 갖는 경우 낯선 사람이 친절한 사람으로 위장하거나, 여자이거나, 아동의 이름을 부르며 접근하면 쉽게 친근감을 느낀다. 따라서 아동들에게 유괴에 대한 안전교육을 실시하여 올바른 판단력을 갖도록 해야 한다. 성인을 불신하게 할 염려도 있지만 실제 우리 사회에서도 유괴가 발생하고 있다는 점을 고려하여 아동들에게 왜 유괴사고가 생기는지, 위험은 무엇인지 이야기해 주어야 한다.

(1) 아동들에게 알려 주어야 할 유괴 안전수칙

① 아동에게 낯선 사람이 길을 물으면 말로만 알려 주고 절대 따라가지 않도록 한다.

② 어떤 이유라도 낯선 사람의 차는 절대로 타지 않도록 한다. 또한 면식이 있는 사람이라 하더라도 친척이나 믿을 만한 이웃이 아니면 타지 않도록 교육한다.

③ 아동에게 낯선 사람과는 함부로 이야기하지 않게 한다. 우리가 사는 사회에는 좋은 사람도 있으나 가끔씩 나쁜 사람도 있음을 알려 주고, 나쁜 사람들은 아동을 유인하기 위해서 어떤 종류의 거짓말도 충분히 할 수 있음을 말해 준다.

④ 아동에게 나쁜 사람들도 친절하게 접근하고 용모가 단정할 수 있음을 설명해 준다. 교사나 부모의 허락 없이 다른 사람을 절대 따라가지 않도록 교육한다.

⑤ 늦게까지 집 밖에서 놀지 않도록 하고, 귀가시간을 정해 놓고 철저히 지키도록 한다. 특히 늦은 시간에 사람들이 많이 다니지 않는 한적한 곳에는 가지 않도록 한다.

⑥ 아동이 집에 혼자 있을 때는 문을 잠그게 하고 외부에 있는 사람을 확인할 수 있는 장치를 마련해 둔다. 전화가 걸려왔을 때 집에 혼자 있음을 상대방에게 말하지 않도록 한다.

⑦ 외출할 때는 부모에게 행선지를 알리고, 안전한 큰 길로 다니게 하며, 혼자 놀지 않도록 한다.

⑧ 낯선 사람이 주는 돈이나 과자, 아이스크림 등을 부모의 허락 없이 받지 않도록 한다.

⑨ 아동에게 자신의 이름과 집 주소, 살고 있는 동네, 특징적인 건물이나 시설물을 분명하게 외우게 한다. 또한 집 전화번호와 지역번호도 외우게 한다. 만약 가능하다면 부모의 이름과 직장, 전화번호도 외우게 한다.

⑩ 아동이 비상시에 신고나 도움을 요청하기 위한 전화번호인 '112'와 '119'를 알고 있는지 확인하고, 아동에게 수신자 부담 공중전화를 걸 수 있는 방법을 알려 준다.

⑪ 나쁜 사람들에 의해 강제로 납치되었을 때 저항하거나 도움을 청하는 법을 가르쳐 준다.

(2) 부모나 교사가 알아야 할 유괴 안전수칙

① 아동을 차에 남겨 두고 부모만 볼 일을 보러 나가서는 안 된다. 차 안에 홀로 남아 있는 아동은 유괴의 표적이 될 수 있다.

② 아동의 가방이나 도시락 주머니 등에 아동의 이름을 크게 쓰지 않는다. 유괴범은 이렇게 쓰여 있는 이름을 보고 아동에게 접근하여 이름을 부르며 친근하게 말을 걸 수 있다.

③ 교사나 부모는 만약의 경우에 대비하여 그날 입고 있었던 의복의 종류와 색깔도 기억해야 한다. 6개월 이내에 찍은 아동의 사진을 보관하고, 구체적인 나이, 키, 몸무게, 혈액형, 사마귀나 상처 등과 같은 신체의 특징을 기록해 둔 신상명세서를 준비해 둔다.

④ 견학이나 소풍 등으로 사람이 많이 모이거나 넓은 곳으로 나갈 경우 만약의 경우에 대비해서 교사는 아동들과 비상시에 서로 만날 장소를 미리 정해 둔다. 또한 다른 아동들과 떨어져 혼자 행동하지 않게 한다. 또래끼리 짝을 정해 주고 같이 다니게 하는 것도 좋다.

⑤ 유괴범은 사전에 유괴할 아동을 치밀하게 분석하여 접근할 수 있기 때문에 부모와 교사가 항상 아동의 동태와 행선지를 파악하고 있어야 한다.

⑥ 부모 이외에 다른 사람이 아동을 귀가시키려 할 때는 반드시 부모에게 연락한 다음에 신원을 확인한 후 아동을 인계한다.

안전교육 활동계획안(실종 및 유괴 안전)

생활주제	나와 가족	주 제	가족의 생활과 문화	대 상	만 5세
소 주 제	가족의 생활 알기			활동유형	이야기 나누기
활 동 명	쉿! 아무도 없어요			집단형태	대집단
누리과정 관련요소	• 의사소통: 말하기-상황에 맞게 바른 태도로 말하기 • 신체운동 · 건강: 안전하게 생활하기-비상시 적절히 대처하기				
창의인성 관련요소	• 창의성: 인지적 요소-문제해결력 • 인성: 인성 판단력-행동실천력				
활동목표	• 집에 혼자 있을 경우에 해야 할 일을 알 수 있다. • 낯선 사람의 방문에 대한 대처방법을 익힐 수 있다. • 위험한 상황에서 활용할 수 있는 비상연락처에 관심을 갖는다.				
자료 준비 및 제작	• 문 열고 닫기 판 –폼보드 판에 현관문이 닫힌 사진을 부분으로 잘라 붙이고, 그 위에 폼보드를 작은 크기로 잘라 문이 열린 사진을 붙인다. 플랩형식으로 문을 닫았다 열었다 할 수 있게 만든다. • 인터폰 화면 판 –폼보드 판에 인터폰 모양을 색지로 만들어 붙이고 그 위에 폼보드를 인터폰 화면 틀 모양으로 자른 뒤 붙인다. 윗부분에는 두께를 반 정도 잘라 내서 사진이 들어갈 수 있도록 한다. 사람 얼굴 사진을 인쇄하여 색지에 붙이고, 이것을 다시 코팅해서 인터폰 화면에 나타날 수 있도록 화면 위쪽으로 집어넣는다. 상황에 맞게 누가 찾아 왔는지 여러 사람을 넣어 보면서 상황극을 한다. • 전화 왔어요 판 –폼보드 판에 전화기 모양으로 색지를 잘라 붙인다. 전화 왔을 때 하지 말아야 할 말들과 전화 받았을 때 대처할 말을 프린트해서 폼보드에 붙여 찍찍이 형식으로 떼었다 붙였다 할 수 있게 제작한다. • 유괴 예방 영상 〈쉿! 아무도 없어요〉 (출처: 와글바글) http://www.waglebagle.net/waglebagletv/view.htm?clip_id=3247&page_no=1&middle_cat_id=8&small_cat_id=29&sort=subject (내용: 순진한 백설공주에게 마녀가 가스점검 하는 사람, 택배 아저씨로 변장해서 문을 열어 달라고 하지만 백설공주가 열어 주지 않고 집을 잘 지킨다.)				

단계	교수 · 학습 활동	자료 제시 및 유의점
도입	• 손유희로 주의집중을 유도한다. 　주먹 가위 보로 주먹 가위 보로 무얼 만들까, 무얼 만들까 　오른손은 주먹 왼손도 주먹 슈퍼맨 슈퍼맨 슈웅~ 　주먹 가위 보로 주먹 가위 보로 무얼 만들까, 무얼 만들까 　오른손은 가위 왼손도 가위 집게발 집게발(옆 친구들과 살짝살짝 간지럼)	

도입	주먹 가위 보로 주먹 가위 보로 무얼 만들까, 무얼 만들까 오른손은 보자기 왼손도 보자기 인사손(오른손 배꼽) 인사손(왼손 배꼽) 안녕하세요 • 집에 혼자 있었던 경험을 이야기해 보고 제일 먼저 해야 할 일에 대해서 알아본다. –집에 혼자 있었던 적이 있었나요? –혼자 있을 때 기분이 어땠어요? –모르는 사람이 집에 찾아 와서 문을 열어 달라고 한 적이 있었나요? –문을 열어 주었나요? 열어 주지 않았다면 어떻게 했나요? –집에 혼자 있을 때 제일 먼저 해야 할 일이 무엇일까요? –집에 혼자 있을 때는 제일 먼저 문이 잘 잠겼는지 확인해야 해요. 문이 열려 있으면 나쁜 사람들이 집을 마음대로 들어와서 친구들을 데려가기 때문에 문이 이렇게 닫혀 있는지 꼭 확인해야 해요.	유아들이 자신의 경험을 자신 있게 표현하도록 격려한다. 문 열고 닫기 판
전개	• 낯선 사람에 대해 알아보고 사진을 보면서 구분을 해 본다. –낯선 사람의 뜻을 알고 있나요? 어떤 사람을 낯선 사람이라고 말하죠? –선생님이 직접 사람들의 사진을 찍어 왔어요. 누구인지 소개를 시켜 줄게요. (택배 아저씨, 경비 아저씨, 이웃집 할머니, 엄마 친구, 엄마, 아빠) –그럼 이 중에서 누가 낯선 사람일까요? –엄마, 아빠 이외의 사람은 모두 낯선 사람이에요. 엄마, 아빠는 우리를 낳아 주신 분들이기에 우리를 지켜 주실 수 있는 안전한 분들이고, 그 외에는 우리에게 해를 줄 수 있어서 낯선 사람이라고 해요. 낯선 사람 중에는 착한 사람도 있겠지만 나쁜 사람도 있기 때문에 항상 어떤 일이든 부모님에게 이야기해야 해요. 알겠지요? • 집에 혼자 있을 때 낯선 사람이 문을 열어 달라고 하면 어떻게 해야 하는지 대처방법에 대해서 알아본다. –이게 무엇이죠? 인터폰이에요. 누군가가 벨을 누르면 여기에 얼굴이 보여요. 우리 친구들 집에도 있나요? –띵동~ 택배 아저씨(이웃집 할머니, 엄마 친구, 경비 아저씨)가 찾아 오셨어요. 이렇게 누군가가 벨을 눌러서 문을 열어 달라고 하면 어떻게 해야 할까요? –친구들이 집에 혼자 있다는 사실을 절대 알리면 안 돼요. 그러므로 조용히 집에 아무도 없는 것처럼 해야 해요. 만약에 친구들이 문을 열어 주면 낯선 사람이 집에 들어와서 친구들을 해칠 수 있어요. 이렇게 위험한 상황에서 도와줄 사람이 아무도 없기 때문에 부모님 허락 없이는 절대로 문을 열어 주어서는 안 돼요. –친구들이 문을 열어 주어야 할 상황이더라도 혼자 집에 있기 때문에 문을 열어 주면 안 돼요. 용건이 있다면 나중에 엄마, 아빠가 집에 계실 때 다시 찾아 오실 수 있기 때문에 친구들이 문을 열어 주지 않아도 돼요. –엄마와 아빠는 열쇠로 문을 열거나 비밀번호를 눌러서 들어오실 수 있어요.	실물 사진카드 인터폰 화면 판 안전수칙에 대해서 쉽고 정확하게 설명한다.

전개	• 유괴 예방 영상을 시청하고 일어났던 상황에 대해서 이야기 나누면서 장면을 회상한다.
	  −처음에 백설공주가 마녀에게 문을 열어 주어서 어떻게 되었나요?
	  −가스점검 아저씨와 택배 아저씨로 변장한 마녀에게 문을 열어 주었나요?
	  −만약에 우리 친구들이 백설공주라면 어떻게 했을까요?
	  −왜 그렇게 행동했을 것 같아요?
	
	• 집에 혼자 있을 때 낯선 사람에게 전화가 걸려 온다면 어떻게 해야 하는지 대처방법에 대해서 알아본다.
	  −낯선 사람에게 전화가 걸려 온다면 어떻게 해야 할까요?
	  −받지 말아야 해요. 친구들이 전화를 받게 되면 낯선 사람은 '혼자 집에 있구나.'라고 생각하고 집에 들어와서 친구들을 해치려는 나쁜 마음이 생기기 때문에 절대 전화를 함부로 받아서는 안 되는 거예요.
	  −만약에 모르고 전화를 받아 버렸다면 어떻게 해야 할까요?
	  −"나중에 다시 걸어 주세요." 라고 말한 뒤 끊어야 해요. 누군가가 집에 어른이 계시는지, 이름이나 전화번호, 주소를 물어보면 절대 말해 주면 안 돼요.
	
	• 집에 혼자 있을 때 낯선 사람이 강제로 집에 들어오려고 할 때의 대처방법에 대해서 알아본다.
	  −문을 열어 주지도 않고 전화를 받지도 않았더니 이번에는 낯선 사람이 마음대로 문을 열고 들어오려고 해요. 이럴 땐 어떻게 하면 될까요?
	  −엄마, 아빠에게 전화하거나 경찰서(112)에 전화해서 도움을 청해요.
	  −경찰서, 엄마, 아빠 전화번호를 알고 있나요? 알고 있는 친구들은 큰 소리로 말해 볼까요?
		유괴 예방 영상
		〈쉿! 아무도 없어요〉
		
		전화 왔어요 판
		
		상황극을 할 때 교사와 같이 해 보면서 익힐 수 있도록 지도한다.

마무리	• 대처방법을 배운 느낌에 대해서 이야기 나누고, 자유선택활동으로 연계할 내용을 소개한 뒤 활동을 마무리한다.
	  −오늘 선생님이랑 집에 혼자 있을 때 친구들이 어떻게 해야 하는지 배워 보았어요. 기분이 어땠나요? 새로 알게 된 내용은 무엇이 있었나요?
	  −선생님이 비상연락망 책을 자유선택활동 언어영역에 배치해 둘 거예요. 이 책은 엄마, 아빠 번호도 적고, 경찰서 번호도 적어서 위험할 때 기억하기 쉽게 하는 거예요. 하고 싶은 친구들은 비상연락망 책을 멋지게 만들어서 집에 가져갈 수 있도록 해요.
	  −이제 친구들 모두 집에 혼자 있어도 잘 대처할 수 있겠죠? 선생님이랑 배운 약속들을 꼭 기억하기로 해요.
		비상연락망 책 샘플
		
		실천 가능한 활동을 가정으로 연계하여 진행하도록 지도한다.

활동평가	• 집에 혼자 있을 경우에 해야 할 일을 알고 있는가? • 낯선 사람의 방문에 대한 대처방법에 대해 익혔는가? • 비상연락망에 대해 관심을 가졌는가?	

확장활동	활동명: 비상연락망 책 만들기 활동유형: 자유선택활동 언어영역 집단형태: 소집단 활동방법: 색지를 4등분으로 접어서 부모님 전화번호와 비상 연락처들을 적고 겉표지를 예쁘게 꾸며서 비상연락망 책을 만든다.
수업 및 교구 사진	 문 열고 닫기 판   전화 왔어요 판 

인터폰 화면 판

수업
및
교구
사진

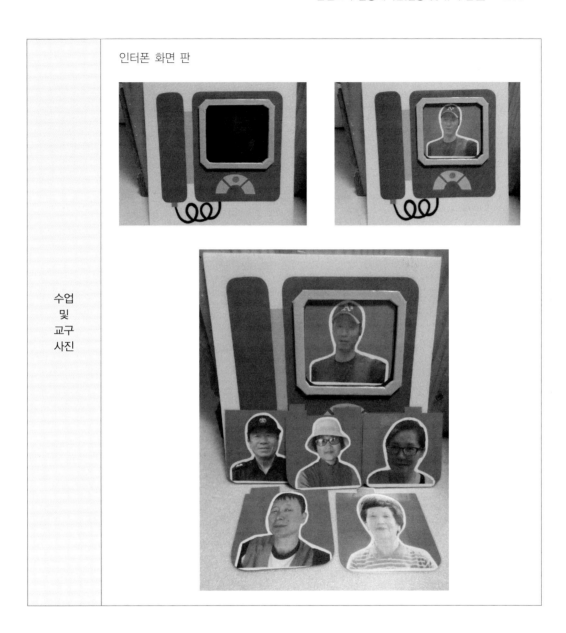

수업 동영상 파일 링크

제8장
식품 및 약물 오남용

1. 식품의 안전

1) 식품안전

(1) 식품 구입

구입한 고기류는 한 번에 사용할 수 있는 만큼 나누어 랩에 싸서 보관한다. 캔 제품은 부식되거나 깨지지 않은 것을 고르고, 뚜껑이 불룩한 것은 부패되었을 수 있기 때문에 사지 않는다. 식품을 구입한 후에는 즉시 냉장고에 보관하고, 만일 더운 날씨에 운반과정이 1시간 이상 길어질 경우에는 상하기 쉬운 음식물은 싸서 아이스박스에 넣고 자동차 뒷좌석에 두어 운반한다.

안전한 식품 구입을 위한 관점은 다음과 같다.

① 우유 및 유제품은 저온 살균법, 고온 순간살균법, 초고온 살균법에 의해 소독된 우유를 구입한다.
② 달걀은 금이 가거나 깨진 것은 피하고, 깨끗하게 처리된 위생란을 구입한다.

③ 육류는 농림수산식품부 검사를 거친 것을 구입하고, 색상, 냄새, 포장, 온도 상태를 검사하여 냉동육류의 경우에는 녹았던 흔적이 없는지를 확인한다. 다진 고기를 구입할 때는 고기를 갈 때 생성된 육즙과 표면적 증가로 세균증식이 더 쉬우므로 주의해야 하며, 내장 부위, 다리, 꼬리, 목, 날개 부위는 세균 오염도가 더 크므로 주의해서 살펴보아야 한다.

④ 생선 및 조개류는 근육조직이 단단하고 눈과 아가미 부분이 신선해야 한다. 형태가 변형된 것, 생선 고유의 냄새 이외의 다른 냄새가 나는 것을 구입해서는 안 된다. 생선은 얼음에 채워 유통된 것이나 냉동된 것, 냉장된 것을 구입해야 한다.

⑤ 통조림 식품은 통이 파손되고, 불룩하게 튀어 오른 것, 새거나 녹이 슨 것은 상했을 가능성이 있으므로 구입해서는 안 된다.

⑥ 곡류는 곰팡이가 피어 있거나, 색깔이 변질되어 있거나, 해충이 번식한 것은 구입하지 말아야 한다.

(2) 식품 보관

음식물은 구입할 때부터 올바로 선택하고, 적합한 조리 및 취급 방법을 알아두어야 한다. 냉장은 상하기 쉬운 식품의 품질과 안전성을 유지하기 위하여 가정이나 유아교육기관에서 가장 많이 사용하고 있는 방법이다. 냉장을 함으로써 얻을 수 있는 이점은 식품의 향미를 유지하고, 과일과 채소 등의 신선도를 유지할 수 있으며, 음식물의 폐기율을 감소시키고, 영양소의 손실을 방지하는 것 등을 들 수 있다. 또한 저온저장은 박테리아, 효모, 곰팡이의 번식을 멈추거나 지연시킴으로써 식중독이나 변질을 저지시킨다.

냉장고나 냉동고의 온도는 적절히 조절하되 보통 냉장고는 5℃ 이하로, 냉동고는 영하 1.75℃ 이하로 한다. 구입해 온 고기 종류는 즉시 냉동 또는 냉장으로 보관한다. 냉장고 안 흘러내리는 고기, 닭고기 등의 육즙을 막기 위해서는 비닐 백에 넣어 두는 것이 좋다. 생고기 또는 생선을 만지기 전후에는 반드시 20초 동안 비누로 손을 씻어야 세균의 오염을 막을 수 있다. 캔 제품은 서늘하고 건조한 곳에 보관하는 것이 좋다. 싱크대 밑에는 음식물을 보관하지 않는다. 신선한 식품의 저장을 위한 권장 온도의 범위는 다음과 같다.

① 세균의 성장이 가장 활발한 온도는 사람의 체온에 해당하는 36.5℃다.

② 상하기 쉬운 모든 식품저장을 위한 최대 가능 온도는 7~10℃다.

③ 바나나를 제외한 과일, 채소, 대부분의 상하기 쉬운 식품저장 온도는 1~7℃다.

④ 우유나 유제품의 저장온도는 3~8℃다.

⑤ 육류와 닭고기의 저장온도는 1~3℃다.

⑥ 생선 및 어패류의 저장온도는 −5~−1℃다.

⑦ 냉동식품의 저장온도는 −18~−29℃다.

식중독의 가장 큰 원인은 부적당한 냉장에 기인하는 경우가 많다. 상하기 쉬운 음식물은 냉장고 안에서 눈에 띄기 쉬운 곳에 배치하는 것이 바람직하다. 냉장고에 보관하려는 음식물이 뜨거운 경우에는 가능한 한 빨리 식혀서 냉장하도록 한다. 냉장고에 저장한 음식물이라도 일정 기간이 지나면 변질되기 때문에 가능한 한 빨리 사용해야 한다. 장기간 보관하기 위한 냉동저장의 사용이 증가하고 있다. 냉동저장은 식품의 안정도를 오랜 기간 연장시켜 주지만 냉동 후의 품질 변화가 초래될 수 있기 때문에 식품에 따라 주의가 요구된다. 모든 식품은 식품에 따른 저장조건에 알맞게 저장해야 한다.

(3) 조리하기 전

과일이나 샐러드처럼 생으로 먹는 음식물에는 날고기나 해물의 육즙이 닿지 않게 한다. 손은 항상 청결히 유지하고, 도마나 여러 식기는 사용 후에 반드시 뜨거운 물과 세제로 닦아 내고, 조리대, 조리기구, 도마 등은 소독액으로 위생 처리를 한다. 냉동실에 얼렸던 식품을 해동할 때는 냉장고에서 해동하거나, 찬물에서 30분마다 물을 갈아 주어 녹이거나, 또는 전자레인지 안에 넣어 녹이거나, 얼린 채로 바로 조리한다. 음식물 처리 전후에는 20초 정도 비누로 손을 잘 닦는다.

영아의 음식물을 조리하기 전에는 세심한 주의를 기울여야 한다. 만일 우유병 속에 먹다 남은 분유가 남아 있다면 영아의 입에서 나온 해로운 박테리아가 잘 자라기 때문에 분유가 남아 있던 우유병에 새 우유를 넣어 먹이면 영아에게 독성이 전해질 수 있다. 그리고 냉장하지 않은 음식물이나 이유식은 2시간이 지나면 안전하지 못하므로 주의해야 하고, 영아 주위에 우유병을 방치해 두면 영아가 먹을 수도 있으므로 주의해야 한다.

(4) 조리하기

식품을 조리할 때는 세균이 없도록 안전하게 조리해야 한다. 조리 중에 식품이 안전한 상태까지 온도가 올랐는지 잘 살펴보아야 한다. 전자레인지를 사용할 때는 기계사용 설명에 따라 주의 깊게 사용하며, 식품에 따라 적절한 시간을 지키도록 한다. 조리 도중에는 자주 중단하지 않아야 하고, 한 번 조리할 때 완전히 익혀야 하며, 부분적으로 냉장하지 말고 통째로 냉장하여 보관하도록 한다. 식품은 조리방법에 따라 많은 영향을 받기 때문에 적합한 조리방법을 선택하는 것이 바람직하다. 합리적인 식품 조리의 목적은 크게 네 가지로 나누어 볼 수 있다.

① 식품의 영양을 보존한다

식품을 너무 높은 온도에서 조리하거나, 불에 장시간 가열하거나, 많은 물을 사용하여 조리를 하는 경우에는 중요한 영양소들이 파괴되거나 물로 빠져나오는 비율이 증가한다. 높은 영양을 얻기 위해서는 여러 가지 식품을 골고루 선택하여 각 식품에 따라 적합한 조리방법으로 음식물을 마련함으로써 식품에 들어 있는 영양소를 최대한 잘 보존해야 한다.

② 식품의 소화력을 증진한다

식품에 따라 적합한 조리방법으로 조리해야 소화력이 증진될 수 있다. 따라서 각 식품에 맞는 조리방법을 선택해야 한다.

③ 향미와 기타 음식물의 특성을 꾀한다

음식물의 맛에 미치는 조리는 정상적인 향미를 유지하고, 특정한 향미를 생성하고, 여러 가지 향미를 배합하는 것 등이다. 그 밖에도 식품의 색채, 형태, 질감 등의 변화가 수반된다. 특히 유아나 노인의 음식물은 딱딱하거나 덩어리가 크면 목에 걸릴 우려가 있기 때문에 부드럽고 잘게 썰어 조리하는 등 세심한 주의가 요구된다. 편식을 하는 유아들에게는 음식물의 색깔, 모양, 향미, 질감 등을 고려하여 매력적인 식탁을 꾸미며 음식물에 대한 호감을 가질 수 있도록 한다.

④ 안전한 음식물을 제공한다

조리를 통하여 식품에 들어 있는 미생물과 기생충을 파괴시킴으로써 가족에게 안전한 음식물을 제공할 수 있다. 식품에 존재하는 미생물과 기생충은 전염병, 식중독 및 악취, 탈색, 변질의 원인이 된다. 아무리 훌륭한 음식물이라 해도 위생적으로 불안정하다면 식품으로서 가치가 없을 뿐만 아니라 몸에 해를 끼치게 된다. 비위생적인 식품을 섭취했을 경우에는 이질, 장티푸스, 콜레라 등 소화기 계통의 전염병과 각종 기생충 병이나 식중독 등을 일으킬 수 있다. 최근에는 식품첨가물이나 잔류 농약으로 인한 만성적 장애 등으로 범위가 확대되고 있다.

(5) 보존식

보존식은 만약의 위생사고에 대비하여 식중독의 원인을 규명하기 위해 준비하는 것으로, 배식된 모든 메뉴를 보관함을 원칙으로 한다. 즉, 중식뿐만 아니라 오전·오후 간식, 석식, 이유식 등 제공된 모든 음식을 보존식으로 보관하여야 한다.

보존식 용기는 스테인리스 재질로 뚜껑이 있는 전용용기 또는 일회용 멸균백(일반 지퍼백 허용)을 음식별로 각각 사용한다. 보존식을 채취하기 위해 사용하는 모든 기구는 소독된 것을 사용하며, 담는 전 과정을 위생적으로 하고 소독된 용기에 담아 뚜껑으로 밀폐하여 교차오염을 방지한다. 배식 직전에 제공된 음식의 종류별로 각각 1인 분량(최소 100g 이상)을 독립 보관하며, 완제품을 제공하는 경우에는 원상태(포장 상태)로 보관한다.

보관 장소는 −18℃ 이하에서 144시간(6일) 동안 보존식 전용 냉동고에 보관하도록 한다. 예를 들어, 2015년 6월 2일(수요일) 점심 12시 보존식 보관 시, 폐기 일시는 2015년 6월 8일(화요일) 점심 12시 이후다. 사용 후에는 열탕 소독을 하고 나서 자외선 소독고 또는 식기 건조기에 보관한다.

식중독 발생 시 사용 중인 보존식이나 식재료는 역학조사가 완료될 때까지 폐기하거나 소독 등으로 현장을 훼손해서는 안 되며, 원인 규명을 위한 행위를 방해해서는 안 된다. 보존식은 반드시 담당자를 지정하여 관리하며, 보존식 기록지에 날짜, 시간, 채취자 성명을 기록하여 관리한다([그림 8-1] 참조).

보존식 냉장고

보존식 기록지				
식 구분	□오전 간식	□점심	□오후 간식	□저녁
식단명				
채취 일시	2015년 월 일 시 분			
폐기 일시	2015년 월 일 시 분			
담당자				
보존방법	조리한 음식을 매회 1인 분량(100g 이상)을 −18℃ 이하로 144시간 이상 보관			

[그림 8-1] 보존식 기록지 예

(6) 음식물 담기

음식물을 나르거나 음식물을 먹기 전에는 비누로 손을 씻도록 한다. 음식물은 깨끗한 손으로 청결한 그릇에 담아서 나르도록 하고, 날고기를 담았던 그릇을 씻지 않은 상태에서는 다른 요리를 담지 않아야 한다. 먹기 직전 음식물의 온도는 뜨거운 음식물의 경우 68℃ 이상, 찬 음식물의 경우 5℃ 이하를 유지하는 것이 바람직하다.

(7) 정리하기

먹고 남은 음식물은 깨끗한 도구에 담아 처리하고 손을 깨끗이 씻는다. 먹고 남은 음식물은 얕은 그릇에 나누어 담아서 빨리 식혀 보관하고, 조리한 후 2시간 이내에 냉장이 되도록 한다. 만일 37℃ 정도 이상의 더운 날씨일 때는 1시간 이내에 냉장시켜야 한다. 유효기간이 지난 오래된 음식물은 상했는지 어떤지 확인하려고 맛보지 말고 과감하게 버려야 한다. 오래 냉장시켰던 음식물을 다시 데울 때는 83℃ 이상으로 뜨거워지도록 데워야 한다. 음식을 조리한 후에는 뒷정리를 잘해야 한다. 특히 칼, 도마, 행주, 조리대, 개수대 등을 깨끗이 치워 냄새와 습기가 없도록 해야 한다.

2) 식품으로 인한 위험의 대응

(1) 식중독을 일으켰을 때

구역질, 구토, 복통, 설사가 식중독의 주된 증상이지만 함께 같은 음식물을 먹은 사람에게서 계속 나타나므로 다른 위장병과 구분된다. 세균으로 식중독이 감염되는 경우와 독소를 함유하고 있는 경우가 많다.

식중독을 일으켰을 때의 응급처치는 다음과 같다.

① 원인이 된 음식물을 먹고 나서 3~4시간 만에 증상이 나타났을 경우에는 미지근한 물이나 묽은 식염수 등을 많이 마시게 하고, 목구멍을 손가락으로 자극해서 토하게 한다.

② 환자를 눕혀 안정을 취하게 하고 식욕이 있으면 죽 같은 소화가 잘 되는 것부터 서서히 주기 시작한다. 증상이 전혀 호전되지 않을 경우에는 서둘러 의료기관으로 가거나 왕진을 의뢰한다.

③ 원인 식품을 먹고 나서 10시간 이상 경과한 다음 증상이 나타난 경우에는 소화와 흡수가 진행되어 있으므로 토하게 해도 소용없다. 빨리 의사의 치료를 받도록 해야 한다.

④ 의사의 진찰을 받을 때는 토한 것의 성질과 상태를 의사에게 자세하게 이야기해야 하며, 먹다 남은 것이 있으면 그것도 보이도록 한다.

⑤ 식중독 증상일 경우에는 화장지를 10매 가량 겹쳐서 사용한다. 화장지가 너무 얇아서 대변에 포함되어 있는 세균이 손에 묻으면 화장실 문의 손잡이 등을 오염시켜서 다른 사람에게 감염시킬 염려가 있다.

(2) 음식물로 인해 질식했을 때

영유아 등은 음식물에 의한 질식이 발생하기 쉬우므로 견과류, 둥근 사탕, 포도, 방울토마토 등을 먹을 때 보호자의 세심한 주의가 요구된다. 음식물에 의한 질식사고 예방 시 주의사항은 다음과 같다.

① 음식물은 먹기 쉬운 크기로 잘라 먹인다.

② 땅콩 등 견과류는 잘못 먹으면 기관지에 들어가기 쉬우므로 3세까지는 먹이지 않는다.

③ 급정차할 가능성이 있는 차 안, 흔들리는 비행기 안에서는 먹이지 않는다.

④ 눕거나, 걷거나, 놀면서 먹지 않도록 주의한다.

⑤ 음식물을 던져 입으로 받아먹는 것과 같은 방법으로 먹지 않도록 한다.

⑥ 식사 중에 영유아를 깜짝 놀라게 하지 않고, 영유아에게 먹는 것을 억지로 강요하지 않는다.

⑦ 조금 큰 아이가 영유아에게 음식물을 위험하게 주는 경우가 있으므로 주의한다.

⑧ 음식물을 입에서 식도를 거쳐 위에 보내는 기능(연하: 嚥下)에 장애가 있는 장애아는 음식물에 의한 질식이 발생하기 쉬우므로 특별히 주의한다.

영유아들은 질식사고가 발생하여 3~6분 정도 기도가 막히면 사망하는 경우가 있으므로 반드시 응급조치법을 익혀야 한다. 음식물에 의한 질식사고가 발생하였을 때는 다른 사람에게 119 신고를 부탁하고, 즉시 다음의 방법으로 막힌 것을 제거한다. 음식물로 질식될 우려가 있을 때 적용할 수 있는 방법으로는 등두드림법, 하임리히법이 있다.

등두드림법과 하임리히법([그림 8-2] [그림 8-3] [그림 8-4] 참조)

■ 등두드림법

• 영유아의 경우 입안에 손가락을 넣지 말고, 영아를 한쪽 팔에 엎드려 올려놓고 얼굴이 아래를 보게 한다.

• 조금 큰 유아는 무릎을 세워 허벅지에 엎드린 아이의 명치를 압박하도록 한다.

• 두 경우 모두 머리를 낮게 하여 등 가운데를 손가락으로 4~5회 정도 두드린다. 이때 복부 장기를 손상시키지 않도록 힘을 적절하게 조절한다.

■ 하임리히법

• 큰 어린이나 성인의 뒤쪽에서 양팔로 안은 후 한 손을 주먹 쥐어 명치 끝에 대고 복부를 위쪽 방향으로 압박한다.

[그림 8-2] 영유아   [그림 8-3] 조금 큰 유아   [그림 8-4] 어린이나 성인

(3) 부정 · 불량식품 위험 대처

부정 · 불량식품이란 무허가 (신고) 식품, 인체에 유해한 물질 등을 사용하거나 병원성 미생물에 오염된 식품, 무신고 용기 · 포장류의 제조식품, 식품첨가물 사용 기준을 위반한 식품, 유통기한이 지난 제품을 지나지 않은 것처럼 변조하거나 변조된 제품을 말한다. 부정 · 불량식품의 대표 유형은 다음과 같다.

	아무런 표시가 없는 무표시 또는 무신고 식품 – 제조업소명, 유통기한, 원재료 등 표시사항이 없는 식품
	유통기한이 지난 식품 – 식품 구입 시 유통기한 확인
	허용되지 않은 타르색소 및 표백제 불법 사용 식품 – 색깔이 유난히 하얗거나 빛나는 식품, 허용 외의 타르색소가 함유된 식품

부패 · 변질된 식품
- 상하거나 색이 변한 식품
- 이상한 맛이나 냄새가 나는 식품
- 곰팡이가 핀 식품

유통기한(제조일자) 변조 식품
- 스티커가 이중으로 붙어 있는 식품
- 상이한 유통기한이 2개 이상 표시된 식품

기타 불결한 식품
- 포장상태 불량
- 불결한 장소에서 판매
- 비위생적 취급
- 머리카락이 들어 있는 식품
- 비위생적으로 노상에 진열된 식품

보관기준 위반 식품
- 냉동식품이 냉장에 보관된 식품
- 냉장 · 냉동식품이 상온에 보관된 식품
- 직사광선에 노출된 식품

출처: 식품의약품안전처 홈페이지.

(4) 사례별로 본 식품첨가물의 유해성

식품첨가물의 화학조미료는 뇌장애를 유발한다. 1969년 미국의 식품선택위원회에서 열린 화학조미료의 유해성에 관한 청문회에서는 '유아가 먹는 것과 똑같은 비율과 양을 쥐에게 먹였더니 뇌와 눈에 장애가 발생했다'고 보고하고 있다.

예시 1 황색 4호와 청소년 폭력: 청소년이 매사에 의욕이 없어지고, 이유 없이 과격한 행동과 폭력을 휘두르는 증상을 흔히 H−LD증이라 한다. 미국의 한 보고에 의하면 '황색 4호의 합성착색료가 몸 안에 들어가면 메틸니트로소 효소와 에틸니트로소 효소라는 유해물질이 생기게 되어 결국 이 물질이 인간의 뇌 가운데 뭔가 하고자 하는 의욕을 관장하는 전두엽에 상처를 입혀 의욕을 상실케 한다' 고 한다.

예시 2 인간의 세포까지도 죽이는 방부제(보존료: 안식향산)는 미생물에 대한 살균, 즉 DNA 유전자를 자르고 끊음을 의미한다. 이러한 작용은 인간의 세포까지도 죽일 수 있다는 사실을 뜻하며, 결국 방부제는 체내에서 유전자를 파괴하거나 변이를 일으켜 암을 유발시키기도 한다.

예시 3 아이들이 좋아하는 어묵, 햄, 마요네즈, 케첩에는 무엇이 들어 있을까?: 어묵에는 방부제인 소르빈산칼륨, 햄과 소시지에는 발색제인 아질산 나트륨과 합성보존료인 소르빈산칼륨이 들어 있고, 마요네즈, 케첩은 산화방지제인 EDTA(에틸렌다이아민테트라세트산), 칼륨, 나트륨을 대량 포함하고 있으며, 식품첨가물을 사용한 지는 얼마 되지 않았다.

요즘 유아들은 태어나면서부터 첨가물을 먹으며 자라는데, 옛날에 비해 몸집은 커졌지만 뼈도 잘 부러지고 지구력이 약하다는 보고가 나온 바 있다. 우리의 미래를 살아갈 유아들은 건강하게 자라야 하고, 그러기 위해서 화학첨가물로 얼룩진 식품으로부터 유아들을 보호해야 한다. 인간의 생명과 연결되는 먹을거리이므로 선택할 때는 조금 더 신중해야 한다.

2. 약물 오남용 안전

지난 2009년부터 3년간 한국소비자원의 소비자위해감시시스템(Consumer Injury Surveillance System: CISS)에 접수된 14세 미만의 어린이 안전사고 중 장기손상 등 심각한 부작용을 유발할 수 있는 중독사고는 매년 증가하고 있다. 중독사고를 야기하는 품목으로는 〈표 8-1〉과 같이 의약품이 20.1%로 가장 많았으며, 살충제 9.1%, 표백제 6.4%, 담배 2.7%, 순간접착제 2.5%의 순이었다. 이러한 사고는 부작용으로 중독을 일으키지만, 구강손상 및 화상도 입을 수 있어 매우 위험하다(한국소비자원, 2012).

영유아의 약물 오남용 사고는 주로 영유아의 호기심에서 비롯되는 것이기도 하지만, 부모나 교사의 부주의에 의해 일어난다고 볼 수 있다. 영유아가 해로운 약물이나 의약품에 쉽게 노출되어 있는 환경에서 일어나기 때문이며, 많은 유독물 사고가 어른들이 함께 있을 때 발생한다. 제대로 관리되지 않은 약물이나 의약품에 호기심을 보이고 함부로 먹거나 만져서 사고가 일어나므로 철저한 안전관리와 영유아의 판단력을 향상시킬 수 있는 안전교육이 필수적이다.

표 8-1 **중독사고를 야기하는 품목**

순위	1	2	3	4	5	6	7	8	9	10	
품목	의약품	살충제	표백제	담배	순간접착제	빙초산	세탁용세제	매니큐어용품	체온계	소독살균제	
건수(%)	111 (20.1)	50 (9.1)	35 (6.4)	15 (2.7)	14 (2.5)	12 (2.2)	11 (2.0)	10 (1.8)	8 (1.5)	7 (1.3)	273 (49.6)
부작용	중독	중독	중독	중독	중독, 구강손상	화상	중독	중독	중독	중독	

출처: 한국소비자원(2012).

1) 약물 오남용

영유아기는 약물의 오용과 남용의 위험이 아동기의 다른 시기보다 매우 크고, 특히 보호자의 주의가 필요하다. 영유아들은 입에 사물을 넣어 보면서 주변을 탐지하고, 기고 걷기 시작하면서 활동반경을 넓힌다. 어른에게 안전한 몇 알의 약도 체중이 적은 영유아에게는 매우 높은 체내 약물 농도를 초래할 수 있어 위험하다. 따라서 영유아기의 행동발달과 신체 특성을 고려한 안전한 약물관리와 투여가 이루어지도록 안전교육이 필요하다. 그러나 단순히 '주의'할 것을 강조하는 경고에 기초한 지도는 신체적·인지적 기능이 미성숙한 유아들에게 적절하지 않다. 따라서 영유아들의 발달적 특성, 특히 이에 따른 행동의 특성과 관련된 위험에 대해 살펴보고, 적절한 교육방법을 모색하여 보호자들이 안전한 환경을 함께 마련하는 것이 중요하다(아동안전사이버교육센터 홈페이지).

(1) 영유아의 발달과 약물 오남용

신생아는 미각이 시각보다 먼저 발달한다. 특히 단것을 선호하는데, 미각과 후각이 출생 시에 거의 완전하게 발달된다. 3~4개월경에는 손을 폈다가 주먹을 쥐고, 대상을 보고 손을 뻗고 손에 닿는 물체를 입으로 가져간다. 눈과 귀, 손, 발, 입의 오감을 통해 환경을 적극적으로 탐색하기 시작한다. 4개월 이후에는 의도적으로 어떠한 행동을 시도하는 목적성이 생기고, 물체를 탐색하는 데 흥미를 보이며 좋아하게 된다. 열고 닫기, 밀고 당기기 등 간단하게 작동하는 것을 좋아하고 그 결과를 관찰한다. 이와 같이 영유아는 무엇이든 입으로 넣고, 집 안 곳곳을 탐색하기를 즐기며, 약물인지 화학물질인지 판단할 수 없는 시기이므로 잘 관리하지 못해 곳곳에 넣어 둔 약물과 화학제품이 아이를 다치게 하고 피부와 입으로 흡수되어 중독되는 위험에 쉽게 빠질 수 있다. 영유아는 끊임없이 움직이므로 잠시 한눈을 파는 순간에도 사고는 발생된다.

(2) 약물 오남용의 정의

첫째, 약물 오용이란 의도적인 것은 아니지만 적절하지 못한 용도로 잘못 사용하여 피해를 입게 되는 것을 말한다. 예를 들면, 소화 불량을 치료하기 위하여 항생제를 사용하여 오히려 증상을 악화시키는 경우가 해당된다.

둘째, 약물 남용은 약물을 본래 목적과 다른 목적을 가지고 의도적으로 사용하는 것이다. 원래 약물이란 한 가지 이상의 효과를 가지고 있어서 원래의 치료적 목적을 달성하더라도 부작용이 많이 존재한다. 원래의 목적이 아니라 부작용을 경험하기 위하여 일부러 사용하는 경우가 바로 약물 남용이다. 예를 들어, 접착제인 본드나 연료인 부탄가스, 감기약 등을 원래의 목적을 위해 사용하는 것이 아니라 일시적으로 기분을 좋게 하기 위하여 사용하는 경우를 말한다. 이런 경우 약물에 대한 내성이 생겨 점차 약물의 양을 늘려 가게 되고, 나중에는 이를 끊지 못하고 지속적으로 사용하게 되는 의존 상태에 빠지기도 한다.

셋째, 약물의 의존은 말 그대로 약물에 종속되어 약물 없이는 지내기가 불편하고 괴로운 상황이 되어 계속 약물을 찾게 되는 상태를 말한다.

넷째, 중독은 약물이 신체 내로 과도하게 흡수되어 여러 가지 부작용을 나타내는 상태로, 가벼운 오심이나 구토, 두통, 복통에서부터 들뜬 기분, 혼동, 착각, 환각 등의 정신병적 상태를 나타내거나 혼수상태와 사망에까지 이르는 상태를 말한다.

(3) 약물 오남용의 연혁

오래전부터 사람들은 기분이나 생각을 바꾸기 위해 약물을 사용해 왔다. 약물 남용의 문제, 즉 물질을 정당한 목적 이외에 함부로, 그리고 쾌락을 위해 사용하는 문제는 문명만큼 오래된 역사를 가지고 있다. 술이 그 대표적인 예다. 수천 년 전 성경의 기록이나 그리스·로마시대의 문서에 술과 술취함에 대한 기록이 있다. 인류는 술 이외에도 이러한 정신활성 물질들과 뗄 수 없는 관계를 맺어 왔다. 수천 년 전의 중국고대 의학문헌에도 마리화나가 사용된 기록이 있다. 원시부족들이 사용하던 각성제들도 바로 또 다른 예가 될 수 있다. 이에는 남미가 원산지인 코카나무에서 추출한 코카인, 멕시코 지방의 인디언들이 선인장에서 추출한 메스칼린, 버섯에서 추출한 실로시빈 등이 있다. 이들 약제들은 여흥, 각성, 환각, 황홀경, 신비적 체험을 일으킨다. 그렇기 때문에 특별한 행사 때 부락이 공동으로 복용했던 것이다. 그들은 환각상태에서 며칠 동안 자지 않고 춤추고 쾌감을 즐기면서 타인, 자연, 우주 그리고 신령들과 대화하고 일체감을 누렸던 것이다. 이 약제들이 현대 서구사회에 소개되었으며, 유사한 목적으로 새로운 쾌락을 찾던 남용자들에게 환영받을 수밖에 없었다. 중국 등 동양에서도 19세기에 아편이 크게 남용되었다. 나아가 현대의 화학도들은 이 물질들을 정제하여 순도 높은 약제를 만들었을 뿐만 아니라 그 화학 구조식을 알아내어 더욱 효과가 강력한 새로운 합성물을 만들어 냈다. 하지만 이는 고대 사람들과 같은 일체감을 제공하지 못하고, 오히려 사회에 악영향을 미침으로써 사회문제가 되고 있다(정덕숙, 2005).

(4) 약물 오남용 사고 유형

영유아에게 가장 많이 발생하고 있는 약물 사고는 의약품 중독사고다. 의약품은 아이의 손이 닿지 않는 곳에 보관하는 것이 일반적인 상식이지만 아이가 의약품을 손에 넣는 일은 쉽게 발견된다. 다른 가족이 먹기 위해 꺼내 놓은 의약품을 입에 넣거나, 실수로 너무 많은 양의 의약품을 섭취하거나, 원래 먹어야 하는 약이 아닌 다른 약을 섭취할 수 있다. 약물 오남용 사고 유형은 다음과 같다.

첫째, 위험성이 덜한 비타민이나 소화제 등에 의한 중독 사고는 수분공급과 안정만으로도 충분하지만, 비록 소량이라도 상당한 독성위험이 있는 혈압약, 당뇨병약, 수면제, 진통제 같은 약품에 의한 사고는 아이에게 치명적이므로 항상 세심한 관찰과 병원 치료가 필요하다. 소아용 해열 소염제 시럽은 아이가 거부감 없이 먹을 수 있도록 약간의 단맛을 가미하기 때문에 자칫 아이가 과용량을 복용할 수 있다. 가장 많이 사용하는 아세트아미노펜은 소아에게 급성으로 150mg/kg 이상 복용할 경우 간 독성이 3/4 이상에서 나타날 수 있다. 항고혈압제는 부주의한 보관으로 아이가 빨아 먹거나 씹어 먹게 되면 쇼크를 유발하고, 심장 독성으로 맥박이 느린 서맥을 유발할 수 있다.

둘째, 사고로는 가정용 화학제품에 의한 사고다. 가정용 화학제품에 의한 사고 중에서 아이가 소량만 섭취해도 매우 심각한 위험을 초래하는 경우는 바로 암모니아, 가성소다, 표백제, 빙초산, 주방 세제와 찌든 때 제거용 물질 같은 부식성 화학제품이다. 물론 화장품이나 향수 등의 위험도 과소평가해서는 안 된다. 아이가 많은 양을 섭취하거나 눈에 뿌리면 유해하기 때문이다. 특히 향수나 화장품은 병의 모양이나 색이 아이의 호기심을 자극하므로 손이 닿지 않는 곳에 보관하는 것이 좋다.

셋째, 장난감 및 교구의 유해성을 들 수 있다. 영유아들은 장난감과 교구를 갖고 놀면서 입에 무는 경우가 많다. 하지만 PVC 관련 장난감이나, 장난감의 재질이 나쁘거나 페인트의 성분 등과 같은 독성물질은 영유아에게 매우 유해하다.

넷째, 카페인에 의한 유해성이다. 커피, 콜라와 같이 생활주변에서 쉽게 접할 수 있는 카페인이 함유된 식음료가 꽤 많은데, 영유아의 경우 간에서 카페인 분해시간이 길기 때문에 몸에서 배설되는 것이 상당히 늦을 수 있어 주의를 요한다.

다섯째, 술과 담배로 인한 피해다. 영유아가 술을 마시는 경우는 거의 없지만, 부주의하게 보관된 술을 마실 염려가 있으며, 담배의 경우 간접흡연으로 인한 피해를 입을 수 있다.

(5) 약물 오남용의 특성(약리작용)

약물 오남용의 특성은 중추신경을 흥분시키거나 억제시켜 부작용을 일으키는 것이다. 흥분제는 각성제와 환각제로, 억제제는 진정제와 수면제로 분류된다. 의사의 처방에 따른 적당량 복용은 치료에 도움을 줄 수 있으나 계속적인 과다 복용으로 정신이 황폐해질 수 있다.

① 중추신경 흥분제

- 각성제: 일반적으로 항우울약은 우울한 기분을 정상상태로 회복시켜 주는 데 비해, 각성제는 정신운동 흥분약으로 정상적인 사람의 기분을 흥분시킨다. 이에 해당하는 것이 필로폰(메스암페타민), 엑스터시(XTC; MDMA-1980년대에 미국과 유럽에서 많이 사용한 메스암페타민의 유도체로서 한국에서는 도리, 미국에서는 아담으로 통용됨), 코카인, 카페인, 니코틴 등이 있다. 이러한 약물들은 뇌세포 손상에 의해 기억력이 떨어진다든지 고혈압 또는 저혈압, 고열 등을 초래하여 치사의 원인이 될 수 있다. 이 중 마약류나 향정신약물류는 아니지만 기호품으로 사용되고 있는 커피의 주성분인 카페인과 담배의 주성분인 니코틴 등은 각성, 졸음과 피로감 제거에 도움이 된다.
- 환각제: 뇌 내에서 생화학적 이상을 일으킴으로써 환각, 망상, 인격 및 감정의 황폐화를 통해 정신병과 유사한 증상을 나타내는 작용을 가진 약물로, LSD(Lysergic acid diethy lamide), 대마초 등이 이에 해당된다. 환각제는 감각기관이 민감해지며, 탈공간, 탈시간 등의 환각이 나타나 환시, 환청 등을 일으킨다.

② 중추신경 억제제

- 마약성 진통제: 이는 통증을 줄여 주고 수면을 유도하는 약물로, 저용량을 사용할 경우 행복감이나 불안, 공포를 일으키며, 점차 양이 많아짐에 따라 정신이 몽롱해지고 집중력이 상실되며 추리력이 상실되다가 과량을 사용할 시 혈압을 낮추며 혼수상태에 이르게 한다. 이렇게 뇌의 작용을 심하게 억제하기 때문에 심한 경우 호흡을 조절하는 호흡중추가 마비되어 사망하게 된다. 이에 해당하는 약물로는 모르핀, 헤로인 등이 있다.
- 진정 및 수면제: 신경안정제는 졸음, 피로, 저혈압, 운동기능 장애, 지적 기능 장애를 초래하며, 비교적 타 약물보다는 안전하지만 연용 시 탐닉성과 금단 증상을 초래한

다. 마취제는 초단시간형과 수면제로 사용되는 단시간형, 항경련제로 사용되는 장시
간형으로 다시 구분되는데, 체온강하, 혈압강하, 호흡억제 등을 초래하며, 과량 시 치
사의 원인이 된다.

- 본드 및 부탄가스: 비행 청소년들이 흔히 접하기 쉬운 유기용매로, 호흡기로 흡입하
여 사용하고 있어 흔히 중독 시 폐부종을 초래한다. 도취감, 시각 및 청각의 환각을
초래하고, 무의식 상태에 빠지게 되며, 뇌 세포의 파괴로 기억력 장애 등이 초래된다.

2) 약물 오남용 예방교육

유아들이 이해하기 힘든 내용보다는 주변에서 흔히 볼 수 있는 내용으로 접근하는 것이
중요하다. 예를 들어, 가족이나 주변 사람들 가운데 흡연하는 사람을 쉽사리 볼 수 있는데
유아들에게 흡연의 피해를 가르쳐 성장 후 흡연을 하지 않도록 예방교육을 시키고, 나아가
주변 사람들과 부모의 금연을 도울 수 있다.

영유아들이 쉽게 개념을 이해하고 안전행동 기술을 얻을 수 있도록 발달 특성 및 환경적
인 상황을 고려하여 교육하여야 한다. 또한 유아들은 주의집중 시간이 짧고, '안전하다' '위
험하다' '주의해야 한다' 등의 추상적인 말을 잘 이해하지 못하므로 구체적으로 위험 상황
을 설명하며 행동을 제지해야 한다. 이해 가능한 유아의 발달적인 특성을 고려하여 다음과
같이 지도해 주면 좋다. 먼저 의약품, 가정용 화학물질들의 사용법과 해로운 점을 알려 주
며, 오용과 남용에 대해 이해시켜 주어야 한다. 또한 부모님이나 어른들에게 항상 약물에
대한 사용 지시를 받도록 교육해야 한다. 물론 약의 올바른 사용을 위해서는 의사의 지시
나 약사의 설명이 꼭 필요함을 알려 준다. 그리고 술, 담배, 커피 등에 대해 교육할 때는 어
른들도 남용하지 않아야 함과 더불어 간접흡연의 해로운 점을 알려 주어야 한다.

(1) 약물 오남용 예방교육의 목적과 목표

약물 오용과 남용 예방교육의 궁극적인 목적은 영유아가 일상생활 속에서 부딪히는 여
러 약물을 알고, 그 위험성을 이해하며, 약물로부터 자신을 보호하는 방법을 익혀서 자신
의 몸을 건강하고 안전하게 지킬 수 있도록 하는 것이다. 이에 따른 약물 오용과 남용 예방
교육의 세부목표를 정리하면 다음과 같다.

① 주변에 있는 약물의 종류를 알고 영유아가 먹을 수 있는 것과 그렇지 않은 것을 구분할 수 있다.

② 약의 이로움과 해로움을 알고 이야기할 수 있다.

③ 약은 믿을 수 있는 사람이 주는 것만 먹을 수 있다는 것을 이해하고 실천할 수 있다.

④ 독이 들어 있는 가정용품에 대해서 알고, 독성이 든 용품의 용기에 쓰인 표시를 이해할 수 있으며, 이를 함부로 만지지 않는다.

⑤ 카페인, 알코올이 들어 있는 음료의 해로움을 알고 이를 마시지 않는다.

(2) 약물 오남용 예방의 중요성

약물 오남용에 대한 예방은 약물 남용의 발생률과 확산을 줄이거나 안정시키는 제반의 활동을 의미한다(원사덕, 2002). 약물 오남용 예방은 교육, 훈련, 치료, 연구를 모두 포함한 광의의 개념과 약물 남용 예방교육 프로그램이나 약물에 대한 정보 제공 프로그램 등의 협의의 개념을 포함한다. 이러한 약물 오남용 예방활동과 프로그램을 조직하는 개념 틀로 미국의 국립음주연구소(National Institute on Alcohol Abuse and Alcoholism)의 견해를 살펴보면, 이 프로그램은 세계보건기구(WHO)가 구분하고 있는 약물 남용 예방전략의 유형으로, 약물 남용 예방활동 개발을 위한 모델을 제시하고 있음을 볼 수 있다.

① 1차적 예방(Preventing Initiation)

약물 남용의 발생을 감소시키고 약물 문제가 발생하기 전에 예방하는 것으로, 선행의 위험요소를 줄이고 보호적인 요소를 증가시키는 것을 목적으로 하고 있다. 내용은 약물 남용의 문제점을 이해하고, 약물 사용 행위 억제 및 거부를 할 수 있게 해 주는 약물 예방교육 프로그램, 남용되는 약물의 구입을 법적으로 억제한 법적 체계의 강화, 대중매체를 이용한 계몽 등의 청소년 약물 남용 유발요인의 제거 등을 포함한다.

② 2차적 예방(Early Intervention)

약물 남용을 조기에 발견하여 개입하는 것으로, 약물 남용의 진행과 지속적인 사용을 막는 것을 목표로 한다. 원인이 되는 약물을 차단함으로써 자아개념의 개발, 가족관계 개선, 개인상담, 가족상담, 집단상담 등의 상담과 치료를 통해 약물 사용으로 인한 피해를 줄이는 데 목적을 둔다.

③ 3차적 예방(Treatment, Rehabilitation and Relapse Prevention)

약물 남용으로 인한 기능상실을 예방하며, 원래의 기능으로 되돌아가게 하는 접근 방식으로, 약물의 강압적인 사용을 중단시킴으로써 치료와 재활을 통해 부정적인 영향을 개선시키는 과정을 말한다. 치료영역에서 심리적·사회적 사전보호 및 사후보호를 통하여 재사용이나 재남용의 위험을 줄이고, 중독으로 인한 병의 발생을 억제하는 것을 목적으로 하여 약물요법, 정신치료, 가족치료, 사회기술훈련, 자조집단, 치료적 공동체 등의 접근이 이루어지게 한다.

이러한 예방 프로그램을 개발 및 실행해야 하는 이유는 약물 오남용의 폐해 때문이다. 즉, 약물 오남용이 처음에는 호기심이나 모험 등으로 이루어졌다가 최후에는 약물의 의존에 의해 신체적인 건강뿐만 아니라 정신적인 건강을 해쳐 자기통제가 불가능한 상황에 이르게 됨으로써 사회 구성원으로서의 역할을 할 수 없는 폐해가 생기기 때문이다. 그러므로 약물 남용에 대한 예방을 활성화할 필요가 있으며, 앞에서 언급한 각 예방양식이 효과적이기 위해서는 단일양식의 프로그램보다는 다양하고 다차원적인 접근법을 이용한 포괄적인 예방 프로그램을 개발하고 이용할 필요가 있다(정덕숙, 2005).

(3) 약물 오남용 예방 프로그램의 개요

약물의 오용과 남용의 예방교육은 영유아의 발달을 고려하여 계획해야 한다. 영유아들은 자기 주변의 물건들을 입에 넣어 사고가 일어나게 되므로 아무것이나 입에 넣지 않도록 주의를 주어야 한다. 영유아기에는 주로 호기심에 의한 사고가 많이 발생되기 때문에 의약품의 복용 및 가정용 화학제품에 대한 위험과 사고 예방을 위해 지켜야 할 약속이 있다고 알려 주어야 한다. 약속에는 약물의 목적과 사용할 때 지켜야 할 약속이 있으며, 무엇이든 먹기 전에는 보호자의 허락을 받도록 약속하여야 한다. 또한 실물을 보여 주며 유아가 만지거나 먹으면 안 되는 것이 무엇인지를 알도록 한다. 교사들이 교육을 하면서 무엇보다 중요한 것은 교사 스스로 철저한 안전관리에 모범이 되어야 한다는 점이다. 독성 물질들 혹은 약품들을 영유아의 손이 닿는 곳이나 옆에 놓지 않도록 주의를 기울여 실천하고 생활 속에서 영유아들에게 위험에 대해 주의를 주는 것이 좋다.

만약 영유아들이 유독성 물질 등을 삼켰을 때는 먼저 아이의 주변이 안전한지 확인하고, 아이가 안전하지 않은 곳에 있다면 안전하고 신선한 공기가 있는 곳으로 옮겨야 한다.

그런 다음 주변에 약물이나 독극물의 봉지나 병이 있다면 이름과 성분을 확인한 후 아이의 기도가 막히지 않도록 옆으로 돌려 뉘어 안전한 자세를 취하고, 산이나 알칼리와 같은 부식성 물질을 삼킨 경우에는 아무것도 먹이지 말고 응급실로 데리고 가야 한다. 아이의 피부나 옷에 독극물이 묻어 있다면 씻어 내고 옷을 벗겨야 한다. 또한 눈에 들어간 경우에는 흐르는 물로 15분 이상 씻어 주어야 한다. 그런 다음 가능한 한 빨리 가까운 병원으로 후송하고, 남아 있는 약물이나 봉지, 병이 있다면 병원에 갈 때 반드시 가지고 갈 수 있도록 한다. 이는 독극물의 성분을 분석하고, 빠르고 적절한 치료를 할 수 있도록 하기 위함이다.

표 8-2 **약물 오남용 예방 프로그램**

	교육주제	교육내용
1차시	약의 용도	-모든 약물은 용도에 맞게 사용해야 함을 알기
2차시	먹을 수 있는 약물과 먹을 수 없는 약물의 물질 구별	-주변에서 여러 약물, 물질을 찾아서 먹을 수 있는 약물과 먹을 수 없는 약물 및 물질을 구별하기 -약물과 여러 물질을 관찰, 비교, 분류해 보기
3차시	의약품의 유익한 점과 해로운 점	-약의 유익한 점과 해로운 점이 있음을 알기 -약의 유효기간을 알고 유효기간 내에 복용 또는 사용해야 함을 알기 -정확한 용법과 용량을 지키지 않을 경우 부작용이나 중독사고를 일으킬 수도 있음을 알기
4차시	약의 사용법	-약은 병원에 가서 진료를 받고 처방대로 먹어야 한다는 것을 알기 -약봉투를 만들면서 약의 용법, 용량에 관심 갖기
5/6차시	약을 함부로 먹지 않기	-맛있는 맛과 냄새(향)가 난다고 해서 함부로 먹으면 안 됨을 알기 -약이나 건강 음료 등의 실물을 준비하여 활용하기 -약은 부모님이 주시는 약만 먹으며, 필요할 때만 먹어야 한다는 것을 알기
7차시	화학제품 사고예방	-가정용 화학제품의 용도와 제품을 알아보기 -주의 표시 등 위험성을 알리는 표시에 관심 갖기
8차시	화학제품 사고예방	-사인펜, 크레파스, 물감 등과 같은 제품에는 해로운 물질이 있을 수 있음을 알고 입에 대거나 피부에 사용하지 않도록 주의하기
9차시	몸에 해로운 약물이 있는 음료수	-카페인이나 알코올이 들어 있는 음료수의 해로움에 대해 알기 -식품첨가물 등 유해 성분을 추가하여 알려 줌
10차시	흡연의 해로움과 간접흡연을 예방하는 방법	-담배 속에는 몸에 해로운 나쁜 물질이 들어 있으며, 건강에 나쁜 영향을 미칠 수 있다는 것을 알기 -간접흡연의 위험성에 대해 알기 -보건소의 협조를 받아 금연교육 실시하기

출처: 아동안전사이버교육센터 홈페이지.

약을 쉽게 먹이기 위해 '맛있는 것'이라고 이야기하며 먹이지 않는다. 유아가 혼자 있을 때 약을 '맛있는 먹을 것'이라고 생각하고 먹을 수 있기 때문이다. 유아에게 반드시 부모님이 주시는 약만 먹어야 된다는 것을 알려 준다. 또한 약은 유아의 손이 미치지 못하는 곳에 보관해 두도록 한다.

① 약의 중독사고 대처방법
- 영유아가 무엇을 얼마나 먹은 것인지 확인하여 대처한다.
- 아이를 무릎 위에 엎드리게 하여 안고, 얼굴을 가슴보다 낮추어 목 안에 손가락을 집어넣어 토하도록 한다.

② 다음과 같은 경우에는 토하게 하지 않는다
- 휘발성 물질 강산·강알칼리성 물질을 삼켰을 때
- 의식이 없거나 경련 상태일 때

중독사고는 대부분 어른들의 부주의로 일어난다. 가정에서 사용하는 각종 화학제품은 영유아의 눈에 보이지 않는 곳에 보관하여야 한다.

③ 중독사고 예방을 위한 안전수칙
- 가정용 화학제품(세제, 살충제, 접착제, 화장품 등)은 유아의 손이 닿지 않는 곳에 보관한다.
- 사용한 후에는 반드시 용기를 완전히 닫아 둔다.
- 독성이 있는 가정 내 물질은 원래의 용기에 보관하고, 절대로 다른 용도의 용기(예: 음료수 병)에는 넣어 두지 않는다.
- 어린이 보호포장 용기에 들어 있는 제품을 사용한다.

④ 어린이 보호포장이란
압력을 가해 눌러야 열리는 병마개와 같이 성인이 개봉하기는 어렵지 않지만, 만 5세 미만의 어린이가 내용물을 꺼내기 어렵게 설계·고안된 포장을 말한다.

안전교육 활동계획안(식품 및 약물 오남용)

생활주제	봄, 여름, 가을, 겨울	주 제	여름	대 상	만 5세
소 주 제	더운 여름 나기			활동유형	음악
활 동 명	배가 아파요			집단형태	대집단
누리과정 관련요소	• 의사소통: 듣기-바른 태도로 듣기 • 예술경험: 예술적 표현하기-음악으로 표현하기				
창의인성 관련요소	• 창의성: 인지-문제 발견, 문제해결력				
활동목표	• 식중독에 걸리는 원인을 알 수 있다. • 식중독에 걸렸을 때 나타나는 증상에 대해 말할 수 있다. • 식중독을 예방하는 방법을 말할 수 있다.				
자료 준비 및 제작	• 동영상 -〈아이쿠 배야〉 http://www.youtube.com/watch?v=TsT77hD-Lls • 음률 판 -우드락에 음표를 만들어 붙이고, 개사한 가사를 붙여 준다.				

단계	교수 · 학습 활동	자료 제시 및 유의점
도입	• 여름에 음식을 먹고 배가 아팠던 경험에 대해 이야기 나눈다. -친구들은 여름에 음식을 먹고 배가 아파 본 경험이 있나요? -어떤 음식을 먹었나요? -배가 아파서 어떻게 했나요?	
전개	• 〈아이쿠 배야〉 영상을 본다. (영상) 집을 나간 헨젤이 밖에서 아무 음식이나 먹고 식중독에 걸린다. 아파하는 중에 천사를 만나 식중독에 대해 알게 되고, 예방하는 방법을 알게 된다. • 영상을 보고 식중독에 대해 이야기 나눈다. -헨젤은 왜 배가 아팠나요? -손을 씻지 않고, 아무 음식이나 함부로 먹고, 마셔서 배가 아팠어요. -나쁜 병균이나 그 밖의 해로운 것들로 더럽혀진 음식을 먹었을 때 우리 몸에 생기는 병이 무엇이라고 했지요? -식중독에 걸리면 우리 몸이 어떻게 아프다고 하였나요? -배가 아프고, 고열이 나고, 설사를 하고, 구토를 하게 돼요. • 여름철 식중독이 걸리지 않도록 안전하게 음식을 먹는 방법에 대해 이야기 나눈다.	식중독에 대한 동영상, 음률 판

전개	−식중독을 예방하기 위해 기억해야 할 세 가지가 무엇이라고 했나요? 　손을 깨끗이 씻고, 음식은 익혀 먹고, 물은 끓여 먹어야 해요. 그러면 손과 음식에 있는 나쁜 세균들이 달아나고 맛있는 음식을 먹을 수 있어요. • 배운 내용을 노래로 불러 본다. −오늘 배운 내용을 노래로 불러 볼까요? 　맛있는 음식 먹을 때 손 씻지 않으면 　고기, 생선을 먹을 때 익히지 않으면 　물을 마실 때 끓이지 않으면 배가 아파요 　몸이 아파요 식중독 걸려요 어떻게 할까요 　맛있는 음식 먹을 땐 깨끗이 손 씻고 　고기, 생선은 충분히 익혀서 먹어요 　물은 끓여서 마시면 식중독 안 걸려요 　우리 모두다 식중독 예방해요 맛있게 먹어요	
마무리	• 활동을 통해 새로 알게 된 점과 느낀 점에 대해 이야기 나눈다. −오늘 선생님과 무엇에 대해 알아보았나요? −활동을 통해 어떤 것들을 새롭게 알게 되었나요? −아무리 맛있어 보이는 음식이라도 집 밖에서 먹는 음식은 항상 조심해야 하고, 부모님이 허락하지 않은 음식은 먹지 않는 게 좋아요. −냉장고에 있다고 안전한 건 아니고, 오래 보관한 음식은 상할 수도 있어요. 부모님께 보여 드리고 허락을 받도록 해요.	
활동평가	• 식중독이 걸리는 원인을 알 수 있는가? • 식중독에 걸렸을 때 나타나는 증상에 대해 말할 수 있는가? • 식중독을 예방하는 방법을 이야기할 수 있는가?	
수업 및 교구 사진		

수업 및 교구 사진	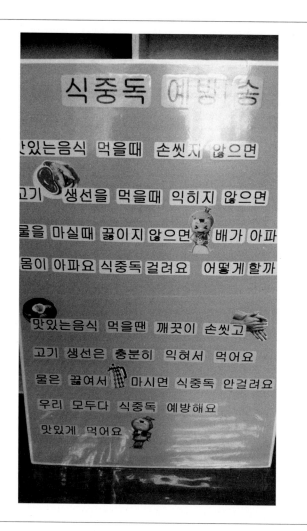

  수업 동영상 파일 링크

제9장
교통안전

1. 교통안전 지도의 필요성

유아의 전인적인 발달은 건강과 안전이 보장될 때 비로소 가능한 것이다. 그러나 실제로는 유아기에 일어난 안전사고로 인하여 목숨을 잃거나 평생 불구가 되는 경우도 있다. 유아기의 여러 안전사고 중 가장 큰 비중을 차지하는 것은 교통사고이며, 그중에서도 보행 중 사고가 60%를 차지하고 있다. 이러한 사실은 가정이나 유아교육기관에서 부모와 교사들이 교통안전에 대한 교육을 충분히 하지 못했다는 것을 나타내는 것이다. 어릴 때부터 올바른 교통안전에 대한 행동을 습관화시키는 것은 자신의 생명을 유지하는 데 필수적인 것이며, 장차 교통질서를 준수하는 바람직한 문화인을 육성하는 것과 직결되는 일이기 때문에 유아기에 가정과 유아교육기관에서의 체계적인 교통안전교육이 더욱 필요하다.

2. 교통안전교육의 기본적 방향

1) 유아기 교통안전교육은 부모에 대한 교육과 병행되어야 한다

유아들의 교통사고는 대부분 집 근처에서 일어나기 때문에 부모의 보호가 소홀한 것에서 비롯된다는 것을 알고, 교통사고를 방지하기 위해서는 부모가 먼저 교통사고의 심각성을 인식하여 유아에 대한 적절한 보호와 지도를 해야 하며, 부모 자신이 직접 모범을 보이는 것이 중요하다.

2) 유아기 교통안전교육은 체계적이고 지속적으로 이루어져야 한다

교통안전교육은 간접교육보다는 직접적인 교육으로 진행되어야 습관, 태도, 가치관의 형성으로 이어질 수 있다. 이를 위해서는 어릴 때부터 발달수준에 맞도록 체계적이고 집중적인 반복교육이 이루어져야 한다.

3) 유아기 교통안전교육은 구체적이고 실제적인 목표와 행동훈련으로 이루어져야 한다

승차지도

책이나 말을 통한 간접적인 교통지식은 구체적인 행동으로 변화시키기 어렵다. 길거리에서 유아들이 직면할 수 있는 상황을 직접 대처하여 실제적으로 해결해 나가게 하고, 유사한 장소에서 유아가 배운 것을 직접 연습해 보도록 하는 것이 바람직하다.

3. 영유아의 특성

「도로교통법」제11조에 "교통이 빈번한 도로에서 13세 미만의 어린이 보호자는 그 어린이를 도로에서 놀게 하거나, 6세 미만의 유아만을 혼자 보행하게 하여서는 아니된다."라고 되어 있다. 또한 교통안전교육은 2개월에 1회 이상 실시해야 하며, 연간 12시간 이상 실시해야 한다(「아동복지법」제9조 제3항 및 동법 시행령 제4조 제1항). 이러한 법 규정 외에 영유아의 특성을 살펴보면 다음과 같다.

1) 시야가 좁다

영유아는 발달 특성상 어른에 비하여 시야가 낮다. 또한 영유아는 자동차 앞뒤의 상황 파악이 어렵고, 키가 작기 때문에 운전자의 눈에 잘 띄지 않아 교통사고를 당할 위험이 매우 높다. 예를 들어, 키에 따른 시각발달을 볼 때 성인은 수직 방향 120°, 수평 방향 150°를 볼 수 있고, 어린이는 수직 방향 70°, 수평 방향 90°를 볼 수 있다.

2) 속도감각, 거리감각이 부정확하다

영유아는 자동차가 얼마만큼 속도를 내어 얼마만큼 다가올지 판단할 수 없다. 그러므로 자동차가 오기 전에 길을 건널 수 있다고 생각하는 잘못된 판단으로 인해 자동차가 가까이 다가와 경음기를 울려도 빨리 대처할 수 없다.

3) 추상적인 말만으로는 이해할 수 없다

영유아들에게는 막연한 말 "차 조심해라!" "길 조심해라!"보다는 "신호등이 초록불이 되었더라도 차가 멈추었는지 꼭 확인하고 건너라."라고 이야기하는 것이 더 효과적이다.

4) 어른의 흉내를 잘 낸다

영유아의 발달 특성상 모방심리가 강해 교통규칙을 위반하는 어른의 행동을 보고 "나도 잘 건너게 되겠지." 하고 따라 하다 사고가 발생하는 경우가 대부분이다.

5) 영유아도 기분에 따라 사고위험이 높다

영유아들은 집에서 꾸중을 들었거나 부모님이 다투는 모습을 보고 나왔다거나 하면 어른과 마찬가지로 집중을 하지 못하여 사고를 당하기 쉽다. 성인의 경우에도 컨디션이 좋지 않을 때 사고발생률이 높다는 통계자료도 있다.

6) 길에서 위험한 놀이를 한다

초등학교 고학년이 되면 멀리 운동장이나 놀이터까지 가서 놀 수 있지만, 저학년이나 취학 전 어린이는 마땅히 놀 장소가 없어 길에서 놀이를 하는 경우가 많다.

4. 영유아 교통사고의 유형

영유아 교통사고는 대체로 통행량이 많은 집 근처에서 일어난다. 차량으로 인한 사고보다 보행 중 사고가 대부분이며, 성인에 비하여 사망률도 매우 높다. 최근에는 자전거나 롤러스케이트를 타다가 교통사고를 당하는 경우도 늘어나고 있고, 자동차를 탔을 때의 사고도 늘어나고 있다.

1) 뛰어들기

6세 이하 유아의 70% 정도는 주거지역의 폭이 좁은 이면 도로, 특히 보도가 없는 도로에서의 뛰어들기로 인하여 교통사고가 발생한다. 유아가 갑자기 뛰어드는 것은 사회 정서적인 특성과 관련이 깊다.

- 길 건너편에 있는 부모나 친구 등을 쫓아 급히 도로에 뛰어드는 경우
- 길가에서 놀다가 공이나 애완동물 등을 잡으려고 도로에 뛰어드는 경우

2) 부주의한 도로 횡단

유아들은 몸이 작기 때문에 차에 가려서 다른 차의 운전자에게 잘 보이지 않을 뿐 아니라 유아도 다른 차를 볼 수 없기 때문에 주정차한 차량 바로 앞을 건너다가 교통사고를 당하는 경우가 많다.

- 자신이 타고 온 차에서 먼저 내려 버스의 바로 앞으로 또는 뒤로 건너는 경우
- 횡단보도에서 다른 사람보다 앞서 가거나 뒤처져 건너는 경우

유아가 도로를 횡단할 때 손을 들고 건너도록 지도하는 것에는 세 가지 이유가 있다. 하나는 유아의 작은 몸이 운전자에게 잘 보이도록 하기 위함이고, 다른 하나는 손을 들고 걸어갈 경우에는 잘 뛰지 못하는 신체구조상의 특징이 있기 때문이며, 또 다른 하나는 "제가 먼저 갈 테니 멈춰 주세요."라는 눈맞춤 인사다.

3) 도로에서의 놀이

길거리에 주차한 자동차 근처에서 놀다가 교통사고를 당하는 경우도 10% 이상을 차지한다. 보통 유아들은 자신의 주의를 적절히 통제하지 못하기 때문에 놀이에 열중해 있을 때는 더 불안전한 행동을 하게 된다.

- 집 근처 빈터나 공사장 등에서 빈 트럭 밑이나 앞뒤에서 놀고 있는데 운전자가 확인하지 않고 움직이는 경우
- 집 근처 골목길에서 술래잡기 등의 놀이를 하다가 다가오는 차를 보지 못하고 뛰어나가는 경우

4) 보호자 동반 중 사고

유아들이 혼자 보행하다가 당하는 교통사고의 비율이 절반 이상을 차지하지만, 보호자가 데리고 다닐 때 발생하는 교통사고도 20% 정도나 된다.

- 길거리에서 다른 사람과 이야기하면서 잠시 유아를 내버려 둘 때
- 횡단보도에서 유아가 너무 앞에 가거나 또는 뒤에 떨어져 걷게 할 때
- 부모가 반대편에서 길 건너는 아이를 부를 때
- 등원 시 부모가 유치원 앞에 아이를 남겨 두고 길을 건너 돌아올 때
- 부모가 돈을 주어 길 건너편 가게에서 물건을 사도록 할 때

하차지도

5) 자전거나 인라인스케이트를 탈 때

유아들이 보호자 없이 골목길이나 길거리에서 자전거나 인라인스케이트를 타다가 부주의하여 교통사고를 당하는 경우가 많다.

- 놀이에 몰두하여 골목길에서 멈추지 않아 달려오는 자동차와 충돌
- 좁은 주거지역 도로에서 차가 자전거를 앞지르려는 순간 뒤에서 오는 차와 충돌
- 자전거를 타고 전방에 주차된 차를 피해 나가다 앞에서 오는 차와 충돌

6) 자동차를 탔을 때

유아들은 아직 미숙하기 때문에 자동차를 타거나 내릴 때 충분한 주의를 기울이지 못하며, 자동차 안에서의 안전사고로 다치거나 생명을 잃는 경우도 성인에 비하여 훨씬 더 많다.

어린이 통학차량 보조발판

- 자동차가 완전히 멈추기도 전에 급히 내리거나 오르다가 다치는 경우
- 안전벨트를 매지 않은 상태에서 자동차가 급정거하는 경우

5. 영유아 교통사고 예방대책

영유아의 교통사고는 예방할 수 있다. 영유아들이 지켜야 할 횡단보도와 도로에서의 예방대책은 다음의 교통안전 면허증 제도에서 다루기로 하고, 여기서는 버스를 이용할 때, 승용차를 이용할 때, 열차와 지하철을 이용할 때의 교통사고 예방대책을 살펴보기로 한다.

1) 버스를 이용할 때

- 보도에 서서 차례로 줄을 서 기다리고 다가오는 버스를 향해 뛰지 않는다.
- 완전히 멈춘 뒤 차례차례 버스에 오른다.
- 신발을 신은 채 의자에 올라가지 않는다.
- 의자 등받이에 등을 바짝 대고 바르게 앉는다.
- 버스 안에서는 왔다 갔다 하지 않는다.
- 버스가 완전히 정차한 후 앞에서부터 차례대로 내린다.
- 버스 계단을 한 칸씩 내려오고, 뒤에서 밀지 않는다.
- 긴 치마를 입었을 때는 걸리지 않도록 한 손으로 치마를 잡아 준다.

어린이용 안전벨트

- 버스에서 내려 길을 건너가야 하는 경우에는 자기가 탔던 버스가 완전히 지나간 후에 왼쪽, 오른쪽을 잘 확인하면서 안전하게 길을 건넌다.
- 고속버스나 자동차를 탈 때는 반드시 안전벨트를 맨다.
- 버스에서 내릴 때는 차 안에 남아 있는 영유아가 있는지 반드시 확인해야 한다.

2) 승용차를 이용할 때

승용차가 보편화됨에 따라 유아와 부모가 함께 안전수칙을 잘 준수해야 한다. 「도로교통법」(1990. 8. 1.)의 개정으로 6세 미만의 어린이를 승용차 안에 태울 때는 반드시 '유아용 안전의자'를 연령과 몸무게에 맞는 것으로 ▩(국가인증마크) 표시가 되어 있는 것을 의무적으로 장착해야 한다.

(1) 유아가 지켜야 할 승용차 안전수칙
① 의자에 등을 바싹 대고 바르게 앉은 후에 반드시 안전벨트를 맨다.
② 영유아는 운전자 옆 좌석에 앉지 않고 반드시 뒷좌석에 앉는다.
③ 승용차 안에서는 장난치지 않고, 얼굴이나 팔을 밖으로 내밀지 않는다.
④ 내릴 때는 오토바이나 자전거가 옆으로 지나갈 수 있기 때문에 뒤쪽을 확인한 후에 문을 열고 반드시 오른쪽으로 내린다.

(2) 부모가 지켜야 할 승용차 안전수칙

① 유아용 안전의자를 반드시 장착한다.

② 유아를 먼저 태우고 나중에 내리게 한다.

③ 유아를 안전하게 태우고 문이 잘 닫혔는지 확인한다.

④ 자동차 뒷좌석에 탄 유아가 혼자 문을 열고 내리지 못하도록 한다.

⑤ 성인이 아기를 안고 운전자 옆 좌석에 앉는 것은 매우 위험하다.

⑥ 차에서 내릴 때는 뒤에서 오는 오토바이, 자전거 등이 없는지 확인한다.

⑦ 아기를 절대로 밀폐된 승용차 안에 혼자 두지 않는다.

⑧ 정차 중인 차 안에 아이를 혼자 두지 않는다.

⑨ 자동차를 잠깐 세울 때도 시동을 끄고 기아를 변속하여 안전하게 세운 후 열쇠를 뺀다.

⑩ 주행 중에 유아가 창문을 조작하지 못하도록 '어린이 잠금장치'를 사용한다.

3) 열차와 지하철을 이용할 때

중요한 대중 교통수단으로 정착되고 있는 지하철과 열차는 교통혼잡을 피하고, 교통사고의 위험을 덜 수 있고, 비교적 안전한 교통수단으로 인식되고 있다. 그러나 보다 편리하고 안전하게 이용하기 위해서는 유아기부터 체계적인 지도가 필요하다.

• 안전선 안에서 기다린다.

• 열차가 멈추면 양옆으로 비켜서서 줄을 서고, 내리는 사람이 가운데로 내린 후 차례대로 탄다.

• 문이 닫히려 할 때는 무리하게 타려고 하지 말고 다음 열차를 기다린다.

• 열차와 승강장 사이에 발이 빠지지 않도록 주의하여 타고 내린다.

• 객차와 객차 사이에 서 있거나 돌아다니지 않는다.

• 승강장에서는 밀고 당기거나 뛰어다니며 장난하지 않는다.

• 창문이 열려 있을 때 손이나 머리를 내밀지 않는다.

• 반드시 어른과 함께 승차하도록 한다.

• 지하철에서 보호자를 잃어버렸을 때는 역무원이나 구내매점으로 가서 도움을 청

한다.

- 지하철에서 아이들이 부모보다 먼저 열차를 타고 문이 닫혔을 때는 다음 역 그 자리에 내려서 그대로 서 있는다.
- 부모가 먼저 타고 문이 닫힌 경우에는 다른 열차를 타지 말고 그 자리에서 그냥 기다린다.
- 아이들을 데리고 지하철을 이용할 때는 기관사가 쉽게 상황을 관찰할 수 있도록 앞쪽을 이용하는 것이 좋다.

6. 영유아 교통사고 발생 시의 대처방법

사전에 예방교육을 통하여 교통사고를 방지하는 것이 가장 바람직하겠지만, 부모와 교사들은 어쩔 수 없이 유아의 교통사고에 직면할 수 있다. 유아가 교통사고를 당한 경우에는 놀라지 말고 냉정하고 침착하게 대처해야 한다. 맨 먼저 다친 정도를 확인하여 생명에 지장이 있는지를 판단하고, 다음으로는 상황에 필요한 응급처치를 하면서 구급차를 불러 가까운 병원으로 옮겨야 한다.

- 부상자를 옮길 때는 가능한 한 움직이지 않도록 한다. 유아가 교통사고를 당했을 때는 다른 차량을 통제하여 2차 사고를 방지해야 한다. 그리고 부상자를 함부로 움직이면 충격이 더 커질 수 있기 때문에 팔, 다리, 목이 움직이지 않도록 고정하여 안전지대로 옮긴다.
- 구급차는 119를 통하여 부른다. 근처에 공중전화가 없으면 지나가는 자동차나 사람에게 구호나 연락을 부탁해 가능한 한 빨리 병원으로 옮겨야 한다.
- 사고를 당한 유아를 안전하게 유지시켜야 한다. 의식이 있는 경우에는 안심시키는 것이 중요하다. 의식이 없을 때는 무리하여 움직이지 말고, 기도를 열어 주고 호흡이나 맥박의 상태를 살펴서 인공호흡이나 심장마사지를 해야 한다.
- 가벼운 부상이라도 반드시 의사의 진단을 받아야 한다. 유아는 다친 부분이나 정도를 정확하게 호소할 수 없기 때문에 겉으로 보아서는 다친 정도를 정확히 알 수 없다. 따라서 가벼운 부상이라고 생각되어도 후유증이 생기는 것을 방지하기 위하여 반드시

의사의 진찰을 받아야 한다.

- 사고를 일으킨 운전자의 주소나 성명을 확인한다. 유아를 안전하게 유지하면서 구급차를 불러 기다리는 동안에는 사고를 일으킨 차의 번호, 차종, 색, 회사명을 확인하여 기록하고, 운전자의 주소, 성명, 면허증 번호 등을 메모한다. 특히 목격자가 있는 경우에는 목격자의 차량번호, 전화번호 등을 기록하면서 나중에 증인이 되어 줄 것을 부탁해 두는 것도 중요하다.
- 교통사고는 반드시 경찰관(112)에게 신고해야 한다. 교통사고에는 반드시 치료비나 보험금 청구 등의 문제가 따르고, 이때 경찰의 교통사고 사실 확인서가 필요하므로 운전자의 신고 유무에 관계없이 신속하게 경찰관에게 신고해야 한다. 유아들이 길가에서 놀다가 교통사고를 당한 경우에도 반드시 경찰에 신고해야 피해를 줄일 수 있다.

7. 교통안전 어린이 면허증 제도

영유아의 교통안전에 대한 의식을 어릴 때부터 확고히 하고자 교통안전 어린이 면허증 제도를 실시하기도 한다. 다음의 교통안전 어린이 면허증 제도와 연간 교통안전교육 계획안은 광주광역시교육청 현장교육 실천사례 논문(정아란, 2013)에서 발췌하여 수정한 것이다.

1) 구체적 실천 목표

- 도로상에서 안전하게 걷는 법을 알 수 있다.
- 여러 가지 위험한 교통상황을 알 수 있다.
- 신호등이 있는 도로와 없는 도로, 건널목 건너기 등을 안전하게 할 수 있다.
- 교통수단의 안전한 이용방법과 기본적인 자동차 원리를 이해시킨다.
- 보행자를 위한 교통안전 시설의 종류와 역할, 규제에 대해 인지하여 안전하게 행동할 수 있다.
- 안전한 곳에서 안전하게 노는 습관이 몸에 밸 수 있게 한다.

2) 실천방법

- 3월부터 주제가 바뀔 때마다 수시로 교통안전교육을 실시하여야 한다. 그러다가 9월쯤 교통기관에 대해 본격적으로 다루면서 이를 실생활과 연관지어 유아들이 안전에 적극 대처할 수 있도록 어린이 교통안전 면허시험을 실시한다.
- 교통기관에 대한 주제를 다루게 될 때 유아가 알아야 할 교통상식에 대하여 구두로 테스트를 실시한다.
- 교통상식 테스트에 합격한 유아는 실제 도로에서 횡단보도 건너기와 신호등 보기 등을 현장 테스트한다.

3) 면허증 관리

- 면허증은 항상 휴대해야 한다.
- 교통안전 규칙을 위반했을 때는 면허증을 반납받아 보관한다.
- 면허증을 반납한 유아는 일주일 후 부모님과 함께 재교육을 받은 후 되돌려 받는다.
- 면허증은 1년마다 재교부받는다.

4) 유아가 알아야 할 교통상식

(1) 차가 많이 다니는 길에서는 (육교) (지하도) (횡단보도)로 건너야 합니다.

(2) 횡단보도를 건널 때는 어떻게 해야 하나요? (3가지 법칙)
① 멈추어 선다.
② 왼쪽, 오른쪽을 살펴본다.
③ 어른들과 함께 손을 들고 건넌다.

(3) 신호등이 있는 횡단보도에서는 어떻게 해야 하나요?
① 초록불이 될 때까지 멈추어 선다.
② 차가 모두 멈추었는지 살펴본다.
③ 뛰어가지 않고 빠른 걸음으로 건넌다.

(4) 횡단보도에서는 어느 쪽으로 가야 할까요?

　왼쪽(×)　　　　　　　　　　오른쪽(○)

(5) 인도가 없는 차가 다니는 도로에서 사람은 어느 쪽으로 가야 할까요?

　① 사람(오른쪽)　　　　　　② 차(오른쪽)

(6) 계단을 오르내릴 때는 어느 쪽으로 가야 할까요?

　① 올라갈 때(오른쪽)　　　　② 내려올 때(오른쪽)

(7) 어른과 함께 길을 갈 때는 어떻게 해야 하나요?

　(먼저 뛰어가지 않고 어른의 손을 꼭 잡고 다닌다.)

(8) 우리는 초록불이 켜지면 건너야 합니다. 우리가 보고 건너야 할 신호등은 어떤 것일까요?

　(사람이 그려진 네모 신호등)

(9) 비가 오는 날은 사고가 더 많습니다. 어떻게 하고 길을 건너는 것이 안전할까요?

　① 밝은색 옷을 입는다.
　② 우산은 비스듬히 들지 않고 똑바로 든다.

(10) 어린이는 어디에서 놀아야 할까요?

　① 놀이터
　② 철길, 도로에서 놀지 않는다.
　③ 공사하는 곳이나 건설자재 등을 쌓아 놓은 공터에서 놀지 않는다.
　④ 주차장에서 놀지 않는다. 차가 출발하면서 생기는 사고가 많기 때문이다.
　⑤ 도로에서 자전거나 인라인스케이트를 타지 않는다.

(11) 차를 탈 때는 어떻게 해야 하나요?

　① 친구들을 밀지 않고 줄을 서서 차례대로 탄다.
　② 차가 완전히 멈춘 뒤에 탄다.
　③ 차 안에 탄 사람들이 내린 후에 탄다.

(12) 차 안에서는 어떻게 해야 할까요?

　① 의자에 엉덩이를 대고 바르게 앉아야 한다.
　② 의자 위로 올라서서 가면 안 된다.
　③ 앞 등받이에 발을 대지 않는다.

④ 차창 밖으로 얼굴, 손, 모자 등을 내밀지 않는다.

⑤ 큰 소리로 떠들거나 노래를 부르지 않는다(차 안에는 혼자만 타 있는 게 아니라 많은 사람이 타 있으므로 실례되는 행동은 삼가야 한다. 이것은 운전하시는 분에게 방해가 된다).

⑥ 서 있을 경우에는 의자 모서리나 손잡이, 그리고 어른을 꼭 붙잡고 안전하게 서 있어야 한다.

⑦ 나이가 많으신 할아버지, 할머니께는 자리를 양보한다.

(13) 차에서 내릴 때는 어떻게 해야 하나요?

① 차가 완전히 멈춘 후에 내려야 한다.

② 내려서 차 뒤로 건너간다.

(14) 차 안에서는 반드시 (안전벨트)를 맨다.

(15) 차가 지나가다가 왼쪽 등을 깜빡이면 (왼쪽)으로 간다는 뜻이고, 오른쪽 등을 깜빡이면 (오른쪽)으로 간다는 뜻이므로 차가 가려는 방향으로 가면 안 된다.

(16) 차가 양쪽 등을 모두 깜빡이거나, 갑자기 아주 밝은 등으로 비상을 알리면 어떻게 해야 하나요?

차가 아주 위험 상황에 처해 있거나 조심하라는 뜻, 또는 사정이 급하여 빨리 가야 하는 차이므로 재빨리 피해야 한다.

(17) 길이나 주차장에 세워진 차가 있을 때는 어떻게 해야 하나요?

① 손으로 만지거나 차 안을 들여다보지 않는다.

② 차 밑에 들어가거나 차 앞뒤에서 놀지 않는다.

③ 못이나 뾰족한 물건으로 차를 긁거나 돌을 던지지 않는다.

8. 안전한 현장체험 준비

현장체험은 유아들에게 자연, 지역사회, 공공물 등 유아교육기관 내에서는 직접 경험할 수 없는 사물 및 기관들을 찾아가 직접 관찰할 수 있는 기회를 줌으로써 구체적으로 풍부한 경험을 제공한다. 뚜렷한 목적의식 없이 단순히 현장체험을 했다는 것으로 만족하기보다 철저한 사전준비나 지식으로 현장체험을 통해 얻는 아이들의 소중한 경험을 학습활동에 대한 흥미로 이끌 수 있다(정아란, 2013; 지옥정, 2009).

현장체험할 때 빼놓을 수 없는 가장 중요한 것은 영유아들을 안전하게 이동시키고, 각종 위험으로부터 보호하는 일이다. 이를 위하여 부모와 교사는 철저한 사전준비를 해야 한다. 그 밖에 영유아들을 잘 보호하더라도 생길 수 있는 사고에 대비하기 위해서는 현장학습 보험에 가입할 필요가 있다. 보험 가입을 할 때는 현장체험 전에 보험료 납입을 완료해야 혜택을 받을 수 있다. 마찬가지로 유아교육기관에서 발생할 수 있는 사고에 대비한 각종 보험은 영유아들을 받아들이기 이전에 보험료를 납입 완료해야 교육활동 시작과 동시에 보호를 받을 수 있다.

1) 안전한 현장체험 방법

- 많은 인원이 같은 장소로 함께 현장체험을 가더라도 여러 집단으로 나누어 집단별로 현장체험을 하도록 한다.
- 유아들이 스스로 선택할 수 있도록 여러 장소를 준비한 후 유아들이 선택한 서로 다른 장소별로 소집단으로 나누어 현장체험을 실시한다.
- 대집단 현장체험으로 비교적 적합한 물놀이를 위한 수영장 방문이라든가 혹은 교통공원을 방문하는 등 생활주제에 맞는 장소를 선정하고 대형버스를 이용하여 모두 함께 참여한다.
- 우유공장, 재생공장, 박물관 등 유아들에게 도움이 될 만한 장소를 선정하여 부모님과 함께 현장체험을 한다.

2) 현장체험 전 활동

(1) 사전 활동

① 질문에 대한 조사·탐구 활동
- 자세히 관찰하기
- 책을 통해 조사하기

- 부모님이나 주변 사람들에게 물어보기
- 실험하기
- 의견 조사하기
- 전문가 설명 듣기

② 특별히 목표를 세워 행하는 활동
- 동화의 날
- 동극

(2) 현장체험 장소의 사전 답사

① 막연한 흥미 위주가 아닌 생활주제에 맞는 명확한 목적이 있어야 한다.
② 먼 거리보다는 가까운 지역사회와 유대관계를 맺고 지역사회 기관을 이용하여 장소를 정한다.
③ 반드시 사전 답사하여 현장체험 장소에 대한 특성을 파악한 후 사전 · 사후 활동을 유아에 맞게 조직적 · 체계적으로 조직한다.
- 활동 2주 전쯤에 실시하는 것이 좋다.
- 안내서를 꼼꼼히 살펴보고 사진을 찍어 온다.
- 안내를 담당할 직원과 어떤 내용을 다룰지 사전에 합의한다.
- 자원인사와의 면담, 자문으로 현장체험 장소에 대해 조사한다.
- 이동시간, 경비, 보조자, 교통편, 날씨, 시설 안전성, 화장실, 식수, 휴식 장소, 주차장 위치, 환경과 그 밖의 안전 등을 조사한다.
- 교사회의를 하여 장소, 현장체험시간, 현장체험일, 일일교사, 현장체험할 때 주의사항을 철저히 점검한다.
- 공문이 필요한 경우 사전에 공문을 발송하여 협조를 구한다.

(3) 현장체험 준비

① 학부모에게 안내서 및 동의서를 발송한다. 동의서에는 현장체험 목적, 현장체험 장소, 현장체험 일시, 특기사항 등을 알리고 현장체험동의서는 안내문과 함께 발송하여 일주일 전까지 회신되도록 한다. 현장체험이나 행사 등의 안전 보험을 가입하는 일

또한 잊지 않아야 한다.

② 교통편을 이용하는 경우에는 안전에 특별히 유의해야 하며, 추가로 사용되는 차량의 운전기사라든가 비가 올 경우에 대한 대책 등을 마련한다.

③ 현장체험의 효율성을 위하여 일일교사를 교육한다.

- 일일교사도 현지답사에 참여한다.
- 현장체험 목적, 장소, 내용, 진행순서 소개
- 사전답사 사진, 비디오 시청을 통한 현장체험 일정 소개
- 현장체험할 때 유아와의 상호작용 방법 지도
- 준비물과 일일교사로서의 복장 안내
- 일일 어머니 교사 명찰 착용

(4) 유아와 함께하는 사전 활동

① 체험 장소에 대해 유아들에게 설명해 준다.

- 무엇을 볼 수 있나?
- 누가 설명해 줄 것인가?
- 현장에서 얻을 수 있는 것은 어떤 것이 있나?
- 누구랑 어떻게 함께 가나?

② 체험 장소에 대한 흥미와 기대의 동기를 유발한다.

- 답사 때 준비해 온 책자, 사진, 비디오테이프를 이용하여 현장체험 장소에 맞는 환경을 구성한다.
- 이야기 나누기 시간을 이용하여 지켜야 할 약속, 보아야 할 것에 대해 토의한다.
- 자유선택활동 시간에 각 영역에 맞는 교구를 준비하여 활동한다.
- 현장체험할 내용 중에서 유아들이 가장 흥미로워하는 부분을 사후 연장활동으로 연계하여 계획한다.

③ 궁금한 것이나 알고 싶은 것의 질문 목록표를 만든다.

3) 현장체험 실시

(1) 떠나기 전

① 떠나기 전에 유아들과 일일교사에게 현장체험할 장소, 목적, 기록에 필요한 준비물, 특별한 유의사항을 재확인한다.

② 일일교사를 유아들에게 소개한다.

③ 일일교사에게 일정과 담당 유아의 명단을 소지하게 한다.

④ 교사는 유아의 명단과 함께 주소, 전화번호(제2 연락처 포함)를 지참한다.

⑤ 준비물(구급상자, 휴지, 쓰레기 봉투, 이름표, 유아 명단 및 주소록, 여벌 옷, 물통, 수건, 카메라 등)을 일일교사와 나누어 챙긴다.

(2) 목적지에 도착하여

① 유아들에게 목적물을 제시해 주고, 체험 목적이 다시 기억나도록 돕는다.

② 현장체험할 때 지켜야 할 규칙에 대해 유아들과 이야기한다. 자유활동 공간, 화장실 갈 때, 쓰레기통 위치, 전시물 보호, 뛰어다니거나 큰 소리 내지 않기, 자연보호에 대한 인식을 하도록 지도한다.

③ 관찰할 때는 충분한 시간을 주어 여유 있는 체험이 되도록 한다. 막연하게 보는 것이 아니라 일정한 목적과 관점에 의한 관찰이 되도록 현장의 전문가에게 그동안 궁금해 했던 것들을 질문하도록 한다. 그리고 관찰의 방향이 바뀌지 않게 자주 환기시킨다.

④ 체험활동 중에는 유아의 반응을 잘 살핀다. 사전계획과 질문에 대한 대답이 모두 해결되었는지 비교 관찰하면서 유아들이 어떤 행동으로 반응하는가를 면밀히 조사한다.

⑤ 체험을 하는 동안에 보고, 듣고, 냄새 맡고, 느낀 것이나 현장 사람들과의 면담을 통해 알게 된 것 등을 기록하도록 한다. 그리기, 글로 쓰기, 냄새 맡기, 녹음하기, 만져 보기, 느껴 보기, 수나 측정 단위로 나타내기, 사진 찍기, 여러 가지 물건 수집해 오기 등을 할 수 있다.

4) 현장체험 후 활동

(1) 교사의 활동

① 현장체험에 대한 제반 관련사항을 정확하게 기록해 놓아야 한다.

- 현장체험 장소의 정확한 명칭
- 주소와 전화번호
- 정확한 위치
- 소요시간과 교통편, 소요 경비
- 현장체험 시 직접 안내를 해 주거나 설명을 해 준 사람의 이름과 연락처
- 현장체험 코스와 일정
- 현장에서 얻어 온 물건의 종류와 수량
- 현장체험 장소로 적합한 곳인지에 대한 교사의 종합적인 느낌과 평가

② 체험 시 기록해 온 것을 바탕으로 유아 각자 고루 발표해 보는 기회를 갖게 한 후 서로 다른 점을 보완하도록 한다.

③ 체험을 검토하는 평가시간이나 이야기 나누기 시간을 너무 길지 않게 한다.

④ 체험한 뒤 바로 활동으로 이어지게 한다.

⑤ 필요시 현장체험과 관련된 다른 곳의 현장체험으로 이어질 수 있다.

(2) 유아의 추후 활동

① 현장체험 활동 시 기록한 내용을 중심으로 추후 활동이 이루어지도록 한다.

② 활동에 관한 평가시간이나 이야기 나누기 시간을 너무 길게 하지 않는다.

③ 현장체험 활동 시 도와준 분들에게 느낌이나 감사의 뜻을 그림이나 글로 표현해 보도록 한다.

④ 문제 상황이 발생되었을 때, 해결방법에 대해 이야기 나누기 시간을 갖는다.

⑤ 필요하다고 인정되면 현장체험 활동 교육이 연속하여 이루어지게 할 수 있다.

5) 현장체험의 평가

(1) 교사의 평가

① 현장체험이 목적에 적합하였는가?

② 일일교사나 보조교사와 역할을 분담하였는가?

③ 수시로 인원을 점검하였는가?

④ 예기치 않았던 상황에 현명하고 침착하게 대처하였는가?

⑤ 교육목표에 도달할 수 있도록 유아들이 잘 관찰하고 들을 수 있게 배려했는가?

⑥ 체험시간은 유아에게 적당하였는가?

⑦ 체험을 도와주신 분들에게 감사인사를 하였는가?

(2) 유아의 평가

① 보려고 했던 것을 볼 수 있었는가?

② 약속을 잘 지켰는가?

③ 잘 지켜지지 않은 약속은 무엇이었는가?

④ 가장 기억에 남는 것은 무엇이었는가?

⑤ 가장 좋았던 것은 무엇이었는가?

(3) 자원봉사자의 평가

① 유아와의 상호작용은 용이하였는가?

② 느낀 점은 무엇인가?

③ 앞으로의 학습에 제안을 한다면 무엇인가?

9. 상황별 교통사고 발생 시 조치

일반적으로 교통사고가 발생하면, 피해자를 구호(救護)하고 추가 교통사고를 방지하기 위한 조치를 한 후 경찰관의 사고조사에 대비해서 사고현장을 보존해야 한다. 교통사고 운전자가 피해자를 구호하는 등의 조치를 하지 않고 도주한 경우에는 가중처벌 되며, 사고

후 조치는 다음과 같다.

1) 신고 및 접수

'교통사고'란 차의 운전 등 교통으로 인해 사람을 사상(死傷)하거나 물건을 손괴하는 것(이하 '교통사고'라 함)을 말하며, 교통사고 처리과정은 [그림 9-1]과 같다(「도로교통법」 제54조 제1항).

2) 2차 사고 예방 조치

사고 발생 시 당사자들은 신속하게 대피하고, 후속 차량과의 2차 사고를 예방할 안전 조치를 취해야 한다. 불가피하게 1차 사고가 났고 다행히 거동이 가능한 상황이라면, 제일 먼저 해야 할 일은 스마트폰이나 디지털카메라로 사고현장을 재빨리 촬영하고 최대한 빠른 시간 내에 갓길로 주차하여 대형사고로 이어질 수 있는 2차 사고를 예방해야 한다. 이와 동시에 갓길 쪽으로 차를 이동시키고, 비상등만 켜서는 위험하며, 반드시 안전삼각대를 100m 후방(고속도로의 경우)에 세워 두어야 한다.

3) 블랙박스의 필요성

블랙박스가 있으면, 경찰 조사 및 보험 처리과정 중에서 많은 부분이 생략될 수 있으며, 안전에도 도움이 된다. 안전한 갓길에 주차하여 안전삼각대를 설치한 후, 메모리를 챙겨서 안전한 갓길 펜스 바깥쪽에 나와 연락한 보험회사와 경찰, 견인차가 오기를 기다리거나 2차 사고 예방을 위해 손이나 경광등을 위아래로 크게 휘젓는 등의 노력이 필요하다.

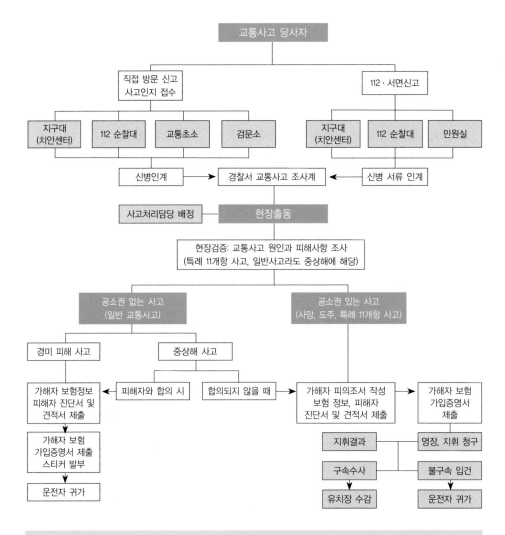

[그림 9-1] 교통사고 처리과정

출처: 도로교통공단 홈페이지.

공소권이 있는 사고는 사망, 뺑소니, 11개 중대과실 교통사고 시 운전자 보험 또는 안전공제회에 가입된 경우 검사가 법원에 재판을 요구할 수 있는 교통사고다. 11개 사항은 ① 안전표시 위반, ② 중앙선 침범, ③ 제한 속도 20km 이상 초과, ④ 앞지르기 금지 위반, ⑤ 철길 통과 위반, ⑥ 보행자 보호의무 위반, ⑦ 무면허 운전, ⑧ 음주운전, ⑨ 보도 침범, ⑩ 승객 추락 방지 위반, ⑪ 어린이 보호구역 위반이다.

10. 「도로교통법」

영유아의 교통사고 증가로 인하여 개정된 「도로교통법」이 2015년 1월 29일부터 강화되어 시행된다. 어린이 통학버스 교통사고 예방을 위하여 강화된 개정사항을 살펴보면, 통학차량의 신고 의무화, 안전띠 착용 의무화, 보호자 탑승 의무 강화, 안전교육 의무 규정 강화, 통학버스 범위 확대, 법규 위반, 사고발생 정보 제공으로 되어 있다.

표 9-1 **통학차량의 신고 의무화 관련 「도로교통법」 개정 사항**

구 분	현 행	개 정	시행일
신고 의무화 (제52조)	• 희망 시 신고 (의무사항 아님)	• 모든 어린이 통학차량의 신고 의무화 ※ 미신고 시 500만 원 이하의 과태료 부과규정 신설 (제160조 제1항 제7호) ※ 단, 학생통학용 마을버스 제외	• '15. 1. 29.
모든 어린이 안전띠 착용 확인 의무화 (제53조)	• 운전자는 차량 출발 전에 아동의 착석 확인 • 안전띠 착용 의무자는 운전자, 옆 동승자	• 탑승한 모든 어린이의 안전띠 착용 확인 의무화 ※ 미확인 시 20만 원 이하의 과태료 부과규정 신설 (제160조 제2항 제4의 2호)	• '15. 1. 29.
보호자 탑승 의무 강화 (제53조)	• 어린이 통학버스는 보호자 탑승 의무화(처벌 규정) • 어린이 통학 전용 자동차는 보호자 탑승 의무 없음 ※ 미탑승 시 20만 원 이하의 벌금 부과(제156조 제8호)	• 모든 어린이 통학차량의 신고 의무화로 어린이 통학에 이용되는 모든 차량은 보호자 탑승 의무(처벌 규정) 적용 ※ 미탑승 시 20만 원 이하의 벌금 부과(제156조 제8호)	• '15. 1. 29. ※소형 차량 ('17. 1. 29.) * 학원 및 체육시설 에서 운영하는 승차 정원 15인승 이하 어린이 통학버스
안전교육 의무 규정 강화 (제53조의3)	• 의무 규정만 있으며, 미이수 처벌 규정 없음	• 신규 · 정기교육(2년) 의무화, 처벌 규정 신설 ※ 미이수 시 20만 원 이하의 과태료 부과 규정 신설 (제160조 제2항 제4의3, 4호)	• '15. 1. 29.

| 통학버스 범위 확대 (제2조) | • 어린이 통학에 이용되는 자동차 | • 어린이가 이용하는 학생 통학용 마을버스 추가 포함 | • '15. 1. 29. |
| 법규 위반, 사고발생 정보 제공 (제54조의4) | • 규정 없음 | • 법규 위반 및 사고발생 시 정보 제공 규정 신설 * 경찰서장 → 교육감독기관 | • '15. 1. 29. 이후 최초 위반 행위부터 |

■ 어린이 통학버스 운영자 등에 대한 안전교육

어린이 통학버스를 운영하는 사람과 운전하는 사람은 「도로교통법」제53조의3(어린이 통학버스 운영자 등에 대한 안전교육) 규정에 따라 도로교통공단에서 실시하는 어린이 통학버스의 안전운행 등에 관한 교육을 받아야 한다. 이 법률에 따르면 어린이 통학버스를 운영하려는 사람과 운전하려는 사람은 운영 또는 운전하기 전에 교육을 받아야 하며, 계속하여 운영하는 사람과 운전하는 사람은 2년마다 정기 안전교육을 받아야 한다. 이를 위반하면 20만 원 이하의 과태료를 부과하도록 되어 있다.

어린이 통학차량 표시(후면)

정지판(주정차)

안전교육 활동계획안(교통안전)

생활주제	유치원과 친구	주 제	유치원에서의 하루	대　상	만 5세
소 주 제	함께하면 더 좋은 것 알아보기			활동유형	이야기 나누기
활 동 명	안전하게 자전거를 타요.			집단형태	대집단
누리과정 관련요소	• 신체운동 · 건강: 안전하게 생활하기−교통안전 규칙 지키기 • 의사소통: 말하기−느낌, 생각, 경험 말하기				
창의인성 관련요소	• 창의성: 인지적 요소−문제해결력 • 인성: 약속				
활동목표	• 자전거를 타기 전 자전거를 탈 때 발생할 수 있는 위험과 안전수칙을 안다. • 자전거를 탈 때 필요한 보호 장비에 대해 관심을 갖는다. • 각 신체 부위에 적절한 보호 장비를 붙이고 이름을 말할 수 있다.				
자료 준비 및 제작	• 자전거 동영상 −보호 장비를 착용한 유아가 자전거를 타는 장면(출처: 유튜브) 　(http://www.youtube.com/watch?list=WL&v=AIYE1kedl00&feature=player_detailpage) • 실물 보호 장비, 이름표 −헬멧, 고글, 장갑, 손목 보호대, 팔꿈치 보호대, 무릎 보호대, 엉덩이 보호대 등의 　실물 자료를 준비하고 이름표를 부착한다. • 보호 장비 입히기 융판 자료 −부직포로 사람 인형을 만들어 배경 부직포에 붙인 뒤 헬멧, 고글, 장갑, 손목 보호대, 팔꿈치 보호 　대, 무릎 보호대, 엉덩이 보호대 등의 보호 장비 그림을 프린트, 코팅하여 뒷면에 EVA지를 덧대어 　벨크로를 부착한다. −보호 장비 그림은 배경 부직포 한쪽에 붙여 보관한다.				

단계	교수 · 학습 활동	자료 제시 및 유의점
도입	• 손유희로 주의 집중을 유도한다. • 자전거를 타 본 경험과 안전하게 타는 방법에 대해 이야기 나눈다. −친구들은 자전거를 타 본 적이 있나요? −언제/어디서/누구와 타 보았나요? −혹시 친구와 함께 자전거를 타며 놀아 본 적이 있나요? −선생님은 주말에 공원에서 자전거를 타다 넘어진 친구를 보았어요. 자전거를 　안전하게 타려면 어떻게 해야 할까요? 　(자신의 몸에 맞는 크기의 자전거 타기, 찻길에서 타지 않기, 안전거리 유지 　하기, 주위 잘 살피기, 보호 장비 착용하기 등)	유아들이 자신 의 경험을 자신 있게 표현하도 록 격려한다.

전개	• 자전거 동영상을 시청한 뒤 자전거 보호 장비 실물을 탐색하며 이야기 나눈다. －동영상에서 자전거를 탄 친구가 어떤 보호 장비를 착용했나요? －만졌을 때 어떤 느낌인지 친구들이 보호 장비를 직접 만져 볼까요? －헬멧의 모양은 어떻게 생겼나요? －무릎 보호대, 팔꿈치 보호대, 손목 보호대의 겉면은 느낌이 어떤가요? －보호대의 안쪽은 왜 푹신푹신하게 만들었을까요?	자전거 동영상, 실물 보호 장비, 융판 자료
	• 자전거 보호 장비의 착용법과 중요성에 대해 이야기 나눈다. －이 보호 장비는 어디에/어떻게 착용하는 것일까요? －이 보호 장비를 착용하면 우리 몸 어느 곳을 보호할 수 있을까요?	보호 장비의 명칭 과 기능을 정확히 설명한다.
	• 융판 자료를 활용하여 유아들이 직접 보호 장비를 입혀 보도록 한다. －우리 친구가 자전거를 타고 ○○네 집에 놀러 가려고 해요. 우리 친구가 자전 거를 안전하게 탈 수 있도록 직접 보호 장비를 입혀 줄까요? －보호 장비의 이름도 함께 붙여 줄 수 있나요?	
마무리	• 활동을 통해 새로 알게 된 점과 느낀 점에 대해 이야기 나눈다. －오늘 선생님과 무엇에 대해 알아보았나요? －활동을 하면서 어떤 점이 가장 재미있었나요? －활동을 통해 어떤 것들을 새롭게 알게 되었나요? • 보호 장비 착용의 필요성에 대해 이야기 나눈다. －자전거를 탈 때 필요한 보호 장비는 어떤 것들이 있었나요? －자전거를 탈 때 보호 장비를 착용하지 않으면 어떻게 될까요? －다음에는 친구들이 자전거 보호 장비를 직접 입고 자전거를 타 보는 시간을 갖도록 할까요?	다음에 이루어질 활동에 대해 언급 한다.
활동평가	• 자전거를 탈 때 발생할 수 있는 위험과 안전수칙에 대해 말할 수 있는가? • 자전거를 탈 때 필요한 보호 장비에 대해 관심을 갖고 살펴보는가? • 각 신체 부위에 적절한 보호 장비를 정확하게 연결하였는가?	
확장활동	활동명: 자전거 보호 장비를 직접 착용해 보아요. 활동유형: 체험활동 집단형태: 소집단 활동방법: 보호 장비를 여러 세트 준비하여 사전활동에서 배웠던 방법에 따라 유아들이 친구들과 협 력하여 스스로 보호 장비를 직접 착용해 본다.	
사후활동	활동명: 자전거 반환점 돌아오기 활동유형: 신체활동(게임) 집단형태: 대집단 활동방법: 팀을 나눠 보호 장비를 정확히 착용한 후 자전거를 타고 반환점을 돌아온다. 릴레이 형식 으로 이루어지며, 팀의 모든 주자가 가장 먼저 들어오는 팀이 이긴다.	

수업
및
교구
사진

 수업 동영상 파일 링크

제10장

동식물 안전

1. 동식물 안전교육의 필요성 및 목표

아동들의 안전을 위협하는 요인에는 우리 주변에서 흔히 볼 수 있는 동물과 식물도 포함된다. 아동을 해칠 수 있는 동물에는 누구나 위험하다고 생각하는 뱀과 같은 동물도 있지만, 우리가 흔히 접하는 개와 토끼 등의 동물도 포함된다. 특히 아동들의 일상생활에서 가까이 접하는 개는 자칫 잘못 다룰 경우 아동의 생명까지 위협하는 무서운 존재로 돌변할 수 있다. 또한 자연에서 아동들이 쉽게 만날 수 있는 벌과 같은 종류의 곤충들도 그들이 가지고 있는 위험성을 아동들이 잘 알지 못한다는 사실과 아동들이 일반적으로 곤충들을 무서워하지 않고 친구로 생각한다는 특성 때문에 쉽게 아동의 안전을 위협하는 존재가 된다.

식물의 경우에는 겉으로 보기에는 아무런 해를 끼치지 않을 것 같으나 독성을 가지고 있는 종류도 있다. 이러한 식물들은 아동들이 만지거나 스치거나 또는 먹었을 때 아동들에게 해를 끼칠 수 있다. 우리 주변에는 이러한 식물들이 많이 존재하고 있다. 따라서 주변 환경에서 접할 수 있는 동물이나 식물에 대하여 아동들이 안전하게 행동할 수 있도록 교육시키는 것은 꼭 필요한 일이다.

아동들이 주변에서 흔히 볼 수 있는 동물이나 식물들로부터 자신을 보호할 수 있도록 실시하는 안전교육은 다음과 같은 목표를 가진다.

① 주변의 동식물들이 위험할 수 있다는 것을 이해한다.
② 주변의 동식물들을 안전하게 다루는 방법과 기술을 익히고 실천한다.

2. 동식물 안전교육의 기본 지식 및 내용

1) 동물에 대한 안전

(1) 개에 대한 안전

개는 인간에게 많은 도움을 주며, 인간과 가장 친숙한 동물이므로 집에서 가장 많이 키운다. 그러나 아동들에게는 동시에 가장 위험한 동물이 될 수 있다. 특히 개가 완구 캐릭터로 가장 많이 등장함으로 인해 아동들이 낯선 개를 보고 아무런 적의 없이 다가가거나, 개의 특징을 모르는 아동들이 개 가까이에서 뛴다거나, 꼬리를 잡아 본다거나, 잠자는 개를 깨운다거나, 호기심으로 개의 눈을 유심히 쳐다본다거나, 개의 밥그릇을 건드리거나 가지고 논다거나 하는 경우, 거의 대부분의 개는 아동을 공격할 수 있는 가능성을 가지고 있다. 그리고 경우에 따라서는 개의 야성적 본능으로 뚜렷한 이유 없이 아동들을 공격할 수 있다.

개에게 공격을 당했을 경우 물린 상처 자체도 심각할 수 있으나 또 하나 위험한 것이 광견병에 걸릴 수 있다는 것이다. 그러므로 아동들에게 개는 인간과 가장 가까운 동물이나 잘못 다루면 위험한 동물이 될 수 있다는 사실을 인식하게 하고, 특히 낯선 개 앞에서는 함부로 행동하지 말고, 공격을 당하지 않도록 가르쳐야 한다.

집에서 기르는 개나 낯선 개로부터 자신을 보호하기 위해 알아야 할 원칙은 다음과 같다.

① 낯선 개에 대한 안전
- 길거리나 놀이터 등에서 자유롭게 풀려 있는 낯선 개에게는 절대로 가까이 가지 않는다. 또 낯선 개의 주위에서는 뛰지 않는다.
- 묶여 있더라도 남의 집에 있는 개에게는 가까이 다가가지 않는 것이 좋다.

- 먹을 것을 가지고 개 가까이에 다가가지 않는다.
- 밥을 먹고 있는 개는 절대 만지지 않으며, 밥그릇도 건드리지 않는다.
- 어떠한 종류의 물건으로도 절대로 개를 약 올리지 않는다.
- 만약 개가 공격적이지 않은 태도로 다가오면 움직이지 않고 가만히 서 있는다. 개가 가까이 와서 핥으려고 하거나 냄새를 맡으려고 하면 내버려 두어야 하며, 소리를 지르거나 뛰거나 공격하는 자세를 취하거나 등을 보이고 달아나면 안 된다.
- 개는 눈을 쳐다보면 공격의 의사가 있는 것으로 이해하는 특징이 있다. 따라서 특히 낯선 개의 경우 눈을 유심히 쳐다보지 말고, 낮고 조용하면서도 강한 목소리로 "저리 가!"라고 말한다.
- 가능하면 천천히 뒷걸음질 쳐서 개에게 떨어지는 것이 좋으며, 가장 가까운 곳의 자동차, 가게, 집 등으로 들어가 도움을 청한다.
- 개 앞에서 넘어지게 되면 몸을 둥글게 구부리고 손으로 목과 머리를 감싼다.

② 집에서 기르는 개에 대한 안전
- 식구 중 한 사람이라도 개의 털에 대한 알레르기가 있는 경우 집에서 개를 키우는 것은 바람직하지 않다.
- 광견병을 비롯한 전염병 예방주사를 꼭 맞히도록 한다. 개를 만지거나 안을 때 개의 털이나 귓속에 있는 옴벌레나 기생충 등을 통해 피부개선증이나 톡소플라스마증에 걸릴 위험이 있으며, 개가 핥거나 할퀼 때 개의 침이나 분비물을 통해 개가 가지고 있을지도 모르는 여러 가지 질병이나 기생충에 감염될 우려도 있다. 따라서 집에서 개를 기를 때는 적어도 일주일에 1회 이상 목욕을 시키고, 매일 빗질을 해 주며, 또한 개의 배설물도 철저히 관리하여야 한다.
- 유아기까지는 개와 한방을 쓰는 것을 삼가야 한다. 아이와 개가 한방에서 잠을 자는 것은 서로의 수면을 방해한다든지, 질병이나 기생충의 감염 가능성이 있으며, 아이가 어릴 경우 잠자는 동안 개에게 눌려 질식사할 수 있는 등의 위험이 있다.
- 만약 서로 잘 사귀지 못한다면 지체 없이 아이와 개를 떼어 놓아야 한다. 집에서 기르는 개라 하더라도 동물로서의 공격적인 본능을 무시할 수 없다. 따라서 아이에게 개를 거칠게 다룬다든지, 약을 올린다든지, 먹을 때 건드린다든지, 개의 귀를 잡아당긴다든지 등의 행동은 하지 않도록 주의를 주어야 한다.

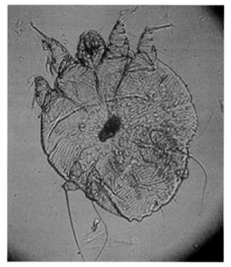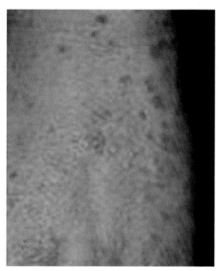

옴진드기와 옴진드기 피부 감염

출처: 위키백과(2015).

옴(scabies)은 무단신경문, 옴진드기과의 진드기, 옴벌레의 기생에 의한 피부 감염이며, 옴의 발생은 연령, 성별, 청결상태와 관계없이 직접적인 피부 접촉에 의해 발생한다. 잠복기에 피부에 가려움증이 천천히 나타나며, 빠르면 10일 정도에 침입하여 증상이 나타나지만, 보통은 4~6주 정도에 증상이 나타난다. 야간에 가려움증이 심하며, 긁게 되면 출혈과 가피가 형성되고 2차 감염을 일으키기도 한다.

톡소플라스마증은 톡소플라스마 곤디(toxoplasma gondii)라는 단세포 기생충에 의해 감염되는 질환으로, 톡소플라스마 기생충은 사람의 소화기관을 둘러싸고 있는 세포들 속에서 증식한다. 또한 사람의 뇌, 골격 근육, 심장 근육, 눈, 폐, 림프절을 포함하여 모든 장기로 퍼질 수 있다. 이 기생충은 일생의 대부분을 고양이의 몸속에 있으며, 감염된 고양이는 매일 대변을 통해 수백만 마리의 톡소플라스마 기생충을 배설하기 때문에 톡소플라스마증에 걸린 고양이와 같이 사는 다른 동물들에게도 쉽게 전파될 수 있다.

임산부가 감염되면 기생충이 태반을 통해 영아에게서도 톡소플라스마증을 일으킬 가능성이 50%나 되며, 이것을 선천성 톡소플라스마증이라고 한다. 정상적인 면역 방어체계를 가진 톡소플라스마증 감염 환자의 90% 정도는 아무런 증상을 못 느끼며, 감염을 인식하지 못하지만 면역체계가 약화된 사람, 특히 후천적 면역결핍증 환자에게서는 흔히 뇌와 연관되어 심각한 증상이 나타난다.

(2) 실내에서 기르는 동물에 대한 안전

최근 들어 유아교육기관의 교실에서 다람쥐나 햄스터, 거북, 기니피그 등 작은 동물을 키우거나 아동들이 집에서 기르던 이러한 동물을 며칠간 유아교육기관에 데리고 와서 관찰하게 하는 경우가 증가하고 있다. 유아교육기관의 실내에서 동물을 키우려고 하거나 아동들이 집에서 기르던 동물을 며칠 동안 기르고자 할 때는 동물을 데려오기 전에 동물에 대한 알레르기가 있는 유아가 있는지를 제일 먼저 조사해 보아야 한다. 만약 한 명이라도 있다면 동물을 기르는 것은 피해야 한다. 그리고 기르고자 하는 동물이나 데리고 오고자 하는 동물이 건강한지, 필요한 예방주사를 맞았는지 미리 확인하여야 한다. 거북이나 새 종류는 대부분 사람에게 옮길 수 있는 질병을 가지고 있는 경우가 많으므로 유아교육기관에서 키우거나 잠깐이라도 관찰할 동물로는 적절하지 않다.

동물을 기르거나 잠깐 길러 보기로 한 경우에는 교사가 그 동물을 기르는 데 필요한 정확하고 올바른 방법을 알고 난 후, 아동들에게 가르쳐 주고 필요한 약속을 해 둔다. 경우에 따라서는 동물병원 수의사에게 조언을 구할 수 있을 것이다. 동물이 있을 곳에 그 동물을 기르는 방법, 다루는 방법을 크게 써 붙이는 것도 하나의 방법이 될 수 있다. 동물로부터 유아 자신을 보호하는 데 필요한 약속과 함께 동물을 보호하는 방법도 약속해 두어야 한다. 유아들이 별다른 의미 없이 호기심으로 하는 행동이 동물에게는 치명적 타격이 될 수 있기 때문이다.

(3) 뱀에 물렸을 때

뱀에 물렸을 때의 증상은 통증과 지속적인 부종이며, 전신으로 독이 퍼졌을 때는 구역질, 구토, 위압감과 어지러운 증상, 근육 떨림 증상이 나타난다.

뱀에 물렸을 때 응급처치는 다음과 같다.

① 독사에 물린 경우에는 우선 물린 사람이 안정되도록 눕힌다. 움직이면 혈액순환이 좋아지면서 독소가 빨리 퍼지기 때문이다.
② 독의 확산을 방지하기 위해 옷가지나 기타 묶을 수 있는 도구를 사용하여 물린 부위 위쪽 상부에 손가락 한 개가 아래로 지나갈 수 있을 정도로 묶어 준다.
③ 2차 손상을 막기 위해 물린 부위를 입으로 빨아내거나 칼로 절개하는 행위는 금지해야 한다. 충치나 위장, 위에 상처 또는 염증이 있는 사람이 독을 빨아낼 경우 2차 손

상이 발생할 수 있기 때문이다.

④ 환자에게 음식을 주면 독이 빨리 퍼질 수 있으므로 마실 것을 주지 않으며, 온찜질은 독이 빨리 퍼질 수 있으므로 금지해야 한다.

⑤ 가급적 빨리 의사의 진찰을 받고 항독처치를 받아야 한다.

(4) 기타 동물에 물렸을 때

최근 개나 고양이에 의한 피해가 증가하고 있다. 특히 개에게 물린 경우에는 광견병의 위험이 있으므로 아무리 가벼운 증상이라 하더라도 의사의 진찰을 받아야 한다. 개와 같은 동물의 타액 속에는 균이 포함되어 있는 경우가 많다.

개나 고양이에게 물렸을 때 응급처치는 다음과 같다.

① 비눗물로 깨끗이 씻고 말린다.

② 소독약을 바르고 거즈나 붕대 등으로 물린 부위를 감싼다.

③ 병원에 가서 항균 예방주사를 맞는다.

④ 사람을 문 동물을 수의사에게 보내어 공수병이 있는가를 확인한다. 개가 병원균을 보균한 경우에는 일주일 만에 발병하여 죽는다.

⑤ 사람이 발병하기까지는 40일 정도 걸린다.

공수병이란 사람과 동물을 공통숙주로 하는 병원체에 의해서 일어나는 인수공통전염병으로서, 광견병 바이러스(rabies virus)에 의해 발생하는 중추신경계 감염증이다. 사람이 감염되어 중추신경계에 이상이 생기면 물을 무서워한다고 해서 공수병이라고도 한다(서울아산병원, 2015).

(5) 들쥐에 대한 안전-쯔쯔가무시병

쯔쯔가무시병은 발열성 질환의 일종으로, 오리엔티아 쯔쯔가무시균(Orientia tsutsugamushi)에 의해 발생하는 감염성 질환이다. 오리엔티아 쯔쯔가무시균에 감염된 털진드기의 유충에 물렸을 때 혈액과 림프액을 통해 전신적 혈관염이 발생하는 질병이다. 쯔쯔가무시병은 집쥐, 들쥐, 들새, 야생 설치류 등에서 기생하는 털진드기의 유충에 물려서 감염되는 질환으로, 논과 밭이 많이 분포되어 있는 지역에서 성묘, 벌초, 도토리·밤 줍기, 주말농장이나 텃밭 가꾸기, 등산 등과 같은 야외활동 중에 걸릴 수 있다.

쯔쯔가무시병의 잠복기는 6~20일이라고 하지만 대개 10~12일이다. 처음에는 두통이 심해지고, 오한과 전율이 생기면서 열이 나고 근육통이 심해진다. 관련 증상으로 구역질, 구토, 설사, 결막출혈 등이 있다. 진드기의 유충이 피부에 붙어 피를 빨아먹은 부위에 가피 (딱지)가 동반된 궤양이 나타나는 것이 특징이다. 초기에는 진드기에 물린 부위에 1cm 정도의 가피가 나타나며, 붉고 경화된 병변이 시간이 경과함에 따라 수포를 형성한 후 터져 흑색으로 착색된다. 3~5일 만에 몸통에 생긴 발진이 팔과 다리로 퍼진다.

쯔쯔가무시병의 특별한 예방 백신은 없으며, 병을 앓고 난 후에도 재감염이 발생할 수 있다. 쯔쯔가무시병이 유행했던 지역 및 유행기에 야외활동을 하는 경우 진드기 유충의 접근을 차단할 수 있는 화학약품을 옷에 바르거나 노출된 피부에 진드기 방충제를 발라 감염을 예방해야 하며, 도시지역 거주자는 주로 벌초, 성묘, 도토리·밤 줍기, 등산, 캠프 등 야외활동 시 긴 팔, 긴 바지 등을 입는 것도 예방이 된다.

(6) 파리, 바퀴벌레에 대한 안전

파리는 여러 가지 전염병을 퍼뜨리지만 그중 대표적으로 세균성이질, 장티푸스, 소아척 수마비와 같은 전염병을 꼽을 수 있다. 또한 바퀴벌레는 폐결핵균, 뇌에 염증을 일으켜 불구를 만드는 뇌막염균, 종기, 축농증을 일으키는 균(포도구균), 폐렴을 일으키는 균(연쇄구균), 설사 및 복통 등 이질이나 식중독을 일으키는 균을 전염시킨다. 예방법은 청결이 가장 우선적이며, 바퀴벌레를 없애는 방법은 다음과 같다.

① 전문가의 협조를 얻어 방충을 실시한다.
② 바퀴벌레가 좋아하는 물과 음식 및 부스러기를 노출시키지 않는다.
③ 양탄자 등 먼지 낀 곳은 수시로 청소한다.
④ 틈새, 벌어진 곳을 매운다.
⑤ 쇼핑 후 종이포장지는 즉시 제거한다.

(7) 곤충에 대한 안전

아동들은 곤충을 좋아하지만 곤충에 대한 지식을 갖고 있지 않아 자주 만지려 든다. 독성이 없는 곤충의 경우라도 잘못 만지면 물릴 수 있으며, 독성이 있는 곤충은 만지는 그 자체로 독에 노출될 수 있으므로 아무 곤충이나 만져서는 안 된다는 것을 알려 주어야 한다. 벌을 포함한 곤충으로부터 안전하기 위해 아동들이 알고 있어야 할 내용은 다음과 같다.

■ 곤충으로부터의 안전을 지키기 위한 주의사항

- 사마귀나 거미, 송충이, 지네 등은 손으로 직접 만지지 않는다.
- 벌이 가까이 날아오면 손이나 팔을 저어 쫓지 않는다. 뛰어서 도망을 가려 해서도 안 되며, 가만히 있거나 몸을 서서히 조금씩 움직여서 다른 곳으로 피한다.
- 야외에서는 벌이 날아들 수 있는 단 음식(특히 사이다나 콜라와 같은 청량음료)은 되도 록 먹지 않는다.
- 야외에 나갈 때는 가능하면 긴 소매의 옷을 입는다.
- 캠프를 가는 경우 실내에서 모기향을 피우는 것은 아동들에게 좋지 않으므로 전자모 기향을 사용할 수 있도록 미리 계획한다.
- 여름이나 초가을에 야외활동을 할 때는 모기가 왕성하게 활동하는 초저녁 무렵을 피 하는 것이 좋으며, 필요한 경우에는 모기가 접근할 수 없도록 몸에 약을 바르거나 가 까운 곳에 모기향을 피워 둔다.
- 캠프를 할 때는 주변에 먹을 것을 두지 않는다.
- 개미를 함부로 잡지 않으며, 많이 몰려 있는 곳에는 가지 않는다.

① 벌에 쏘였을 때

야외에서 벌이 가까이 다가오면 대개의 아동은 달아나거나 쫓으려고 손이나 팔을 휘젓 게 되는데, 벌은 이러한 행동을 자신에 대한 공격이라고 생각하고 반격을 하기 때문에 매 우 위험한 행동이다. 특히 아동들은 벌에 침이 있다는 것을 알지 못하여 집에서 흔히 볼 수 있는 파리처럼 쫓으면 된다고 생각하므로 더욱 위험하다. 소풍이나 야외 견학 시 캔 종류 를 갖고 있기 때문에 아동들이 벌들의 표적이 될 수 있다. 벌에 쏘였을 때의 응급처치는 다 음과 같다.

- 벌이 날아오면 캔을 그 자리에 놓고 자리를 피한다.
- 벌에 쏘인 경우 벌침을 빼고 암모니아수로 소독한 후 연고를 바른다.
- 벌에 쏘인 경우 벌침을 빼고 소다로 문질러 준다.

- 응급처치가 끝나면 병원으로 데려간다.
- 보통 1~2주면 낫는다.

표 10-1 **안전사고 사례**

사고유형	벌에 쏘였을 때	장소	유원지/자연학습장

사고 발생경위 1

즐거운 소풍날 점심을 먹고 콜라 캔을 따서 마시고 있던 아이에게 달콤한 냄새 때문인지 벌이 날아왔다. 벌이 신기하기도 하고 무섭기도 한 아이는 계속 소리를 지르며 손을 휘저었으나 캔을 들고 있던 아이에게 계속 벌이 날아들었다.

이 사태를 본 교사가 달려와서 콜라 캔을 얼른 빼앗아 멀리 던져 버리자 벌들이 없어졌고, 벌에 쏘인 아이는 계속 울부짖어 당황한 교사는 원장님에게 달려갔다.

야산이라 근처에 약국도 없고 비상약도 없어서 쏘인 아이의 손을 압박시켜 침을 빼내고 아이의 소변을 탈지면에 묻혀 계속 발라 준 후 원장님이 데리고 병원으로 이송하였다. 아이에게 별다른 이상은 없었으나 그 이후로 아이가 벌만 보면 놀라는 행동을 했다.

사고 발생경위 2

자연학습장 현장학습을 마치고 간식을 먹고 있던 유아가 벌집을 발견하여 막대기로 벌집을 치자 화가 난 벌들이 윙윙거리며 유아와 주위 아동들에게 달려들었다. 당황한 아이들은 대처하지 못하고 허둥대었으며, 교사는 아이들에게 '엎드려' 하고 소리만 지르는 상황이 되었다. 다행히 그날 자연학습장을 가는 날이라 교사가 약상자에 준비해 둔 암모니아수를 벌에 쏘인 아이들의 상처부위에 발랐다.

사고를 통하여 얻은 교훈

- 현장학습할 때는 반드시 암모니아수를 비상약으로 준비한다.
- 봄과 가을철 견학 때는 벌이 많으므로 어린이들에게 안전교육을 시켜야 한다.
- 과일이나 음료수를 먹은 후 쓰레기나 빈 캔은 사람이 있는 곳에 버리지 않는다.
- 벌이 달려들면 움직이지 말고 음료수 캔을 가만히 땅에 내려놓는다.

② 모기나 벌레에 물렸을 때

모기나 벌레에 물렸을 때 발생한 피부염은 흔히 심한 가려움을 동반한다. 이와 같은 피부염의 치료는 카라드라민이나 스테로이드 연고를 바르면 염증이 재빨리 억제되고 가려움을 멈추게 하는 데 효과적이다.

모기나 벌레에 물렸을 때의 응급처치 방법은 다음과 같다.

- 모기나 벌레에 물려 가려울 때 긁지 말고 스테로이드 연고를 바른다.
- 물린 곳에 소다를 문질러 준다.
- 여러 군데를 물려 심하게 붓고 가려울 때는 의사의 진찰을 받는 것이 바람직하다.

• 손톱으로 긁을 경우 2차 감염이 생길 수 있으므로 긁지 않도록 한다.

2) 관상용 식물에 대한 안전

영유아들은 유아교육기관이나 가정에서 쉽게 식물을 접할 수 있다. 그러나 유아교육기관이나 가정에서 관상용으로 많이 심고 있는 식물이 독성을 지니고 있을 수 있으며, 특히 아무것이나 입에 가져가고 주변 환경에 대해 잘 모르는 영아들에게 위험할 수 있다는 것을 아는 사람은 많지 않다. 미국의 경우 독극물중독센터에 신고되는 가장 흔한 경우 중의 하나가 바로 영유아들이 주변의 식물을 빨거나 먹은 경우라고 한다. 그러므로 영유아 교사나 부모는 독성을 지니고 있는 식물의 종류를 알고 있어야 하며, 유아교육기관이나 가정에서 식물을 재배할 때는 안전한 식물을 적절한 장소에 두고, 아동들에게 다음과 같은 안전교육을 실시해야 한다.

• 유아교육기관이나 가정에는 독성이 있는 식물을 두지 않는다.
• 독성이 없는 식물이라도 영유아가 쉽게 만지거나 직접 닿을 수 없는 곳에 둔다.
• 영유아들에게 식물의 잎이나 줄기 등을 빨거나 먹어서는 안 된다는 것을 알려 준다.
• 식물에 의해 사고가 발생하면 어떻게 해야 한다는 것을 미리 알아 둔다(예: 어느 병원에 가야 한다든지, 무엇을 먹여 토하게 한다든지 등의 방법).
• 만약 식물에 의한 중독사고가 일어났을 경우에는 영유아가 먹었을 것이라고 추정되는 식물을 가지고 병원에 간다.

교실 내 초록식물

영유아들 가까이에서 기를 수 있는 독성이 없는 식물로는 소나무, 라일락, 대추야자나무, 층층나무, 작은 잎 고무나무, 고무나무, 피튜니아, 유카, 아프리카 제비꽃, 베고니아, 달리아, 들국화, 민들레 등이 있다. 우리가 잘 모르고 있지만 식물 중에는 독성이 있는 식물이 많다. 식물의 모든 부분 또는 특정한 부분에 독성을 지니고 있어 먹거나 빨았을 때 어떤 것은 치명적인 영향을 미치기도 한다. 독성이 있는 식물의 이름과 독성이 인체에 미치는 영향을 요약해 보면 다음과 같다.

표 10-2 **독성이 있는 식물이 신체에 미치는 영향**

식물 이름	독성이 있는 부분	신체에 미치는 영향
노박덩굴	열매	입안에 상처를 입는다. 구역질, 구토, 어지러움, 발작적 경련
애기미나리아재비	모든 부분	소화기관 장애, 구역질, 구토
아주까리	열매	독성이 매우 강함 유아나 성인에게 치명적임
히아신스, 수선화 등의 알뿌리 식물	알뿌리	구역질, 구토, 설사 치명적일 수 있음
아이리스	땅속 뿌리	소화기관 장애, 구역질, 구토, 설사
나리	잎과 꽃	구역질, 구토, 어지러움, 정신 혼란
포인세티아	잎	입, 식도, 위장기관에 염증을 일으킴 치명적일 수 있음
장군풀	잎, 열매	의식이 없어져 깊은 의식 불명상태에 이름 사망의 위험이 큼
스위트피	모든 부분 깍지 부분과 씨	호흡곤란, 발작성 경련, 맥박이 느려짐
미국산 아카시아 나무	잎, 깍지, 씨	유아에게 특히 위험, 구역질
벗나무	잎, 잔가지	치명적일 수 있음, 호흡곤란 유발
노란 등나무	콩처럼 생긴 깍지와 씨	발작적 경련, 깊은 의식 불명 상태에 이름
갈참나무	열매, 잎	많이 먹으면 신장에 문제 유발
주목	열매, 잎 전체	잎은 특히 치명적임, 구토, 설사, 호흡곤란

출처: Marots, Rush, & Cross (1989).

3) 야생식물에 대한 안전

숲이나 야산에 가면 스치기만 해도 부어오르거나 발진을 유발하는 식물(예: 옻나무류)도 있으며, 모양과 색이 예쁜 열매는 먹었을 때 심각한 해를 끼치는 것도 있다. 특히 가시나 바늘로 자신을 방어할 수 있도록 되어 있는 식물들은 사람의 피부를 자극하거나 유해한 독성을 가지고 있으므로 주의해야 한다. 그리고 여러 가지 독버섯류는 모양이 예쁘고 먹음직스러우나 만지거나 먹었을 때 어지러움, 호흡곤란, 구토, 발진 등의 증상을 초래하거나 생명까지 위협할 수 있으므로 주의해야 한다. 식용버섯과 독버섯을 구별하는 방법은 다음과 같다.

표 10-3 **식용버섯과 독버섯의 특징**

식용버섯	독버섯
색깔이 화려하지 않고 원색이 아닌 것	색깔이 화려하거나 원색인 것
세로로 잘 찢어지는 것	세로로 잘 찢어지지 않는 것
유액이 있는 것	유액이 없는 것
대에 반지와 같은 띠가 있는 것	대에 반지와 같은 띠가 없는 것
곤충이나 벌레가 먹은 것	벌레가 잘 먹지 않는 것
요리에 넣은 은수저가 변색되지 않는 것	요리에 넣은 은수저가 변색되는 것

따라서 영유아들에게는 방학 전이나 소풍 · 견학을 갈 때 또는 평소에도 이러한 식물들을 함부로 만지거나 먹지 못하게 하여야 하며, 만약 가시에 찔리거나 이러한 식물에 스치거나 먹었을 경우 의심되는 식물을 가지고 병원에 가서 적절한 치료를 받도록 해야 한다.

4) 유아교육기관 모래놀이터의 모래에 대한 안전

모래놀이터의 모래 속에는 동물 등의 배설물 및 죽은 곤충 등으로 인해 영유아들에게 알레르기 증상을 일으킬 수 있는 요인이 있을 수 있다. 이를 예방하기 위해서는 이물질을 제거하고 근적외선 살균, 인체에 무해한 이산화염소 항균제로 살균 소독을 한다. 또한 모래 사용 후에는 모래 속에 이물질이 들어가지 않도록 덮어 놓는다. 그리고 2개월에 1회 정도 소독을 실시한다.

5) 유아교육기관의 실내 공기 정화 안전

유아교육기관은 영유아와 교직원의 건강·위생관리를 위하여 「다중이용시설 등의 실내공기질관리법」에 따라 다음 사항을 의무적으로 이행하여야 한다. 특히, 환기, 청소 등을 수시로 실시하여 실내 공기를 쾌적하게 유지·관리하도록 하여야 하며, 환경개선 등 주기적으로 공기 정화를 위한 노력을 하여야 한다. 유아교육기관의 실내 공기 질은 영유아들과 교직원의 건강에 지대한 영향을 미친다. 이에 유아교육기관의 공기 오염 여부를 주기적으로 측정하고 발생 원인별로 개선해야 한다.

특히 자연 정화를 위해서 실내에서 공기 정화 식물을 기르는 것도 좋다. 그 하나의 예를 들어, 폼알데하이드 및 휘발성 유기 화학물 제거를 위해서 아레카야자, 인도 고무나무, 행운목 등을 기르도록 한다. 그리고 조리실 안의 일산화탄소 제거를 위해서는 스킨답서스, 산호수를 기르도록 하며, 화장실에는 암모니아 제거를 위해서 관음죽, 스파티필름, 벤저민, 고무나무 등을 키우는 것도 자연 정화를 통해서 실내 공기를 개선시키는 좋은 방법이다.

안전교육 활동계획안(동식물 안전)

생활주제	유치원과 친구	주 제	함께 만드는 유치원	대 상	만 5세
소 주 제	친구의 의미 알기			활동유형	음악
활 동 명	애완동물 친구들			집단형태	대집단
누리과정 관련요소	• 의사소통: 말하기-느낌, 생각, 경험 말하기 • 자연탐구: 과학적 탐구하기-생명체와 자연환경 알아보기				
창의인성 관련요소	• 창의성: 인지적 요소-확산적 사고 • 인성: 약속				
활동목표	• 애완동물에 대해 흥미를 갖고 살필 수 있다. • 동물을 안전하게 다루는 법을 안다.				
자료 준비 및 제작	• PPT 자료 (동물 수수께끼 사진) • (원곡: 〈작은 별〉) 동요 판 노래 중간 부분의 빈칸에 유아와 상호작용하여 가사를 넣는다.				
단계	교수 · 학습 활동			자료 제시 및 유의점	
도입	• PPT 자료를 이용하여 동물에 대한 힌트 그림을 보여 주면서 동물에 대해 흥미를 갖게 한다. −그림을 보며 어떤 동물에 대한 것인지 알아볼 거예요. • 애완동물에 대해 이야기를 나눈다. −유치원 안에는 어떤 동물들이 있나요? −우리가 집에서 기를 수 있는 애완동물에는 어떤 것들이 있나요? • 동물을 관찰할 때 조심해야 할 유의점에 대해 생각해 본다. −어제 선생님이 공원에 산책을 갔는데 예쁜 강아지가 있었어요. 그래서 선생님이 "예쁘다." 하고 만졌는데 강아지가 선생님 손을 물어 버렸어요. 친구들도 이런 적이 있었나요? −동물을 관찰할 때 어떻게 관찰해야 할까요? −어떤 점을 조심해야 할까요? • 동물도 위험할 수 있음을 간단하게 이야기 나눈다. −거북의 몸에는 세균이 있을 수 있으므로 만지고 난 후에 반드시 비누로 손을 씻어야 해요. −또 개나 고양이는 자기도 모르게 공격하는 성향이 있기 때문에 잠을 자고 있을 때나 먹이를 먹고 있을 때, 새끼를 돌볼 때는 건드리지 않아야 해요. −또 동물이 예쁘다고 입을 맞추는 것은 세균에 감염될 수 있기 때문에 피해야 해요. −물고기를 관찰할 때 어항을 두드리거나 만지면 물고기가 놀라서 아파할 수 있어요.			PPT 자료	

전개	• 동물을 관찰할 때 유의점을 노래로 불러 본다. 　－동물을 관찰할 때 조심해야 하는 점을 알아보았지요. 　－그럼 조심해야 할 점을 선생님이 준비해 온 노래(동요) 판에 친구들이 가사를 　　넣어서 불러 볼 거예요. • 원곡 불러 보기 • 유아와 상호작용하여 가사를 넣어 본다. 　－고슴도치는 몸에 가시가? 　－그래서 고슴도치는 손으로 만지지 않고 어떻게 관찰해야 할까요? 　　동물을 관찰해요. (원곡: 〈작은 별〉) 　　뾰족뾰족 고슴도치 눈으로만 보아요 　　만져서는 안 돼요 가시에 쿡 찔려요 　　엉금엉금 거북이 만지면 손 씻어요 　　뻐끔뻐끔 금붕어 툭툭 치면 놀라요 　　우리 모두 다 같이 동물을 지켜 줘요.	동요 판
마무리	• 다시 한 번 회상하며 마무리한다. 　－이번 시간에는 어떤 것에 대해 알아보았죠? 　－동물을 안전하게 관찰하는 방법에는 어떤 것들이 있었죠? 　－노래에 가사를 넣어 불러 보니 어땠어요? 　－친구들도 앞으로 동물을 관찰할 때 이 약속들을 지킬 수 있나요?	
활동평가	• 애완동물에 대해 흥미를 갖고 있는가? • 동물을 안전하게 다루는 법을 아는가?	
수업 및 교구 사진		

수업 및 교구 사진	 

 수업 동영상 파일 링크

제11장
화재안전

1. 화재안전교육의 필요성 및 방향

　　인류 문명의 발전은 불과 함께 진행되어 왔다. 불은 현대 산업사회에서 없어서는 안 될 중요한 에너지원이며, 과학 문명의 발전을 촉진하는 등 인류 문명에 크게 이바지하였다. 그렇지만 불에 대하여 조금만 주의를 게을리하면 무서운 재앙이 되기도 한다. 화재란 '사람의 의도에 반하여 발생해 손실을 입히기 때문에 꺼야 할 필요가 있는 불이 나는 것'을 말한다. 생활 속에서 일어나는 여러 가지 사고 중에서 특히 화재사고는 발생했을 때 불특정 다수의 인명 피해와 재산 피해의 규모가 크기 때문에 사회적으로 미치는 파장이 크다. 또한 화재는 대부분 부주의에서 발생하기 때문에 예방을 위해서는 일상생활 속에서 안전에 주의를 기울이고 소방안전에 대한 습관을 형성시켜야 한다. 화재는 교통사고와 함께 유아 사망사고의 주요 원인이다. 유아들은 화재가 발생했을 때 상황 판단을 하기 어렵고 신체적으로도 미성숙하기 때문에 신속히 대피하기가 어렵다.

2. 화재의 원인과 예방

2013년 기준으로 볼 때 화재는 40,923건으로 1일 평균 112.1건이 발생했고, 인명 2,180명 (1일 5.97명), 재산 4,300억 원(1일 11억 원)의 피해가 발생했다. 장소별로는 근린생활시설, 공동주택, 공장 등의 순으로 발생했다. 주택화재의 경우 인명 피해가 전체 화재의 50%에 달했는데 주로 가족 모두가 휴식을 취하는 심야 시간에 화재가 발생하였으며, 세이프키즈 코리아에 의하면 화재사고로 인한 어린이 사망의 경우 주거지에서의 사망이 가장 높은 비중을 차지하고 있는 것으로 나타났다.

원인별로는 전기, 담뱃불, 방화, 가스, 불장난 등이 많았다. 불장난으로 인한 화재는 8~9세의 어린이들에 의해 토요일, 일요일 12시부터 6시 사이에 많이 발생하는 것으로 나타났다(통계청 국가통계포털 홈페이지). 화재의 원인을 아는 것은 예방의 첫걸음이다. 일상 생활에서 화재를 일으키는 원인에 대한 지식을 갖춤으로써 화재를 예방할 수 있다.

1) 전기 화재

전기 화재는 전체 화재의 20%를 차지할 정도로 중요한 화재 원인 중 하나다. 수도관이 낡으면 물이 새거나 이물질이 쌓여 흐름이 나빠지듯이 전기용품도 낡으면 전기가 새기도 하고(누전) 전기의 흐름이 나빠진다. 전선을 묶어 놓거나 전선이 무거운 것에 눌려도 전기의 흐름이 나빠지는데, 이때 열을 발생시켜 불이 날 수 있다. 또, 하나의 콘센트에 전기 소모량이 많은 전기기구를 함께 꽂아 사용하다가 지나치게 높은 열이 발생(과열)하는 것도 화재의 주요 원인이 되고 있다.

■ 전기 화재 예방을 위해 해야 할 일

- 사용하지 않는 전기기구는 플러그를 뽑아 두고, 전기기구를 사용할 때는 'Ⓚ'자가 표시된 국가검정품을 사용하며, 사용 전압을 반드시 확인한다.
- 아동들이 고장 난 전기제품을 가지고 놀지 않도록 주의한다.
- 플러그를 뽑을 때는 전깃줄을 잡아당기지 말고 플러그를 잡고 뽑아야 전선 껍질이 벗겨져 감전되거나 전기불꽃(스파크)이 튀거나 누전되는 것을 막을 수 있다.

- 전선이 가구나 문틈에 끼지 않도록 한다.
- 콘센트에 플러그가 헐겁게 끼워져 있으면 접촉 불량으로 과열되어 화재가 날 수 있다.
- 파손된 콘센트는 바꾸고, 쓰지 않는 콘센트는 아동들이 만지지 않도록 안전커버를 씌운다.
- 물 묻은 손으로 전기기구를 만지지 않는다.

전기기구 화재 사례

2011년 12월 충남 청양군의 한 음식점에서 개점 후 치킨 조리 준비를 위해 튀김기 전원을 투입하고 자리를 비운 사이 약 45분 후에 화재가 발생하였다. 사고원인은 튀김기의 이상 과열로 추정된다.

- 전기튀김기의 화재 원인을 볼 때 가장 많은 비중을 차지하는 부분이 취급상 부주의에 의한 안전장치 손상이었다. 튀김기를 안전하게 사용하기 위해서는 ① 발화점이 낮은 올리브유를 사용하지 않는다. ② 전기튀김기의 기름탱크에는 적정한 양의 기름을 사용한다. 전기튀김기는 다른 대부분의 조리기구와 마찬가지로 사용상의 부주의나 안전장치 고장 등의 사유에 의해 과열되어 식용유 및 식재료에 착화될 수 있는 위험이 있다(이승훈, 2015).

2) 가스 화재

가스는 사용하기 편리하고 열량이 높으며 가격이 저렴해서 조리와 난방뿐만 아니라 차량의 연료 등에 다양하게 사용되고 있지만, 자칫 잘못하면 폭발 등의 위험이 있어 사용할 때 언제나 주의를 기울여야 한다.

- 가스를 사용하기 전에는 가스가 새는 곳이 없는지, 냄새가 나는지를 먼저 확인하고, 사용할 때는 불이 붙었는지를 꼭 확인해야 한다. 가스 사용 후에는 반드시 콕과 중간 밸브를 잠가야 한다.
- 가스가 샌 것을 확인했을 때는 발견 즉시 콕과 중간 밸브, 용기까지 잠가야 한다. 이때 전등, 선풍기 등 전기기구는 절대 만지지 말고 창문을 열어 환기를 시킨다. 스위치를 켜거나 끌 때 발생하는 스파크에 새어 나온 가스가 폭발할 위험이 있기 때문이다.
- 가정에서 연료로 부탄가스(LPG), 프로판가스(LP), 도시가스(LNG)가 사용되는데, 부탄

가스와 프로판가스는 공기보다 무거우므로 환기를 시킬 때도 빗자루나 방석 등으로 쓸어 내면 도움이 된다.

• 가스누출경보기를 사용할 때도 부탄가스와 프로판가스는 바닥에서 30cm, 공기보다 가벼운 도시가스는 천장에서 30cm 정도의 위치에 부착한다.

표 11-1 **LPG와 LNG의 차이점**

구분	LPG	LNG
뜻	액화석유가스	액화천연가스
특징	공기보다 무겁다(1.5~2배)	공기보다 가볍다(0.65배)
누출 시 조치방법	① 모든 밸브를 잠근다. ② 창문과 출입문을 열어 환기시킨다. ③ 빗자루나 방석 등을 이용하여 **바닥**을 쓸어 낸다.	① 모든 밸브를 잠근다. ② 창문과 출입문을 열어 환기시킨다. ③ 빗자루나 방석 등을 이용하여 **천장 부분**을 쓸어 낸다.
가스누출경보기 설치 위치	바닥에서 30cm 이내	천장에서 30cm 이내
사용제품	휴대용 가스버너 캐비닛 히터 가스레인지(LPG용)	가스레인지(LNG용) 가스오븐레인지 가스보일러
공급방법	프로판가스통(회색)	가스배관(노란색)

출처: 소방방재청(2007).

3) 유류 화재

석유, 휘발유 등 유류(기름)를 연료로 사용하는 난로, 보일러, 버너를 잘못 사용하거나 기구 자체에 문제가 있어 유류가 새어 나가 화재가 발생할 수 있다. 유류 화재는 심한 경우 폭발이 일어나기도 한다. 기름은 물보다 가벼워 물 위에 뜨는 성질 때문에 불이 날 경우 기름이 물 위에 떠서 낮은 곳으로 불이 더욱 커지는 위험이 있으므로 물을 끼얹지 않도록 주의한다. 유류 화재에는 소화기 등을 사용해서 불을 끈다.

• 난로나 버너 등을 사용하는 중에는 기름을 넣거나 옮기면 절대 안 된다. 기름이 다 떨어져 새로 넣거나 옮길 때는 불을 끄고 난 후 식은 것을 확인하고 작업한다.

• 기름통, 페인트 통 등이 있는 곳에서는 성냥이나 라이터 불, 모닥불을 켜서는 절대 안

된다.
- 난로 주변에 빨래나 탈 수 있는 물건을 두면 안 된다.

유류 화재 사례

2014년 5월 서울 종로구의 한 식당 세탁물에서 화재가 발생했다. 당시 종업원이 식당 주방에서 사용하는 행주, 수건, 목장갑, 요리사 앞치마 등을 드럼세탁기에서 세탁과 건조를 마친 후 비닐봉지에 담아 두고 남은 것은 책상 위에 두었는데 비닐봉지 안의 세탁물은 거의 완전히 소실되었고, 책상 위에 올려 두었던 세탁물 곳곳에서 누렇게 타기 시작하며 변색된 흔적이 발견되었다.

- 유지류는 자연발화성 위험물질로서 유지류가 묻은 세탁물을 드럼세탁기 내 건조과정에서 자연 발화하는 사례가 종종 보고되고 있다. 세탁물에 부착되어 있는 유지류 등 오염물이 세탁과정에서 완전히 제거되지 않으며 고온의 건조한 바람으로 세탁물을 건조하는 방법에서 잔류하는 유지류의 산화발열 현상에 의해 화재가 발생한다는 것을 유추해 볼 수 있다. 그렇기 때문에 튀김기름이나 고기의 기름이 묻어 있을 수 있는 식당 주방의 걸레, 장갑, 행주 등은 세탁기의 세탁·건조과정을 사용하지 않아야 한다. 또 건조가 끝난 세탁물은 펼쳐 빠르게 식을 수 있도록 하고, 완전히 열기가 식은 후에 개어 보관해야 한다(이승훈, 2015).

---

4) 담뱃불 화재

담뱃불의 온도는 약 500℃이고, 피우고 있을 때는 약 800℃나 되는 열을 지니고 있어 전체 화재의 약 12%를 차지할 만큼 중요한 화재 원인이 되고 있다.

- 지정된 장소에서 흡연하는 습관을 가져야 한다.
- 담배꽁초는 불씨를 완전히 제거한 후 재떨이에 버려야 한다.
- 휘발유, 가스, 화학약품 등 인화성이 강한 물질이 있는 장소나 잠자리에서는 절대 금연해야 한다.

5) 불장난

어린이들이 성냥, 라이터를 가지고 놀거나 화약 놀이, 모닥불 놀이를 하다가도 실수를 해서 불이 자주 발생하기도 한다. 특히 어린이들은 어른들보다 주의를 잘하지 못할 뿐만 아니라 불이 조금만 옮겨붙어도 쉽게 당황할 수 있으므로 어린이들에게는 불장난에 대한 주의를 철저히 해야 한다.

- 성냥, 라이터, 양초 같은 것은 어린이의 손이 닿지 않는 곳에 보관하고, 가지고 놀지 않도록 단속한다.
- 어린이들에게 가스레인지나 석유난로를 만질 수 있는 심부름을 시키지 않는다.
- 외출 시 어린이와 함께 가스밸브 잠그기, 전원 차단하기를 실천한다.

3. 화재가 났을 때 대처방법

1) 신고하기

1분, 1초가 중요한 위급 상황! 정확한 119 신고는 생사를 가를 수 있을 만큼 중요하다. 화재가 발생했을 때는 신고하는 데 걸리는 시간조차도 대피에 방해가 될 수 있으니 꼭 안전한 장소에서 신고한다. 119에 신고할 때는 정확한 위치와 상황을 알려 주어야 한다. 불이 났을 때나 응급환자가 발생했을 때의 신고요령을 미리 메모지에 적어 전화기 옆에 붙여 두면 당황하지 않고 신고할 수 있다. 소방본부 상황실에서는 신고자와 가장 가까운 소방서에 지령을 내림과 동시에 지령서가 출력되는데, 이때 휴대전화를 사용해서 신고하면 신고자와 가장 가까운 기지국의 위치로, 집 전화, 공중전화 등 일반전화는 지령 위치에 정확한 주소가 출력되기 때문에 되도록 일반전화를 사용하는 것이 좋다. GPS가 켜져 있는 상태에서 국민안전처에서 개발하여 운영 중인 '119 신고' 앱을 사용하면 자동으로 위치 표시와 함께 신고 문자가 작성되어 쉽게 신고할 수 있다. 야외에서 어디가 어디인지 잘 모를 때는 전신주에 적혀 있는 번호나 공중전화 박스에 적혀 있는 번호를 불러 주어도 정확한 위치를 확인할 수 있다.

상황별 교사지침

- 주소와 전화번호를 말하고 주변의 큰 건물 등 목표물을 말한다.
- 불이 난 원인을 알고 있다면 어떻게 화재가 났는지를 알고 있는 대로 말하고 구체적으로 상황을 설명한다.
- 아동의 대피상황을 설명한다. 고립된 아동과 건물의 층수를 이야기하면 구조 활동에 도움을 줄 수 있다. 다른 위험한 요소는 없는지 주변 상황을 최대한 침착하게 설명한다.
- 대피한 아동이나 다른 구경꾼들이 소방차 주변으로 몰려들지 않도록 주의하고 대피하지 못한 아동이 없는지 인원점검을 한다.

2) 대피하기

화재가 난 곳에서 건물 밖으로 안전하게 나오려면 여러 가지 상황을 거쳐야 하는 경우가 있다. 상황에 따라 적절하게 대처했을 때 화상이나 연기에 의한 기도 손상을 최소화할 수 있으므로 평소에 아동들에게 화재가 났을 때의 대처방법을 알려 주어야 한다. 특히 화재로 사망한 국민의 70% 이상이 화재 인지 후 초기 4분 이내에 연기로 인한 호흡장애와 패닉현상으로 사망한 것을 볼 때 연기를 피하기 위한 방법을 잘 지도하는 것이 무엇보다 중요하다 할 수 있다.

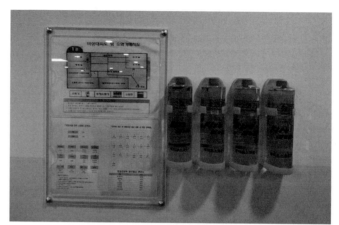

비상대피도와 투척용 소화기

- 화재가 발생했을 때 가장 먼저 할 일은 안전하게 밖으로 나오는 일이다. "불이야!" 하고 큰 소리로 외치면서 불길이 없는 가장 빠른 경로를 통하여 바깥으로 나와야 한다. 방 안에 숨어 있으면 절대 안 된다.

- 2층 이상의 건물인 경우에는 계단을 이용하여 대피한다. 불이 나서 전기가 차단되면 엘리베이터 안에 갇힐 위험이 있고, 엘리베이터 통로가 연통의 역할을 해 유독가스로 가득 차는 경우가 많으므로 이용하지 않는다. 계단을 이용해 1층으로 탈출할 수 없을 때는 옥상으로 대피하는 것도 좋은 방법이다.

- 건물에 들어갈 때는 항상 비상구 표시를 알고 찾을 수 있어야 하며, 평소에 바깥으로 나오는 여러 경로의 출구를 익혀 두어야 한다. 유아교육기관에서는 아동이나 교사가 쉽게 볼 수 있는 곳에 화재 발생 시 대피할 수 있는 경로를 붙여 두어야 한다. 또한 비상구 표시등은 항상 정상적으로 작동하도록 관리해야 한다.

- 화재 발생 시 교사는 혹시 책상 아래나 구석에 숨어 있는 아동이 있는지, 또 남아 있는 아동이 있는지 잘 살피고, 뛰다가 넘어지는 아동이 없는지 중간에 서서 확인해야 한다.

- 옷에 불이 붙었을 때는 손으로 얼굴을 가리고 바닥에 뒹굴어 불을 끈다. 손으로 털거나 뛰어서는 안 된다. 옆 사람은 옷에 불이 붙은 사람을 바닥에 눕히고 물을 붓거나 두꺼운 담요 등을 덮어서 끈다.

- 연기가 꽉 찬 곳에서는 팔과 무릎으로 엉금엉금 기어서 나간다. 보통 맑은 공기는 바닥에서 30~60cm 사이에 떠 있으므로 배를 깔고 기어서는 안 된다. 그러나 너무 어려

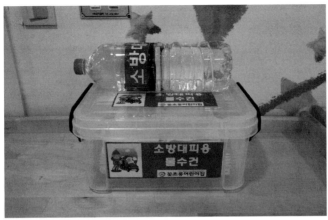

소방대피용 물수건

서 팔과 무릎으로 기는 것이 부자연스러운 아동은 허리를 굽히고 자세를 낮추어 신속하게 대피할 수 있도록 한다.

- 연기 등으로 어두워서 출입문을 찾을 수 없을 때는 손으로 벽을 더듬으면서 한쪽 방향으로 이동한다.
- 수건이나 옷을 물에 적셔 코에 대고 숨을 쉬면 유독가스와 뜨거운 연기를 흡입하는 것을 감소시킬 수 있다. 물에 적신 수건을 사용하는 것의 중요성을 안다. 수건이 없을 때는 윗옷으로 코와 입을 막는다.
- 문의 손잡이를 만져 보고 뜨겁지 않으면 천천히 문을 열고 나간다. 그러나 손잡이가 뜨거우면 불길이 들어올 수 있으므로 문을 열지 않는다.
- 건물의 방에 갇힌 경우에는 불길이 번져 들어오지 못하게 문을 닫고, 연기가 들어오지 못하게 문 틈새를 이불이나 옷을 물에 적셔 막고, 창문을 통하여 도움을 요청한다. 옷을 벗어 흔들면 소방관이 쉽게 발견할 수 있다. 무리하게 뛰어내리지 말고 침착하게 소방관의 구조를 기다린다.
- 베란다가 있는 건물에서 불길 때문에 바깥으로 대피하지 못한 경우에는 베란다로 대피하고, 반드시 베란다에서 건물 내부로 통하는 문을 닫아 불길이나 유독가스가 들어오지 못하도록 한다. 평소 베란다에 옆집으로 대피할 수 있는 경량 칸막이나 아랫집으로 대피할 수 있는 피난용 사다리가 설치되어 있는지 확인해 둔다.
- 대피할 때는 문을 닫아 불꽃, 열, 연기가 다른 곳으로 번지지 않도록 한다.

대피공간에서 기다려요!!

아파트 화재 시 피난요령

- 아파트 발코니 벽면은 옆 세대로 피난할 수 있는 경량칸막이로 되어 있어 화재 시 부수고 옆 세대로 대피할 수 있다.
- 경량칸막이가 없으면 대피 공간으로 이동한다.
- 주로 보일러실이나 다용도실로 사용되는 대피 공간은 '방화문'으로 되어 있다.
- 아파트 구조마다 대피 공간의 위치가 다르므로 평소 우리 집 대피 공간이 어디인지 확인한다.
- 대피 공간에서 소방대원의 구조를 기다린다.

4. 알아 두어야 할 소방시설

소방시설은 크게 경보설비, 소화설비, 피난설비, 소화용수설비, 소화활동설비로 나누어진다.

표 11-2 **소방시설의 종류**

구분	용도	종류
경보설비	화재발생을 감지하고 통보하는 설비	비상벨, 누전경보기, 자동화재탐지설비, 비상방송·자동화재속보설비, 가스누출경보기 등
소화설비	물이나 소화약제를 이용하여 수동 또는 자동으로 불을 끄는 설비	소화기, 옥내소화전, 옥외소화전, 스프링클러설비, 이산화탄소 소화설비 등
피난설비	화재발생 시 긴급 대피를 위해 사용하는 설비	완강기, 공기호흡기, 유도등, 미끄럼대, 피난사다리, 비상조명등설비 등
소화용수설비	소화에 필요한 물을 저장하는 설비	상수도 소화용수설비, 소화수조, 저수조 등
소화활동설비	소화활동을 지원하기 위한 설비	제연설비, 연결송수관설비, 연결살수설비, 비상콘센트설비, 연소방지설비 등

1) 경보설비

경보설비는 불이 났다는 것을 사람들에게 빨리 알려 주는 설비다. 경보설비 종류에는 비상벨, 단독경보형감지기, 누전경보기, 자동화재탐지설비 등이 있는데, 유아교육기관에는 자동화재탐지설비가 많이 설치되어 있다. 자동화재탐지설비는 감지기, 발신기, 수신기가 한 세트로 되어 있는데, 수신반에서는 몇 층에서 화재가 났는지 확인할 수 있다.

■ 자동화재탐지설비

자동화재탐지설비 수신기

- 감지기(부): 열, 연기, 불꽃 등으로 화재 초기에 불이 난 것을 자동으로 알아채고 벨을 울리도록 해 준다. 교실에는 일정 온도 이상의 변화를 감지하는 자동식감지기, 복도에는 흘러나온 연기를 감지하는 연기식감지기, 화기를 사용하는 조리실에는 일정 온도에서 작동하는 정온식감지기, 계단의 제일 높은 곳에는 모이는 연기를 감지하는 연기식감지기를 설치한다.
- 발신기: 불이 났을 때 사람이 눌러서 불이 났다고 알려 주는 기구다. 불이 나지 않았는데도 장난삼아 누르지 않도록 주의한다. 자동화재탐지설비를 설치한 모든 대상에 시각경보기를 설치해야 하기 때문에 자동화재탐지설비의 발신기 부분에는 시각경보기가 함께 설치되어 있는 경우가 많다.
- 수신기: 감지기나 발신기가 불이 났다는 신호를 보내면 이 신호를 사람들에게 알려 주고, 불을 끌 수 있는 기계들이 작동할 수 있도록 해 준다.
- 단독경보형감지기: 연기를 감지해 화재 초기에 불이 났다고 알려 주는 기구다. 별도의 전선이 필요 없고 건전지를 사용해 천장에 부착하는 것으로 구획된 공간(침실, 거실, 주방 등)에 설치한다.

2) 소화설비

불을 끌 때 사용하는 설비다. 소화기, 옥내소화전, 옥외소화전, 스프링클러, 마른 모래,

포소화설비(포용액과 물이 거품 형태로 방출되면서 산소의 공급을 차단하는 질식소화설비로 초기 소화를 한다), 이산화탄소 같은 가스를 이용하는 소화설비 등이 있다.

(1) 소화기

가정이나 유아교육기관에 비치되어 있는 분말 소화기는 주로 일반화재, 전기화재, 유류화재에 모두 사용할 수 있다. 가정이나 유아교육기관에서는 각 방이나 교실마다 소화기를 꼭 준비해 두어야 한다. 유아들에게 소화기의 필요성을 알려 주고, 소화기를 가지고 장난을 쳐서는 안 된다는 것을 가르쳐야 한다. 소화기의 사용방법은 다음과 같다.

① 소화기 사용방법
- 소화기의 안전핀을 뽑는다.
- 타고 있는 물체에 노즐을 겨냥한다.
- 손잡이를 꽉 쥐고 노즐을 비로 쓸 듯이 움직이면서 불을 끈다.
- 소화기는 대피 통로를 확보해 둔 상태에서 불길로부터 2~3m 정도 떨어진 거리에서 바람을 등지고 사용해야 한다.

이때 유념할 점은 소화기를 사용하다가 탈출할 수 있는 시간을 놓치지 않아야 한다는 점이다. 3.3kg의 가정용 분말 소화기의 경우 약 11초 내외로 사용할 수 있다.

실외에서는 바람을 등지고, 실내에서는 출입문을 등지고 소화기를 사용한다. 바람이 앞에서 불면 소화기 안의 약제가 바람에 날려가 버리거나 불꽃이 바람에 날려 타고 있는 물체를 겨냥하기 어렵다. 실내에서는 소화기를 쓰다가 언제라도 탈출할 수 있어야 한다.

축압식 소화기

분말 소화기

간이 소화 용구

[그림 11-1] 소화기의 종류

① 안전핀을 뽑는다.

② 노즐을 빼서 불쪽으로 향한다.

③ 손잡이를 움켜쥔다.

④ 바람을 등지고 골고루 분사한다.

[그림 11-2] 안전한 소화기 사용법

② 소화기의 비치

- 소화기는 누구라도 사용할 수 있도록 항상 잘 보이는 곳, 잘 꺼낼 수 있는 곳, 그늘진 곳, 습기가 적은 곳에 보관해야 하며, 늘 같은 장소에 있어야 한다. 유아들이 소화기를 사용하거나 장난치게 해서는 안 된다.
- 소화기는 한꺼번에 모아 두지 말고 거리를 두고 나눠서 비치한다.
- 한 번 사용한 소화기는 약제가 남았더라도 나중에 다시 사용할 수 없으므로 사용 후에는 반드시 재충전한다.
- 적어도 한 달에 한 번 이상은 아래, 위로 뒤집어 흔들어 주고 분말 약제가 굳었는지, 가스충전 게이지가 녹색 부분에 있는지를 확인한다(가스충전 게이지가 없는 소화기는 사용하면 안 된다. 소방서에 문의해야 한다).

(2) 옥내소화전

옥내소화전 설비는 소화기와 함께 거주자가 직접 화재 발생 초기에 유용하게 사용할 수 있는 소화기구다. 건물의 층마다 설치되어 있는데, 옥내소화전이라고 쓰인 빨간색이나 은색의 알루미늄 함 안에 큰 호스가 배관에 연결되어 있다.

옥내소화전

① 옥내소화전 점검

함 안에는 노즐과 호스가 들어 있다. 간혹 아파트의 경우 동으로 된 노즐을 절단해 가는 도둑이 있으니 가끔 소화전 함을 열어 관창의 유무를 확인해야 한다. 플라스틱 재질로 된 관창을 사용하는 것도 도난방지에 도움이 된다.

② 옥내소화전 사용방법

• 화재 발생을 목격하면 화재를 알리는 발신기 스위치를 누른다.
• 옥내소화전 함의 문을 열어 노즐(물을 뿌리는 부분)과 호스를 꺼낸다. 옥내소화전에 있는 호스가 길기 때문에 한 사람은 호스의 접힌 부분을 펴 준다.
• 옥내소화전 함의 개폐 밸브를 시계 반대 방향으로 돌려 물을 뿌린다.
• 화재 진화를 마쳤다면 녹색 정지 스위치를 누르고 밸브를 잠근다.

(3) 스프링클러

불이 나면 건물 안의 천장이나 벽에 설치해 놓은 기구를 통해 물이 비처럼 쏟아져 불을 끄는 설비다. 인테리어 제품들이 스프링클러의 물이 분사되는 것을 방해하지 않도록 유의한다.

스프링클러 1, 2, 3, 4, 5

[그림 11-3] 여러 가지 형태의 스프링클러

3) 피난설비

피난설비는 불이 났을 경우 건물 안의 계단 등으로 대피할 수 없을 때 밖으로 탈출할 수 있도록 도움을 주는 시설 또는 기구를 말한다. 피난설비는 직접 사용할 기회가 많지 않겠지만 평소 사용법을 잘 익혀 두어야 불이 났을 때 빠르고 안전하게 대피할 수 있다.

(1) 피난시설

① 피난계단
건물 안에 있는 사람이 안전하게 밖으로 나갈 수 있도록 만든 계단으로, 피난에 지장을 줄 수 있기 때문에 피난계단에 물건이나 쓰레기를 두어서는 안 된다.

② 유도등, 유도표지
피난할 수 있는 방향을 알려 주는 등이나 표지를 말한다.

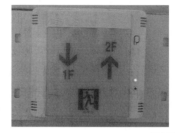

축광 피난구 유도표지   피난구 유도등

(2) 피난기구

피난기구에는 피난사다리, 미끄럼대, 구조대, 완강기, 공기안전매트, 피난밧줄 등이 있지만 유아교육시설에는 피난사다리, 미끄럼대, 구조대, 피난교를 설치할 수 있다(보건복지부에서 2014년부터 보육시설 수직구조대, 피난용트랩 불인정).

① 미끄럼대

미끄럼대는 2층과 3층에 각각 설치할 수 있으며, 경사 각도가 완만해야 한다.

② 구조대

포지 등을 사용하여 자루 형태로 만든 것으로, 건물의 창에서 땅 위로 설치해 미끄러져 대피할 수 있다. 활강포 하부는 지면에서 말뚝이나 다리에 팽팽하게 고정시킨다.

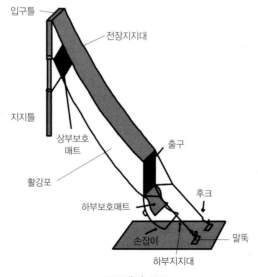

구조대의 구조

③ 피난교

건축물의 옥상층 또는 그 이하의 층에서 화재발생 시 옆 건축물로 피난하기 위해 설치하는 피난기구다.

*피난교의 구조

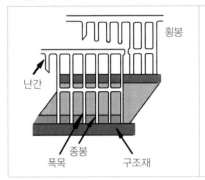

피난교의 폭 60cm, 난간의 높이 1.1m 이상, 난간의 간격 18cm 이하를 권장하나 현장여건에 따라 판단토록 하되, 바닥면은 미끄럼 방지 조치

5. 유아교육기관에 설치되는 소방시설

유아교육기관에 설치되어야 하는 소방시설의 법적 근거는 「화재예방, 소방시설 설치·유지 및 안전관리에 관한 법률」에 있다. 보육시설의 경우 보건복지부에서 '보육사업 안내'를 통해 지침을 내리고 있고, 유치원도 교육부의 '유치원 시설안전관리 매뉴얼'이 있으므로 시설의 인·허가 시 각각의 기준을 함께 참고해야 한다. 「화재예방, 소방시설 설치·유지 및 안전관리에 관한 법률」에는 유치원과 어린이집을 구분하지 않고 노유자 시설로 분류해 해당되는 시설을 적용하고 있으므로 여기서도 '노유자 시설(老幼者 施設)'이라는 용어를 사용한다. 노유자 시설로 사용하는 면적에 따라 시설을 적용하지만, 건물의 전체 면적과 용도에 따라서도 적용되는 시설이 있으므로 건물에 설치되어 있는 소방시설도 살펴보기로 한다.

1) 소화설비

(1) 소화기구

연면적 33m² 이상인 곳에는 소화기를 설치해야 한다. 다만, 노유자 시설의 경우에는 투

적용 소화용구 등을 화재안전기준에 따라 산정된 소화기 수량의 2분의 1 이상으로 설치할 수 있다(「화재예방, 소방시설 설치·유지 및 안전관리에 관한 법률」 시행령 [별표 5]).

(2) 자동확산소화장치

모든 주방과 보일러실 상부에는 자동확산소화장치를 설치해야 한다(소화기구 및 자동소화장치의 화재안전기준(NFSC 101) [별표 4]).

(3) 옥내소화전설비

연면적 1,500㎡ 이상이거나 지하층·무창층 또는 층수가 4층 이상인 층 중 바닥면적이 300㎡ 이상인 층이 있는 곳은 모든 층에 옥내소화전설비를 설치해야 한다(「화재예방, 소방시설 설치·유지 및 안전관리에 관한 법률」 시행령 [별표 5]).

(4) 스프링클러설비

바닥면적의 합계가 600㎡ 이상인 경우 모든 층에 스프링클러설비를 설치해야 한다(「화재예방, 소방시설 설치·유지 및 안전관리에 관한 법률」 시행령 [별표 5]).

(5) 간이스프링클러설비

단독주택 또는 공동주택에 설치되는 시설을 제외한 '노유자 생활시설'과 노유자 시설로 사용하는 바닥면적의 합계가 300㎡ 이상 600㎡ 미만인 시설, 창살(철재·플라스틱 또는 목재 등으로 사람의 탈출 등을 막기 위하여 설치한 것을 말하며, 화재 시 자동으로 열리는 구조로 되어 있는 창살은 제외한다)이 설치된 시설에는 간이스프링클러설비를 설치해야 한다(「화재예방, 소방시설 설치·유지 및 안전관리에 관한 법률」 시행령 [별표 5]).

(6) 옥외소화전설비

지상 1층 및 2층의 바닥면적의 합계가 9,000㎡ 이상인 곳에는 옥외소화전 설비를 설치해야 한다(「화재예방, 소방시설 설치·유지 및 안전관리에 관한 법률」 시행령 [별표 5]).

2) 경보설비

(「화재예방, 소방시설 설치·유지 및 안전관리에 관한 법률」 시행령 [별표 5])

(1) 자동화재탐지설비

자동화재탐지설비를 해야 하는 대상은 건물의 주 용도가 무엇인가에 따라서 연면적 적용이 달라지기 때문에 노유자 시설을 위주로 살펴보면, 연면적 400m² 이상인 노유자 시설과 노유자 생활시설은 자동화재탐지설비를 설치해야 한다. 연면적이라 함은 「화재예방, 소방시설 설치·유지 및 안전관리에 관한 법률」 시행령에서 하나의 건축물의 각 층의 바닥면적의 합계를 말한다.

(2) 비상방송설비

연면적 3,500m² 이상, 지하층을 제외한 층수가 11층 이상, 지하층의 층수가 3층 이상인 곳에는 비상방송설비를 설치해야 한다.

(3) 자동화재속보설비

노유자 시설로서 바닥면적이 500m² 이상인 층이 있는 곳에는 자동화재속보설비를 설치해야 하는데, 다만 사람이 24시간 상시 근무하고 있는 경우에는 자동화재속보설비를 설치하지 않을 수 있다.

3) 피난설비

(1) 피난기구: 적응성 있는 피난기구 설치

피난기구의 화재안전기준(NFSC 301) [별표 1]

지하층	3층	4층 ~ 10층
피난용트랩	미끄럼대·구조대·피난교·피난용트랩·다수인피난장비·승강식피난기	구조대·피난교·피난용트랩·다수인피난장비·승강식피난기

(2) 유도등

각 출입구 및 복도, 통로, 계단 등에는 유도등을 설치해야 한다(유도등 및 유도표지의 화재
안전기준(NFSC 303) 제5조, 제6조).

(3) 비상조명등설비

지하층을 포함하는 층수가 5층 이상인 건축물로서 연면적 3,000m² 이상인 건물에는 전
층에 설치하고, 지하층 또는 무창층의 바닥면적이 450m² 이상인 경우에는 그 지하층 또는
무창층에 설치해야 한다(「화재예방, 소방시설 설치·유지 및 안전관리에 관한 법률」 시행령 [별
표 5]).

4) 소화용수설비

(「화재예방, 소방시설 설치·유지 및 안전관리에 관한 법률」 시행령 [별표 5])

■ 상수도소화용수설비

건물의 연면적이 5,000m² 이상인 경우에 설치해야 한다.

5) 소화활동설비

(「화재예방, 소방시설 설치·유지 및 안전관리에 관한 법률」 시행령 [별표 5])

(1) 연결송수관설비

층수가 5층 이상으로 연면적 6,000m² 이상, 지하층을 포함하는 층수가 7층 이상, 지하
층의 층수가 3층 이상이고, 지하층의 바닥면적의 합계가 1,000m² 이상인 건물에 설치해
야 한다.

(2) 연결살수설비

지하층 바닥면적의 합계가 150m² 이상인 건물에 설치해야 한다.

(3) 비상콘센트설비

층수가 11층 이상인 경우에는 11층 이상의 층, 지하층의 층수가 3층 이상이고 지하층의

바닥면적의 합계가 1,000m² 이상인 건물에는 지하층의 모든 층에 설치해야 한다.

6) 방염 관련

(1) 실내장식물

　종이류(두께가 2mm 이상인 것을 말한다) · 합성수지류 또는 섬유류를 주원료로 한 물품, 합판 또는 목재로 된 실내장식물이나 공간을 구획하기 위하여 설치하는 간이 칸막이(접이식 등 이동 가능한 벽체나 천장 또는 반자가 실내에 접하는 부분까지 구획하지 아니하는 벽체를 말한다), 흡음(吸音)이나 방음(防音)을 위하여 설치하는 흡음재(흡음용 커튼을 포함한다) 또는 방음재(방음용 커튼을 포함한다) 등은 방염 조치를 해야 한다(「다중이용업소의 안전관리에 관한 특별법」 시행령 제3조).

(2) 방염 성능 물품

　커튼류(블라인드 포함), 카펫, 두께가 2mm 미만인 벽지류(종이 벽지는 제외), 전시용 합판 또는 섬유판, 무대용 합판 또는 섬유판, 암막 · 무대막은 방염 성능의 물품을 사용해야 하며, 합판 · 목재를 사용하는 경우에는 소방서에 별도로 방염 성능 검사 신청을 해야 한다(「화재예방, 소방시설 설치 · 유지 및 안전관리에 관한 법률」 시행령 제20조).

7) 마감 재료

　내부의 벽 및 반자의 실내에 접하는 부분(반자돌림대, 창대, 기타 이와 유사한 것은 제외한다)의 마감은 불연 재료, 준불연 재료 또는 난연 재료로 해야 하며, 실내에서 지상으로 통하는 주된 복도, 계단, 기타 통로의 벽 및 반자의 실내에 접하는 부분의 마감은 불연 재료 또는 준불연 재료로 하여야 한다(「건축법」 52조, 「건축물의 피난 · 방화구조 등의 기준에 관한 규칙」 제24조).

화재안전에 대한 유용한 정보 Q & A

Q. 화재·구조·구급 시 사용하는 119의 유래는?
A. 119번은 각종 재난으로부터 시민의 생명과 재산을 보호하고, 사고가 발생했을 때 한 명도 빠짐
없이 구조한다는 뜻에서 '일일이 구한다' '일일이 구조하라'라는 의미를 담고 있다.

♠ 국가별 화재신고 번호

프랑스	18	미 국	911	중 국	119	대한민국	119
독 일	112	일 본	119	이탈리아	15	러시아	01

출처: 소방방재청(2007).

6. 화재 대피훈련

가정이나 유아교육기관에서는 사전에 화재 시 어떤 경로를 통하여 건물 바깥으로 대피할 것인지 미리 지침을 마련하고, 정기적으로 예고 없이 훈련을 실시해야 한다. 정해지지 않은 시간대에 대피훈련을 반복하여 실시하면 유아들은 위급한 상황에 처했을 때 거의 반사적으로 대피할 수 있다.

대피훈련에서는 다음 사항을 유의해야 한다.

- 실제 불이 났을 때와 동일하게 훈련을 실시한다.
- 화재경보 신호와 다른 용도로 쓰이는 신호를 구별할 수 있도록 한다.
- 화재경보기가 울리면 놀던 것을 멈추거나 화장실에서 나와서 교사에게로 간다. 건물 밖에 있었을 때는 그대로 바깥에 있으면서 평소에 모이기로 약속해 둔 장소로 간다. 화재경보가 울리면 교사의 지시대로 신속하게 움직인다. 자기의 소지품이나 옷 등을 챙기려 하지 않는다.
- 교사는 평소 유아의 수 이상으로 손수건을 준비해 두었다가 대피훈련 때 신속하게 물에 적셔 나누어 준다. 아동들은 젖은 수건으로 코와 입을 막고 대피한다. 최근에는 습식 방연 마스크와 눈보호대가 제품으로 출시되어 유사시 신속하게 사용할 수 있게 되어 있기도 하다.
- 자위소방대 편성표를 만들어 화재가 났을 때 교사의 역할을 분담해 두고, 훈련을 할

때는 교대로 역할을 수행해 본다.

여러 가지의 가능한 대피 경로를 평소에 준비하고 각 경로에 대한 대피훈련을 정기적으로 반복하여 실시한다. 신체적 장애가 있는 아동들에 대한 대피계획도 사전에 검토되어야 한다.

화재 대피계획서 작성 예시

햇님반 화재 대피계획서

- 우리 반 친구
  최민수, 정영희, 임은영, 조승현, 강혜원, 김미정, 정혜현

- 불이 나면 대피해서 만나는 장소
  - 첫 번째: 놀이터 미끄럼대 밑
  - 두 번째: 텃밭 펌프 옆

- 우리 원 평면도

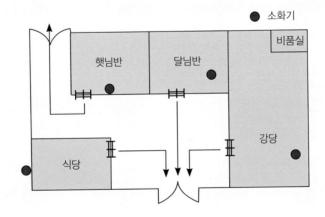

표 11-3 **화재안전 체크리스트**

구분	점검사항	그렇다	아니다	비고
화재 예방	가스레인지에는 가스 누출 자동차단장치가 설치되어 있다.			
	조리실의 가열 기구 및 화기 시설 주변에는 탈 수 있는 물건들이 놓여 있지 않다.			
	조리실에 소화기가 비치되어 있다.			
	가스누출탐지기가 설치되어 있다.			
	누전 차단기가 설치되어 있으며, 적정한 퓨즈를 사용하였다.			
	전선이 묶여 있거나 가구에 눌려 있지 않다.			
	사용하지 않는 콘센트는 보호덮개가 덮여 있다.			
소방 시설	각 실에는 화재 감지기가 작동되고 있다.			
	교실에는 관리실, 교무실, 다른 교실과 상호 연결되는 통신시설(인터폰 등) 또는 방송시설이 설치되어 있다.			
	자동화재탐지설비 누름스위치가 눌러져 있지 않고 정상으로 유지되고 있다.			
피난 시설	교실의 출입문은 2개 이상으로, 각각 다른 방향으로 피난이 가능하도록 설치되어 있다.			
	피난 방향을 알리는 유도등이나 유도표지가 부착되어 있다.			
	피난 통로에는 물건이 비치되어 있거나 다른 용도로 만든 시설물이 없어 대피에 지장을 주지 않는다.			
	출입문, 피난구의 문은 대피 방향으로 열리며, 잠금장치가 설치되어 있지 않다.			
	미끄럼대 주변은 평상시 잘 정리되어 있어 비상시 미끄럼대를 이용해 대피해도 다칠 위험이 없다.			
훈련	화재 대피훈련을 매월 실시하고 있다.			
	교사들이 자위소방대를 조직해 역할을 분담했다.			
	유아들과 함께 화재 대피계획서를 작성해 두었다.			
소화기	소화기는 눈에 띄는 곳에 보관하고 있다.			
	소화기의 가스충전 게이지는 정상이다.			
	소화기 사용방법이 부착되어 있다.			
대피	화재 발생 시 피난 안내도를 눈에 띄는 곳에 부착해 두었다.			
	계단에는 물건이 비치되어 있지 않아 대피에 지장을 주지 않는다.			
신고	119에 신고하는 요령이 전화기 주변에 부착되어 있다.			
응급 처치	옷에 불이 붙었을 경우 응급처치 방법을 알고 있다.			
	화상을 입었을 때 응급처치 방법을 알고 있다.			

7. 상황별 응급처치(화상)

영유아의 화상은 전체 화상의 1/3을 차지하며 영유아의 표피는 성인에 비해 얇기 때문에 성인보다 깊게 화상을 입는 경우가 대부분이다. 생후 6개월에서 2세 사이는 전기나 압력밥솥에 의한 화상이 많고, 2~6세는 냉온수기 화상이 많다.

1) 화상의 원인

(1) 열탕화상

끓는 액체, 뜨거운 물질이나 가연성 기체, 증기 등에 의해서 발생하는 것으로, 가장 많이 발생하는 화상이다.

(2) 화염화상

화재 등에 의해 발생하는 화상으로, 상처가 깊고 호흡기 손상을 동반하는 등 후유증이 심하다.

(3) 접촉화상

뜨거운 물건에 접촉하여 발생하는 화상으로, 유아들의 경우 런닝머신이나 에스컬레이터와 같은 기계로 인한 접촉성 화상이 발생하기도 한다. 겨울철 전기장판이나 핫팩 같은 발열 제품에 피부를 장시간 노출하여 화상을 입기도 한다.

(4) 전기화상

전기에 의한 화상은 약한 전기 충격으로도 심한 내부 손상을 일으킬 수 있다. 전류에 의한 불꽃으로 화상을 입거나, 전기의 섬광으로 화상을 입거나, 전류가 몸을 통과(감전)해 손상이 일어나는데, 외관상으로 보이는 것보다 인체 내에서 일어나는 손상이 더 클 수 있기 때문에 전기콘센트에 플라스틱 커버를 씌워 놓는 등 감전사고 예방에 주의해야 한다.

(5) 화학화상

　강한 산이나 강한 알칼리와 같은 부식성 물질이 피부에 닿아 발생하는 화학화상은 화학물질이 피부에 닿아 있는 한 '화상'이 계속 진행되므로 가능하면 빨리 화학물질을 제거해야 한다. 가능하면 호스나 샤워기를 사용해 흐르는 물로 화상 부위를 씻어 내고, 분말 제품은 물로 씻기 전에 충분이 털어 낸다. 모든 화학화상은 즉시 병원에서 치료해야 한다.

2) 화상의 정도

　화상의 정도는 '깊이'와 '너비'로 판단한다. 특히 너비가 문제인데, 성인에게서는 전신의 20%, 영유아는 10% 이상인 경우 생명이 위험하기 때문에 구급차를 불러야 한다. 너비에 대한 판단은 자신의 손바닥의 크기를 대략적으로 1%로 하여 측정한다.

　화상의 깊이에 의한 증상은 1도 정도의 화상은 피부가 발개지고, 얼얼하지만, 보통 시원한 물로 식히면 수일 내로 낫는다. 2도 정도의 화상은 물집이 생기고, 심한 통증이 따른다. 이 경우에는 물로 식히고 거즈를 댄 후 병원에서 치료를 받으면 1~2주 정도면 낫는다. 3도 정도의 화상은 피부가 하얗게 보이거나 검게 탄 경우로, 통증조차 느끼지 못한다. 피부이식 등의 치료가 필요하며, 생명이 위험할 수도 있다.

3) 화상의 기본적인 응급처치

- 가벼운 화상일 경우 바로 깨끗한 찬물에 화상 부위를 담가 식힌다.
- 물집은 터뜨리지 않는다. 터뜨리면 감염되기 쉽고, 치유가 그만큼 지연되기 때문이다.
- 냉각시킨 후에는 깨끗한 거즈와 천으로 가볍게 덮고 병원에 간다. 이때 붕대 등으로 세게 감아서는 안 된다.
- 기름, 된장, 알로에를 바르는 등의 민간치료는 절대 금물이다(감염 우려).
- 3도 이상인 경우에는 환자가 물을 찾더라도 절대 주어서는 안 된다.

4) 화상처치 시 유의사항

- 옷을 입은 채로 화상을 입었을 때는 옷을 벗기려고 하거나, 상처에 붙은 부분을 억지로 떼지 않는다.
- 옷을 입은 채로 흐르는 물로 열을 식힌다.
- 화상은 신속한 병원 이송보다 즉시 열을 식혀 주는 것이 더 중요하다.

감전

감전사고에 의한 화상은 전류가 인체에 흐르면서 세포가 괴사되는 등 일반적인 화상과는 다르기 때문에 전문적인 치료가 필요하다. 주거시설에서의 감전사고는 전체의 27.8%나 차지하고, 영유아들이 호기심으로 콘센트에 젓가락 등의 쇠붙이를 삽입하거나 장난으로 전기설비를 만지다가 발생한 사고도 8.4%나 되는 것으로 집계되고 있다.

감전당한 사람을 발견했을 때는
- 사고지역이 안전한지 확인한다. 전기를 차단하고 접근한다.
- 맨손으로 감전당한 사람을 만지지 않는다. 전기가 통하지 않는 기구를 이용해 감전당한 사람과 전기기구를 분리한다.
- 피해자의 호흡을 확인하고 119에 신고한 후 심폐소생술 여부를 결정한다.

안전교육 활동계획안(화재안전)

생활주제	유치원과 친구	주 제	유치원의 환경	대 상	만 5세
소 주 제	유치원 돌아보기			활동유형	음악
활 동 명	비상구는 어디 있나?			집단형태	대집단
누리과정 관련요소	• 신체운동 · 건강: 안전하게 생활하기-비상시 적절히 대처하기 • 의사소통: 듣기-동요, 동시, 동화 듣고 이해하기 • 예술경험: 예술적 표현하기-음악으로 표현하기				
창의인성 관련요소	• 창의성: 인지적 요소-확산적 사고 정의적 요소-끈기, 열정, 즐거움, 흥미, 자율성, 다양성 • 인성: 배려, 약속				
활동목표	• 화재 경보음의 역할을 말할 수 있다. • 비상구의 필요성에 대하여 말할 수 있다. • 화재 경보음의 필요성에 관심을 갖는다.				
자료 준비 및 제작	• 화재 경보음 음원 • 〈불이 났을 땐〉 막대 악보 판 -2절지 크기의 하드보드지를 절반으로 접을 수 있도록 칼집을 낸다. -앞면에 부직포를 부착한다. -EVA로 음길이에 맞게 막대 모양으로 자르고, 뒤에 까끌이를 부착한다. -가사 내용에 맞는 그림을 코팅하여 EVA에 댄다. -가사를 코팅하여 뒤에 까끌이를 부착한다. -절연 테이프로 마감 처리한다. -가사 재구성을 위해 가사 부분에 흰 종이를 코팅하여 붙인 후 보드마카로 자유롭게 지우고 쓰기를 한다. • 비상구 그림자료 -PPT로 제작 • 손가락 지시봉 -가사를 읽을 때 교사가 글자를 짚으며 읽어 주도록 한다. -팀을 나누어 노래를 부를 때 팀을 가리키도록 한다. • 피아노 -피아노 연주를 통해 즐겁게 노래를 부른다.				
단계	교수 · 학습 활동			자료 제시 및 유의점	
도입	• 화재 경보음을 들려주며 주의를 집중시킨다. -선생님이 어떤 소리를 준비했어요. 어떤 소리인지 들어 볼까요? -(화재 경보음을 들려준다) 방금 들은 소리는 어떤 소리일까요? -다시 한 번 들어 볼까요? (다시 한 번 들려준다)			화재 경보음을 너무 길게 들려주지 않는다.	

도입	−이 소리를 무엇이라고 부를까요? • 유치원에 화재가 발생했을 시 대피하는 방법에 대하여 이야기 나눈다. −만약 우리 친구들이 유치원에서 놀고 있을 때 화재 경보음이 울리면 어떻게 해야 할까요? −무섭다고 숨으면 어떻게 될까요? −문은 하나인데 어떻게 하면 빨리 밖으로 나갈 수 있을까요? −(비상구 사진을 보여 주며) 이 사진은 어떤 사진인 것 같아요? −비상구는 어떤 역할을 할까요? −우리 유치원에는 비상구가 어디에 있을까요?	
전개	• 먼저 원곡을 불러 본다. −우리가 지금까지 했던 이야기를 노래로 불러 볼까요? −먼저 〈학교 종〉이라는 노래에 맞춰 불러 볼 거예요. 선생님과 〈학교 종〉이라는 노래를 불러 볼까요? • 불이 났을 때 대처하는 방법에 대한 노래를 불러 본다. −노래 제목을 큰 소리로 읽어 볼까요? −교사가 가사를 읽고 유아가 가사를 따라 읽는다. −동그라미 부분을 유아와 함께 가사를 만들어 본다. 〈불이 났을 땐〉(〈학교 종〉 개사) 유치원에 불 나면 ○○○○ ○○○ 비상구를 찾아서 밖으로 나가요. • 다양한 방법으로 노래를 익힌다. • 유아들과 한 소절씩 따라 부르도록 한다. • 유아와 교사가 번갈아 불러 보도록 한다. • 다 함께 불러 본다. • 팀을 구성하여 불러 본다. • 율동을 만들어 불러 본다.	막대 악보 판 피아노
마무리	• 활동을 마무리하고 느낀 점을 이야기 나눈다. −노래를 부르고 나니 느낌이 어땠어요? −어려운 점은 없었나요? • 화재 발생 시 대처방법에 대해 상기시킨다. −노래에서 불이 나면 어떻게 해야 한다고 했나요? −비상구는 어떤 경우에 필요하다고 했나요? −비상구가 없다면 어떻게 될까요? −화재 경보음은 어떤 상황에서 울린다고 했나요? • 다음 활동을 소개한다.	다음에 이루어질 활동에 대해 언급한다.

활동평가	• 화재 경보음의 역할을 말할 수 있는가? • 비상구의 필요성에 대하여 말할 수 있는가? • 화재 경보음의 필요성에 관심을 가지는가?
수업 및 교구 사진	 ▲ 유아들과 함께 가사를 읽고 있는 모습  ▲ 교사가 피아노를 연주하며 유아와 함께 노래 부르는 모습  ▲ 비상구 그림자료(PPT 자료)

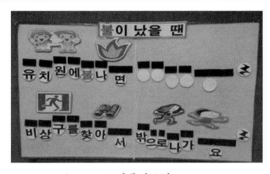

▲ 막대 악보 판

수업
및
교구
사진

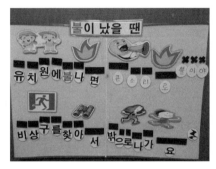

▲유아들과 함께 만든 가사

▲ 가사를 짚어 주고 팀으로 노래를 부를 때 사용하는 손가락 지시봉

 수업 동영상 파일 링크

제12장
재난대비 안전

    우리는 삶의 과정에서 수많은 크고 작은 재난을 보고, 듣고, 때로는 직간접적으로 경험하기도 한다. 재난의 발생과 피해는 규모나 빈도에 따라 개인, 가정, 유아교육기관, 기업, 사회 또는 국가적인 수준으로 발전하기도 한다. 인류는 시대에 따라 끊임없이 위험을 겪고 극복하면서 생존해 왔고, 한 개인에서 국가에 이르기까지 당면하는 위험을 얼마나 잘 극복했느냐에 따라 흥망성쇠가 좌우되었다. 위험을 대비하려 새로운 도구가 개발되고 문명이 발달하게 되었으나, 이러한 새로운 도구의 개발과 문명의 발달은 예기치 못한 새로운 위험을 야기하기도 하였다.

    재난은 가까운 곳에 존재한다. 다만 '설마 우리에게' 하며 대비하지 않았을 뿐이다. 교통사고를 예방하기 위하여 안전벨트 한 가지를 홍보하느라 수년이 걸렸지만 이제는 안전벨트를 매지 않고 자동차를 타는 사람이 없을 만큼 생활화되었다. 우리의 문화 수준이 그만큼 향상된 것이다. 재난에 대비하는 것은 문화다. 의식수준과 문화수준이 높은 국민일수록 재난에 대비하는 수준도 높다는 것을 우리는 알아야 한다(정아란, 2013). 「헌법」 제34조 6항에는 "국가는 재해를 예방하고 그 위험으로부터 국민을 보호하기 위하여 노력하여야 한다."라고 규정되어 있다.

1. 재난대비 안전의 개념 및 필요성

1) 재난의 개념

재난이란 사전에서는 '보통이 아닌 자연현상이나 인위적인 원인으로 인하여 사람의 사회생활이나 인명이 받는 피해·폭풍우·지진·홍수 따위에 의한 재난'으로 정의하고 있다. 다시 말해서 재난이란 날씨 등의 자연현상의 변화 또는 인위적인 사고로 인한 재산의 피해를 말한다. 재난 가운데 자연현상과 관련된 천재지변은 재해 또는 재앙이라 하며, 사람의 실수 또는 부주의나 고의로 일어난 사고도 재난으로 보아 인재라고 표현한다.

(1) 자연재난
자연재난은 기상재해와 생물학적 재해로 구분할 수 있다.

① 기상재해
- 악기상재해: 호우, 태풍, 돌풍, 강풍, 폭설, 눈사태, 장마, 가뭄, 우박, 폭염, 혹한, 냉해, 천둥, 번개, 낙뢰, 산불, 안개, 스모그, 오존, 황사 등
- 연안/해양재해: 해일, 지진해일, 이상고조, 적조
- 호우재해: 홍수, 범람, 침수, 하천 홍수, 연안 홍수, 도시 홍수
- 지반재해: 산사태, 사면 붕괴, 토석류, 지반 침몰, 지진 등

② 생물학적 재해
사람이나 동물에게 영향을 주는 질병, 곤충의 만연 등의 재해를 의미한다. 대한민국 정부는 각종 재난으로부터 국토를 보존하고 국민의 생명·신체 및 재산을 보호하기 위하여 2004년 3월 11일에 법률 제7188호로「재난 및 안전관리 기본법」을 제정하였고, 2007년 1월 3일에는 법률 제8170호로「자연재해대책법」을 제정하여 태풍·홍수 등 자연현상으로 인한 재해의 예방과 복구 등에 대한 필요 사항을 규정하였다. 또한 2007년 7월 19일에는 법률 제8530호로「재해경감을 위한 기업의 자율활동 지원에 관한 법률」이 제정되었다.

(2) 인적 재난

인적 재난은 크게 사고와 제도적 재해로 구분할 수 있다.

① 사고

화재, 붕괴, 폭발, 교통사고, 화생방 사고, 환경오염 사고, 그 밖에 이와 유사한 사고로서 국가 또는 지방자치단체 차원의 대처가 필요한 인명 또는 재산의 피해를 가져오는 재난이다.

② 제도적 재해

에너지, 통신, 교통, 금융, 의료, 수도 등 국가 기반 체계의 마비와 전염병 확산 등으로 인한 피해다.

2) 재난대비 안전의 개념

재난대비란 각종 재난을 예방, 대비, 대응, 복구하기 위하여 행하는 모든 활동을 말한다. 재난대비의 가장 기본적인 원칙은 자연재해나 인적 재해로 인한 피해, 즉 생명이나 재산의 손실을 예방하거나 최소화하는 것이다(한국비시피협회, 2007).

3) 재난대비 안전교육의 필요성

위험은 발생 후에 잘 대처하는 것보다 사전에 예방하는 것이 더 중요하다. 그러나 인위적으로 피할 수 없이 발생하는 자연재해나 다양한 유형의 인적 재해가 발생했을 때 어떻게 대응하고 복구할 것인지에 대한 철저한 위험대비 계획을 수립하여 체계적이고 반복적인 훈련과 교육을 통하여 조직학습이 잘 이루어져야 사전에 사고를 예방할 수 있고, 사고 발생 시에도 피해를 최소로 경감시킬 수 있다.

최근 들어 세계 각국의 자연재난 및 인적 재난의 빈번한 발생과 피해 규모의 대형화로 인한 손실액과 인명 피해는 천문학적 숫자로 커져 가고 있다. 따라서 재난에 대한 기초적인 지식과 영유아가 자신을 보호하는 안전지식과 태도, 기능을 익히도록 하는 재난에 대비한 안전교육이 절실하다.

2. 재난(재해) 발생의 원인과 결과

1) 재해 발생의 원인

교육부(2015a)의 '국가안전관리 집행계획'에서는 재난관리 대책을 자연재해 대책과 인적 재난 대책으로 구분하여 수립하고 있으며, 또한 미국의 재난관리 표준(NFPA 1600)에서는 재난의 유형을 자연재해와 인적 재해로 구분하여 계획을 수립하고 있다. 이러한 실제적인 기준을 참고하여 재난 발생의 원인을 구체적으로 살펴보고자 한다.

(1) 자연재해

자연재해는 자연현상에 기인한 것을 말하는데, 그 원인과 결과의 다양성으로 인하여 여러 가지로 나눌 수 있으며 자연재해를 크게 분류하면 기상 요인에 의해 발생하는 기상재해와 지반의 운동으로 발생하는 지진 및 화산 활동으로 인한 지질 재해로 나눌 수 있다. 지질재해는 직접적인 피해를 발생시키기도 하면서, 간접적으로는 기상이변을 초래하면서 기상재해도 발생시킨다. 자연재해는 인위적으로 완전히 근절시킬 수 없는 불가항력적인 요소를 지니고 있다. 그러나 자연재해가 초래하는 어느 정도 크기의 외력을 고려한 시설물의 설계 및 시공, 방어시설물의 구축, 재해 발생의 사전예측에 따른 예방조치, 재해 발생시 신속한 복구대책 수립 등으로 재해를 막거나 최소화할 수 있다. 자연재해의 예로 볼 수 있는 사고로는 2008년 5월 중국 쓰촨성에서 리히터 7.6 규모 지진으로 인한 8만 명 이상의 인명 피해, 2015년 4월 25일 히말라야산맥이 있는 네팔에서 발생한 7.9 규모 지진으로 인한 5천 명 이상의 인명 피해, 1995년 1월 17일 일본 고베에서 발생한 7.3 규모 지진으로 인한 6,434명의 인명 피해, 2011년 3월 11일 일본 후쿠시마에서 발생한 6.8~9.0 규모 지진과 해일로 인한 원전사고, 2004년 12월 26일 인도네시아 수마트라 섬에서 발생한 8.9 규모 강진과 지진해일로 인도네시아, 스리랑카, 인도, 타이 등 12개국 해안지역을 강타하여 23만 명을 희생시킨 쓰나미를 들 수 있다.

또한 소중한 문화재를 불태워 버린 낙산사의 산불, 매년 몽골 · 중국에서 불어오는 황사, 2002년의 '루사', 2003년의 '매미' 등 태풍으로 의한 집중호우로 인한 천문학적인 피해 복구비, 1978년 홍성에서 발생한 5.0 규모의 지진, 1996년 영월에서 발생한 4.5 규모의 지진, 2007년 1월 20일 강원도 평창에서 발생한 4.8 규모의 지진, 조류독감, 폭염, 1983년 동해의 지진해일, 2015년 대한민국 전역을 공포로 몰아넣었던 중동호흡기 증후군(메르스) 등이다.

(2) 인적 재해

인적 재해는 인간의 부주의로 발생하는 사고성 재해와 고의적으로 자행되는 범죄성 재해 그리고 산업의 발달에 따라 부수되는 공해 피해 등을 비롯한 여러 가지 재난을 총칭한다. 인간의 부주의, 기술상의 하자로 인하여 발생하는 재해는 인간의 고의나 과실이 개입되어 야기되는 것으로, 교통사고, 위험물 폭발, 원자력 발전소의 방사능 누출사고 등이 있다. 또한 산업 발달에 수반되어 필연적으로 겪어야 하는 재해는 기술과 산업의 발달을 추구하고 이로 인한 부작용을 감내해야 하는 불가피한 것으로, 핵발전소, 화학공장의 가동, 농약의 개발과정에서 자연적으로 나타나는 오염과 자연파괴, 생태계 파괴 등을 말한다.

인적 재해의 예로는 우크라이나의 체르노빌 핵폭발 사고로 인한 방사능 유출 오염, 대구 지하철 화재 사건, 놀이시설 사고, 건축자재의 유독성, 새집 증후군, 씨랜드 화재 참사, 놀이기구의 중금속 오염, 납중독의 위험 및 농약의 중독, 삼풍백화점 붕괴 사고, 성수대교 붕괴 사고, 2014년 4월 16일 발생한 세월호 침몰사고 등이 있다. 또한 2001년 미국의 9·11 테러, 2007년 12월 7일 충남 태안 앞바다 기름 유출 사고, 미국 버지니아대학교 조승희 총격 사건, 전방 군부대 총격 사건, 2008년 2월 10일 숭례문 방화 사건, LA 폭동 사건, 장난감 납·환경호르몬 검출, 2007년 아프가니스탄에서 한국인 교민 23명 납치 2명 살해 사건, 생쥐머리 새우깡 사건, 인터넷 해킹, 산업정보 유출, 환경오염 사고 등도 인적 재해로 볼 수 있다.

2) 재해 발생의 결과

재해 발생의 결과로 인하여 인명과 재산의 손실은 물론 사회경제적 혼란이 생기고, 재해 발생으로 야기될 수 있는 사회심리적 후유증은 국가는 물론 기업이나 개인의 삶에 큰 영향을 끼친다. 여기서는 흔히 그 중요성이 간과되고 있는 심리적 측면에서의 영향, 특히 재해를 경험하고 난 이후의 심리적 장애 및 후유증에 대한 상담과 치료에 대하여 몇 가지 살펴보고자 한다.

2008년에 발생한 중국의 대지진 현장에서 생존한 사람 중 10% 정도가 크러시 증후군 (Crush Syndrome, 압궤 증후군)으로 사망하고 있고, 충남 태안지역 주민들은 '외상후 스트레스장애(PTSD)'로 정신적 스트레스가 극에 달하여 공황상태에 있는 일부 주민들의 자살 도미노 사태로 이어지기도 하였다. 태안 주민들의 심리상태는 생계와 미래에 대한 막막함, 두려움, 분노, 상실감 등의 정신적인 공황을 겪고 있는 고도의 불안상태로, 화가 나고, 가슴이 답답하며, 울분과 울화로 가득하여 식욕이 저하되고, 두통과 불면증에 시달리는 등 극도의 스트레스 상태에 놓여 있다. 또한 전방 지역 총기 사건, 성수대교 및 삼풍백화점 붕괴 사고, 대구 지하철 화재 사건, 진도 앞바다에서의 세월호 침몰사고 등 재난·재해에서 살아남은 피해자 및 가족은 장기간 정신적 스트레스로 인한 '외상후 스트레스장애(PTSD)'에 시달리고 있다(조선일보, 2008. 5. 19.). 사고 후에는 물리적·신체적 치료는 물론 심리적 불안감 및 스트레스 해소를 위한 심리상담 등 정신적 지원체계를 갖추어야 한다. 이러한 정신적 후유증에 대한 상담과 치료는 재난의 사후 대책에서 빼놓을 수 없는 중요한 부분으로 다루어야 한다.

'외상후 스트레스장애(PTSD)'란 생명을 위협하는 심각한 상황에 직면한 후 나타나는 정신적인 장애로, 뇌의 편도체에 지진, 홍수, 전쟁, 자동차 사고, 폭행, 강간, 테러, 폭동, 화재, 침몰 등으로 인한 충격적인 과거의 사건이 기억되어 그것을 반복적으로 경험하거나 유사한 상황을 접하게 되면 편도체가 지배하는 자율신경 중 교감신경이 민감하게 작용하여 뇌신경이 흥분되어서 심장박동과 호흡이 빨라지는 것이다. 즉, 편도체에서 자신의 신체에게 기억된 위험에 대한 경고를 내리게 되어 불안감에 싸이게 된다. 이러한 외상후 스트레스장애(PTSD)는 악몽, 외출 기피증, 불면증, 우울증, 분노 폭발 등으로 과민상태가 지속되거나, 회피 또는 둔화 증상을 보이기도 한다. 심한 경우에는 알코올이나 약물 남용, 자해적 행동과 자살 시도, 직업적 무능력, 대인관계 회피 현상으로 나타나기도 한다.

재난이나 사고를 경험하고 그 충격에서 벗어나지 못하는 심리적 피해자들은 전문가와의 상담이나 가족 등 가까운 사람들과 대화를 통하여 재난·재해로 인한 외상후 스트레스장애를 극복할 수 있다. 상담과정에서는 섣불리 하는 충고보다는 피해자가 말하고 싶어 하는 이야기를 그냥 들어 주는 것만으로도 사고 당시에 느꼈던 두려움 등을 잊는 데 도움을 줄 수 있다(조선일보, 2008. 5. 19.). 누군가에게 그것을 말할 수 있어야 자신을 괴롭히는 스트레스에서 벗어날 수 있는 것이다. 사건에서 겪은 공포의 두려움에서 벗어날 수 있는 한 방법은 사고 당시의 장면을 떠올리면서 능동적으로 그림이나 글로 자유롭게 표현하도록 하는 것이다. 이러한 장애가 장기간 지속되고 심각한 상태라면 전문적인 치료를 받아야 할 것이다. 최근에는 편도체에 저장되어 있는 충격적인 사고 장면을 떠올리면서 일정한 속도로 움직이도록 고안된 불빛을 따라 안구를 움직이는 치료방법으로, 주기적으로 일정한 기간 동안 치료를 받으면 중립적 자극인 불빛이 편도체에 기억된 두려운 기억을 대치하게 됨으로써 치료되는 일종의 행동수정 기법을 적용한 치료법이 개발되어 이용되고 있다.

3. 재난대비 관리

1) 재난대비의 법적 근거

위기관리의 과정은 위기 발생 전에 이루어지는 예방(prevention)과 대비(preparedness) 단계, 위기 발생 후에 이루어지는 대응(response)과 복구(recovery) 단계로 구분할 수 있다.

(1)「재난 및 안전관리 기본법」

「재난 및 안전관리 기본법」 제3조 제3항에 '재난관리라 함은 재난의 예방·대비·대응 및 복구를 위하여 행하는 모든 활동을 말한다.'라고 정의하고 있다. 또한 동법 제4조 제1항에는 '국가 및 지방자치단체는 재난으로부터 국민의 생명·신체 및 재산을 보호할 책무를 지고, 재난의 예방과 피해 경감을 위하여 노력하여야 하며, 발생한 재난을 신속히 대응·복구하기 위한 계획을 수립·시행하여야 한다.'라고 재난의 대비에 대하여 규정하고 있다.

(2)「자연재해대책법」

「자연재해대책법」에서의 대비에 대한 관련 법적 규정에 대하여 제1장 총칙 제3조 제1항에서는 '국가는 기본법 및 이 법의 목적에 따라 자연현상으로 인한 재난으로부터 국민의 생명·신체 및 재산과 주요 기간 시설을 보호하기 위하여 자연재해의 예방 및 대비에 관한 종합계획을 수립하여 이를 시행할 책무를 지며, 그 시행을 위한 최대한의 재정적·기술적 지원을 하여야 한다.'라고 규정하고 있고, 제2항에서는 재난관리 책임기관은 자연재해 예방을 위하여 자연재해 경감 협의 및 위험지구정비, 풍수해 예방 및 대비, 지진대책, 설해대책, 가뭄대책, 재해정보 및 긴급지원 대책 등에 대한 법적 책무의 규정을 두고 있다.

(3) 「재해경감을 위한 기업의 자율활동 지원에 관한 법률」

「재해경감을 위한 기업의 자율활동 지원에 관한 법률」에서의 대비에 대한 법적 규정에 대하여 제2장 재난관리표준 제5조 제1항에서는 '중앙재난안전대책본부의 장은 기업의 재해경감활동 계획수립을 위한 재난관리표준을 작성·고시하여야 한다.'라고 규정하고 있고, 제2항에서는 재난관리표준에 포함되어야 할 사항으로 재해경감활동 조직·체계 등의 구성에 관한 사항, 재해경감 활동 관계법령 준수·절차 및 이행에 관한 사항, 위험요소의 식별, 위험평가, 영향분석 등 재난 위험요소의 경감에 관한 사항, 자원관리 및 기업과 재해경감 관련 단체와의 협정에 관한 사항, 재해경감을 위한 전략계획, 경감계획, 사업연속성 확보계획, 대응계획, 복구계획의 수립에 관한 사항, 재해경감활동과 관련된 지시·통제·협의조정 등 비상시 의사소통 및 상황전파 체계에 관한 사항 등을 포함하도록 규정하고 있다.

4. 재난의 실제 및 대처방법

1) 지진

지진은 지면이 흔들리는 자연현상을 말한다. 지구 내부에서는 매일 1,000~5,000회 정도의 크고 작은 지진이 일어나고 있다. 이러한 지진이 집중적으로 일어나는 곳을 지진대라고 하는데, 우리나라와 가까운 일본의 경우 지진대가 많아 대형 지진이 자주 발생한다. 바닷속 땅이 움직이면서 바닷물이 출렁이게 되면 그 출렁임이 육지까지 전파되어 해안가에서 해일이 발생한다. 이것을 지진해일이라 한다. 지진이나 지진해일이 발생하면 건물과 교량이 붕괴되고 많은 인명피해가 일어난다. 최근 2015년 4월, 2,300명 이상 사망하고 5천 명 이상의 부상자를 낸 네팔의 강진은 우리에게 지진에 대한 재난대비의 필요성을 다시 한 번 일깨워 준다.

(1) 지진의 강도

① 지진계나 민감한 동물이 느낀다(강도 3.5).

② 트럭이 지나가는 것과 같은 진동을 느낀다(강도 4.2).

③ 실내에서 진동을 느끼고 정지한 자동차가 흔들린다(강도 4.5).

④ 일반적으로 진동을 느껴 자는 사람이 깰 정도다(강도 4.5).

⑤ 나무가 흔들리고 의자가 넘어진다. 일반적인 피해를 초래한다(강도 5.4).

⑥ 벽에 금이 가고 떨어진다(강도 6.1).

⑦ 굴뚝, 기둥이나 약한 벽이 무너진다(강도 6.5).

⑧ 집이 무너진다(강도 6.9).

⑨ 많은 빌딩이 파괴되고 철도가 휜다(강도 7.3).

⑩ 몇 개의 빌딩만 남고 다 무너진다(강도 8.1).

⑪ 완전히 파괴된다(강도 8.1).

네팔의 강진 피해

출처: 헤럴드경제신문(2015. 4. 26.).

(2) 지진 대비 행동요령

① 집 안에 있을 때 지진을 느끼면 먼저 탁자 밑으로 들어가 몸을 보호해야 한다.

② 지진이 발생하면 탈출 대피로를 위해 현관문을 열어 놓는다.

③ 지진이 발생하면 1분 정도 큰 진동이 있기 때문에 진동으로 물건이 떨어져 다칠 수 있으니 주의한다. 이때 유리나 거울이 깨질 수 있으니 맨발로 다니지 않고 신발을 신고 움직인다.

지진대피 훈련을 하고 있는 어린이들
출처: 도봉소방서 홈페이지.

④ 작은 강도의 지진이라도 시작되면 조리 중이라도 가스를 잠가 화재의 위험을 초기
　에 예방한다.

⑤ 서둘러 밖으로 나가면 안 된다. 집 밖은 떨어지는 물체로 인해 매우 위험하므로 집
　밖의 안전을 확인한 후 탈출한다.

⑥ 엘리베이터를 이용하지 않고 비상계단으로 탈출한다.

⑦ 인근 공원이나 광장 등 넓고 건물이 없는 곳으로 피난한다.

⑧ 유언비어에 동요하지 말고 TV나 라디오의 올바른 안내에 따라 행동한다.

2) 황사

황사현상은 중국 대륙이 건조해지면서 고비 사막, 타클라마칸 사막 등 중국과 몽골의
사막 및 황하 상류지대의 흙먼지가 상류 기류를 타고 3,000~5,000m의 상공으로 올라가
초속 30m 정도의 편서풍에 실려 우리나라로 날아오는 것이다. 황사는 특히 급속한 공업화
로 아황산가스 등 유해물질이 많이 배출되는 중국의 오염물질이 섞여 사람의 호흡기관으
로 깊숙이 침투하여 천식, 기관지염, 결막염, 안구 건조 등 건강에 적지 않은 영향을 미친
다(국민안전처, 2015).

(1) 황사 대비 행동요령

① 황사 발생 전: 황사 예보 시
- 가정에서는 황사가 실내에 들어오지 못하도록 창문과 장독대 뚜껑을 닫고, 빨래를 걷는다. 외출 시 보호안경, 마스크를 착용하고 긴소매 옷을 입는다. 채소 및 과일 등 농수산물은 충분히 세척한 후 섭취한다.
- 유아교육기관에서는 기상예보를 청취하고 지역에 맞게 단축수업 또는 황사대비 행동요령을 지도 홍보한다. 또한 실외활동을 자제하고 철저한 손 씻기 등으로 2차 오염을 막는다.
- 비닐하우스, 온실 등 시설물의 출입문이나 환기창을 점검한다.
- 기타 제조업체에서는 자재 및 생산제품의 옥외야적을 억제한다.

② 황사 발생 중: 황사 정보(먼지농도 400ug/m² 이상) 발령 시
- 노약자 및 어린이, 호흡기 질환자는 외출을 금한다.
- 유아교육기관과 초등학교에서는 수업을 단축하거나 휴업으로 보호조치를 강구한다.
- 실외경기장, 야외공원, 고궁 등의 시설물 이용 및 관람을 자제한다.

③ 황사 종료 후: 황사 특보 해제 후
- 실내 공기를 환기하고 주변을 청소한다.
- 황사에 노출 및 오염된 물품 등은 충분히 세척한 후 사용한다.

3) 홍수와 태풍

홍수는 전 세계적으로 가장 많이 발생하는 자연재해다. 특히 우리나라에서는 전체 자연재난 중 홍수가 90% 이상을 차지한다. 우리나라에 영향을 미치는 태풍은 7~8월 사이에 많이 발생한다. 태풍이 오면 폭풍과 호우로 나무가 부러지고, 건물이 무너지고, 통신두절과 정전이 발생하며, 하천이 범람하는 등 막대한 피해가 발생한다.

(1) 호우 태풍 대비 행동요령

① 먼저 라디오나 TV에서 방송되는 재난방송을 듣고 우리 집 주위에 위험한 곳이 없는 지 확인한다.

② 홍수가 자주 났던 지역은 또 홍수의 위험이 있으므로 긴급한 상황이 발생했을 때 대 피할 수 있도록 외출을 삼가고, 대피할 수 있는 곳의 연락처를 확인해 둔다.

③ 태풍으로 인한 피해가 발생했을 때 어디로 대피해야 하는지, 가족과 헤어졌을 때 어 디에서 만나야 하는지 가족끼리 미리 연락할 방법을 약속해 둔다.

④ 천둥이나 번개가 칠 때는 우산을 쓰지 말고 전신주와 큰 나무 밑을 피해 큰 건물 안 으로 대피한다.

⑤ 등산, 해수욕장, 낚시터, 야영장에서는 빨리 하산하거나 높은 곳으로 대피하며, 조그 만 개울도 갑자기 물이 불어날 수 있으므로 건너면 안 된다.

⑥ 야영 중에는 물건은 그대로 놔두고 신속히 대피한다.

⑦ 주위가 온통 물로 가득 차면 당황하지 말고 침착하게 지붕이나 옥상 등으로 올라가 서 구조를 요청한다.

(2) 자동차에서 호우를 만났을 경우 행동요령

① 자동차가 침수된 상태, 또는 침수되었다가 꺼낸 상태라면 절대 시동을 켜지 말아야 한다.

② 자동차가 침수된 상태에서 시동을 걸게 되면 엔진 내부로 물이 들어가 차량에 손상 을 줄 수 있다.

③ 자동차가 침수됐을 때는 정비소에 수리를 맡기고, 전문 업체에서 세차를 하는 것이 바람직하다.

4) 폭염

　폭염이란 햇볕이 몹시 뜨겁게 내리쬘 때의 더위를 말한다. 최근 지구온난화 현상으로 여름철의 폭염과 같은 기상재해가 해마다 계속 증가하고 있어 각별한 주의가 요구된다. 2008년 6월부터 「기상법」 시행령 개정에 따라 폭염특보제가 본격적으로 시행되고 있으며, 폭염특보를 다음과 같이 구분하고 있다.

[그림 12-1] 태풍 대비 요령 실전서

출처: 국가재난정보센터 홈페이지.

(1) 폭염특보

① 폭염주의보: 6~9월에 최고 기온이 33℃ 이상이고, 일 최고 열지수가 32℃ 이상인 상
태가 2일 이상 지속될 것으로 예상될 때

② 폭염경보: 6~9월에 최고 기온이 35℃ 이상이고, 일 최고 열지수가 41℃ 이상인 상태
가 2일 이상 지속될 것으로 예상될 때

(2) 폭염 대처방법

① 식사는 가볍게 하되, 뜨거운 음식과 과식을 피하고 충분한 양의 물을 섭취한다.

② 땀을 많이 흘렸을 때는 염분과 미네랄을 보충한다(스포츠음료).

③ 여유 있고, 가벼운 옷을 입는다.

④ 야외활동을 삼가며 햇볕을 차단한다. 특히 어린이의 경우 한낮에는 야외활동을 피하며, 야외활동 중에는 자주 그늘에서 휴식을 취한다.

⑤ 에어컨 등 냉방기기를 적절히 사용하여 적정 온도를 유지하도록 한다.

⑥ 본인과 주변 사람들의 건강상태를 살핀다.

⑦ 주·정차된 차에 어린이나 동물을 혼자 두지 않는다.

⑧ 응급환자가 발생했을 경우에는 119에 구조 요청 및 응급처치를 한다.

(3) 폭염과 관련된 질병과 대처방법

① 일사병

• 주요 증상: 땀을 많이 흘리고 얼굴이 창백하며 두통, 위약감, 구역, 구토, 어지럼증 등을 호소한다.

• 대처방법: 일사병이 의심되면 서늘한 곳에서 쉬면서 시원한 음료수, 특히 염분이 포함된 음료를 마시는 것이 좋고, 맥주 등 알코올이 포함된 음료는 피하는 것이 좋다.

② 열사병

• 주요 증상: 40℃가 넘는 높은 체온이 관찰되고 땀이 나지 않아 피부가 건조하다.

• 대처방법: 치료방법으로는 무엇보다도 환자의 체온을 빨리 낮추는 것이 중요하다. 환자를 차가운 물에 담근다거나 물을 뿌리면서 바람을 불어 주는 방식이 유효하며, 1339로 전화하여 응급지도를 받는다.

③ 열경련

• 주요 증상: 주로 근육의 경련과 통증을 수반한다.

• 대처방법: 일단 서늘한 곳에서 휴식을 취하고 스포츠음료나 나트륨이 포함된 주스 등을 마시는 것이 좋다. 경련이 멈추었다고 해서 바로 다시 일을 시작하면 안 되며, 1시

간 넘게 경련이 지속된다면 바로 응급실을 방문하도록 한다.

④ 열부종
- 주요 증상: 외부의 온도가 높으면 우리 몸은 열을 발산하기 위해 체표면의 혈액량은 늘리고 상부의 혈액량은 줄어들게 되어 오래 서 있거나 앉아 있으면 다리에 부종이 생긴다.
- 대처방법: 다리를 올린 자세로 휴식을 취하면 회복된다.

⑤ 열실신
- 주요 증상: 체표면의 혈액순환이 늘어나면 뇌로 가는 혈액량도 부족해지면서 일시적으로 의식을 잃는 경우가 생기는데, 열실신되면 의식을 상실하고 열실신이 일어나기 전에 어지럽거나 구토, 발한, 위약감 등을 동반한다.
- 대처요령: 대개는 누워서 휴식을 취하면 쉽게 회복된다.

5. 유아교육기관에서의 재난관리 계획과 운영

유아교육기관에서 재난에 대한 적절한 대처가 중요한 이유는 초기 대응에 실패하면 상황이 전혀 예상하지 못한 방향으로 흐를 가능성이 있고, 단순한 사항이 언론에 노출되어 확대되면 수습이 더 어려워질 수 있으며, 정확한 사실관계가 파악되지 않으면 효과적인 대응책을 마련하기 어려울 수 있을 뿐만 아니라 대처를 잘못했을 경우에는 법적인 분쟁 등으로 유아교육기관 및 교직원의 피해가 극심해질 수도 있기 때문에 적절한 초기 대응이 매우 중요하다(교육부, 2014; 남교극, 2015).

위기상황이 발생되었을 때 유아교육기관 및 교직원의 책임에 대해서는 대체적으로 사고를 예측하였거나 예측 가능성의 여부가 있었는지, 충분한 사전 예방교육이나 주의감독, 안전표지판 등을 부착하여 관리해 왔는지, 관련 사고에 대한 교육활동을 실시하였는지 여부, 사건 발생 시 응급처치 및 보고 절차가 적절했는지 등이 중요하다.

1) 재난대응 3단계 절차

- 1단계 재난예방: 안전대책(계획) 수립, 예방교육, 훈련
- 2단계 재난관리: 시스템 구축 및 매뉴얼 관리, 정기적인 점검 및 조치, 네트워크 관리
- 3단계 재난대응: 위기 발생 시 신속한 대처, 적절한 조치

2) 재난관리위원회 구성 및 운영

　원장은 위원장이 되어 재난관리위원회를 구성하고, 소집하고, 운영하고, 재난 상황을 진단하고, 정책 및 대응책을 판단하며, 대외협조, 언론보도 대응 및 대외홍보 창구를 단일화해야 한다. 또한 교육지원청(구청)에 사고의 심각성 정도를 보고하고 유가족과 보상협의를 주관한다. 원장은 필요시 유아교육기관의 휴원 여부를 결정할 수 있다.

　원감(주임)은 부위원장이 되어 원내 사고 발생 시 원내 위기대응센터를 설치하고, 경찰과 협조하면서 현장을 통제하고, 물품을 보관하며, 상황별 위기대응 매뉴얼 및 비상연락망을 관리하고, 위기대응 상황판을 작성하며 현황을 관리한다. 또한 학부모 상담창구를 담당하고, 유가족 협의에 참여하며, 정확한 사실관계 규명 및 시간별 기록을 유지한다.

　교사 1은 원생의 출결 및 가정학습을 관리하고, 원생 관리 및 통제를 하며, 안전공제회 관련 업무, 상담의 중재 등 역할을 담당하고, 교사 2는 유아교육기관의 홈페이지 관리, SNS 모니터링 및 비방, 명예훼손, 소문 등에 적극적으로 대응하며, 교사 3은 고위험군을 찾아 관리 및 상담하고, 원생, 교사, 학부모 상담 핫라인을 제공하며, 외부 담당기관과의 연계체제를 구축하고, 상담 내용을 기록 및 관리한다. 또한 교사 4는 신체적 응급처치 및 의료기관에 의뢰하고, 지역소방서 및 의료기관과 연결하며, 해당 원생의 건강관련 상태를 기록하고 관리한다. 행정직원은 예산 지원과 필요물품 제공, 원내 시설점검 및 보수를 담당한다.

표 12-1 **유아교육기관에서의 재난관리**

대응 절차	주요 대응 내용
원장 및 원감(주임) : 재난 정보 접수 및 전파	• 교실 전원 차단 및 출입문 개방 • 원생들은 책상 밑으로 들어가 가방, 방석 등으로 머리를 보호

대피 지시 (1차 지진파동 종료 시)	• 위기관리위원회 가동 • 학급별로 출입문 쪽의 유아부터 순서대로 복도에 정렬한다. • 담임교사 통제와 순서에 따라 신속하게 질서를 유지하며 대피한다. • 층별 안내교사는 대피 확인 후 마지막으로 대피장소로 이동한다. • 환자 발생 시 지원 가능한 장소에 위치하여 구조활동을 실시한다.

▼

대피장소 도착	유아 인원을 파악하고 라디오를 청취한다.

▼

소방 및 응급 복구 활동	소방 및 응급 복구

▼

사안 종료	유아교육기관 활동의 정상화(회복)

피해 상황 파악 및 보고	피행 상황 파악 보고

대비(훈련) 종료	학급별 이동

출처: 교육부(2015c) 재구성.

3) 유아교육기관에서의 재난 안전교육 방법(정아란, 2013)

(1) 지진

표 12-2 **유아교육기관의 지진에 대한 안전교육 방법**

재난 상황	유아교육기관의 안전 대비	안전교육 방법
지진 발생 시	• 평상시 옷장, 싱크대, 냉장고 등을 안정감 있게 배치한다. • 크고, 무겁고, 깨지기 쉬운 물건은 높은 곳에 두지 않는다. • 주방 가까이에 소방기구를 비치해 둔다. • 원아 및 부모를 대상으로 지진 대비 행동요령을 지도하거나 홍보한다.	• 책상 밑으로 들어간다. 이때 창문이나 출입문, 전등 등 떨어지기 쉬운 물건 주위는 피한다. • 출구나 대피소를 알려 주고 현관문을 열어 놓는다. • 화재 발생 시 위험이 예상되므로 가전제품의 플러그를 빼놓는다. • 피할 곳이 없을 때는 방석 등으로 머리를 보호한다.
지진 발생 후	• 여진에 대비한다. • 다친 원아가 있는지 확인한다. • 정전이 되었다면 손전등을 이용한다. • 깨진 유리에 대비하여 실내에서도 신발을 신는다. • 경찰, 소방구조요원의 요청이 있기 전까지 피해지역에 접근하지 않는다.	

(2) 황사

표 12-3   유아교육기관의 황사에 대한 안전교육 방법

재난 상황	유아교육기관의 안전 대비	안전교육 방법
황사 예보 시	• 황사가 실내로 들어오지 못하게 창문을 점검한다. • 기상예보를 청취, 지역 실정에 맞게 휴원 또는 단축수업을 검토한다. • 대기 중 실시간 미세먼지 농도를 확인한다. 실외 활동을 금한다.	• 바깥놀이를 하지 않는다. • 손을 깨끗이 씻는다. • 등·하원 시 마스크를 착용하도록 한다.
황사 종료 후	• 실내공기를 환기한다. • 황사에 노출된 물품을 충분히 세척한다. • 실내·외를 청소하고 방역을 실시한다. • 감기, 안질 등에 걸린 원아는 쉬게 하거나 일찍 귀가 조치한다.	

(3) 홍수와 태풍

표 12-4   유아교육기관의 홍수와 태풍에 대한 안전교육 방법

재난 상황	유아교육기관의 안전 대비	안전교육 방법
홍수 예보 시	• 높은 곳으로 대피한다. • 주위의 물건을 이용해 존재를 알리면서 최대한 빨리 외부로 연락을 취한다. • 침수된 지역에서 자동차를 운전하지 않는다. • 비상식량과 식수, 손전등을 준비한다.	• 장화를 신으면 물이 고인 곳에서 전선에 의한 감전 사고를 예방할 수 있다. • 우산보다는 비옷을 입게 한다.
태풍 주의보 발령 시	• TV나 인터넷, 라디오를 통해 지역의 기상예보를 수시로 확인한다. • 원아들을 원 밖으로 나가지 않게 한다. • 전기제품의 플러그를 빼놓고 가스밸브를 잠근다. • 원아 비상연락망을 점검하고 연락체계를 유지한다.	
태풍 및 홍수 종료 후	• 사유시설 등에 대한 보수, 복구는 반드시 사진을 찍어 둔다. • 비상시 식수가 떨어졌더라도 아무 물이나 먹지 않고 반드시 끓여 먹는다. • 제방이 붕괴될 수 있으니 제방 근처에 가지 말고, 감전의 위험이 있으니 바닥에 떨어진 전선 근처에 가지 않는다. • 침수된 경우 가스가 차 있을 수 있으니 환기 후 들어가고, 전기, 수도, 가스 시설은 손대지 않고 전문업체에 연락한다.	

(4) 폭염

표 12-5   유아교육기관의 폭염에 대한 안전교육 방법

재난 상황	유아교육기관의 안전 대비	안전교육 방법
폭염경보 발령 시	• 실외활동을 자제하고 실내활동으로 대처한다. • 원아들을 갑자기 찬물로 샤워시키거나 찬물의 수영장에 들어가지 않도록 한다. • 활동 중간중간에 휴식시간을 갖거나 피곤해하는 원아가 쉴 수 있도록 배려한다. • 낮잠시간을 충분히 갖되 교사들도 잠깐 쉬도록 배려한다.	• 햇볕에서 놀지 않고 그늘에서 논다. • 낮잠시간에 잠이 오지 않아도 눈을 감고 누워 쉰다. • 찬물보다는 끓여 식힌 미지근한 물을 많이 마신다.

6. 재난관리 운영실태

국가의 행정기관에서는 방대하고 포괄적인 재난계획서를 수립하고 있고, 한국수자원공사, 한국원자력환경공단 등 공사 수준에서는 사업체의 목적에 적합한 재난관리 계획을 수립하고 있다. 그러나 국가 수준의 재난관리 대비계획에서부터 기업, 학교, 유아교육기관, 가정에 이르기까지 우리나라에서는 아직까지 체계적인 대난관리 시스템의 구축이 여전히 미흡한 것으로 나타나고 있다. 다음은 재난관리에 대한 운영이 우수한 사례다.

■ 삼성어린이집 사례

포괄적이고 구체적인 재난계획을 수립하고 있다. 전국적으로 40개 이상의 직장어린이집을 모범적으로 잘 운영하고 있는 재난관련 계획과 운영의 예를 간략하게 살펴보고자 한다. 삼성복지재단(2007)에서는 전국적으로 산재해 있는 삼성어린이집의 재난관리를 위하여 삼성어린이집 안전관리 사례, 소방설비 관리 사례, 기계설비 관리 사례, 전기설비 관리 사례, 가스설비 관리 사례, 승강기 관리 사례, 다중이용시설의 실내공기질 측정 기준 등의 계획을 수립하여 운영하고 있다.

삼성어린이집 안전관리 사례(2007)에서는 분야별 점검사항을 두고 있고, 「아동복지법」에 따른 안전관리 기준에 따라 교통안전교육, 약물남용교육, 재난대비 교육의 계획을 수립하여 영유아, 보육교직원, 부모에게 안전교육을 실시하고 있다. 또한 구체적인 사고의 예방과 대응을 위하여 응급처치 동의서, 사고 보고서, 안전점검 체크리스트(일별 체크리스트, 월별 체크리스트, 반기별 체크리스트)를 통하여 위험요소를 수시로 조사하고 체크를 한 체크리스트 항목별 점검 및 조치 시 참고사항 등을 명문으로 규정하고 있다. 또한 견학 및 외부활동 안전점검 등을 규정하여 철저하게 운영하고 있다.

소방설비 관리 사례에서는 소화기의 관리, 옥내소화전설비 관리, 스프링클러설비 관리, 자동화재탐지설비 관리로 구분하여 구체적인 관리 지침과 점검표를 두어 운영하고 있다. 전기설비 관리 사례에서는 전기설비 일상점검 요령, 설비별 올바른 유지·관리 요령, 설비별 절전요령, 태풍에 따른 전기안전관리대책, 침수 시 전기화재 예방요령, 여름(장마)철 전기안전대책을 각각 수립하여 구체적인 지침을 제공하고 있다.

기계설비 관리 사례에서는 보일러관리 지침, 물탱크관리 지침, 경유탱크관리 지침으로 구분하여 구체적인 관리 지침을 규정하여 운영하고 있다. 가스설비 관리 사례에서는 가스의 안전한 사용요령, 계절별 가스 안전관리, 가스누출 시 응급조치 및 대처요령으로 구분하여 간단한 그림자료와 핵심사항을 함께 제시하고 있다. 승강기 관리 사례에서는 승강기의 유지관리, 일상점검, 일상관리, 비상구출 요령으로 구분하여 제시하고 있다.

또한 다중이용시설의 실내 공기질 측정 기준에 대해서는 삼성어린이집 전체를 대상으로 매년 2회씩 측정하고 있고, 측정 결과에 대해서는 업체에서 어린이집 및 관공서로 보고하도록 하고 있다. 실내 공기질 측정 기준은 유지기준과 권고기준으로 정하여 명시하고 있고, 구체적인 검사방법이나 내용에 대하여 구체적으로 명시하고 있다. 측정항목에서 유지기준(1년 주기로 측정)으로 규정하고 있는 항목은 미세먼지, 이산화탄소, 포름알데히드, 총부유세균, 일산화탄소이고, 권고기준(2년 1회 측정)으로 정하고 있는 것은 이산화질소, 라돈, 휘발성 유기화합물, 석면, 오존이다. 측정시간은 오전 8시부터 오후 7시까지로 정하고 있다.

삼성어린이집의 재난방지를 위한 상술한 대비책들은 보육시설의 구성원(원장, 총무, 교사, 영양사, 취사원 등)에게 철저하게 교육하여 실천하도록 하고 있고, 전문적인 사항에 대한 점검이나 조치가 필요한 부분은 전문가들의 도움을 받아 해결하도록 하고 있다. 영유아들과 함께 수행하는 소방대피 훈련을 위해서는 소방훈련 시나리오에 따라 훈련을 실시하고 있다. 삼성어린이집의 경우, 소방서에서 나와 소방대피 훈련을 점검한 결과 3층 교실에 흩어져 있는 100명의 영유아들이 모두 안전지대로 대피하는 데 걸리는 시간은 대략 2분 10초로 나타나고 있다.

　재난의 예방, 대비, 대응, 복구에 대한 문제는 국가는 물론, 가정, 유아교육기관, 학교, 사회, 기업이 모두 관심을 가져야 할 중요한 일이다. 어렸을 때부터 재난의 원인과 결과를 인식하고, 위험에 대처하는 능력을 배양하는 것이 중요하다. 지금의 어린이가 장차 어른이 되어 어떤 직업 분야에 종사하더라도 재난을 예방하고, 대비하고, 대응하고, 복구할 수 있는 능력을 갖추는 것은 필수사항이 아닐까 한다. 우리 모두는 '꽃을 보고 싶을 때 꽃씨를 뿌리면 이미 늦는다'는 사실을 꼭 기억해야 할 것이다.

안전교육 활동계획안(재난대비 안전)

생활주제	나와 가족	주 제	소중한 나	대 상	만 5세
소 주 제	나의 몸을 소중히 여기기			활동유형	이야기 나누기
활 동 명	자연재해란 무엇일까요?			집단형태	대·소집단
누리과정 관련요소	• 신체운동·건강: 안전하게 생활하기-비상시 적절히 대처하기 • 자연탐구: 과학적 탐구하기-자연현상 알아보기 • 사회관계: 나를 알고 존중하기-나를 알고 소중히 여기기				
창의인성 관련요소	• 창의성: 인지적 요소-문제해결력 • 인성: 배려, 나눔, 질서				
활동목표	• 자연재해와 그에 적절한 대피방법을 알 수 있다. • 자연재해에 관심을 갖고, 자연재해 발생 시 안전한 행동을 취할 수 있다.				
자료 준비 및 제작	• 재난 영화 편집 동영상 -지진, 해일(〈2012〉)/태풍(〈인투더스톰〉)/황사(〈인터스텔라〉) • 자연재해 설명 PPT 자료 -자연을 나타낼 수 있는 산, 바다, 땅, 흙, 물, 바람 등의 그림 • 자연재해 관련 사진 PPT 자료 -황사, 태풍, 지진, 홍수 피해 사진 -자연재해 피해 주민 사진				

단계	교수·학습 활동	자료 제시 및 유의점
도입	• 지진/태풍/황사/해일 등의 주제로 된 재난 동영상을 시청한다. -동영상에 나온 사람들이 여러분과 가족이라면 어떤 생각이 들 것 같나요? -여러분이 동영상에 나오는 사람이라면 어떨 것 같나요? • 우리 몸을 지켜야 하는 필요성에 대해 생각해 본다. -우리 몸을 무엇으로부터 지켜야 할까요? -우리 친구들이 재해 발생 시 자신의 몸을 소중하게 지켜야 하는 이유는 무엇일까요?	재난 관련 동영상 유아들이 바른 자세로 동영상을 시청할 수 있도록 지도한다.
전개	• 자연재해에 대해 이야기 나눈다. -자연이란 무엇일까요? (물, 바람, 흙, 산, 강, 땅 등) -재해란 무엇일까요? -친구들이 동영상에서 본 지진/태풍/해일/황사와 같은 것들을 어렵게 말해서 '재난'이라고 해요. • 사진을 보며 자연재해의 종류에 대해 이야기 나눈다.	자연재해 설명 PPT

전개	[황사] 　-(사진을 제시하며) 이 사진에서 어떠한 모습이 보이나요? 　-아주 작은 모래먼지가 하늘을 덮고 있다가 땅으로 천천히 떨어지는 것을 황사 　　라고 해요. 　-우리나라에는 나무와 산이 많지만 중국이라는 나라는 아주 드넓은 나라예요. 　　우리가 볼 수 있는 황사는 우리나라에 가까이에 있는 중국에서 날아오는 것이 　　랍니다. 　-황사가 날아오면 집의 창문이나 자동차의 창에 흙먼지가 달라붙어서 교통사고 　　가 날 수 있어요. 공기가 안 좋아지기 때문에 목, 눈, 코를 아프게 할 수 있어요. [태풍] 　-(사진을 제시하며) 이 사진에서 어떠한 모습이 보이나요? 　-태풍은 아주 더운 열대지방이라는 곳에서 생기는 아주 센 바람이에요. 바닷물 　　이 하늘로 올라가 바람과 만나기 때문에 비도 함께 내린답니다. 　-태풍은 바닷물을 뒤집어 주기 때문에 좋은 점도 있어요. 하지만 강한 바람이 바 　　닷물을 땅 위로 올라오게 하기 때문에 홍수를 생기게 한답니다. [홍수] 　-이 사진에서 어떠한 모습이 보이나요? (사진 제시하며) 　-조금 전에 말한 것처럼, 태풍 때문에 바닷물이 땅 위로 올라오거나 갑자기 많은 　　비가 내려 강의 물이 불어서 넘치는 것을 홍수라고 해요. 사진의 모습처럼 논밭 　　이나 집이 물에 잠길 수 있어요. [지진] 　-(사진을 제시하며) 이 사진에서 어떠한 모습이 보이나요? 　-땅이 흔들려서 땅과 건물이 갈라지는 현상을 지진이라고 해요. 바다 아래에 있 　　는 땅도 흔들릴 수 있기 때문에 쓰나미라는 것도 생긴답니다. 쓰나미는 우리가 　　알아채지 못한 사이에 파도처럼 덮쳐 오기 때문에 순식간에 집과 친구들을 잃 　　게 할 수 있어요. 　-이러한 상황에서 제일 중요한 것은 TV나 라디오, 신문 등 방송에 귀 기울이는 　　거예요. • 자연재해 발생 시 안전행동에 대해 이야기 나눈다. 　-우리가 어떠한 자연재해를 보았지요? 　-자연재해 발생 시 우리가 어떻게 우리 몸을 지킬 수 있는지 생각해 보아요. 　-모래먼지로부터 어떻게 우리 몸을 보호할 수 있을까요? 　-거센 바람과 비로부터 어떻게 우리 몸을 보호할 수 있을까요? 　-지진으로부터 어떻게 우리 몸을 보호할 수 있을까요? 　-홍수로부터 어떻게 우리 몸을 보호할 수 있을까요?	자연재해 관련 사진 PPT, 자연재해 시 안전행동 교구 유아들의 사회적 지식이 부족할 수 있으므로 교사가 쉬운 설명을 덧붙인다.

마무리	• 지역사회에서 우리를 돕는 분들에 대해 이야기 나눈다. 　- 혼자서도 우리 몸을 지킬 수 있지만, 우리를 도와주는 분들이 있어요. 누가 있을 까요? 　- 우리를 도와주는 분들은 무엇을 위해 우리를 도울까요? 우리가 그분들을 도와 줄 수 있는 방법은 없을까요? • 새롭게 알게 된 것을 나누고 싶은 사람에 대해 이야기 나눈다. 　- 오늘 자신을 보호할 수 있는 방법에 대해서 새롭게 알게 되었을 거예요. 선생님 이랑 같이 이야기 나눈 것을 전해 주고 싶은 사람이 있나요? • 다음 활동을 안내한다.	유아들이 일상생활에서 만날 수 있는 사람들을 생각할 수 있도록 유도한다.
활동평가	• 자연재해와 그에 적절한 대피방법을 알 수 있는가? • 자연재해에 관심을 갖고, 자연재해 발생 시 안전한 행동을 취할 수 있는가?	
확장활동	1. 활동명: 소방서 견학을 가요 　활동유형: 체험활동 　집단형태: 대집단 　활동방법: 소방서가 하는 일, 화재 대피요령, 화재 진압법에 대해 알아본다. 2. 활동명: 대한적십자사 전남지부 현장학습을 가요 　활동유형: 체험활동 　집단형태: 대집단 　활동방법: 대한적십자 홍보 및 전시자료 관람 후에 대한적십자사에서 하는 일에 대한 강연을 듣는다. 3. 활동명: 전라북도 임실군 119 안전체험관 현장학습을 가요 　집단형태: 대·소집단 　활동방법: 안전체험관 내의 가이드의 안내를 받으며 체험활동을 실시한다. 　　　　꼬마 119(어린이 소방서), 조심조심(생활안전 체험), 　　　　더듬더듬(화재 체험), 윙윙쌩쌩(태풍 체험), 　　　　풍덩풍덩(물놀이 안전 체험), 흔들흔들(지진 체험)	
사후활동	• 소방관 분들에게 감사 편지 쓰기 • 대한적십자사 봉사자들에게 감사 편지 쓰기 • 소방서에서 가장 기억 남는 일 그림 그리기 • 봉사하는 나의 모습 그림 그리기 • 재활용품을 이용한 조별 소화기 만들기 • 소방서 역할놀이 하기 • 화재발생 시 119 신고 방법 피켓 만들기 • 유치원·어린이집 대피로 찾기 • 가정과 연계하여 재난 안전 ○× 퀴즈를 풀어 와 이야기 나누기 • 가정과 연계하여 재난 발생 시 대비하여 사전 준비용품 회의하기	

| 수업
및
교구
사진 | 
 |

 수업 동영상 파일 링크

제13장
미디어 안전

1. 미디어의 개념

1) 미디어의 개념 및 중요성

미디어란 정보를 전송하는 매체를 말한다. 미디어의 예로는 우편, 전보, 가입전신, 신문, 잡지 등 모든 것을 말한다. 정보화 사회라고 부르는 오늘날 이러한 예 이외에도 여러 가지 뉴미디어가 출현하고 있다. 팩시밀리 데이터통신, 텔레비전 전화, 전자우편, 캡틴 시스템, 케이블 텔레비전 등이 있다. 뉴미디어라고 불리는 미디어는 거의 모두 정보의 전송이 전기통신을 이용하므로 망의 디지털화와 관련하여 양자의 정합(整合)이 중요하다(Mcluhan, 1964).

커뮤니케이션의 현상에서 본질적으로 중요한 것은 전달되는 메시지가 아니라 언어, 화폐, 활자, 사진, 영화, 텔레비전, 컴퓨터와 같은 매체다. 한 사회에서 지배적으로 사용되는 매체의 특성이 그 사회의 구성원들이 생각하고 행동하는 방식을 결정한다. 이러한 매체들을 미디어라고 할 수 있다. 이처럼 영향력이 큰 미디어가 인간의 학습방식, 상호작용에 미치는 영향을 연구하거나 커뮤니케이션 현상으로 분석하는 방법, 기호론적, 미학적으로 접근하는 방법 등이 있다.

최근 MIT 미디어연구소의 사례는 미디어 연구의 새로운 가능성을 열어 놓고 있다. 경직된 사고로는 멀티미디어의 개념을 뛰어넘는 그 이상의 새로운 미디어 관련 개념화를 이룰 수 없다는 이념 아래 다양한 학문이 교차하는 창조적 실험장으로서 운영되고 있다. 이 연구소의 목적은 단순한 소프트웨어나 하드웨어의 개발 차원이 아니라 그것들이 구체적으로 하나의 현상에 접합되는 적절성을 지닌 창조적 개념화다. 예를 들어, 홀로그램 등의 3차원 연구, HD TV, 쌍방향 TV 등이 모두 이 연구소의 산물이다(Brand, 1996).

2) 미디어 중독 이유

연세정신건강의학과 손석한 원장은 최근의 영유아들은 책을 읽는 것보다 인터넷, TV, 스마트폰을 보는 것을 더 좋아한다고 밝히고 있다(한국정보화진흥원, 2014). 준석(가명)은 부모와 함께 소아청소년 정신건강의학과 진료실을 찾아왔다. 스마트폰을 너무 많이 봐서 눈이 나빠진 준석은 안경을 쓰고 있었고, 한눈에 보기에도 무척 피곤해 보였다. 부모의 말에 의하면, 하루에 3시간 이상 스마트폰 게임을 한다고 했다. 그러다 보니 스마트폰 중독 상태에 이른 것이다. 준석은 몇 개월 동안 소아정신과 상담과 치료를 받고 나서야 겨우 중독에서 벗어날 수 있었다. 스마트폰 중독 상태인 준석은 책을 읽을 때는 잘 집중하지 못해서 다른 행동을 하는데, 신기하게도 스마트폰을 볼 때는 놀라운 집중력을 발휘한다. 하지만 바로 이 점이 심각한 문제다. 스마트폰, 인터넷, TV처럼 현란한 시청각 자극이 주어지지 않는 상태에서 준석의 뇌는 제대로 작동하지 않는다는 뜻이기 때문이다.

우리의 뇌는 눈을 통해서 각종 정보를 얻는다. 그렇게 얻어진 정보는 눈의 신경(시신경)을 따라서 뇌의 뒤쪽 부위인 후두엽으로 전달된다. 그런 다음에 이미지(형상) 자체는 뇌의 위쪽 부위인 두정엽으로 퍼지고, 각 이미지가 과연 무엇인가를 알기 위해서는 뇌의 옆쪽 부위인 측두엽으로 퍼진다. 그런 다음에 시각적으로 얻은 정보를 통해서 내가 어떻게 생각하고, 그 결과 무슨 행동을 할 것인지에 대한 판단은 주로 뇌의 앞쪽 부위인 전두엽에서 이루어진다. 한편, 귀를 통해서 얻는 소리의 정보는 진동의 형태로서 압력을 변화시키고, 이는 귀의 신경(청신경)을 따라서 측두엽으로 전달되어 듣게 된다. 그런 다음에 역시 전두엽에서 생각과 판단, 결정을 한 다음에 말을 하게 되는데, 말하는 영역은 전두엽 아래쪽에 있다.

(1) 책을 읽을 때와 TV나 스마트폰을 볼 때 뇌의 차이점

책을 읽을 때 우리는 글자를 눈으로 본다. 글자를 읽으면서 그 뜻을 알게 되는 것이다. 결국 시신경, 후두엽, 두정엽, 측두엽 등이 모두 활성화된 다음에 전두엽에서 각종 판단을 한다. 가령 아인슈타인의 전기를 읽었다면, '아, 이 책의 내용은 바로 이것이로구나. 나도 책에서 읽은 것처럼 아인슈타인을 본받아야겠다.'라는 생각이 들게 된다. 그러면서 한편으로는 '내가 커서 아인슈타인처럼 머리가 희어지고 수염이 나면 훌륭한 과학자가 될까?' '훌륭한 과학자가 되어서 세계를 놀라게 하는 연구를 하면 우리 부모님이 나를 자랑스러워하겠지? 친구들과 선생님은 놀라서 입을 벌릴지도 몰라.' 등을 상상한다. 책을 읽는 것은 단지 글자를 보는 것 외에 아이의 생각과 상상력을 풍부하게 만든다. 그러나 TV나 스마트폰을 볼 때는 자막에서 비치는 움직이는 영상과 그에 덧붙여 있는 소리를 보고 듣게 된다.

책을 읽을 때는 내가 능동적으로 노력해서 읽는 것이지만, TV를 시청하거나 스마트폰을 볼 때는 나의 노력과 상관없이 수동적으로 보고 듣는 것이다. 그 결과 TV나 스마트폰에서 나오는 그림과 소리는 나의 시신경과 청신경을 통해서 후두엽, 측두엽, 두정엽을 활성화시킨다. 그러나 정작 올바른 생각과 판단을 하는 전두엽을 활성화시키는 것은 매우 적다. 기껏해야 TV나 스마트폰 애니메이션에서 나오는 끔찍한 장면을 보고서 '저것은 나쁜 짓이야.' 등의 판단을 하거나 또는 나도 모르게 '와! 재미있는 이야기구나.'라는 탄성이 나올 때 전두엽의 활성이 이루어진다. 결국 인간의 고위 기능인 합리적 판단, 추상적 사고, 충동의 조절 등을 담당하는 전두엽을 발달시키는 것에 있어서 스마트폰 시청으로는 역부족이다. 게임이 너무 재미있기 때문에 온 힘과 에너지를 쏟아부을 뿐이지 여러 가지 생각과 상상력을 발휘할 여유가 없다.

(2) 인터넷·스마트폰이 위험한 이유

인터넷·스마트폰이 위험한 이유 중의 하나는 '지나친 재미' 때문이다. 사람이 즐거워하면서 재미를 느낀다는 것은 뇌 속에서 '도파민(dopamine)'이라는 신경전달물질이 분비되기 때문이다. 이러한 도파민의 분비가 지나치게 많아지거나 또는 급속도로 이루어지면, 우리의 뇌는 이후로도 계속 그러한 상태를 '갈망(craving)'하게 된다. 가장 극단적인 예가 바로 '마약'이다. 마약은 단 한 번만 복용해도 도파민이 일시적으로 엄청나게 분비되어서 황홀한 기분을 느끼게 만든다. 마치 자신이 천국에 온 것 같은 환각 현상을 느끼기도 한다. 그러나 그러한 현상은 잠시 잠깐에 그쳐서 황홀한 기분이 멈춰진 다음에는 오히려 평소보다 더 나쁜 기분을 느끼게 된다. 그래서 또다시 마약을 하고 싶은 충동이 생겨난다.

이와 같은 과정에 의해서 마약 중독자가 생겨난다. 그렇기 때문에 세계의 모든 나라에서 마약의 복용을 법으로 엄격하게 금지하고 있고, 만약 이를 어긴다면 그 사람은 처벌을 받게 된다. 인터넷 · 스마트폰은 분명히 마약은 아니다. 그러나 인터넷 · 스마트폰에 빠져들어서 세상의 모든 것을 다 잊어버린 것 같은 즐거움을 느끼는 바로 그 순간에 마치 마약을 복용했을 때와 같은 '도파민 급증(dopamine surge)'이 일어난다. 물론 마약처럼 강렬하지는 않지만, 아이들에게 충분히 중독을 일으킬 만한 정도는 된다. 그러므로 도파민 급증을 피하기 위해서는 인터넷과 스마트폰의 재미에 지나치게 빠지지 않는 것이 중요하다. 인터넷과 스마트폰을 사용하더라도 옆의 친구나 가족과 함께 이야기를 주고받는다면, 그것에 완전히 몰입하는 것을 방지할 수 있다. 아이들이 책을 읽을 때가 인터넷과 스마트폰을 볼 때보다 더 재미있다고 느끼는 이유 역시 도파민 때문이다.

만일 책을 읽을 때 재미를 느낀다면 도파민의 분비가 증가되어 있기 때문이다. 그러나 책을 읽을 때 지루하고 재미가 없다면 도파민이 제대로 분비되고 있지 않다는 것이다. 따라서 도파민의 분비를 늘리기 위해서는 아이들이 흥미를 가지고 재미를 느낄 만한 내용의 책을 선택해서 읽게 하는 것이 좋다. 책을 읽는 것의 재미를 느끼게 만든 다음에 점차 다양한 주제의 책으로 넓혀 가는 독서방법을 권유한다. 실제로 독서를 많이 하는 아이는 단지 지식을 얻기 위해서 책을 많이 읽는다기보다는 재미를 느끼기 때문이다. 개인마다 책 읽는 재미를 얼마만큼 느끼는가의 차이는 분명하게 있다. 그러나 누구나 독서의 즐거움을 경험할 수 있다. 책을 읽을 때 도파민의 분비는 서서히 이루어지기 때문에 TV를 볼 때의 도파민 급증과 다른 형태다. 따라서 책을 읽는 것에 대한 중독의 위험성은 없다. 지금 당장 인터넷 · 스마트폰을 제쳐 두고 책을 펼쳐서 아이와 함께 읽어 보자.

2. 인터넷과 스마트미디어 중독

1) 인터넷 중독

(1) 인터넷 중독의 정의

한국정보화진흥원(2012a)에서는 인터넷 중독을 '인터넷을 과다 사용하여 인터넷 사용에 대한 금단과 내성을 지니고 있으며, 이로 인해 일상생활의 장애가 유발되는 상태'라고 정의하였다. 그러나 인터넷 중독에 대한 개념이나 정의는 연구하는 학자마다 다양하게 사용하고 있어서 아직까지 일치된 개념으로 이끌어 내지는 못하고 있다. 최근 발표된 미국 정신의학회의 『DSM-5』에서는 인터넷 중독의 경우 증상, 정의, 유병률, 경과, 치료와 더불어 국가별 연구 상황, 연령층별 연구 결과 등이 미흡하다는 이유로 '연구를 위한 진단기준'에 포함하였고, 인터넷 중독의 여러 가지 유형 중 게임중독만 '인터넷 게임 장애(Internet Gaming Disorder)'라는 진단명으로 진단기준에 포함되었다.

(2) 인터넷 중독의 특성

인터넷 중독의 특성은 과몰입, 내성과 금단, 사용조절 실패, 일상생활 장애, 가상적 대인관계 지향성 등으로 요약할 수 있다. 인터넷에 과몰입이 되어 있는 경우에는 대부분의 시간을 인터넷 이용에 보내게 되고, 이로 인해 삶이 인터넷 활동 위주로 돌아가면서 여러 가지 부작용이 발생한다. 내성은 인터넷을 할 때 의도한 것보다 더 오래 하게 되는 경향으로, 이전에 했던 양만큼 인터넷을 해서는 만족이 되지 않는 것을 말한다. 금단은 인터넷을 하지 않으면 우울과 불안, 초조감에 시달리다가도 인터넷을 하게 되면 그러한 증상이 사라지는 것을 의미한다.

인터넷 중독자들은 인터넷 사용이 자신의 신체 및 정신 그리고 일상생활에 미치는 부정적인 영향에 대해 알고 있기 때문에 인터넷 사용에 대한 강한 욕구를 가짐과 동시에 인터넷 사용을 중단하고자 하는 욕구를 가지기도 한다. 이러한 욕구는 인터넷 사용 중단을 시도하게도 하지만, 이들의 시도와 노력은 번번히 실패하고 잦은 사용조절 실패는 결국 또다시 인터넷에 빠지게 만든다. 인터넷에 빠지면 성적이나 업무능력이 떨어지고, 대인관계 문제 등 일상생활에 장애가 발생한다. 또한 인터넷 중독에 빠져 있으면 가상적 대인

관계를 지향하게 된다. 즉, 현실적인 대인관계보다 가상의 세계에서 만나는 사람들에 대해서 더 친밀감을 느끼고 가상세계에서 인정을 받고자 하는 욕구가 증가되는 상태에 이르는 것이다.

(3) 인터넷 중독의 원인

인터넷 중독은 인터넷 자체의 특성, 인터넷이 생산해 내는 내용의 특성, 개인의 심리적 특성, 인터넷 이용자의 환경적 특성, 생물학적 요인 등에 영향을 받는다(이소영, 2000; Greenfield, 1999a; Greenfield, 2010; Kimkiewicz, 2007; Young, 1998).

① 매체적 요인

첫째, 인터넷의 게임, 도박, 쇼핑, 음란물 같은 정보다. 내용이 기본적으로 그 자체로서 매우 쾌감을 주는 것으로, 과다 사용, 남용, 중독되기 쉬운 특성을 지니고 있다.

둘째, 인터넷은 언제나 사용 가능하고 클릭만 하면 되기 때문에 충동이나 욕구가 행동으로 옮겨지기가 훨씬 쉽다.

셋째, 인터넷에서의 익명성은 인터넷을 통해 현실세계에서 표현할 수 없었던 자신의 모습을 드러내게 한다. 특히, 현실에서의 자기 모습에 불만이 많을수록, 자존감이 낮을수록, 이상적 자기상을 만들어 자신의 욕구를 펼치는 데 몰두할 가능성이 높아진다.

넷째, 인터넷은 개인의 사회관계를 연결시켜 주는 역할을 하기도 하지만 동시에 사회적으로 고립시키는 매체이기도 하다.

② 개인적 요인

첫째, 자극추구 성향이 높은 사람은 자극추구 성향이 낮은 사람에 비해 보다 더 높은 자극이나 보다 더 새롭고 흥미로운 자극을 추구하는 경향이 있다.

둘째, 미커크 등(Meerkerk, van den Eijinden, Vermulst, & Garretsen, 2009)은 인터넷 중독자들은 다양한 부정적 정서상태로부터 위안을 얻고, 긍정적 정서를 일시적으로 얻기 위해 인터넷을 사용한다고 하였다.

셋째, 가번 등(Galvan, Hare, Voss, Glover, & Casey, 2007)은 충동성은 자기통제가 부족하거나 억제능력이 결핍되어 나타나는 것으로, 보상에 대한 어떠한 기대 없이도 일어난다. 또한 이소영(2000)은 중독적으로 게임을 사용하는 집단에서 충동성이 더 높게 나타났다고 하였다.

③ 가족과 사회문화적 요인

첫째, 인터넷 중독과 관련된 가족 요인으로 부모의 양육태도, 가족의 응집력, 가족 간 의사소통의 문제 등을 고려해 볼 수 있다.

둘째, 사회문화적 측면, 즉 건전한 놀이문화의 부재, 핵가족화 및 가정해체, 외적 통제력의 부재, 인터넷 환경에의 접근 용이성 등을 인터넷 중독의 원인으로 볼 수 있다.

④ 생물학적 요인

최근 의학적 연구에 따르면, 알코올이나 마약 중독과 같은 행동에 대해서도 뇌에서 습관성의 화학반응이 일어난다고 알려지고 있다. 이는 도박 중독자의 뇌 연구에서 확인되었던 것을 게임 중독이나 인터넷 중독에도 비슷하게 적용하고 있는 것이다.

(4) 인터넷 중독의 종류

① 게임 중독

게임은 스트레스를 해소시켜 주는 유익한 면이 있지만, 지나친 게임은 중독증을 유발하는 심각한 부작용을 낳고 있다.

② 통신 중독

통신 중독은 정보 이용자가 대화방, 머드게임, 동호회 등의 순서로 인터넷을 과도하게 즐겨 전자우편이나 정보검색을 주로 이용하는 일반인들과 달리 현실도피의 수단으로 사이버 공간에 빠져 드는 상태를 말한다.

③ 음란물 중독

청소년에게서 많이 볼 수 있는 중독으로, 청소년기에는 성에 대한 호기심이 왕성한 시기이므로 인터넷을 통한 음란물 중독이 발생할 수 있다.

④ 검색 중독

대인관계 및 일상생활에서의 스트레스와 관계 욕구를 익명성이 보장되는 인터넷상의 여러 사이트를 방황하거나 게시판에 글을 올림으로써 해결하려는 인터넷 중독의 하위 유형이다.

⑤ 메신저 중독

과도하게 채팅 혹은 메신저 사용에 집착하여 일상생활에 심각한 사회적 · 정신적 · 육체적 지장을 지속적으로 받고 있는 상태를 말한다.

⑥ 쇼핑 중독

인터넷에서 쇼핑하면서 시간을 보내는 것으로, 계속되는 물품 구매의 충동을 이겨 내지 못하여 자신의 금전적 여유의 한계를 넘어서는 수준으로까지 쇼핑을 반복적으로 하는 형태를 말한다.

⑦ 도박 중독

경제적 손실 초래는 물론 온라인상에 상당한 시간을 소비하여 수면부족으로 인한 피로감 때문에 업무 및 일상생활에 장애를 가져오는 형태를 말한다.

2) 스마트폰 중독

(1) 스마트폰 중독의 정의

스마트미디어 중독은 스마트미디어 자체의 특성, 생산해 내는 내용의 특성, 개인의 심리적 특성, 이용자의 환경적 특성 등에 영향을 받는다. 이용자가 스마트미디어를 사용함으로써 흥미를 느끼고, 점차 더 강한 수준의 만족을 느끼기 위해 반복적으로 미디어 이용을 탐닉하다가 결국 자신의 행위를 통제할 수 없는 수준에 이르게 되면 중독되었다고 할 수 있다. 즉, 미디어 중독에서 발생하는 문제는 탐닉이나 몰입을 즐기는 상황을 넘어서서 미디어 이용 자체가 다른 관계와 행위를 상대적으로 압도할 때 나타나게 된다(강진숙, 이제영, 2011).

한국정보화진흥원(2011)에서는 스마트폰 중독에 대하여 '스마트폰을 과다하게 사용하여 스마트폰에 대한 금단과 내성을 지니고 있으며, 이로 인해 일상생활의 장애가 유발되는 상태'라고 한다. 스마트폰 중독은 스마트폰의 과도한 몰입으로 인하여 생기는 초조, 불안과 같은 일상생활에서의 장애이며(강희양, 박창호, 2012), 스마트폰에 지나치게 몰입한 나머지 스스로를 제어할 수 없는 상태에 이른 것이라고(박용민, 2001; 박지선, 2001) 한다.

최근 스마트폰에 중독된 청소년들은 수면부족 및 높은 공격성, 분노, 우울, 좌절 등을 심하게 느끼고(김보연, 2012), 충동성과 지각된 스트레스가 높으며(조현옥, 2012), 자기통제력이 낮다(서애정, 2013)는 연구 결과들이 나왔다. 윤주영 등(2011)의 연구에서는 스마트폰 중독자들은 스마트폰 사용에 대한 의존, 불안, 대인관계 장애 등을 보였고, 신체적 증상으로는 눈의 피로, 근육통, 신경계 장애 등을 경험하는 것으로 나타났다.

(2) 스마트폰 중독의 특성

스마트미디어 중독의 특성을 내성, 금단, 가상세계 지향성으로 나누어 살펴볼 수 있다. 내성은 스마트미디어를 점점 더 많은 시간 동안 사용하게 되어 나중에는 많이 사용해도 만족감이 없는 상태로, 스마트미디어 사용 시간을 줄이려고 해 보았지만 실패하고, 스마트미디어 사용에 많은 시간을 보내는 것이 습관화된 상태라고 할 수 있다. 금단은 스마트미디어를 과다하게 사용하여 스마트폰이 옆에 없으면 불안하고 초조함을 느끼는 현상으로, 스

스마트폰을 사용하고 있는 아동들

마트폰의 지나친 사용으로 학교성적이나 업무능률이 떨어진다. 가상세계 지향성은 주변 사람들과 직접 현실에서 만나서 관계를 맺기보다는 스마트폰을 활용해서 관계를 맺는 것이 편한 상태다. 스마트폰을 사용하지 못하면 온 세상을 잃은 것 같다는 생각이 들고, 가족이나 친구들과 함께 있는 것보다 스마트폰을 사용하고 있는 것이 더 즐겁다고 느낀다.

(3) 스마트폰 중독의 원인

한국정보화진흥원(2012a)에서 실시한 인터넷 중독 실태조사에서는 스마트폰 중독의 심각한 원인으로 스마트폰 특성인 이용편이성이 81.0%로 가장 높게 나타났으며, 다음으로 모바일 메신저, 게임 등 콘텐츠 특성(76.0%), 대안활동 모색 부족(42.0%), 가정환경(30.3%), 학교 혹은 직장환경(29.3%) 등의 순으로 나타났다.

한국정보화진흥원(2012b)에서 고위험군 청소년을 대상으로 심층인터뷰를 실시한 결과, 중독 청소년들은 하루 평균 12시간 이상을 사용하며, 전형적으로 한시도 손에서 떼지 않으면서 스마트폰을 사용하고 있었고, 게임, SNS, 동영상, 음악, 정보 관련 앱 등 다양한 콘텐츠의 앱을 적극적으로 활용하고 있었다. 중독 청소년들은 스마트미디어가 지니는 다기능성, 즉 내가 원하는 것을 즉시 실행할 수 있다는 점, SNS를 통해 온라인/오프라인 관계가 가능하다는 점, 즉시적으로 호기심을 충족시켜 주는 점, 오락성 등의 요인이 스마트미디어를 많이 사용하게 하는 요인이라고 언급하였다.

3) 인터넷과 스마트폰 중독 비교

(1) 인터넷 중독과 스마트폰 중독의 개념 비교

인터넷 중독과 스마트미디어 중독의 개념을 비교하면 다음과 같다.

표 13-1 **인터넷 중독과 스마트폰 중독의 개념 비교**

기준	인터넷 중독	스마트폰 중독
공통적인 중독 개념	• 금단: 인터넷을 과다하게 사용하여 인터넷을 사용하지 않으면 불안하고, 초조함을 느끼는 현상 • 내성: 인터넷을 점점 더 많이 사용하게 되다 보니 이전보다 더 많이 써야만 만족감을 느끼고, 나중에는 많이 사용해도 만족감이 없는 상태 • 일상생활 장애: 인터넷을 많이 사용해서 가정, 학교, 직장 등에서 생활의 문제를 일으키는 상태(예: 지각 및 결석, 직장에서의 근무태만 등)	• 금단: 스마트폰을 과다하게 사용하여 스마트폰이 옆에 없으면 불안하고 초조함을 느끼는 현상 • 내성: 스마트폰을 점점 더 많은 시간 동안 사용하다 보니 나중에는 많이 사용해도 만족감이 없는 상태 • 일상생활 장애: 스마트폰을 과다하게 사용하기 때문에 가정, 학교, 직장 등에서 생활의 문제를 일으키는 상태(예: 수업시간 중 SNS 사용으로 인해 지적을 받음, 부부간의 문제 발생 등)
차별적 개념	• 가상적 대인관계 지향성: 인터넷 안에서 사람들과 맺는 관계가 현실 속에서 맺는 관계보다 더 즐겁게 느껴지며, 가상공간 속에서의 대인관계만을 즐겁게 느끼는 상태 • 콘텐츠별 중독: 게임 중독, 채팅 중독, 음란물 중독 등 다양한 콘텐츠별 중독 현상이 나타남	• 가상적 대인관계 지향성: 주변의 사람들과 직접 현실에서 만나서 관계를 맺기보다는 스마트폰을 활용해서 관계를 맺는 것이 더 즐겁고 편한 상태 • 편리성을 통한 접속률 증가: PC보다 훨씬 편하게 터치 한 번으로 원하는 프로그램에 접속할 수 있다는 점 • 접근성 증대를 통한 중독 가능성: 항상 손에 들고 다니며, 원하는 정보나 메시지는 알림 기능을 통해 알려 주기 때문에 항상 사용하게 됨 • 다양한 앱과 콘텐츠: 매번 새롭고 창의적이며, 자신에게 맞춰진 앱들이 나오기 때문에 콘텐츠 내용별로 중독성이 강화될 가능성이 있음

출처: 한국정보화진흥원(2011).

(2) 인터넷 중독과 스마트폰 중독 특성 비교

인터넷 중독과 스마트폰 중독의 특성을 비교하면 다음과 같다.

표 13-2 **인터넷 중독과 스마트폰 중독의 특성 비교**

기준	유사점	차이점
구인	• 금단, 내성, 의존, 초조, 불안감, 강박적 사용, 생활장애 등의 특징	• 인터넷 중독은 가상적 대인관계 지향성, 긍정적 기대, 현실 구분 장애 등을 포함하고 있으나, 스마트폰 중독은 아직 개념의 확장이 이루어지지 않음
사용 동기	• 즐거움, 외로움, 대인관계	• 인터넷 중독은 현실 도피, 도전/성취 동기가 있는 데 비해, 스마트폰 중독은 자기 과시, 체면 차리기, 인정에 대한 동기가 있음
사용 결과	• 사용하지 않을 때 금단, 내성의 증상을 보이고, 일상생활의 어려움에 영향을 미치며, 인터넷이나 휴대폰을 사용하지 않고 있을 때도 하고 있는 듯한 환상을 느낌	• 인터넷 중독이 스마트폰 중독보다 우울, 편집, 반항, 강박 등에서 더 큰 문제를 보이고 있을 가능성이 있으며, 스마트폰 중독은 우울보다는 산만하고 에너지를 상실하는 문제가 더 심각해 보임(아직 연구가 더 필요함)

출처: 한국정보화진흥원(2011).

4) 인터넷 및 스마트폰 중독과 정신건강

현시점에서 인터넷 중독과 각종 정신질환의 인과관계를 명확하게 밝히기는 어렵다. 이는 마치 닭이 먼저냐, 달걀이 먼저냐와 같은 문제일 수도 있기 때문이다. 인터넷 사용으로 인하여 별도로 진단을 내릴 수 있는 정신질환에 걸리게 되는 것인지, 아니면 다음에 나오는 주의력결핍 과잉행동장애나 우울증 같은 질환으로 인하여 더 인터넷에 중독되는 경향을 보이는 것인지 아직 명확한 인과관계를 규명하지 못하였다.

우리나라에서는 하지현(2011)이 인터넷 중독 양상을 보이는 초등학교 4~6학년생들을 대상으로 동반이환되어 있는 정신질환에 대한 연구를 시행하여 발표한 바 있다. 이 연구에 따르면, 인터넷 중독 집단에서 주의력결핍 과잉행동장애와 주요 우울장애의 유병률이 일반 인구집단보다 더 높다는 것이 밝혀졌다. 또한 그 외에 강박장애, 조현병, 사회공포증 등도 동반하는 것으로 밝혀져, 인터넷 중독이 단일한 속성을 지니기보다는 기저의 정신질환에 따라 그 양상이 다양하게 나타날 수 있음을 시사하고 있다. 여기서는 인터넷 중독에 흔히 동반되는 정신질환인 주의력결핍 과잉행동장애, 우울증 그리고 충동조절장애 등을 중심으로 알아보고자 한다.

(1) 주의력결핍 과잉행동장애

주의력결핍 과잉행동장애(Attention Deficit Hyperactivity Disorder: ADHD) 아동들은 유독 TV 시청이나 게임을 더 좋아하고 집착하는 경향이 있다. 국내외의 각종 연구 결과를 보더라도 ADHD는 일반 인구 집단보다 인터넷 중독 집단에서 더 높은 유병률을 보인다. 현재까지의 국내외적인 연구들은 그 이유를 다음과 같이 설명하고 있다. 첫째, ADHD 아동들은 스스로 자신의 행동을 조절하는 데 어려움을 겪는다. 그러다 보니 인터넷을 그만하고 자제해야 하는 상황에서도 반복적으로 계속하게 된다. 둘째, ADHD 아동들은 어떤 일을 했을 때 그 보상이나 성과를 끈기 있게 기다리지 못하고 즉각적인 반응을 추구하게 된다. 이런 아동들에게 즉각적인 피드백을 끊임없이 경험하게 해 주는 온라인 게임이나 게시판, 댓글 기능 등을 제공해 주는 인터넷의 유혹을 그만큼 뿌리치기 어렵다. 셋째, ADHD 증상으로 부정적인 피드백만 받아 오던 산만한 아동이 게임에 놀라울 정도의 집중력을 보이면서 만족감과 자기도취감을 느끼기도 한다. 또한 ADHD의 진단기준에 완전히 부합하지 않아도, 쉽게 질리고 항상 새로운 자극을 추구하는 경향이 높은 사람들은 끊임없이 새로운 자극과 즉각적인 피드백을 제공해 주는 인터넷 기반 서비스에 쉽게 빠져들 수 있으므로 주의가 필요하다.

(2) 우울증

우울증이 과다한 인터넷 사용과 관련이 있다는 것은 이미 국내외적으로 많은 연구가 발표되었다. 대인관계에서 어려움을 겪거나 학업 및 사회적 활동에서 성취감을 얻기 어려운 사람들의 경우 흔히 마음에 상처를 입고, 점점 외부와 소통의 문을 닫아 버리게 된다. 이런 사람들은 대개 다른 사람들의 말이나 평가에 민감하여 인간관계에서 비롯되는 우울증을 많이 경험하는 편이다. 다른 사람들과 더 가까이 다가가 친근하고 유대감을 느끼며 지내고자 하는 욕구가 있지만, 또 그만큼 상처도 많이 받고 위축되어 우울증에 빠진다. 인터넷은 이런 사람들이 가장 상처받지 않고 안전하게, 그러면서도 세상 사람들과 소통할 수 있는 창을 제공해 준다. 그러나 최근에는 인터넷을 통한 악성 댓글 등으로 인하여 우울증이 새로 발생하거나 더욱 악화되는 일도 일어나고 있어 대책이 필요하다.

(3) 충동조절장애

가장 널리 알려진 충동조절장애는 도박 중독이다. 도박 중독과 인터넷 중독 사이에 상당히 유사한 부분이 있다. 도박과 인터넷 모두 항상 새로운 자극과 즉각적인 보상을 제공해 준다. 특히 온라인 게임과 성인 사이트는 더욱 도박과 비슷한 속성을 지닌 것으로 보고있다. 이러한 이유로 강한 승부 근성과 자극을 추구하며, 한 번 빠지면 헤어 나오기 힘들어하는 경향이 강하며, 새로운 것에 지나치게 민감한 경향을 지닌 사람은 도박처럼 인터넷에도 쉽게 더 중독될 수 있다.

(4) 적응장애

스트레스 사건을 경험한 후 3개월 내에 나타나는 정서적 또는 행동적 증상들이다. 이는 스트레스 원에 대하여 정상적으로 예측할 수 있는 반응을 넘어서고, 사회적 기능이나 직업적 기능의 심각한 장애를 보일 때 진단을 내린다. 적응장애에는 6가지 유형이 있는데, ① 우울 정서를 보이는 적응장애, ② 불안을 보이는 적응장애, ③ 불안과 우울 기분이 중복된 적응장애, ④ 행동문제가 있는 적응장애, ⑤ 정서와 행동문제가 중복된 적응장애, ⑥ 비(非)특이성 적응장애가 있다. 적응장애 환자는 중요한 스트레스 사건을 이미 경험한 사람이다. 그는 자신의 심리적 상처를 아물게 하기 위한 방편으로 인터넷·스마트미디어 사용을 통해서 괴로움을 잊거나 즐거움을 추구하려고 든다. 그러다가 자신도 모르게 인터넷 중독과 스마트미디어 중독에 이르게 될 수 있다.

(5) 학습장애

한 개인의 지능, 나이, 교육 정도를 고려할 때 읽기, 독해, 철자, 쓰기, 산술, 수학적 추론의 특정 영역에서 그에게 기대되는 정도보다 현저한 어려움을 보이는 것을 말한다. 학습의 어려움을 피하기 위해서 인터넷·스마트미디어에 빠질 가능성이 더욱 크다.

(6) 조울증(양극성장애)

조증과 우울증이 번갈아 나타나는 병이다. 조증은 기분이 들뜨고 팽창되어 있거나 짜증이 나 있는 상태가 병적으로 지속되는 경우다. 우울증은 기분이 병적으로 가라앉은 상태를 말한다. 이와 같이 양쪽의 극단의 기분을 나타내기에 양극성장애라고 부른다. 병의 경과가 처음에 우울증으로 나타나면, 우울증으로 진단 내려지기도 한다. 조울증에서의 조증 상태나 우울증 상태와 상관없이 자신의 병적 기분의 결과 인터넷·스마트미디어 사용에 몰입할 가능성이 크다. 예컨대, 조증 상태에서는 밤을 새워 인터넷 게임을 해도 피곤함을 전혀 느끼지 않고, 프로게이머가 되겠다고 큰소리를 치면서 하루 종일 게임 연습을 할 수 있다.

(7) 정신병적 장애

망상과 환각(주로 환청이나 환시) 증상을 보이는 경우를 말한다. 인터넷 · 스마트미디어 중독과의 연관성을 비교적 미미한 것으로 볼 수 있으나, 망상의 내용에 따라서 하루 종일 인터넷 · 스마트미디어 사용에 몰입할 수 있다. 예컨대, 자신의 비밀이 노출되어서 사람들이 내 생각을 다 알고 나를 조종하려고 한다는 망상에 빠진 사람은 여러 검색 사이트에서 자신의 이름을 치면서 확인하려고 든다.

(8) 틱장애

틱장애 역시 인터넷 · 스마트미디어 중독과의 직접적인 연관성을 언급하기 어렵다. 하지만 틱이 심한 경우 친구들의 놀림이나 자신에 대한 실망감으로 인해 괴로움을 느끼게 된다. 이를 잊기 위한 방편으로 인터넷 · 스마트미디어 사용에 몰입하게 될 수 있다.

3. 유아기 놀이와 미디어의 연관성

1) 유아의 발달 특징과 미디어 게임

유아는 놀이를 통해 학습하게 된다. 즉, 놀이를 통해 자신을 탐구해 나갈 뿐 아니라 자신을 실제 세계에 적응시켜 나가고, 학습해 나간다. 이런 의미에서 유아의 발달 특징과 미디어 게임은 매우 중요한 관계로 맞물려 있음을 알 수 있다. 즉, 구체적 아이디어를 상징적 수단으로 표현함으로써 구체적 영역과 상징적 영역을 연결하는 데 도움이 될 수 있다. 그러나 미디어는 유아들이 사용하는 어느 놀잇감과도 다르다. 미디어가 지닌 순기능과 역기능을 두고 과연 유아교육에 필요한 것인가, 발달단계에 적합한 것인가에 대한 논의가 끊임없이 계속되고 있다. 미디어는 이미 생활의 일부가 되어 가고 있기 때문에 좀 더 일찍 정보화 교육을 시켜야 한다는 필요성과 유아기에 습득해야 할 사회성을 저해시키고 있어 다른 놀잇감으로 대체해야 하며, 따라서 유아기에는 적합하지 않다는 의견이 다음과 같이 서로 대립되고 있다(한정아, 2010; Clement & Swaminathan, 1995).

첫째, 유아기의 인지적 특징이다. 피아제(Piaget)는 유아기를 전조작기라 하여 정신적 표상에 의한 사고를 아직 논리적으로 관계 지을 수 있는 능력이 제대로 발달되지 않아 직관적으로 판단하는 특징이 있다고 하였다. 그러므로 유아는 놀이를 통해 학습하게 되며, 놀이가 유아의 인지적 발달을 도울 수 있는 탁월한 수단이 되는 시기에 무분별한 미디어는 유아의 일생을 그릇되게 하는 결과를 초래할 수 있다.

둘째, 유아기의 정서적 특징이다. 유아는 언어 사용능력이 제한되어 있으므로 놀이를 통하여 자신의 감정과 생각을 나타낸다. 놀이로 억압된 감정을 해소하고, 불쾌한 경험을 극복해 나가며, 자신이 가진 공포, 불안을 해소해 나간다. 유아기의 정서는 지속시간이 짧아 보통 3~5분에 따라 변할 수 있어 놀이를 하면서 친구의 정서에 대한 감정이입과 정서적 안정을 다른 사람과의 원만한 인간관계를 통해 배워야 하는 때다.

셋째, 놀이를 통해 타인과의 사회적 관계를 형성하는 사회적 특징이다. Griffiths(1999)는 오늘날의 미디어 게임을 하지 않는 유아들도 40년 전의 유아들보다 훨씬 더 사회성이 감소되었음을 밝히고 있다. 그 이유는 핵가족 체제에서 TV 시청에 많은 시간을 소비하여 다른 유아들과 노는 시간이 줄어들고, 과거의 장난감보다 훨씬 더 정교한 장난감으로 혼자놀이(solitary play)를 하기 때문에 협동을 배우거나 또래 간의 우정관계를 습득할 수 없다는 지적이다. 때문에 혼자서 장시간 미디어 게임을 즐긴다면 유아기의 사회성 발달에 악영향을 미치게 될 것이다.

2) 유아의 놀이와 미디어 게임의 연관성

유아에게 있어서 게임이라고 하면 일반적으로 놀이와 혼돈하여 쓰인다. 사전에 '게임은 놀이 패턴이 구체화되어 이루어진 형태'라고 정의하고 있다. 놀이가 발전되어 게임이 되지만 둘은 서로 엄연히 다르다. 게임은 그 자체에 의해 부여된 장애(obstacle)와 규칙(rule)을 지니는 반면에, 놀이는 유아에 의해 변화될 수 있다. 둘 다 즐거움이 있는 지적 · 신체적 활동이지만 차이점은 게임은 집단 구성원, 일정한 규칙, 승부욕을 가진다는 것이다. 게임은 현실 장면의 축소, 단순화된 조작적 모형으로 유아들에게 다양한 역할과 가상의 대리 참여 기회를 제공해 준다. 특히 게임은 유아들이 자발적으로 참여하여 사회성 발달을 도모하며, 타인과의 공존을 학습하도록 촉진하고, 사회 구조에 대처할 수 있다는 데 큰 의의가 있다. 즉, 유아에게 있어서 게임은 규칙 수용성, 타인과의 어울림, 구체적인 활동의 목표, 사회적 관계 형성 등 사회화 과정의 한 부분인 것이다. 결국 게임은 조직적인 놀이이며, 경쟁성이 있고, 둘 이상의 편이 있으며, 승자 결정을 위한 기준이 있고, 일치된 규칙이 있는 활동이라고 할 수 있다. 이런 연유로 미디어 게임은 유아의 지적 · 정서적 · 신체적 놀이 활동에 불가피한 존재로 자리매김하고 있다. 다음은 유아의 놀이와 미디어 게임과의 연관된 특성이다(김미애, 류경화, 2003; 한정아, 2010; Brenner, 1997; Goldberg, 1996).

첫째, 놀이적 특성이다. 놀이가 일과이며 바로 삶 자체인 유아들에게 미디어 게임은 유아의 일과인 것이다. 이러한 의미는 놀이 일체의 속박에서 벗어나 자유의 경지에 도달하는 것을 의미한다.

둘째, 학습적 특성이다. 놀이는 학습의 원천적인 기능을 제공하는 시너지 효과의 에너지원이기도 하다. 전통놀이 이론의 견해에 의하면 놀이는 학습과 밀접한 상관관계를 가지고 있는데, 이것은 놀이로서의 미디어 게임의 특성과도 관계가 있다. 고도의 정보화 사회가 비디오 게임, 컴퓨터 게임, 다양한 게임기의 게임놀이를 탄생시켰으며, 유아에게 미디어게임은 새로운 사회와 문명의 형태를 학습하기 위한 하나의 사회적 장치라고 할 수 있다.

셋째, 유아의 인식적 특징이다. 미디어 게임은 발견, 탐색, 문제해결, 자신의 한계 극복 등 미지의 대상에 대한 인식적 특성이 존재한다. 이것은 자기 자신을 일시적으로 잊어버린다는 특성으로, 일단 게임행위에 몰입하면 게임 사용자는 자신을 게임의 캐릭터나 대상과 강력하게 동일시한다. 이러한 자신을 객관적으로 인식한다는 것은 미디어 게임 행위에서 빠져나왔음을 의미한다. 유아는 성인과의 상호작용이 부족한 현대의 사회 변화에 있어서 미디어 게임을 통해 자아와 정체성을 찾고 있다.

넷째, 감성적 특성이다. 미디어 게임은 일정한 규칙과 틀을 가지고 진행시킬 수 있으므로 게임을 통하여 인간의 감성을 조절할 수 있다. 유아에게 있어서 컴퓨터 게임은 학습이나 유아교육기관에서의 스트레스로부터 벗어나 휴식을 취함으로써 감성의 균형을 회복할 수 있다.

다섯째, 생리학적 특성이다. 미디어 게임은 싫증을 감소시키기 위해서 자극의 양을 증가시킨다. 미디어 게임으로부터 강력한 자극을 받은 유아는 본능적인 충동으로 적절한 생활의 질서를 찾지 못하게 될 수 있다.

여섯째, 사회적 특성이다. 성인과의 애정결핍, 상호작용과 대화가 부족한 유아는 미디어 게임을 통하여 소외감을 잊을 수 있고, 다른 게임 사용자와의 경쟁에서 비롯되는 갈등을 이기는 성취감도 맛보게 된다. 유아는 게임을 통해 함께 문제에 도전하고 즐기는 가운데 어떤 사회의 어떤 집단에 속한 한 일원으로서의 사회화 과정을 느끼게 될 것이다.

3) 미디어 안전 예방 및 교육활동 프로그램

(1) 컴퓨터 과몰입 예방교육과 진단검사

인터넷은 유아들에게 즐거운 놀이와 풍부한 경험을 제공하여 사이버 공간에서 재미, 경쟁, 교제 등의 미래지향적 놀이 문화를 형성하고, 놀이를 통한 학습에 따른 강한 성취 욕구, 타인과의 협력 및 의사소통하는 법을 배울 수 있게 된다. 또한 인터넷은 유아의 문제해결력, 비판적인 사고력, 결정력, 창의성, 언어적 기술, 지식, 정보종합능력, 사회적 기술, 자존감 등을 증진시키는 교육적 기회를 제공하며, 유아가 자신의 능력을 다양하게 발휘할 수 있도록 돕는다. 그리고 학습자인 유아에게 협력적인 학습 환경을 제공하여 학습효과를 높이는 데 기여하고, 유아가 자신의 발달과 흥미에 적절한 콘텐츠를 선택하여 활동함으로써 유아 중심적인 학습활동을 가능하게 한다. 이를 통해 유아는 다양한 정보와 문화적 경험을 손쉽게 접할 수 있으며, 세계화에 부응하는 넓은 시각을 얻을 수 있다(김승옥, 이경옥, 2005; 유구종, 2001; 이소희 외, 1997; 한미경, 황해익, 2003; Davis & Shade, 1999; Haugland, 2000).

이와 같은 선행연구의 결과를 살펴볼 때 인터넷은 성장기 유아들에게 긍정적인 영향을 주고 있음을 알 수 있다. 그러나 매년 신문이나 각종 매체에는 인터넷의 긍정적인 영향보다 인터넷 중독을 비롯한 인터넷 이용에 따른 부정적인 문제들이 자주 보도되고 있다. 이것으로 보아 유아의 인터넷 사용에 있어 부정적인 영향을 간과할 수 없는 것이 현실이다. 유아기는 아직 신체적, 심리적으로 성숙하지 않은 시기이며, 자신을 통제할 수 있는 자아조절 능력도 발달되지 않아 실제 현실과 다른 온라인상의 가상 세계에 대해 적절히 판단할 수 있는 능력이 부족한 시기다. 이 시기에 인터넷에 무방비 상태로 노출될 경우, 유아의 신체적·심리적 성장을 크게 해칠 수 있다. 즉, 유아기는 인터넷의 부정적 영향에 가장 취약한 시기이며, 이에 적절히 대응할 수 있는 능력이 아직 부족하여 인터넷 중독의 위험 요인이 가장 강하게 영향을 미칠 수 있는 시기다(이은경, 2007). 인터넷의 특성상 유아들의 서투른 클릭 몇 번만으로도 전혀 예기치 못했던 사이트로 옮겨 가 폭력적인 게임이나 음란물 등의 유해 정보에 노출되기 쉽다.

정아란(2007)의 유아의 컴퓨터 게임 과몰입 예방교육 프로그램은 아동 중심의 구성주의를 바탕으로 한 생활지도의 형식으로, 유아의 발달에 적합하게 구성되어 있다. 한국정보문화진흥원(2007)의 취학 전 아동 인터넷 중독 예방 프로그램은 유아의 발달수준과 인터넷 사용 경험 정도에 따라 수준별로 구성되어 있다. 이러한 연구들은 아동 중심의 구성주의와 발달수준별 활동으로 구성되어 있어 인터넷 사용에 대한 인지적인 이해 및 사실적인 정보 전달에 있어서 매우 유용하게 활용될 수 있을 것으로 보인다. 그러나 자칫하면 주입식 교육처럼 교사의 일방향적인 수업이 되어 인터넷의 화면에 따라 수동적으로 움직이는 유아의 모습이 반복될 수도 있다. 놀이는 유아가 자발적으로 계획하고 참여하는 활동이며, 즐거움을 느끼는 활동이다. 그러므로 유아의 흥미와 즐거움을 자극하여 또래 및 대인관계를 높일 수 있고, 유아와 떼려야 뗄 수 없는 놀이 · 신체활동을 활용하여 사회적인 관계를 형성할 수 있도록 한다면 인터넷 과몰입 예방에 더욱 높은 효과를 기대할 수 있을 것이다. 따라서 한국정보문화진흥원(2007)에서 개발된 취학 전 아동 인터넷 중독 예방 프로그램은 놀이를 활용한 유아 인터넷 과몰입 예방 프로그램으로 재구성하여 활용하고 있다. 정아란(2007)이 개발한 유아의 컴퓨터 게임 과몰입 진단검사는 다음과 같다.

표 13-3 **유아의 컴퓨터 게임 과몰입 진단검사**

구분	번호	질 문	①	②	③	④	⑤
건강 장애	1	게임 하느라 잠을 늦게 잔 적이 있다.					
	2	게임을 오래 하여 눈이나 머리가 아픈 적이 있다.					
	3	게임 때문에 식사를 제때 못하거나 늦게 한 적이 있다.					
	4	게임하는 동안에 화장실 가는 것을 잊기도 한다.					
일상 생활 장애	5	게임을 하느라고 해야 할 일을 제대로 못한 적이 있다.					
	6	먼저 해야 할 다른 일이 있는데도 게임부터 하게 된다.					
	7	여가시간 대부분을 게임하며 보낸다.					
	8	가족과 외출하거나 친구들과 노는 것보다 게임하는 것이 더 즐겁다.					
현실 구분 장애	9	게임을 하지 않을 때도 게임에서 나오는 소리가 들리는 것 같다.					
	10	게임을 하지 않을 때도 자꾸 게임하고 있는 것 같다.					
	11	주위의 사람이 게임 속에 나타나는 사람 같다.					
	12	나도 게임 속의 주인공처럼 해 보고 싶다.					

정서 장애	13	게임하는 도중 방해를 받으면 짜증이 나서 참기 어렵다.					
	14	게임하다가 형제나 친구 간에 다투기도 한다.					
	15	게임을 하는 동안 잘 되지 않을까 봐 불안하고 조마조마 하다.					
	16	게임 때문에 부모님으로부터 자주 혼이 난다.					
집착	17	게임을 한 번 시작하면 생각했던 것보다 더 오래 하게 된다.					
	18	게임을 하다가 "그만!" 하고 말리면 화가 나서 참을 수 없다.					
	19	게임을 하기 위해서라면 어떠한 어려움도 견딜 수 있다.					
	20	다음에 게임하려고 미리 계획해 둔다.					
합 계							

1단계: 20~39점-컴퓨터 게임 일반 이용자(자기 절제 가능)
2단계: 40~59점-컴퓨터 게임 몰입(잠재적 위험 이용자군: 과몰입 예방교육 필요)
3단계: 60~79점-컴퓨터 게임 과몰입(고위험 이용자군: 전문 치료 대상, 과몰입 예방교육 필요)
4단계: 80점 이상-컴퓨터 게임 과몰입(중독: 전문치료 시급)

(2) 유아용 인터넷 안전의식 측정도구

정보화 시대로의 성공적인 진입과 정보화 확산에 대한 범국가적 노력의 결과로 우리나라는 세계 최고 수준의 정보화를 달성하였으며, 인터넷 문화의 시험대로서 세계적인 주목을 받게 되었다. 인터넷은 이제 우리 생활에서 필수 불가결한 요소가 되었다. 학습 및 놀이문화로서 인터넷은 유아의 생활과 문화에 깊숙이 뿌리내리고 있다. 하지만 유아의 인터넷 사용에 대한 사회적 안전망이 갖추어지지 않은 채 인터넷이 급속하게 보급되어 인터넷 과몰입, 개인정보 유출, 유해 사이트 접속 등의 역기능 문제를 낳고 있으며, 유아는 이러한 인터넷 역기능에 무방비 상태로 노출되어 있는 실정이다. 특히 인터넷 사용에 있어서 유아는 학습과 놀이가 구분되지 않아서 상업적이고 부적절한 콘텐츠에 접속하는 사례가 증가하고 있다. 또한 이로 인해 개인정보가 유출되거나 바이러스 침해, 게임 과몰입 등에 관련한 문제는 심각한 실정이고, 인터넷 사용에 따른 저연령화의 문제점과 이에 대한 대비책 마련에 관한 요구는 연일 신문지상과 방송을 오르내리는 주된 이슈가 되고 있다.

유아의 안전하고 건강한 인터넷 사용을 위해 인터넷 사용 초기부터 인터넷의 특성 및 인터넷 사용에 따른 문제점을 스스로 인지하여 대비하도록 도와주거나, 교사나 학부모가 적절한 지도를 제공할 수 있는 사전 예방적 차원의 접근이 절실히 요구된다. 이러한 예방적 접근을 위해서는 유아의 인터넷 및 인터넷 안전에 대한 의식을 구체적으로 이해하고,

안전한 인터넷 사용과 관련된 변인을 탐색할 필요가 있다. 그러나 유아의 인터넷 사용에 대한 선행연구가 매우 부족할 뿐만 아니라, 유아의 안전의식을 측정하기 위한 적절한 도구의 부재로 인해 효과적인 유아의 인터넷 안전교육 및 역기능 문제 예방과 지원에 어려움이 있다.

유아의 인터넷 안전의식은 유아가 안전하고 건강하게 인터넷을 사용하는 데 필요한 의식으로, 정보화 사용자로서 지켜야 할 네티켓 의식과 인터넷에서 제시되는 정보를 올바르게 판단하여 인터넷 사용에 따른 위험과 사고를 예방하는 의식으로 정의할 수 있다.

이에 따른 인터넷 안전의식의 기본원리는 다음과 같다.

① 네티켓

네티켓(netiquette)은 네트워크(network)와 에티켓(etiquette)의 합성어다. 모든 사람을 우리 자신과 똑같은 존엄성과 권리를 가진 사람으로 인정하고, 상대방의 다양성과 존재를 인정하는 것으로 인터넷 사용자의 다양성을 인정하고 존중하는 인터넷 사용자가 지녀야 할 기본 예절을 의미한다. 모든 사람을 우리 자신과 똑같은 존엄성과 권리를 가진 사람으로 대우할 것을 요구한다. 여기에는 인터넷 사용자가 사이버 공간에서 서로 지녀야 할 인터넷 예절이 포함된다.

② 책임

책임은 정보의 이용자로서 자신의 인터넷 사용행위에 대한 책임을 말한다. 이는 추병완(2001)의 인터넷 윤리 기본 원리의 책임 중 예상적 책임에 관한 것으로, 유아가 겪는 인터넷 역기능 문제에 대해 주의를 기울여야 할 점과 관계가 있다. 예를 들면, 자신과 타인의 정보 보호, 폭력게임, 유해 사이트, 프로그램 다운로드, ID 보호 등 인터넷 사용에 따른 문제에 대한 책임 있는 자세를 말한다. 유아는 인터넷에서 자신의 행동이 어떤 결과를 가져오게 될 것인지에 대해 미리 심사숙고해서 행동해야 할 필요가 있다.

③ 과몰입

과몰입은 불건전한 인터넷 사용에 대한 자기통제로, 과몰입에 대한 자기의지 조절을 말한다. 즉, 감성적 욕구를 이성적으로 제어하는 것으로 습관적으로 불건전한 정보를 접촉하는 중독요인에 대한 자기의지 조절과 인터넷 이용 시 자기규칙 정도를 의미한다.

유아의 인터넷 안전의식 측정도구는 그림 자료를 활용하여 측정 문항에 대한 유아의 이해를 돕도록 제작되었다. 유아에게 인터넷 안전의식의 측정 문항을 그림 없이 질문했을 때 보다 그림으로 제작된 인터넷 안전의식 측정도구를 사용했을 때 측정 문항에 대한 부가적인 설명이 필요 없었으며, 유아 1인당 검사에 소요되는 시간이 단축되었다. 이는 그림을 활용한 인터넷 안전의식 측정도구가 검사자에 따라 발생할 수 있는 결과에 대한 오류를 줄이고, 검사시간의 효율성을 증가시킨다고 할 수 있다. 유아의 인터넷 안전의식 측정도구는 인터넷 사용에 대한 유아의 안전의식을 측정하여 인터넷 과몰입 및 안전교육 등 더 집중된 조기중재 프로그램을 제안함으로써 앞으로 더 심각한 역기능 문제를 조기에 발견하고, 위험에 적절히 대응하는 데 활용될 수 있을 것이다. 김승옥(2008)이 개발한 유아의 인터넷 안전의식 측정도구는 다음과 같다.

표 13-4 **유아의 인터넷 안전의식 측정도구**

	질문 문항	유아의 응답	
		예	아니요
책임	1. 인터넷을 하는데 이름, 나이, 전화번호, 주소 등을 물어보면 알려 줘도 되나요?		
	2. 인터넷의 아이디와 비밀번호를 다른 사람과 함께 사용해도 되나요?		
	3. 인터넷을 하는데 다른 사람의 이름, 나이, 전화번호, 주소 등을 물어보면 알려 줘도 되나요?		
	4. 인터넷 사이트에 가입할 때는 부모님(보호자)의 허락을 받아야 하나요?		
	5. 인터넷을 할 때 어떤 프로그램을 새로 설치하라고 내가 스스로 결정해서 해도 되나요?		
	6. 모르는 사람이 보내온 파일(메일)을 열어도 될까요?		
	7. 인터넷에 있는 이야기는 모두 믿을 수 있나요?		
네티켓	8. 인터넷에서 바른 언어와 좋은 말을 사용해야 하나요?		
	9. 인터넷에서 서로 얼굴이 보이지 않으니까 다른 사람에게 내 마음대로 행동해도 되나요?		
	10. 인터넷에서 다른 사람의 기분을 나쁘게 하는 말을 사용해도 되나요?		
	11. 인터넷에서 서로 다른 사람을 위하는 마음을 가져야 하나요?		
	12. 인터넷에서 사실이 아닌 이야기를 해도 될까요?		
과몰입	13. 인터넷을 어떻게 사용할 것인지에 대한 규칙을 만들어야 하나요?		
	14. 인터넷을 하기 전에 언제까지 할 것인지 시간을 계획해야 하나요?		
	15. 인터넷을 하기 전에 어떤 내용의 활동을 할 것인지 계획해야 하나요?		
	16. 정해진 시간이 되면 인터넷이 너무 재미있어서 더 하고 싶어도 그만해야 하나요?		
	17. 인터넷이 재미있으면 친구나 가족과 함께 지내지 않고 인터넷을 해도 되나요?		
	18. 인터넷을 하느라 해야 할 일을 뒤로 미루어도 되나요?		
	19. 인터넷을 사용한 후에는 계획했던 대로 활동했는지 알아보아야 하나요?		

　인터넷과 스마트폰의 보급으로 누구나 쉽게 인터넷에 접속해서 필요한 정보를 수집·검색할 수 있고, 다양한 앱을 다운 받아서 여가를 즐길 수 있는 환경을 누리게 되었다. 인터넷 환경을 긍정적이고 건강하게 잘 사용할 수 있도록 우리의 청소년을 인터넷의 부작용으로부터 보호하고, 안전하면서 긍정적인 사용을 권하기 위하여 인터넷 중독 예방교육이 무엇보다도 필요하다. 특히 인터넷 중독은 그 증상이 눈으로 잘 드러나지 않을 뿐만 아니라 중독이 많이 진행이 된 후에 발견되는 것이 특징적인데, 이때 치료나 상담적인 개입을 하려면 시간과 비용을 많이 들고, 중독 치료에 있어 강한 저항과 높은 재발률을 보이는 단점이 있다. 또한 어릴 때 중독에 한 번 노출되면 성장기 이후 성인이 되어서도 쉽게 중독에 노출될 수 있다.

　따라서 인터넷 중독 예방교육은 다른 인터넷 중독 사업보다 꼭 필요한 사업이라고 할 수 있다. 스마트워크 시대, 유비쿼터스, 빅데이터 시대를 이끌고 누릴 다음 세대에게 현 세대가 꼭 해야 할 일 중에서 우리의 아이들이 건강하게 자신의 삶을 누릴 수 있도록 하기 위해서는 인터넷 중독에 대한 예방교육이 꼭 필요하며, 또한 나날이 늘어 가는 스마트미디어 사용자의 증가와 인터넷 중독자 및 스마트폰 중독자의 증가는 예방교육의 필요성 및 중요성을 부각되게 하고 있다.

안전교육 활동계획안(미디어 안전)

생활주제	생활도구	주 제	생활도구로서의 미디어	대 상	만 4세
소 주 제	미디어 바르게 사용하기			활동유형	이야기 나누기
활 동 명	텔레비전을 볼 때 약속이 있어요.			집단형태	대집단

누리과정 관련요소	• 신체운동 · 건강: 안전하게 생활하기-안전하게 놀이하기 • 의사소통: 말하기-느낌, 생각, 경험 말하기 　　　　　듣기-바른 태도로 듣기
창의인성 관련요소	• 창의성: 인지적 요소-문제 발견 • 인성: 약속
활동목표	• 시청자 제한 표시를 설명할 수 있다. • 자극적인 장면의 위험성을 느낄 수 있다. • 텔레비전 볼 때의 약속을 생활 속에서 실천할 수 있다.
자료 준비 및 제작	• 텔레비전 시청연령제한 사진 -시청연령제한 표시 사진들을 동그란 모양(17×17, 7×7)으로 잘라 코팅한다. -시청연령제한 표시 사진은 바구니에 담아 따로 준비한다. • 사진자료 -텔레비전을 보고 있는 아이의 모습을 A3용지 크기로 출력하여 코팅한다. -프로그램 장면을 캡처하여 A3용지 크기로 출력하여 코팅한다.

단계	교수 · 학습 활동	자료 제시 및 유의점
도입	• 손유희로 주의집중을 유도한다. 텔레비전에 내가 나왔으면 정말 좋겠네 정말 좋겠네 춤추고 노래하는 예쁜 내 모습 텔레비전에 내가 나왔으면 정말 좋겠네 정말 좋겠네 • 간단한 ○× 게임을 하며 흥미를 유발시킨다. -우리 원에는 어떤 기기들이 있나요? -친구들이 보거나 좋아하는 프로그램은 무엇인가요? -그 프로그램을 좋아하는 이유는 무엇이에요? -선생님이 지금부터 텔레비전 프로그램 이름을 말할 거예요. 친구들이 듣고 　'이건 어린이가 혼자 봐도 되는 프로그램이야!'라는 생각이 들면 ○, '이건 엄 　마 아빠랑 같이 봐야 해!'라는 생각이 들면 ×를 하는 거예요.	유아들이 자신의 생각을 자유롭게 표현하도록 반응 한다.

전개	• 시청연령제한 표시에 대해 이야기 나눈다. −(텔레비전을 시청하는 사진을 제시하며) 사진 속 사람들이 무엇을 하고 있나요? −(시청연령제한 표시를 제시하며) 이런 표시를 본 적이 있나요?/어떻게 생겼나요? −이런 숫자는 무슨 뜻을 가지고 있을까요? −친구들이 보고 있는 이 표시는 시청연령제한 표시라고 하는데 동그라미 안에 있는 숫자의 나이가 되지 않는 사람들은 '이 프로그램을 혼자 보지 마세요.'라는 뜻을 가지고 있어요. −왜 혼자 보지 말라고 한 것일까요? −왜 프로그램을 볼 때 시청연령제한 표시를 만들어 두었을까요? −텔레비전은 다른 나라의 소식이나 날씨처럼 좋은 정보를 우리에게 알려 주지만 싸우는 장면과 같이 친구들이 보면 안 되는 위험한 장면도 나와요. 이런 장면들을 보면 머릿속에 남아서 친구들이 모르는 사이에 행동으로 나올 수 있어요. −그럼 우리 반 친구들은 어떤 표시가 된 걸 볼 수 있을까요? −그렇죠, 우리는 다섯 살이니까 All이라고 표시가 된 프로그램을 볼 수 있어요. −(시청연령제한 표시 중 15세를 제시하며) 만약 친구들이 텔레비전을 틀었을 때 이렇게 친구들의 나이보다 더 많은 표시가 나오면 어떻게 해야 할까요? • 유아들과 프로그램의 시청연령을 함께 찾아본다. −프로그램에 알맞은 시청 나이를 함께 알아볼까요? (유아가 직접 프로그램 오른쪽 위에 '시청연령제한 표시'를 붙여 본다.) −왜 그렇게 생각했나요? −텔레비전을 보기 전에는 부모님께 "텔레비전 봐도 돼요?"라고 여쭤 보고, 만약 개그 프로그램이 보고 싶을 때는 어른과 함께 봐야 해요.	텔레비전 시청 사진 시청연령제한 표시 사진자료, 프로그램 장면 사진자료 유아들이 자신 있게 자신의 생각을 표현하도록 격려한다.
마무리	• 활동을 통해 새로 알게 된 점과 느낀 점에 대해 이야기 나눈다. −오늘 선생님과 무엇에 대해 알아보았나요? −활동을 통해 어떤 것들을 새롭게 알게 되었나요? • 텔레비전을 볼 때의 약속에 대해 이야기 나눈다. −우리 반 친구들이 볼 수 있는 표시는 어떤 모양이었나요? −텔레비전을 볼 때 우리는 어떻게 해야 할까요? −오늘 무엇에 대해 배웠나요?/텔레비전을 볼 때 어떤 약속이 있었나요? −우리 친구들이 볼 수 있는 프로그램은 ALL이라고 쓰인 프로그램처럼 어린이들이 볼 수 있는 프로그램을 골라 보고, 만약 다른 나이의 프로그램을 볼 때는 반드시 어른과 함께 보는 친구들이 되도록 해요. 그리고 텔레비전을 볼 때는 가까이에 가서 보지 않고, 꼭 시간을 정해서 보는 친구들이 되었으면 좋겠어요.	시청연령제한 표시 텔레비전을 볼 때의 약속을 유아와 함께 정리하는 시간을 갖는다.

활동평가	• 시청자 연령제한 표시를 설명할 수 있는가? • 자극적인 장면의 위험성을 느낄 수 있는가? • 텔레비전을 볼 때의 약속에 대해 이해하였는가?
수업 및 교구 사진	

 수업 동영상 파일 링크

참고문헌

강은영, 박지선(2009). 아동 실종 및 유괴범죄의 실태와 대책. 한국형사정책연구원.

강진숙, 이제영(2011). 청소년 TV 중독의 원인과 예방에 대한 Q방법론적 연구: 미디어교육. 전문가와 교사의 주관성 사례를 중심으로. 한국언론학보, 55(1), 79-108.

강희양, 박창호(2012). 스마트폰 중독 척도의 개발. 한국심리학회지, 31(2), 563-580.

경찰청(2012). 연도별 실종 및 유괴 발생 현황 관련 통계자료.

곽은복(2000). 유아 안전교육 프로그램 구성 및 효과에 관한 연구. 중앙대학교 대학원 박사학위논문.

곽은복(2008). 아동안전관리(2판). 서울: 학지사.

광주광역시서구청(2008). 서구긴급구조대응계획.

교육과학기술부(2008). 국가안전관리집행계획.

교육부(1998). 유아교육과정 해설. 서울: 대한교과서주식회사.

교육부(2014). 제3주기 유치원 평가중앙연수 자료집.

교육부(2015a). 건강안전관리 길라잡이.

교육부(2015b). 유치원 시설안전관리 매뉴얼.

교육부(2015c). 한국교원대학교 유치원 교원 안전교육 직무연수 자료.

교육인적자원부(2003). 사례로 살펴본 안전생활.

교육인적자원부(2006). 유치원 시설안전 관리 매뉴얼.

교육인적자원부(2007). 2007년 개정 유치원 교육과정.

구자숙(2009). 유아안전교육의 운영 실태와 개선방안에 관한 연구. 강원대학교 교육대학원 석사학위논문.

국제평생학습연합회(2015). 직장 내 성희롱 예방교육 자료집. 성희롱예방교육 강사양성과정. (사)국제평생학습연합회.

김경중, 서금택(2008). 한국 영·유아의 안전사고 실태분석과 사회적 비용 추정 연구. 한국열린유아교육학회 학술대회 발표논문집, 11, 201-216.

김경희, 강성현(2011). 어린이 장난감의 안전에 관한 연구. 2011년 대안안전경영과학회 춘계학술대회 자료집, 657-662.

김계자(2004). 영유아를 위한 안전교육. 서울: 동문사.

김미애, 류경화(2003). 놀이지도(5판). 서울: 동문사.

김민기, 이판, 임현슬(2010). 자연재해의 현황과 대책. 대한보건연구, 36(1), 31-41.

김보연(2012). 고등학생의 인터넷 게임 중독 및 스마트폰 중독과 수면부족 및 스트레스와의 관계. 삼육대학교 대학원 석사학위논문.

김성희(2010). 영·유아를 위한 안전교육. 서울: 창지사.

김순화(2011). 영유아 질병에 대한 어머니와 보육교사의 지식정도 및 질병관리 실태. 울산대학교 정책대학원 석사학위논문.

김승옥(2008). 유아의 인터넷 안전의식 측정도구 개발. 덕성여자대학교 대학원 박사학위논문.

김승옥, 이경옥(2005). 유아교육기관의 온라인 콘텐츠 사용실태 및 요구. 어린이미디어연구, 4, 223-241.

김신정(2001). 학령전기 아동의 사고예방을 위한 안전교육 프로그램 개발 및 효과. 아동간호학회지, 7(1), 118-138.

김영숙, 손인아, 고은 외 20인(2012). 응급간호. 경기: 수문사.

김영실, 윤진주(2010). 유아교육기관에서의 자연재해 안전교육 실태 및 교사의 인식 분석: 대구 및 경북을 중심으로. 유아교육학논집, 16(1), 135-162.

김영실, 윤진주, 김정주(2013). 영유아 안전관리(제2판). 경기: 공동체.

김영실, 윤진주, 유수정(2009). 유아 교통안전 교육에서 토의 중심과 시범 중심 교수법이 유아의 교통안전 지식 및 실천에 미치는 효과. 열린유아교육연구, 12(14), 397-419.

김옥심(2012). 어린이집 안전사고 예방법 & 똑똑한 대처법. 서울: 멘토르출판사.

김일수(1997). 학교안전사고 실태분석 및 그 대책에 관한 연구. 경희대학교 대학원 석사학위논문.

김일옥, 이정은(2010). 아동안전관리(3판). 경기: 양서원.

김일옥, 이정은, 박현정(2013). 아동안전관리. 경기: 양서원.

김정일, 김주희, 유종기(2005). BCP 구축 전략. 서울: (주)KFI 미디어.

김종호(2013). 아동·청소년 실종 관련 제도 고찰 및 개선방안. 순천향대학교 대학원 석사학위논문.

김진숙(2013). 장기실종아동 부모의 경험에 대한 현상학적 연구. 한국가족복지학회지, 18(4), 557-577.

김창희(2004). 초등학생의 성격특성과 학교안전사고. 한국교원대학교 대학원 석사학위논문.

나경순(2012). 인터넷중독 예방교육 프로그램이 청소년의 인터넷 사용 욕구에 미치는 효과. 평택대
학교 대학원 석사학위논문.

난우중학교(2008). 학교 안전관리 및 재해대비 교육.

남교극(2015). 학교위기대응매뉴얼.

대한심폐소생협회(2011). 2011 한국 심폐소생술 지침(기본 전문).

대한응급구조사협회(2006). **응급처치와 심폐소생술**(4판). 서울: 도서출판 한미의학.

류경화, 정명순, 지주영(2008). **영유아건강교육의 이론 및 실제**. 서울: 동문사.

문혁준, 권희경, 김명애, 김정희, 김혜금, 김혜연, 서소정, 안효진, 이윤경, 정지나, 조혜정, 천희영
(2009). 아동안전관리. 서울: 창지사.

박미경, 고영숙, 박경임(2011). 신종플루 확산(2009년) 이후 호흡기감염 아동 보호자의 감염관리,
지식정도 및 수행정도. **아동간호학회지**, 17(1), 19.

박봉훈(2006). 학교안전 실태분석과 개선방안. 강원대학교 대학원 석사학위논문.

박상균(2009). 아동실종 예방을 위한 안전교육 실태조사. 용인대학교 대학원 석사학위논문.

박용민(2001). 성인들의 스마트폰 중독과 정신건강에 관한 연구. 전주대학교 대학원 석사학위논문.

박은혜, 조성연(2009). 영유아의 질병관리에 대한 보육교사의 지식 정도. **유아교육 · 보육복지연구**,
13(3), 235-250.

박재만(2013). **도로교통법**. 창원: 동아출판사.

박지선(2001). 청소년 및 대학생의 스마트폰 중독 경향성에 영향을 미치는 관련변인. 단국대학교
대학원 석사학위논문.

박찬웅(2010). **간호사를 위한 감염 이야기**. 경기: 의학서원.

박희정(2003). 유아교육기관 교사의 안전교육 실천정도에 관한 진단적 연구. 이화여자대학교 대학
원 석사학위논문.

보건복지가족부(2009). 2009년 보건복지통계연보.

보건복지부(2013). 2012년 보건복지백서.

보건복지부(2014a). 2013년 보건복지 통계연보.

보건복지부(2014b). 2014년 보육사업 안내.

삼성복지재단(2007). 삼성어린이집의 안전관리 사례, 소방설비 관리 사례, 기계설비 관리 사례, 전
기설비 관리 사례, 가스설비 관리 사례, 승강기 관리 사례, 다중이용시설의 실내 공기질 측정
기준.

서애정(2013). 고등학생의 자기통제력과 스트레스 대처방식이 스마트폰 사용 수준에 미치는 영향.
한양대학교 대학원 석사학위논문.

서울특별시 소방방재본부(2003). **시민소방안전교범**(초등학교 교사용).

서채문(1994). **인간과 건강**. 서울: 태근문화사.

소방방재청(2007). 우리는 안전 청소년. 서울: 화신문화.

소방방재청(2010). 유아 안전교육 프로그램. 교사용 지도서 및 부모용 자료.

소방방재청 제도팀(2007). 한국 119소년단 지도교범. 서울: 화신문화.

송주승, 정혜명(2009). 유아교육기관의 위생관리 실태 및 안전 인식에 관한 비교연구. 유아교육 · 보육복지연구, 13(4), 75-92.

신동주, 강금지, 이용수, 정춘식(2005). 영유아의 영양, 건강, 안전. 서울: 정민사.

신동주, 김명순(1999). 아동안전을 위한 국내 · 외 아동놀이시설물 및 놀이용품의 안전보호제도에 관한 연구. 아동학회지, 20(1), 177-198.

신동주, 이상은, 김현경, 박영선(2015). 영유아안전관리. 경기: 정민사.

안전문화추진위원회(2013). 안전문화지도자연수. 한국산업안전보건공단.

양성모(1998). 동아 새국어사전. 서울: 두산동아.

양진희(2005). 상황중심 안전교육 프로그램이 유아의 안전지식 및 안전문제해결 사고에 미치는 효과. 아동학회지, 26(6), 367-383.

어린이안전교실(1994). 사단법인 한국안전생활교육회. 서울: 웅진출판사.

어린이집안전공제회(2012). 2012 어린이집 보육교직원 안전교육.

여성가족부(2006). 보육시설 안전사고 예방 및 보상에 관한 연구, 2006-41.

여성부(2001). 전국 1,033명 설문조사 성희롱 유형별 실태.

영유아건강연구회 편(2003). 아동의 건강관리. 서울: 현문사.

원사덕(2002). 효율적인 청소년 약물남용 예방프로그램 수립에 관한 연구. 한성대학교 국제대학원 석사학위논문.

위키백과(2015). 옴 진드기와 병상.

유구종(2001). 유아를 위한 컴퓨터 교육. 서울: 창지사.

윤선화(2006). 아이의 안전, 엄마에게 달려 있다. 서울: 이미지박스.

윤선화, 이경선, 이소영(2008). 유아를 위한 유괴 예방 교수자료-이럴 땐 어떻게. 서울: 사단법인 한국생활안전연합.

윤선화, 정윤경, 이경선(2012). 영유아를 위한 안전교육과 안전교육 프로그램. 사단법인 한국생활안전연합.

윤재철(1991). 어린이 놀이시설 안전도에 관한 연구. 한양대학교 환경과학대학원 석사학위논문.

윤주영, 문지숙, 김민지, 김예지, 김현아, 허보름, 김재언, 정선이, 정지은, 정현지(2011). 대학생의 스마트폰 중독과 건강문제. 국가위기관리학회보, 3(2), 92-104.

윤지원, 오금호, 유병태(2014). 아동보호 개념으로의 아동안전 정책방향 연구-재난관리 관점에서. 한국위기관리논집, 10(11), 1-19.

이기숙, 장영희, 정미라, 배소연, 박희숙(2002). 영유아를 위한 안전교육과 응급처치. 경기: 양서원.

이기숙, 장영희, 정미라, 윤선화(2014). 영유아안전교육(개정판). 경기: 양서원.

이명조, 차승환, 우정순, 김영옥, 김란옥, 배진희(2015). 아동안전관리. 서울: 태영출판사.

이소영(2000). 게임의 중독적 사용이 청소년의 문제해결능력 및 의사소통에 미치는 영향. 고려대학교 대학원 석사학위논문.

이소희(1997). 부모가 알아야 할 인터넷 교육. 서울: 동문사.

이순자, 김일옥(2012). 아동안전관리. 경기: 양서원.

이승훈(2015). 드럼세탁기 내 세탁물의 발화 현상. 방재와 보험 통권 155호, 38-45. 한국화재보험협회.

이영재(2006). 위기관리. 서울: 생능출판사.

이영재, 윤정원(2004). BCP 입문. 서울: 디지털타임스.

이은경(2007). 유아의 컴퓨터 게임의 활용방안과 게임중독 예방. 한국어린이미디어학회 추계학술대회 자료집.

이인실, 최민수, 한국선(2006). 아동안전관리. 서울: 형설출판사.

이자형, 김신정, 강숙현, 김동욱, 문선영, 박현주, 이정은, 이중의, 조운주(2002). 아동과 청소년을 위한 사고예방. 서울: 현문사.

이재연(1995). 영유아보육시설의 안전사고 현황과 대책. 한국영유아보육학, 2, 39-57.

이재은(2004). 재난발생에 따른 단계별 상황관리의 효율활 방안. 제9회 방재안전세미나. 국립방재연구소.

이혜인(2008). 장애유아교육기관의 장애유아 건강관리 및 건강교육 실태. 단국대학교 대학원 석사학위논문.

임미혜, 조숙경, 지명숙, 채혜선(2005). 영유아의 건강 및 안전교육. 경기: 양서원.

전남련, 한혜선, 황연옥, 백향기, 김경신, 홍은미, 권인양, 장유정(2014). 아동안전관리. 경기: 정민사.

정덕숙(2005). 지방자치단체의 효과적인 약물오남용예방사업에 대한 연구. 서울시립대학교 도시과학대학원 석사학위논문.

정도연(2014). 실종아동ㆍ여성 등 사회적 약자 종합지원 체계 구축. 지역정보화, 84, 18-28.

정미라, 배소연(1999). 유아교사의 안전지식의 정도에 대한 연구. 한국유아교육학회지, 1, 189-206.

정아란(2007). 유아의 컴퓨터게임 과몰입 예방교육프로그램 개발 및 적용 연구. 공주대학교 대학원 박사학위논문.

정아란(2011). 아동건강 및 안전. 경기: 공동체.

정아란(2013). 아동안전관리. 경기: 공동체.

정익중, 김성천, 송재석(2009). 아동실종으로 인한 사회경제적 비용 분석. 한국사회복지학, 61(2), 371-389.

정진수(2000). 아동증언에 관한 연구. 서울: 한국형사정책연구원.

조현옥(2012). 중학생의 스마트폰 중독수준에 따른 자아존중감, 충동성 및 지각된 스트레스의 차이. 계명대학교 대학원 석사학위논문.

조희연, 조경자, 김진선, 정동희(2011). 아동안전관리. 서울: 동문사.

중앙보육정보센터(2009). 보육시설 운영 문서 자료집.

지옥정(2009). 유아교육 현장에서의 프로젝트 접근법(3판). 서울: 창지사.

채혜선, 임미혜, 김종배, 이순자, 안경일(2014). 아동안전관리. 경기: 양서원.

천기홍(2015). 전기튀김기의 화재위험성. 방재와 보험 통권 155호, 31-37. 한국화재보험협회.

최민수(2001). 부모와 교사를 위한 영유아 건강과 안전. 서울: 학지사.

최민수(2015). 누리과정에 따른 유아교육 현장 중심 안전교육 캡스톤 프로그램 개발. 광주대학교 LING 사업단. 캡스톤디자인 보고서.

최민수, 정영희(2014). 아동건강교육(3판). 서울: 학지사.

최윤이, 이재연(2010). 행동훈련중심 유아 유괴 예방교육프로그램 개발 및 효과. 유아교육학논집, 14(1), 253-276.

최혜순, 양은호, 김계중, 이미현(2013). 영유아 안전교육. 서울: 신정출판사.

추병완(2001). 정보윤리 교육론. 서울: 울력.

통계청(2010). 사망요인 통계연보.

통계청(2011). 사망요인 통계연보.

표갑수(1998). 유아교육체계 개혁안의 문제점과 대안. 한국영유아보육학회지, 14, 5-27.

하지현(2011). 인터넷 중독 환자의 정신치료. 대한소아청소년정신의학회 학술대회논문집, 8, 15-41.

한국교육개발원(1995). 어린이 안전교육 지침서.

한국교육개발원(2014). 초등돌봄교실 안전관리 길라잡이. 서울: 경성문화사.

한국비시피협회(2007). 재난관리지도사 자료집.

한국산업안전공단(1996). 유아교사용 안전교육 지도서.

한국산업안전공단(2002). 생활주제와 함께하는 안전교육.

한국산업안전보건공단(2013). 유아교사용 안전교육 지침서.

한국소방안전협회(2008). 소방계획서.

한국소비자원(2012). 보도자료. 중독사고를 야기하는 품목.

한국소비자원(2014). 어린이 안전사고 사례분석. 소비자안전국 위해정보팀.

한국수자원공사(2008). 국가 안전관리 세부 집행계획.

한국어린이육영회(1997). 유아안전교육: 1997년도 교원워크숍 자료.

한국정보문화진흥원(2007). 취학 전 아동 인터넷 중독 예방 프로그램 개발 연구.

한국정보화진흥원(2011). 스마트폰중독 진단척도 개발 연구.

한국정보화진흥원(2012a). 2012년 인터넷중독 실태조사.

한국정보화진흥원(2012b). 스마트미디어중독 특성 및 중독 해소 개입전략 개발 연구.

한국정보화진흥원(2014). 2014년도 89기 인터넷중독 전문상담사 양성과정 교재, 23-25, 38-42, 49-51.

한국화재보험협회(2003). 화재안전교육안내서. 서울: ㈜Digital & Human.

한미경, 황해익(2003). 유치원 교사와 어머니의 유아교육 관련 인터넷 사이트에 대한 인식 및 활용 실태. 유아교육논집, 12, 215-235.

한민경, 김수향(2012). 유아교육기관에서의 자연재해 안전교육 실태 및 교사의 인식 분석. 유아교육학회지, 16(1), 135-162.

한영숙, 최태식(2006). 경험중심 안전교육 프로그램이 유아의 안전지식 및 안전문제해결사고와 안전행동에 미치는 영향. 미래유아교육학회지, 13(4), 47-79.

한정아(2010). 놀이를 활용한 유아 인터넷 과몰입, 예방프로그램이 유아의 인터넷 안전의식, 자기조절력 및 또래 유능성에 미치는 효과. 경성대학교 대학원 석사학위논문.

Berk, L. B. (1994). *Infant and Children Prenatal through Middle Childhood.* Massachusetts: Allyn & Bacon.

Brand, S. (1996). 미디어 랩(김창현, 전범수 공역). 서울: 한울.

Brenner, V. (1997). Update on the internet usage survey. Paper presented at the 05th Annual convention of the America psychological association, Chicago, IL. cited from.

Clark, E, A., & Simmons, R. A. (1986). Can preschool children learn safety skill?: Evaluation of the safe at home curriculum, Paper presented at the annual training Conference of the National Head Start Association, Montreal(ERIC Document Reproduction Service No. 270-227).

Clement, D. H., & Swaminathan, S. (1995). Technology and school change: New lamp for old? *Childhood Education, 71*(5), 275-281.

Davis, B. C., & Shade, D. D. (1999). Integrating technology into the early Childhood Education: The case of Literacy Learning. *Information Technology In Childhood Education, 19*(1), 221-254.

Ellen, V., & Ysbrand, J. P. (2006). Accident proneness, does it exist? A review and meta-analysis. *Accident Analysis and Prevention, 39*(3), 556-564.

Galvan, A., Hare, T., Voss, H., Glover, G., & Casey, B. J. (2007). Risk-taking and the adolescent brain: Who is at risk? *Developmental Science, 10*(2), F8-F14.

Goldberg, I. (1996). Internet Addiction Electronic Message Posted to Research Discussion List.

Greenfield, D. N. (1999a). *The Nature of Internet Addiction: Psychological Factors in Compulsive Internet Use.* Paper presentation at the 1999 American Psychological Association Convention, Boston, Massachusetts.

Greenfield, D. N. (1999b). Psychological characteristics of compulsive Internet Use: A preliminary analysis. *Cyber Psychology and Behavior, 2*(5), 403-412.

Greenfield, D. N. (2010). The addictive properties of internet usage. In Young, K. S., & de Abreu, C. N. (Eds.), *Internet Addiction: A Handbook and Guide to Evaluation and Treatment* (pp. 135-

154). Wiley.com.

Griffiths, M. D. (1999). Internet addiction: Fact or fiction? *The Psychologist: Bulletin of the British Psychological Society, 12*, 246-250.

Haugland, S. W. (2000). What role should technology play in young children's learning?(Part II). Early childhood classrooms in the 21st century: Using computer to maximize earning. *Young Children, 5*(1), 121.

Heindrick, S. C., & Smith, C. J. (1993). Transforming health curriculum. In S. Bredekamp & T. Rosegant (Eds.), *Reaching Potentials; Transforming Early Childhood Curriculum and Assessment*. NAEYC.

Heinrich, H. W. (1980). *Industrial Accident Prevention* (5th ed.). New York: McGraw-Hill.

Jung, B. S., Oh, J. S., Cho, B., Kim, H. H., & Lee, J. S. (1996). A clinical study of respiratory tract infections in hospitalized children. *The Korean Academy of Pediatric Allergy and Respiratory Disease, 6*, 60-73.

Kimkiewicz, J. (2007). *Internet Junkies: Hooked Online*. Hartford Courant D, 1.

Laye, J. (2002). *Avoiding Disaster: How to Keep Your Business Going When Catastrophe Strikes*. John Wiley & Sons, Inc.

Lee, S. M., Lee, S. U., & Kim, M. S. (1998). *Adolescence of Nursing*. Seoul: Korea. National Open University Press.

Marots, L. R., Rush, J., & Cross, M. (1989). *Health, Safety, and Nutrition for the Young Child*. Delmar Pub.

Mcluhan, M. (1964). *Understanding Media*. McGraw-Hill.

Meerkerk, G. J., van den Eijinden, R. J., Vermulst, A. A., & Garretsen, H. F. (2009). The Compulsive Internet Use Scale(CIUS): Some psychometric properties. *Cyber Psychology & Behavior, 12*(1), 16.

Mushkatel, A. H., & Weschler, L. F. (1985). Emergency Management and the Intergovernmental System. *Public Administration Review, 45*.

Newsweek (1997). Shaped by life in the womb. September, 27.

Nilsen, B. (2001). *Week by Week: Plans for Observing and Recording Young Children* (2nd ed.). NY: Delmar Publishers Inc.

Sorte, J., Daeschel, I., & Amador, C. (2010). Nutrition, Health, and Safety for Young Children. NJ: Pearson Education.

US Consumer Product Safety Commission (USCPSC). (2006). List of top holiday safety tips.

Van den Eijnden, R. J. et al. (2008). Online communication, compulsive Internet use, and psychosocial wellbeing among adolescents: A longitudinal study. *Developmental Psychology*,

44(3), 655.

Young, K. S. (1998). Internet addiction: The emergence of a new clinical disorder. *Cyber Psychology and Behavior, 1*(3), 237-244.

Zimmerman, R. (1985). The Relationship of Emergency Management to Manmade Technological Disasters. *Public Administration Review, 45*.

감염병의 예방 및 관리에 관한 법률[법률 제13639호, 2015. 12. 29., 일부 개정]

실종아동 등의 보호 및 지원에 관한 법률 시행규칙[보건복지부령 제220호, 시행 2013. 11. 20.]

실종아동 등의 보호 및 지원에 관한 법률 시행령[대통령령 제25751호, 시행 2014. 11. 19.]

영유아보육법[보건복지부 고시법률 제13321호, 2015. 5. 18., 일부 개정]

자연재해대책법[법률 제8820호, 2007. 12. 27., 일부 개정]

재난 및 안전관리기본법[법률 제8623호, 2007. 8. 3., 일부 개정]

재해경감을 위한 기업의 자율활동 지원에 관한 법률[법률 제8530호, 2007. 7. 19., 제정]

연합뉴스(2014. 12. 12.). 원양어선 침몰, '우왕좌왕 4시간'.

조선일보(2008. 5. 19.). 재난포커스.

중앙일보(2000. 11. 14.). 아동학대 외국의 사례.

헤럴드경제신문(2015. 4. 26.). 네팔의 강진 피해.

국가정보재난센터 http://www.safekorea.go.kr

국민안전처 http://www.mpss.go.kr/safetys/disasterTypeInfo104.do

나눔테크 http://www.nanoomtech.co.kr

대구대학교 사범대학 부속유치원 http://cafe.daum.net/dgukiduni

도로교통공단 http://www.koroad.or.kr/kp_web/accProcedure.do

도봉소방서 http://fire.seoul.go.kr/do-bong

보건복지부 http://www.mohw.go.kr

보건복지부 위탁 실종아동전문기관 http://missingchild.or.kr

서울아산병원 http://www.amc.seoul.kr/asan/healthinfo/disease/diseaseSubmain.do

성범죄자 알림e http://www.sexoffender.go.kr

세이프키즈코리아 http://safekids.or.kr

소방방재청 http://www.nema.go.kr

식품의약품안전처 http://www.mfds.go.kr

아동보호전문기관 http://korea1391.org

아동안전사이버교육센터 http://www.childsafeedu.go.kr

어린이집안전공제회 http://www.csia.or.kr

질병관리본부 http://www.cdc.go.kr

통계청 국가통계포털 http://kosis.kr

한국소비자원 어린이안전넷 http://www.isafe.go.kr

찾아보기

저자 소개

최민수(Choi Min-Soo) 광주대학교 유아교육과 교수
BCP 협회 안전지도사, 미래유아교육학회 회장, 한국통일교육학회 회장, 육아정책연구소 운영위원, 교육부 유치원교육과정 및 유치원평가척도 개정위원, 광주광역시 보육정책위원회 위원장, 한국교원대학교, 서울교육대학교 유치원 원장 및 초등학교 교장 안전교육연수 전문 강사 등 역임. 『아동건강과 안전』『아동건강교육』『영유아안전교육』『아동발달』『유아교육개론』 등 다수 저서 및 논문

강광순(Kang Gwang-Soon) 광주대학교 간호학과 교수
강혜원(Kang Hye-Won) 광주광역시 서부소방서 소방위
공양님(Gong Yang-Nim) 서영대학교 유아교육과 외래교수
김경철(Kim Gyeong-Cheol) 한국교원대학교 유아교육과 교수
김명화(Kim Myeong-Hwa) 아동문학 동화 작가
김미정(Kim Mi-Jeong) 수원여자대학교 보육교사교육원 교수
김원준(Kim Won-Jun) 조선이공대학교 스포츠재활과 겸임교수
양진희(Yang Jin-Hee) 한국교통대학교 유아교육과 교수
임은영(Im Eun-Young) 광주대학교 유아교육과 강사
정아란(Jung A-Ran) 송원대학교 유아교육과 교수
정영희(Jung Young-Hee) 수원여자대학교 유아교육과 교수
정혜현(Jung Hye-Hyun) 광주대학교 유아교육과 박사과정 수료
조승현(Cho Seung-Hyun) 광주정부종합청사 꽃초롱어린이집 원장

교육활동안 개발 현장교사

강은지(Gang Eun-Ji) 하늘숲어린이집 교사
김다솜(Kim Da-Som) 윌링스유치원 교사
김다솜(Kim Da-Som) 키즈캐슬유치원 교사
김서희(Kim Seo-Hui) 이튼유치원 교사
김승아(Kim Seung-Ah) 동심유치원 교사
김혜원(Kim Hye-Won) 광주대학교 졸업
박성은(Park Seong-Un) 한나래유치원 교사
주해빛나(Ju Hae-Bich Na) 까리따스유치원 교사
전지윤(Jeon Ji-Yoon) 삼성전자어린이집 교사
정은주(Jung Eun-Ju) 신세계유치원 교사
최아현(Choi A-Hyun) 광주대학교 졸업
황혜수(Hwang Hye-Su) 햇님유치원 교사

아동안전관리
Child Safety

2016년 6월 1일 1판 1쇄 인쇄
2016년 6월 10일 1판 1쇄 발행

지은이 • 최민수 외
펴낸이 • 김진환
펴낸곳 • (주) **학지사**
　　　　04031 서울특별시 마포구 양화로 15길 20 마인드월드빌딩
대표전화 • 02-330-5114　　팩스 • 02-324-2345
등록번호 • 제313-2006-000265호

홈페이지 • http://www.hakjisa.co.kr
페이스북 • https://www.facebook.com/hakjisabook

ISBN 978-89-997-0801-5　93370

정가 19,000원

이 도서의 국립중앙도서관 출판시도서목록(CIP)은 서지정보유통지
원시스템 홈페이지(http://seoji.nl.go.kr)와 국가자료공동목록시스템
(http://www.nl.go.kr/kolisnet)에서 이용하실 수 있습니다.
(CIP 제어번호: CIP2016010582)

················· 교육문화출판미디어그룹 **학지사** ·················

심리검사연구소 **인싸이트** www.inpsyt.co.kr
원격교육연수원 **카운피아** www.counpia.com
학술논문서비스 **뉴논문** www.newnonmun.com